Dangdai Yingyongwen
Xiezuo

教育部教学改革重点项目
——「文化原典导读与本科人才培养」成果

教育部新文科研究与改革实践项目
——「文史哲拔尖创新人才培养创新与实践」成果

当代应用文写作

（第2版）

干天全　刘迅　　

王朝源　黄峰　

汉语言文学专业系列教材

重庆大学出版社

图书在版编目(CIP)数据

当代应用文写作/干天全,刘迅主编.--2 版.--
重庆:重庆大学出版社,2024.4
汉语言文学专业系列教材
ISBN 978-7-5689-4421-2

Ⅰ.①当… Ⅱ.①干…②刘… Ⅲ.①汉语—应用文
—写作—高等学校—教材 Ⅳ.①H152.3

中国国家版本馆 CIP 数据核字(2024)第 082701 号

当代应用文写作(第 2 版)

主 编 干天全 刘 迅
副主编 王朝源 黄 峰
策划编辑:陈 曦

责任编辑:杨 扬   版式设计:林佳木
责任校对:王 倩   责任印制:张 策

*

重庆大学出版社出版发行
出版人:陈晓阳
社址:重庆市沙坪坝区大学城西路 21 号
邮编:401331
电话:(023) 88617190 88617185(中小学)
传真:(023) 88617186 88617166
网址:http://www.cqup.com.cn
邮箱:fxk@ cqup.com.cn(营销中心)
全国新华书店经销
重庆愚人科技有限公司印刷

*

开本:787mm×1092mm 1/16 印张:27 字数:546千
2024 年 4 月第 2 版   2024 年 4 月第 3 次印刷
ISBN 978-7-5689-4421-2 定价:58.00 元

汉语言文学专业系列教材
编 委 会

主　　编　曹顺庆

编　　委　（按拼音排序）

曹顺庆　　傅其林　　干天全　　胡易容

金慧敏　　靳明泉　　雷汉卿　　李　菲

李　凯　　李　怡　　刘　荣　　刘　颖

罗　鹭　　马　睿　　王兆鹏　　鲜丽霞

肖伟胜　　徐希平　　徐行言　　阎　嘉

杨红旗　　杨亦军　　杨颖育　　张　法

张　弘　　张哲俊　　赵渭绒　　赵毅衡

支　宇　　周维东

主编助理　张帅东

本书编委会

总序

这是一套以原典阅读为特点的新型教材,其编写基于我担任教育部教学改革重点项目——"文化原典导读与本科人才培养"和教育部新文科研究与改革实践项目——"文史哲拔尖创新人才培养创新与实践"的理论探索与长期的教学实践。

大学肩负着文化传承与创新、人才培养、科学研究、社会服务、国际交流合作的重要使命。近年来,我国高等教育取得长足进步,已建成世界最大规模的高等教育体系,2021年在学总人数超过4430万人。然而,尽管高校学生数量在世界上数一数二,但是人才培养质量仍然不尽如人意,拔尖人才、杰出人才比例仍然严重偏低。半个多世纪以来,中国在人才培养质量上没有产生一批堪与王国维、鲁迅、钱锺书、钱学森、钱三强等人相比肩的学术大师。

钱学森提出"为什么我们的学校总是培养不出杰出人才?"这个著名的"钱学森之问",体现的问题是当代教育质量亟待提高。其根本原因就是学生基础不扎实,缺乏创新的底气和能力。人才培养的关键还是基础,打基础很辛苦,如果不严格要求,敷衍了事,小问题终究会成为大问题。基础不牢,地动山摇;基础精通,一通百通。基础就是学术创新的起点,起点差,就不可能有大造化、大出息,就不可能产生真正的学术大师。怎样强基固本,关键就是要找对路径,古今中外的教育事实证明,打基础应当从原典阅读开始,一步一个脚印地扎扎实实前进。中华文化基础不扎实的现象不仅仅体现在文科学生上,我国大学的理、工、农、医科学生的文化素养同样如此。

针对基础不扎实的问题,基于培养一批拔尖创新人才的教学理念,我主编了这套以原典阅读为特点的新型教材,希望能够弥补教育体制、课程设置、教学内容、教材编写等方面的不足,解决学生学术基础不扎实、后续发展乏力这个难题。根据我的观察,目前高校中文学科课程设置的问题可总结为四个字:多、空、旧、窄。

所谓"多",即课程设置太多,包括课程门类多、课时多、课程内容重复多。不仅本科生与硕士生,甚至与博士生开设的课程内容也有不少重复,而且有的课程如"大学写作""现代汉语"等还与中学重复。而基础性的原典阅读反而被忽略，陷入课程越设越多、专业越分越窄、讲授越来越空、学生基础越来越差的恶性循环。其结果就是，不仅一般人读不懂中华文化原典，就连我们的大学生、研究生和一些学者的文化功底也堪忧。不少人既不熟悉中华文化原典，也不能用外文阅读西方文化原典，甚至许多大学生不知道十三经（《周易》《尚书》《诗经》《周礼》《仪礼》《礼记》《春秋左传》《春秋公羊传》《春秋穀梁传》《论语》《孝经》《尔雅》《孟子》）是哪十三部经典，也基本上没有读过外文原文的西方文化经典。就中文学科而言，我认为对高校中文学科课程进行"消肿"，适当减少课程门类、减少课时，让学生多一些阅读作品的时间，改变中文系本科毕业生读不懂中华文化原典、外语学了多年仍没有读过一本原文版的经典名著的现状，这是我们进行课程和教学改革的必由之路与当务之急。

所谓"空"，即我们现在的课程大而化之的"概论""通论"太多，具体的"原典阅读"较少，导致学生只看"论"，只读文学史便足以应付考试，而很少读甚至不读经典作品，即使学经典的东西，学的方式也不对。比如，《诗经》《论语》《楚辞》、唐诗宋词，我们多少都会学一些，但这种学习基本是走了样的，不少课程忽略了一定要让学生直接用文言文来阅读和学习这样一种原典阅读的方法，允许学生用"古文今译"读本，这样的学习就与原作隔了一层。因为古文经过"今译"之后，已经走样变味，不复是文化原典了。以《诗经·周南·关雎》为例："关关雎鸠，在河之洲。窈窕淑女，君子好逑。"余冠英先生将这几句诗译为："水鸟儿闹闹嚷嚷，在河心小小洲上。好姑娘苗苗条条，哥儿想和她成双。"余先生的今译是下了功夫的，但无论怎样今译，还是将《诗经》译成了打油诗。还有译得更好玩的："河里有块绿洲，水鸭勒轧朋友；阿姐身体一扭，阿哥跟在后头。"试想，读这样的古文今译，能真正理解中国古代文学，能真正博古吗？当然不可能。诚然，古文今译并非不可用，但最多只能作为参考。这种学习方式不仅导致空疏学风日盛，踏实作风渐衰，还会让我们丢失了文化精髓。不能真正理解中华文化原典，也就谈不上文化自信。针对这种"空洞"现象，我们建议增开中华文化原典和中外文学作品阅读课程，减少文学概论和文学史课时，真正倡导启发式教育，让学生自己去读原著、读作品。在规定的学生必读书目的基础上，老师可采取各种方法检查学生读原著（作品）的情况，如课堂抽查、课堂讨论、诵读、写读书报告等。这样既可养成学生的自学习惯，又可改变老师"满堂灌"的填鸭式教学方式。

所谓"旧"，指课程内容陈旧。多年来，教材老化的问题并没有真正解决。例如，现在许多大学所用的教材，包括一些新编教材，还是多年前的老一套体系。陈旧的教材体系，不可避免地造成了课程内容与课程体系陈旧,学生培养质量上不去的严重问题,这应当引起我们的高度重视。

"窄",也是一个亟待解决的问题。自20世纪50年代以来,高校学科越分越细,专业越来越窄,培养了很多精于专业的"匠人",却少了高水平的"大师"。现在,专业过窄的问题已经引起了教育部的高度重视。教育部提出"新文科",就是要打破专业壁垒和限制,拓宽专业口径,加强素质教育,倡导跨专业学习,培养文理结合、中西相通、博古通今的高素质通才,"新文科"正在成为我国大学人才培养模式的一个重要改革方向。中文学科是基础学科,应当首先立足于培养基础扎实、功底深厚、学通中西的高素质拔尖人才。只要是基本功扎实、眼界开阔的高素质的中文学科学生,我相信他们不但适应面广、创新能力强,而且在工作岗位上更有后劲。

基于以上形势和判断,我们在承担了教育部教学改革重点项目——"文化原典导读与本科人才培养"和教育部新文科研究与改革实践项目——"文史哲拔尖创新人才培养创新与实践"的教学改革实践和研究的基础上,立足原典阅读,着力夯实基础,培养功底深厚、学通中西的高素质拔尖人才,编写了这套原典阅读新型教材。本系列教材特色鲜明,立意高远、汇集众智,希望能够秉承百年名校的传统,再续严谨学风,为培养新一代基础扎实、融汇中西的高素质、创新型中文拔尖人才贡献绵薄之力。

本系列教材共18部,分别由一批学科带头人、教学名师、著名学者、学术骨干主编及撰写,他们是:四川大学文科杰出教授、教育部社会科学委员会委员、四川大学"985"文化遗产与文化互动创新平台首席专家项楚教授,四川大学文科杰出教授、欧洲科学与艺术院院士、"长江学者"特聘教授、国家级教学名师曹顺庆教授,原伦敦大学教授、现任四川大学文学与新闻学院符号学-传媒学研究所所长赵毅衡教授,四川大学文学与新闻学院院长、国家万人计划哲学社会科学领军人才李怡教授,"长江学者"特聘教授、国家万人计划哲学社会科学教学名师傅其林教授,著名学者冯宪光、周裕锴、阎嘉、谢谦、刘亚丁、俞理明、雷汉卿、张勇(子开)、杨文全,以及干天全、刘荣、邱晓林、刘颖等教授。需要特别指出的是,本系列教材在主编及编写人员的组织遴选上不限于四川大学,而是邀请国内外高校中一些有专长、有影响力的著名学者一起编写。如韩国又松大学甘瑞媛教授、四川师范大学文学院李凯教授、西南交通大学艺术与传播学院徐行言教授、西南民族大学文学院徐希平教授、西南大学文学院肖伟胜教授、成都理工大学传播科学与艺术学院刘迅教授、西南财经大学国际教育学院邓时忠教授、成都信息工程大学人文学院廖思湄教授等。

本系列教材自出版以来,被多所高校选作本科生、研究生的教材,或入学考试的参考用书,读者反响良好。在出版社的倡议和推动下,我们启动了这 18 部教材的新版修订编写工作。此次修订编写依然由我担任总主编,相信通过这次精心的修订,本系列新版教材将更能代表和体现"新文科"教学的需要,更好地推进大学培养优秀拔尖创新人才的教学实践。

  路虽远,行则将至。事虽难,做则必成。是为序。

2022 年 12 月于四川大学新校区寓所

再版前言

　　《当代应用文写作》是教育部教学改革重点项目，"文化原典导读与本科人才培养"的成果。为了让大学生适应社会的实际需要，掌握必要的应用文知识和具备相应的写作能力，应用文写作的教学偏重于对各种文体优秀个案特点、写作方法的分析与实践练习。该教材在2014年8月出版后，在全国西部及其他地区的高等院校被广泛使用，获得了明显的教学和应用效果。

　　从目前大学生尤其是文科类大学生的社会就业情况来看，首先就会经受求职应聘考试中应用文知识和写作能力的检验，上岗后从事专职文案工作自然需要运用各种应用文写作，从事其他各项管理工作和业务技术工作也离不开必要的应用文写作。应用写作水平的高下，反映着机关单位施政能力、管理水平和个人综合素质的高下。了解应用写作，提高应用写作水平，是现代化管理工作的需要，也是现代从业人员做好本职工作的一个重要条件。近年来，随着我国政治、经济、文化、科技改革的快速发展，社会各界更加重视应用文的运用，应用文写作的重要性和应用的广泛性得到了前所未有的体现。为此全国许多高校也更加重视应用写作课的开设，将提高大学生应用写作能力作为培养综合素质中一项重要内容。

　　为了让《当代应用文写作》在高校的教学中发挥更充分的作用，我们组织十余所高校应用写作研究的专家学者和教学经验丰富的老师对本教材进行了适当的修订。除对各章节中一些应用文体知识、写作方法及语言表述的修订，更多的是选换了一些具有时效限制的文体例案，以适应社会发展新形势下的教学与实践要求。

　　当代社会各行各业的快速发展与变化，对应用写作提出了更多、更高的要求。应用写作，需要与时俱进。在使用过程中，我们将不断发现新成果和新问题，拓展新的应用写作视野，在修订中不断打破现有教材的局限。

编委会

2020年2月8日

目　录

绪　论

　　党的二十大报告提出"人才是第一资源""人才强国战略""人才引领驱动"等关于人才的重要论述,体现了以习近平同志为核心的党中央对人才工作的高度重视,体现了人才强国建设在全面建成社会主义现代化强国新征程中的重要战略地位,是深入实施人才强国战略、加快建设世界重要人才中心和创新高地的行动指南。我们要按照党的二十大部署,教育、科技、人才三位一体协同推进,为现代化建设提供强大的人才支撑。党的二十大对全面建成社会主义现代化强国作出"两步走"战略安排:从2020年到2035年基本实现社会主义现代化;从2035年到本世纪中叶把我国建成富强民主文明和谐美丽的社会主义现代化强国。要实现如此宏伟的目标,离不开具有现代化先进思想和才能的人才来实现。我国是世界上拥有最大规模的大学生群体的大国,国家的未来如何,能不能按预期实现中国的现代化,高质量地实现现代化强国,这和国家培养的大学生质量息息相关。为了适应国家现实和未来的需要,我们必须培养具有现代化先进思想和综合素质强的大学生。在校大学生无论学什么专业,将来毕业无论在什么岗位工作,都离不开应用写作。应用写作能力是大学生应当具备的综合素质的一个重要方面。

　　应用文写作,泛指党政机关,企事业单位,社会团体的管理、业务、宣传、文化、公关、礼仪,以及个人学习工作与生活等方面的各种应用文体的写作。当代社会,各行各业甚至个人都离不开应用文写作。行政领导机关要做到政令畅通,企、事业的管理要做到有序高效,社会团体的职能要得以充分发挥,个人的能力要达到充分体现,都需要使用不同的应用文作为一种运作工具。应用文写作水平的高下,反映着机关单位管理水平和个人综合素质的高低。了解应用文写作,提高应用文写作水平,是现代化管理工作的需要,也是现代从业人员做好本职工作的一个重要条件。在我国改革开放形势迅速发展的现实中,社会各界高度重视应用文的运用。国家各级机关招收公务员的考试和企事业单位对

1

应聘人员的考试,都将应用文写作列为主要的考试内容之一。日常生活中,人们接触和使用的各种应用文也越来越多。在当代,应用文写作的重要性和应用的广泛性得到了前所未有的体现。

具备应用文的知识与掌握应用文的写作,是当代大学生综合素质的一个重要方面,更是他们今后走向社会必须具备的工作能力。但是长期以来,无论是理工科大学还是综合大学,对大学生应用文写作能力的培养都不够重视。许多学校的不少专业只重视开设专业课和一些政治、文化、艺术等方面的选修课,而未开设应用文写作课。一些学校虽然开设了应用文写作课,但仅仅是作为学生任意选择的选修课,而不是作为必修课或必选课。以至于不少学生在校期间没有学过应用文写作,写普通的应用文也感到困难,从普通的申请书、自荐书、学习或活动总结,到专业学习研究的实验报告、专题论文、毕业论文存在着不少让人忧心的问题。学生毕业前的社会实践或到单位实习,写不好实践报告和用人单位布置的各种应用文并不在少数。毕业后,不少人从事专职文案工作或临时承担文案任务,对一些常用的机关公文、事务文书还很陌生,很难尽快地适应工作的需要。

近些年来,社会各行各业对应届大学生严重缺乏应用文写作能力的信息反馈,以及国家各级各部门公务员招聘和企事业单位在全国高校招聘都乐意录用既具有优秀的专业素质又具有写作特长的人才的现象,都充分说明了大学普及应用写作教育培养的必要性和大学生自身具有应用写作能力的重要性。无论是理工科大学还是综合大学,都有必要将应用文写作作为学生的必修课,至少应该是必选课。这是社会的需求,也是学生在校学习、就业与发展的需求。当前,许多高校面对社会的需求,在重视培养学生专业素质的同时开始重视应用文教学,普遍设立了应用写作课,并将其作为必修课或必选课,为在校大学生培养和提高写作能力提供了应有的教学条件。

应用文写作偏重于实践,要写好各种应用文,不仅需要课堂教学,更需要的是写作实践。应用文的各种文体性质、适用范围及作用,文体格式和语言特点、写作方法等知识都是实践的基础,因此首先要懂得和掌握各种应用文体的相关知识,这样才能更好地指导应用写作的实践。怎样才能在实践中写好应用文,怎样提高文稿质量,体现出良好的文风和实际效果,这是教与学都要同时高度重视的问题。习近平同志曾对办公厅综合部门的干部讲:"我就进一步改进文风、提高文稿起草质量向大家提三点要求,归纳起来是六个字:求短、求实、求新。"他对这三点要求做了精辟的阐释:求短,就是要用尽可能短的篇幅把问题说清、说深、说透。求实,就是要追求朴实的文风,所用的语言不一定华丽但要准确,要实实在在,直奔主题,言简意赅,实话实说。要多用事例、数据来佐证,增强文稿的说服力和逻辑性。求新,就是要根据特定的讲话场合写出有特色、有新意的文稿。写文章虽然有一定的模式和规律,但也不要千篇一律,老是拘泥于三段论。有时候形式一变,往往使人耳目为之一新,精神为之一振,带来意想不到的效果。(《习近平对秘书起草文稿的要求》,中国共产党新闻网,2014 年 12 月 19 日)这三点要求不仅对全国各级党政文秘部门的写作有重要的指导意义,对全国高校应用文的教学实践也同样有着重要的指导意义,在应用文写作的教学与运用中,我们应该切实践行习近平同志的要求。

一、当代应用文的使用范围

当代应用文,是国家机关、企业事业单位、社会团体或人民群众在工作、学习和日常生活中使用的,具有实用性和惯用格式的一大类文体的总称。

应用文的使用在我国历史悠久,随着社会制度的变革和社会的发展,应用文的内容和形式相应地变化和发展。当代的应用文适应时代的需要,种类众多、用途广泛,用于行政管理、生产管理、财务管理、商务管理、经济事务、企业策划、工作安排、交流信息、文化宣传、教育培训、科研成果、人际交往、法律诉讼、日常生活等方面的应用文体裁可达近百种。这些具有实用性的各种文体被广泛地应用于国家管理、各行各业的工作和社会生活的各个领域。

二、当代应用文的种类

当代应用文种类众多,既有适合于各行各业的通用应用文,也有适应于某个行业的专用应用文,还有适应于人们日常生活的应用文。目前,全国写作界对应用文种类划分的标准不尽相同,对一些文种的归类尚有争议。根据不同的应用文的使用范围、具体作用和各自的特点,应用文可以分为以下几大类别。

（一）规定公文

从我国各级政府及事业、企业、社会团体目前使用的公文来看,其有规定公文和非规定公文之分。规定公文是指现行的《党政机关公文处理工作条例》规定的 15 种公文种类:决议、决定、命令(令)、公报、公告、通告、意见、通知、通报、报告、请示、批复、议案、函和纪要。这些公文的适用范围、行文关系及文面版式、处理程序等都是有专门规定的,它们主要适用于全国的党政机关和企事业、社会团体的管理部门。另外,还有规定、条例、准则、办法、细则、守则、公约、章程等这类法规性公文也属于规定公文,它们虽不在《党政机关公文处理工作条例》包括的文种范围内,但国家的《法规规章备案条例》《规章制定程序条例》对它们也有相应的管理规定。

（二）非规定公文

这类公文虽然没有国家专门发文规定文种的种类、适用范围、行文要求和格式标识，但它们仍然属于公文，长期广泛地作为处理公务的工具，如调查报告、计划、规划、方案、工作安排、工作总结、述职报告、简报等这类公文，同样是作为处理公务的工具。这些公文也有各自相对稳定的文体格式和行文要求，不受行业限制而被通用。

（三）宣传、文化应用文

这类应用文主要包括消息、通讯、讲演稿、声明、启事、海报、对联等。消息、通讯是新闻文体中最常用的两种体裁，实用性很强，它们不仅是专业记者、编辑使用的文体，也是各行各业对内传递信息、对外报道宣传的常用文体。讲演稿、声明、启事、海报等在宣传、文化活动中都能发挥各自的特殊宣传作用。对联虽然具有文学作品的性质，但它的实用性也是很强的，机关单位和人民群众欢庆节日和重大活动，以及婚事、丧事都常以这种形式表达心愿，全国企业及商家也普遍地利用对联这种形式作广告宣传。

（四）经济应用文

这类应用文主要包括市场预测报告、经济活动分析报告、经济项目立项报告、审计报告、统计报告、意向书、经济合同、招标书、投标书、企划文案、商品广告、催款书、催货书、经济条据等。这些应用文是经济管理工作和从事经济活动必不可少的、经常使用的应用文。面对我国当前经济工作的突出地位、经济改革纵深发展的需要，经济应用文日益发挥着重大的作用。

（五）礼仪应用文

这类应用文包括司仪仪程、欢迎词、欢送词、祝酒词、答谢词、讣告、悼词等。现在，人们越来越感到礼仪对工作、学习和生活交际的重要性，各行各业的单位之间、个人与单位之间、个人与个人之间，都会有业务上的联系、工作上的相互支持、精神上的彼此安慰等，这些都离不开交际礼仪应用文这些媒介。这类应用文的写作和使用简便，应用更为普遍。

（六）专用书信应用文

这类应用文包括介绍信、证明信、申请书、求职书、推荐书、保证书、邀请书、聘请书、倡议书、贺信、慰问信、感谢信、表扬信、决心书等。这些应用文有的在人们的日常工作和生活中使用，有的在各行各业的日常事务中使用，还有的是个人可以使用的。

（七）科研应用文

这类应用文包括各行各业反映学科科学研究过程及成果的各种文章,包括论文、设计报告、实验分析报告,以及科研项目的调查报告等形式。大学生的学年论文、毕业论文也属科研应用文。科研应用文或探索和揭示某学科形成、发展的客观规律,或就具体研究对象的形态、本质及作用等做出科学的结论,其研究手段都离不开理论联系实际,其目的都是将研究成果应用到学科的建设和发展中去。这类应用文具有学术性、理论性、专业性等特点,其应用范围有行业及学科的局限。但总的来看,各行各业的科研应用文对国家两个文明建设有着重要的作用。

以上划分的各类应用文,并没有归纳完各行各业和民众使用的所有应用文,只是就使用广泛的文体作了一个大概的分类。

三、当代应用文的特点

不同类别的应用文,既有共同的特点,也有各自的特点。同一类别的不同文种又有各自的特点。关于各个文种的特点,本书将在各章节里讲述,这里只介绍应用文共有的特点。

（一）内容的实用性

这是所有当代应用文最突出的特点。绝大多数应用文都是为了解决实际工作、学习和生活中的具体问题而产生、运用的,不是供人鉴赏、审美或评论的。各机关单位要传达贯彻国家的方针政策、法规指令,领导和指导下级开展工作、通报各种情况等,离不开公务文书;经济管理、计划、生产部门要投建新的经济项目,决定生产新的产品,制定营销方案,进行贸易合作,离不开市场预测、经济活动分析、经营合同、商品广告;诉讼、交际、文化宣传、科研等各方面的实际工作也离不开相应的应用文……这些应用文在各行各业的工作中和个人的生活中体现着明显的实用价值。

（二）行文的程式性

当代应用文一般都具有惯用的、共同遵守的行文程式。不同文体的应用文在长期的实践中,已形成了各自不同的相对稳定的文面版式、结构样式和某些固定的用语。国家明文规定和非规定的公文文体的程式性最为明显,各种诉讼文体及经济应用文体、交际应用文体、日常应用文体中大多数文体也具有比较稳定的基本格式。文化、宣传及科研方面的应用文格式相对灵活一些,但行文步骤、谋篇布局也有一定的程式化。

（三）应用的广泛性

当代应用文的使用范围很广，全国无论是中央机关，还是地方的基层单位；无论是各行各业的各个组织，还是各种社会团体，都普遍地使用着通用的和专用的应用文。应用文成为国家机关、企事业单位和社会团体进行全面管理和处理日常事务的一种有效工具。人民群众也在交际、学习、娱乐及其他生活的需求中使用着多种应用文。应用文的使用范围已扩大到社会的各个领域，关系到每个社会成员。

随着我国改革开放形势的继续发展，各行各业的工作范围将会更加广阔，对内对外的交往会更加频繁，人民群众的物质生活和精神生活将会更加丰富，应用文的使用也必将更加广泛。为了适应社会发展的需要，我们应充分认识学习应用文写作的必要性和重要性，并努力提高应用文写作的能力。

当代的应用文种类众多，限于应用文写作课教材的篇幅，难以悉数容纳。为了符合在校大学生学习应用文的实际需求和学有所用，切合未来工作的需要，本书从各大类别的应用文中挑选了有普遍性、代表性与实用性强的文种作为教学与实践的内容。在章节的编排上，由于各大类应用文包括的文种数量不同，属性与作用也有所不同，难以按大类划分章节，根据教学计划的需要，以集中相近文种和突出重要文种的方式对章节进行了编排，这样有利于教学内容及重点的选择。

第一章　公文概述

　　公文,是各种公务文书的统称。它用于全国各级党政机关、事业和企业单位的管理,是处理公务的一种重要工具。公文不同于任何文学作品和一般文章,它的作者、文体规格、所涉内容和语言表达方式都是特定的,具有法定性、强制性和约束性。要写出规范的公文,发挥公文应有的作用,就应当了解公文的性质与作用、文体特点、行文关系、格式规定、写作程序及写作方法等有关问题。

第一节　公文的性质与作用

　　公文的性质决定于它产生自处理公务的需要,它作为管理的重要工具,发挥着明令执法、领导和指导、联系与协调、宣传教育、根据凭证等作用。在我国,从中央到地方,各行各业的管理机构都需要充分发挥公文在管理中的工具作用。

一、公文的性质

　　公文,是伴随着国家的诞生和管理需要而产生的。从我国漫长的历史来看,任何一个朝代的中央政权和各级部门要做到上情下达、下情上达、政令畅通,实现国家的全面管理,都离不开公文。正如曾巩所说:"号令之所布,法度之所设,其言至约,其体至备,以为治天下之具。"[①]正因为公文是国家施行管理必不可少的工具,每个朝代都规定和使用了当时的公文。在《尚书》收集的历史文献中,我们看到了夏、商、周王朝使用的典、谟、训、诰、誓、命等公文。秦代使用了制、诏、奏、议等公文。汉代使用了制、诏、策、诫、章、表、奏、议等公文。魏晋南北朝,除沿用秦汉的公文种类外,又增加了启、策、笺、牒、刺等公文。唐朝使用了制、敕、册、令、教、符、表、状、笺、启、辞、牒、关、刺、移等公文。在宋朝,除沿用唐朝的公文外,还增加了诰命、诏书、御札、咨报等。在元朝,皇帝使用"圣旨"发出政令,皇太子及诸王使用"令旨"颁发文书,皇后使用"懿旨"颁发文书。在明朝,除仍使用唐宋的公文种类,还增加了书状、文册、揭帖、露布、照会、下帖、呈状、平牒等公文。清朝使用了诏、诰、制、敕、呈文、申文、牌文、关文、移会等公文。孙中山的革命临时政府,使用了令、咨、呈、状等公文。在国民党政府统治时期,使用了命令、训令、指令、布告、批、呈、报、函、通知等公文。中华人民共和国成立后,国务院在不同时期也颁布了规定的公文。中共中央办公厅、国务院办公厅 2012 年 4 月联合制定的《党政机关公文处理工作条例》(中办发〔2012〕14 号),统一规定了全国党政机关使用的 15 种公文种类:①决议;②决定;③命令(令);④公报;⑤公告;⑥通告;⑦意见;⑧通知;⑨通报;⑩报告;⑪请示;⑫批复;⑬议案;⑭函;⑮纪要。除这些由国家发文规定的现行公文之外,还有不少通用的公文(如办法、条例、规定、方案、总结、计划、调查报告、简报等)以及专用公文(如司法方面的立案报告、起诉书、抗诉书、判决书、裁定书等,外交方面的照会、国家条约、外交声明等)。由此可见,从古至今,不管公文以什么名称出现,国家在每个历史时期的管理,都没有放弃过使用公文这种重要的工具。

不同历史时期的公文有着不同的名称和形式,代表着不同阶级、阶层的利益。但就这类特殊文体的规定性和工具性而言,历代的公文都具有处理公务的共同职能。

当代公文,即是指法定的社会组织或法人实施领导、履行职能、处理公务使用的具有特定效力和规范体式的公务文书。我国最新的《党政机关公文处理工作条例》明确指出,党政机关公文"是传达贯彻党和国家方针政策,公布法规和规章,指导、布置和商洽工作,请示和答复问题,报告、通报和交流情况等的重要工具",并对这种"工具"的使用范围和表现形态作了明确的规定。

二、公文的作用

公文是国家行政机关和各行各业的业务部门进行管理、处理公务的重要工具,它的

---

① (宋)曾巩《南齐书目录序》,载《南齐书目录》,中华书局,1972 年,第 1 页。

作用非常重要。根据它在不同方面的使用情况,其具体作用有以下 5 个方面。

（一）明令执法作用

国家制定的各种法律、法令都要通过公文颁发,才能传达、贯彻到基层。从国家的根本大法宪法,到各级政府制定的法令、法规以及各行各业领导机关制定的法规性文件,都是以公文的形式颁发的,这些公文具有权威性和强制性。所载法律、法规一经颁布,便规范人们的行为。公文的明令执法作用在管理国家的公务中是十分突出和重要的。

（二）领导和指导作用

国家各级政府和各行各业的各级负责人要领导、指导下级的工作,使全局的工作正常运转,不可能亲临所有的下级单位,更不可能事必躬亲。这就必须借助公文实现上情下达,用公文来对下级布置工作,提出执行要求,用文字的形式实施指挥和指导,以期实现预定的目标。公文所体现的领导、指导作用,正是制发公文的法人组织或法人的职权和责任的一种表现形式。

（三）联系、协调作用

上下级机关之间、平级机关和不相隶属机关之间,要做到目标一致、齐心协力、相互配合,就需要紧密联系、关系协调。公文的上情下达、下情上达和平级的互通情报、公务联系,以及按照共同的要求、规则、决定办事,就体现了公文的联系及协调作用。

（四）宣传教育作用

公文的内容无论是在国家的大政方针、法令规定方面,还是各行各业的规章制度,对先进或错误的通报等方面,都具有宣传教育作用。至于一些针对思想工作、精神文明建设活动的非法规性、任务性的公文,如进行普法教育、爱国主义教育、时事政治教育、安全卫生教育、宣传反腐倡廉、表彰先进单位和个人、揭露和处理违法乱纪问题等性质的公文,更是直接用于动员、宣传和教育。

（五）根据凭证作用

根据凭证作用是公文各种作用的基础,公文离开了根据、凭证作用就发挥不了其他的作用。各种公文都反映了制发机关的意图,具有法定的效力。收文机关都将收到的公文作为处理公务的根据,上级将下级公文反映的情况、请求作为决策的根据,下级将上级公文布置的任务和规定作为执行的根据。公文使用期间或将来作为档案,都有其凭证作用。公文里的法规、决定、决议,具体工作或宣传教育等内容,都是特定时期内体现国家意志或上下级关系、职责、政绩、存在问题等情况的权威材料,自然地具有凭证作用。

第二节　公文的特点与行文关系

当代公文有其产生、发展和相对稳定的历史条件,国家以法规性的文件对它的种类、适用范围、作用效力、书写格式及作者都作了特殊的规定。因此,公文有区别于其他文体的鲜明特点。由于上下级及平行机关职权、责任的不同,处理公务关系的公文必然形成上行文、下行文和平行文,用以体现不同的职责和发挥不同的作用。

一、公文的特点

文学作品和普通文章的作者没有限制,不存在谁能写谁不能写、想写什么或不想写什么的问题,更没有法规性的指定。而公文却不是任何人都可以随便撰写的,而是在领导机关或行政首长命令或授意下,由办文部门或办文人员限内容、限时间、限文种进行写作。这是一种遵命式的、服从性的写作。因此,公文具有以下特点。

(一)特定的作者

公文的作者不能自由署名,它的作者是依法成立并能以自己的名义行使权利和承担责任义务的组织或组织的负责人,即所谓的法人。国家的主席、总理或地方政府的负责人可以用个人的名字来发布命令、指示,但实际上也并非以私人的名义来使用公文,而是以他所在组织的法人地位来发布的。不属于法人的秘书或工作人员,有责任协助具有法人资格的机关单位或负责人拟写公文,但不能将自己视为公文的作者。

(二)特定的格式

写普通文章,特别是创作文学作品,允许"文无定格""文无定法",唯标新立异才更具有特色。而公文的写作却要遵守特定的格式。公文的格式是由国家制定的法规性文件统一规定的,任何机关都不能另搞一套、各行其是,否则,就会出现五花八门的公文样式,影响公文的上传下达和实际效力。规定公文的格式,主要是出自公文内容的需要和使公文成为一种规范化、程式化的高效办公工具的需要。上下各级、全国各地都应统一的格式,只要在规定的部位写明缓急程度、秘密等级、文件号、标题、受文单位、公文内容、限制传达范围、发文机关等,就能让接受公文方一目了然,很快确定它的重要程度和处理方法。因此,国家对公文的文头、正文和文尾的位置与其应包括的格式与内容都有专门的管理办法。

（三）特定的文种

在一定的时期内,公文的种类名称一经国家确定,就具有固定性,任何组织不得擅自增减或更名。划分、确立公文的种类和名称,不仅是区别公文文体的需要,更重要的是明确各种公文的使用权限、行文关系和内容限制,如命令、指示、批复、决定等公文属下行文,只能由上级机关使用。请示、报告属上行文,只能由下级机关使用。不按这样的规定,就会扰乱公文的权限和行文关系。公文的文种和名称还限制着它反映的内容,如通知可以反映的内容为"发布行政法规和规章,转发上级机关、同级机关和不相隶属机关的公文,批转下级机关的公文,要求下级机关办理和需要周知或共同执行的事项";而通报可以反映的内容为"表彰先进,批评错误,传达重要情况"。如果将以上两种公文的名称错用,就不符合公文的管理规定。因此,公文所写的内容应与文种的要求相符,这样才能体现各种公文的针对性,实现其各自的作用和目的。

（四）特定的权威性

学术文章或理论专著都可能具有权威性,但这种权威性不是通过法规规定的,而是作品自身的独创性和重大价值所体现的。即便是这样的权威性作品,也可能受到某些读者的挑战,与之争鸣甚至否定。另外,读者读不读,也是自己的权利。公文却不同,公文的权威性是法规规定和保证的。公文代表国家政权机关和各行各业领导机关发布领导、指导的或法规性的要求,这种要求具有强制性和约束力,收文的机关或个人按组织原则应无条件接收并按公文管理办法处理。对上级下发的公文不能因不满意或不理解就拒不贯彻、执行;对下级上呈的公文也不能根据上级机关的地位和领导个人的好恶而随意处理。公文具有特定的权威性,才能保证公文各种作用的发挥。值得强调的是,不能因为公文具有这样的权威性,行文机关就忽视公文内容的原则性、群众性和客观性,否则,就会出现"上有政策、下有对策",使公文有"权"而不"威"。

（五）特定的时效性

公文的时效有长有短,一般法律、法规性的公文时效长一些,如颁布宪法、刑法、民法的公文。公文的时效性是由公文的性质和公文的内容决定的。公文的大多数种类都是为处理公务中的现实问题,即需要当下处理的问题或短期内要解决的问题而制定的。这类公文要求行文快、见效快,如面临亟待开展的工作或活动,发现某地某人贪污腐败严重,突然出现的重大问题等,如不及时行文,就难以解决。而这类问题一旦按公文的要求处理完毕,公文的现时效力也就结束。反映不同内容的公文时效有长有短,从实际情况来看,处理现实具体问题的公文时效一般较短,颁布大政方针、法律法规的公文时效相对较长。但较长时效的公文使用到一定的时限,也会和较短时效的公文一样,成为历史材料归档存放。

二、公文的行文关系

要体现公文的使用对象和权限,妥善正确地处理好上下级机关和平行机关及单位的行文关系,就必须按照公文的不同文种来行文。我国现行的公文行文关系,可分为下行公文、上行公文和平行公文。

(一)下行公文

下行公文是指上级机关对下级机关制发的,用以发布和传达方针、政策,安排和部署工作、批复下级请示等情况使用的公文。国家规定的 15 种公文中,下行公文有 11 种:①决议;②决定;③命令(令);④公报;⑤公告;⑥通告;⑦意见;⑧通知;⑨通报;⑩批复;⑪纪要。

(二)上行公文

上行公文是指下级机关向上级领导机关汇报工作、反映情况、请示问题时使用的公文。最常用的上行公文有两种:报告和请示。

(三)平行公文

平行公文是指平级机关或不相隶属机关之间相互商洽工作,在互通情况、协调关系时使用的公文。平行公文有两种:函和议案。函在一般情况下属于平行文,即平级机关往来的函。但作为上级机关询问下级机关问题的函或答复下级机关问题的复函,属于下行文;作为下级机关回答上级咨询问题或请求答复问题的函,属于上行文。议案是各级人民政府按照法律程序向同级人民代表大会或者人民代表大会常务委员会提请审议事项的公文,属于平行文。

第三节　公文的格式内容及撰写

公务文书可以分为两大类:一类是国家公文处理条例和相关文件中规定的文种名称与行文格式的公文,本书将这类公文称为规定公文;还有一类虽然没有明文规定,但为各级机关长期广泛使用的公文,如总结、计划、简报、调查报告等,本书将这类公文称为非规定公文。这里讲的是规定公文的格式,非规定公文的格式将另章分别讲述。

规定公文的文本格式一般由份号、密级和保密期限、紧急程度、发文机关标志、发文字号、签发人、标题、主送机关、正文、附件说明、发文机关署名、成文日期、印章、附注、附件、抄送机关、印发机关和印发日期、页码等组成。这些内容分属于公文的文头、正文、版记三部分。明确了它们各自的具体内容和位置,安排公文的格式就不难了。

一、文头部分的格式安排和撰写

文头,也称版头,其内容包括文件名称、发文字号、文件份号、签发人、秘密等级、缓急程度等。

（一）发文机关标志

发文机关标志即发文机关的全称或规范化简称加上"文件"两字,如"国务院办公厅文件""广东省进出口贸易公司文件",就是文件标志,其位置在版头居中。发文机关标志可以并用联合发文机关名称,也可以单独用主办机关名称。如需同时标注联署发文机关名称,一般应当将主办机关名称排列在前;如有"文件"二字,应当置于发文机关名称右侧,以联署发文机关名称为准上下居中排列。

（二）发文字号

发文字号由机关代字、发文年号、发文序号组成,如"国办发〔2022〕18 号"。"国办发"就是国务院办公厅发文的代字,"〔2022〕"就是发文年号,"18 号"就是当年发文的顺序号。发文字号的位置在文件名称之下、版头横隔线之上居中排列;两个或两个以上的机关联合发文,用主办机关的发文字号。

（三）文件份号

文件份号是指发出同一公文份数的顺序编号,一般用于有密级或需要回收的公文。文件份号用 6 位 3 号阿拉伯数字,顶格编排在版心左上角第一行,如"000001"。

（四）签发人

《党政机关公文处理工作条例》规定:"上行文应当注明签发人、会签人姓名。"如请示、报告等上行文就应写上签发人,其位置在发文字号右边、版头横隔线上的适当位置。如有多个签发人,签发人姓名按照发文机关的排列顺序从左到右、自上而下依次均匀编排,一般每行排两个姓名,回行时与上一行第一个签发人姓名对齐。

（五）秘密等级

公文密级分为绝密、机密、秘密三等。密级顶格编排在版心左上角第二行;保密期限中的数字用阿拉伯数字标注。未注明密级者,则属普通文件。

（六）缓急程度

缓急程度是对公文传递和办理时间提出的要求,分为"特急"和"急"两种。"特急"文件,要求紧急传送、紧急处理、随到随办。根据文件内容的重大程度和及时办理要求,可在文件版头左上方密级之下标明"特急"或"急"。

如需标注紧急程度,顶格编排在版心左上角;如需同时标注份号、密级和保密期限、紧急程度,按照份号、密级和保密期限、紧急程度的顺序自上而下分行排列。

二、正文部分的格式安排和撰写

正文部分的格式内容包括了公文标题、主送机关、正文、附件、发文机关、发文时间、印章等。

（一）公文标题

公文标题在版头横隔线下居中位置。它一般由发文机关名称、事由、文种三部分组成。如 2014 年 1 月 28 日发布的《国务院关于取消和下放一批行政审批项目的决定》(国发〔2014〕5 号),发文机关名称为"国务院",事由为"取消和下放一批行政审批项目",文种是"决定"。批转性公文的标题是由批转机关名称、被批准文件的名称和文种组成,如

2013年12月30日发布的《国务院办公厅转发〈财政部关于调整和完善县级基本财力保障机制意见〉的通知》(国办发〔2013〕112号)。有些特殊的文种可以省去发文机关名称和事由,如公开张贴的布告、公告、通告的标题有时只写文种。发布命令、令这类公文则可以只写发文机关和文种,如2014年2月19日发布的第648号《中华人民共和国国务院令》。

(二)主送机关

主送机关也称受文机关,其名称的位置在标题之下、正文之上,从左顶格书写。下行文中的普通文件,主送机关往往较多,一般不写各下级机关的全称,而写同类机关统称。例如,《国务院关于实施金融控股公司准入管理的决定》(国办发〔2020〕12号),主送的单位统称为"各省、自治区、直辖市人民政府,国务院各部委、各直属机构",又如《浙江省人民政府办公厅关于加强湿地保护管理工作的意见》(浙政办发〔2014〕23号),主送的单位统称为"各市、县(市、区)人民政府,省政府直属各单位"。所涉主送单位很多,如要分别写出全称,那文字就会太长。主送的单位只有一个则应写全称,如2011年1月4日发布的《四川省人民政府关于宜宾市设立四川江安经济开发区的批复》(川府函〔2022〕41号),主送单位的名称就是"宜宾市人民政府"。上行文一般只有一个主送机关,多头主送会造成责任不明、互相推诿。

(三)正文

这部分是公文的主体,集中表达公文内容之所在。正文的内容一般包括说明行文的依据和目的,阐述具体问题和提出具体要求或解决办法。其结构形式根据前面这些内容划分为前言、主体、结尾三部分。公文的内容无论是条款式表达,还是篇章式表达,正文的基本格式都由以上三部分组成。公文正文的撰写要求和具体写法,将在以后各节的文种写作中介绍。

(四)附件

附件是指附属于主件的文件或相关资料。公文不一定都有附件,如有附件,应在正文下空一行左空二字编排"附件"二字,后标全角冒号和附件名称。如有多个附件,使用阿拉伯数字标注附件顺序号,如"附件:1.×××××",附件名称后不加标点符号。附件名称较长需回行时,应当与上一行附件名称的首字对齐。附件应当另面编排,并在版记之前,与公文正文一起装订。"附件"二字及附件顺序号顶格编排在版心左上角第一行。附件标题居中编排在版心第三行。附件顺序号和附件标题应当与附件说明的表述一致,附件格式要求同正文。如附件与正文不能一起装订,应当在附件左上角第一行顶格编排公文的发文字号并在其后标注"附件"二字及附件顺序号。

（五）附注

附注是指对文件发布对象、发布范围、是否公开或回收等特殊要求的说明，如"此件发至××级""此件用后请收回""此件可公开发表"等。附注居左空二字加圆括号编排在成文日期下一行。

（六）发文机关

发文机关也称制发机关或下款，在正文右下方写明发文机关的名称。发文机关名称，一般要写出法定的全称，名称太长，可以用规范化的简称。几个机关联合发文，将主办机关排在前面。

（七）成文日期

成文日期以会议通过的时间或发文机关领导人签发的时间为准，联合发文以最后签发机关领导人的签发日期为准。成文日期一般右空四字编排，用阿拉伯数字将年、月、日标全，年份应标全称，月、日不编虚位（即1不编为01）。电报文件以发出日为准。成文日期一般书写在发文机关名称下面，但有些特殊的公文可将成文日期写在公文标题的下面，如纪要、决议等。

（八）加盖机关印章

公文除会议纪要外，都应加盖印章。联合上报的非法规性文件，由主办机关加盖印章；联合下发的公文，联合发文机关都应加盖印章。印章用红色，不得出现空白印章。单一机关行文时，一般在成文日期之上、以成文日期为准居中编排发文机关署名，印章端正、居中下压发文机关署名和成文日期，使发文机关署名和成文日期居印章中心偏下位置，印章顶端应当上距正文（或附件说明）一行之内。联合行文时，一般将各发文机关署名按照发文机关顺序整齐排列在相应位置，并将印章一一对应、端正、居中下压发文机关署名，最后一个印章端正、居中下压发文机关署名和成文日期。印章之间排列整齐、互不相交或相切，每排印章两端不得超出版心，首排印章顶端应当上距正文（或附件说明）一行之内。

当公文排版后所剩空白处不能容下印章或签发人签名章、成文日期时，可以采取调整行距、字距的措施解决。

要注意的是，按现行《党政机关公文格式》规定，不加盖印章的公文，单一机关行文时，在正文（或附件说明）下空一行右空二字编排发文机关署名，在发文机关署名下一行编排成文日期,首字比发文机关署名首字右移二字;如成文日期长于发文机关署名,应当使成文日期右空二字编排,并相应增加发文机关署名右空字数。

联合行文时,应当先编排主办机关署名,其余发文机关署名依次向下编排。

(九)加盖签发人签名章的公文

单一机关制发的公文加盖签发人签名章时,在正文(或附件说明)下空二行右空四字加盖签发人签名章,签名章左空二字标注签发人职务,以签名章为准上下居中排布。在签发人签名章下空一行右空四字编排成文日期。联合行文时,应当先编排主办机关签发人职务、签名章,其余机关签发人职务、签名章依次向下编排,与主办机关签发人职务、签名章上下对齐;每行只编排一个机关的签发人职务、签名章;签发人职务应当标注全称。签名章一般用红色。

三、版记部分的格式

版记的格式内容主要包括抄送机关和印发机关、印发日期与数量。

(一)抄送机关

抄送机关,在印发机关和印发日期之上一行、左右各空一字编排。"抄送"二字后加全角冒号和抄送机关名称,回行时与冒号后的首字对齐,最后一个抄送机关名称后标句号。抄送机关是公文涉及的需要了解公文内容或协助处理公文内容的有关机关。抄送机关要根据公文发送的规定性、目的性和实效性来确定,不能凡是领导机关和领导人都抄送,否则不但不能解决问题,反而给不该受文的机关和领导人增加处理公文的负担。

如需把主送机关移至版记,除将"抄送"二字改为"主送"外,编排方法同抄送机关。既有主送机关又有抄送机关时,应当将主送机关置于抄送机关之上一行,之间不加分隔线。

(二)印发机关和印发日期

印发机关和印发日期,编排在末条分隔线之上,印发机关左空一字,印发日期右空一字,用阿拉伯数字将年、月、日标全,年份应标全称,月、日不编虚位(即1不编为01),后加"印发"二字。

版记中如有其他要素,应当将其与印发机关和印发日期用一条细分隔线隔开。文件印制数量编排在版记中最后一条细线之下右空一字,加括号和数量,如:(共印50份)。

第四节 公文的语言要求

　　制发公文的目的是解决公务中的各种实际问题,发挥公文在行政管理及各项具体工作中的实施作用。因此,公文的语言不允许夸张隐晦与铺陈拖沓,也不需要秀丽华美,文采斐然。现行《党政机关公文处理工作条例》强调公文写作应做到"内容简洁,主题突出,观点鲜明,结构严谨,表述准确,文字精炼"。要达到这样的要求,公文的语言就必须符合其文体的实用特征,体现出准确、简明、朴实、得体的语体风格。

一、准确

　　所谓准确,就是明确无误地表述问题与观点,恰如其分地遣词造句,做到辞意相符。公文语言若出现语焉不详、模棱两可或辞不达意的问题,就易产生歧义,造成不良后果。撰写公文时,既要在语言上符合语法规范和逻辑,更要注意表意的针对性和分寸感。

二、简明

　　所谓简明,就是简明扼要。写公文应开门见山、直截了当、言简意赅,这样才便于受文者接受和执行。要做到简洁,就必须摒弃空话、套话,力戒浮词冗言,突出主题,清晰归纳问题,集中表述必要的内容,可说可不说的尽量免去,不必说的则一句不提。

三、朴实

　　所谓朴实,就是朴实无华、深入浅出、平易通俗。刻意渲染和藻饰于公文的实际作用无补,反而会削弱公文的庄重性。要体现朴实,撰写公文时就应以直陈的叙述方式为主,兼用说明、议论,不宜用描写和抒情方式。所用词语平实,不用夸张、拟人等艺术修辞的方式。

四、得体

所谓得体,是指公文语言应符合文种体裁、行文关系和行文目的的需要。公文种类各异,均有自己的文体特点、行文对象和不同的作用,故行文时语调、语气也各不相同。下行文的语言多具权威性、指令性、规定性,上行文的语言多具汇报性、请示性,平行文的语言多具协商性、交流性。行文的地位和需求不同,其语言必须得体。否则,上、下及平行的公务关系就难以协调,直接影响到公文运行的效率。

参考例文

国务院关于进一步优化企业兼并重组市场环境的意见

国发〔2014〕14号

各省、自治区、直辖市人民政府,国务院各部委、各直属机构:

兼并重组是企业加强资源整合、实现快速发展、提高竞争力的有效措施,是化解产能严重过剩矛盾、调整优化产业结构、提高发展质量效益的重要途径。近年来,我国企业兼并重组步伐加快,但仍面临审批多、融资难、负担重、服务体系不健全、体制机制不完善、跨地区跨所有制兼并重组困难等问题。为深入贯彻党的十八大和十八届二中、三中全会精神,认真落实党中央和国务院的决策部署,营造良好的市场环境,充分发挥企业在兼并重组中的主体作用,现提出以下意见:

一、主要目标和基本原则

(一)主要目标。

1.体制机制进一步完善。企业兼并重组相关行政审批事项逐步减少,审批效率不断提高,有利于企业兼并重组的市场体系进一步完善,市场壁垒逐步消除。

2.政策环境更加优化。有利于企业兼并重组的金融、财税、土地、职工安置等政策进一步完善,企业兼并重组融资难、负担重等问题逐步得到解决,兼并重组服务体系不断健全。

3.企业兼并重组取得新成效。兼并重组活动日趋活跃,一批企业通过兼并重组焕发活力,有的成长为具有国际竞争力的大企业大集团,产业竞争力进一步增强,资源配置效率显著提高,过剩产能得到化解,产业结构持续优化。

(二)基本原则。

1.尊重企业主体地位。有效调动企业积极性,由企业自主决策、自愿参与兼并重组,坚持市场化运作,避免违背企业意愿的"拉郎配"。

2.发挥市场机制作用。发挥市场在资源配置中的决定性作用,加快建立公平开放透明的市场规则,消除企业兼并重组的体制机制障碍,完善统一开放、竞争有序的市场体系。

3.改善政府的管理和服务。取消限制企业兼并重组和增加企业兼并重组负担的不合理规定,解决企业兼并重组面临的突出问题,引导和激励各种所有制企业自主、自愿参与兼并重组。

二、加快推进审批制度改革

(三)取消下放部分审批事项。系统梳理企业兼并重组涉及的审批事项,缩小审批范围,对市场机制能有效调节的事项,取消相关审批。取消上市公司收购报告书事前审核,强化事后问责。取消上市公司重大资产购买、出售、置换行为审批(构成借壳上市的除外)。对上市公司要约收购义务豁免的部分情形,取消审批。地方国有股东所持上市公司股份的转让,下放地方政府审批。

(四)简化审批程序。优化企业兼并重组相关审批流程,推行并联式审批,避免互为前置条件。实行上市公司并购重组分类审核,对符合条件的企业兼并重组实行快速审核或豁免审核。简化海外并购的外汇管理,改革外汇登记要求,进一步促进投资便利化。优化国内企业境外收购的事前信息报告确认程序,加快办理相关核准手续。提高经营者集中反垄断审查效率。企业兼并重组涉及的生产许可、工商登记、资产权属证明等变更手续,从简限时办理。

三、改善金融服务

(五)优化信贷融资服务。引导商业银行在风险可控的前提下积极稳妥开展并购贷款业务。推动商业银行对兼并重组企业实行综合授信,改善对企业兼并重组的信贷服务。

(六)发挥资本市场作用。符合条件的企业可以通过发行股票、企业债券、非金融企业债务融资工具、可转换债券等方式融资。允许符合条件的企业发行优先股、定向发行可转换债券作为兼并重组支付方式,研究推进定向权证等作为支付方式。鼓励证券公司开展兼并重组融资业务,各类财务投资主体可以通过设立股权投资基金、创业投资基金、产业投资基金、并购基金等形式参与兼并重组。对上市公司发行股份实施兼并事项,不设发行数量下限,兼并非关联企业不再强制要求作出业绩承诺。非上市公众公司兼并重组,不实施全面要约收购制度。改革上市公司兼并重组的股份定价机制,增加定价弹性。非上市公众公司兼并重组,允许实行股份协商定价。

四、落实和完善财税政策

(七)完善企业所得税、土地增值税政策。修订完善兼并重组企业所得税特殊性税务处理的政策,降低收购股权(资产)占被收购企业全部股权(资产)的比例限制,扩大特殊性税务处理政策的适用范围。抓紧研究完善非货币性资产投资交易的企业所得税、企业改制重组涉及的土地增值税等相关政策。

(八)落实增值税、营业税等政策。企业通过合并、分立、出售、置换等方式,转让全部或者部分实物资产以及与其相关联的债权、债务和劳动力的,不属于增值税和营业税征收范围,不应视同销售而征收增值税和营业税。税务部门要加强跟踪管理,企业兼并重组工作牵头部门要积极协助财税部门做好相关税收政策的落实。

(九)加大财政资金投入。中央财政适当增加工业转型升级资金规模,引导实施兼并重组的企业转型升级。利用现有中央财政关闭小企业资金渠道,调整使用范围,帮助实施兼并重组的企业安置职工、转型转产。加大对企业兼并重组公共服务的投入力度。各地要安排资金,按照行政职责,解决本地区企业兼并重组工作中的突出问题。

(十)进一步发挥国有资本经营预算资金的作用。根据企业兼并重组的方向、重点和目标,合理安排国有资本经营预算资金引导国有企业实施兼并重组、做优做强,研究完善相关管理制度,提高资金使用效率。

五、完善土地管理和职工安置政策

(十一)完善土地使用政策。政府土地储备机构有偿收回企业因兼并重组而退出的土地,按规定支付给企业的土地补偿费可以用于企业安置职工、偿还债务等支出。企业兼并重组中涉及因实施城市规划需要搬迁的工业项目,在符合城乡规划及国家产业政策的条件下,市县国土资源管理部门经审核并报同级人民政府批准,可收回原国有土地使用权,并以协议出让或租赁方式为原土地使用权人重新安排工业用地。企业兼并重组涉及土地转让、改变用途的,国土资源、住房城乡建设部门要依法依规加快办理相关用地和规划手续。

(十二)进一步做好职工安置工作。落实完善兼并重组职工安置政策。实施兼并重组的企业要按照国家有关法律法规及政策规定,做好职工安置工作,妥善处理职工劳动关系。地方各级人民政府要进一步落实促进职工再就业政策,做好职工社会保险关系转移接续,保障职工合法权益。对采取有效措施稳定职工队伍的企业给予稳定岗位补贴,所需资金从失业保险基金中列支。

六、加强产业政策引导

(十三)发挥产业政策作用。提高节能、环保、质量、安全等标准,规范行业准入,形成倒逼机制,引导企业兼并重组。支持企业通过兼并重组压缩过剩产能、淘汰落后产能、促进转型转产。产能严重过剩行业项目建设,须制定产能置换方案,实施等量或减量置换。

(十四)鼓励优强企业兼并重组。推动优势企业强强联合、实施战略性重组,带动中小企业"专精特新"发展,形成优强企业主导、大中小企业协调发展的产业格局。

（十五）引导企业开展跨国并购。落实完善企业跨国并购的相关政策，鼓励具备实力的企业开展跨国并购，在全球范围内优化资源配置。规范企业海外并购秩序，加强竞争合作，推动互利共赢。积极指导企业制定境外并购风险应对预案，防范债务风险。鼓励外资参与我国企业兼并重组。

（十六）加强企业兼并重组后的整合。鼓励企业通过兼并重组优化资金、技术、人才等生产要素配置，实施业务流程再造和技术升级改造，加强管理创新，实现优势互补、做优做强。

七、进一步加强服务和管理（略）

八、健全企业兼并重组的体制机制（略）

九、切实抓好组织实施（略）

国务院

2014 年 3 月 7 日

（此件有删减）

第二章　规定性公文

　　规定公文是指现行的《党政机关公文处理工作条例》规定的 15 种公文种类,包括决议、决定、命令(令)、公报、公告、通告、意见、通知、通报、报告、请示、批复、议案、函和纪要。这些公文的适用范围、行文关系及文面版式、处理程序等都是有专门规定的,它们主要通用于全国的党政机关和企事业单位、社会团体的管理部门。各类公文都有它特殊的文体概念、不同种类、不同作用及适应范围,在文体的行文结构、具体内容及表达方式上也有各自不同的要求。了解各种公文的撰写要求和方法,对提高公文撰写能力是十分必要的。本章主要讲解常用的决定、公告、通告、意见、通知、通报、报告、请示、批复、函、纪要这 11 种规定性公文。

第一节　决　定

一、决定的概念

　　决定是用于对重要事项作出决策和部署、奖惩有关单位和人员、变更或者撤销下级机关不适当的决定事项的一种公文。

决定可用以颁布重要的政策或规定、安排重大的工作或活动、告知重要的问题和宣布重要的奖惩措施。国家领导机关及地方中、基层领导机关都可以使用这种公文。决定具有决断性的特点,各级重要会议或领导机关一经决定的事项及行动措施,所辖系统的各级单位和人员都必须贯彻执行,不得违背。

二、决定的种类

按决定的具体内容和不同作用划分,决定可分为以下几类。

(一)政策性决定

这类决定是各级领导机关对某些重大问题所作的决策安排。它的政策性、规定性很强,如《国务院关于全面推进依法行政的决定》《国务院关于深化棉花流通体制改革的决定》。

(二)法规性决定

这类决定用以发布法规性的重大措施,其制发者为有权制定法规的机关和政府部门,如《全国人民代表大会常务委员会关于死刑案件核准问题的决定》《国务院关于关闭非法和布局不合理煤矿的决定》等。

(三)工作性决定

这类决定用以对重大工作和重大活动的部署,如《国务院关于进一步加强产品质量工作若干问题的决定》等。

(四)奖惩性决定

这类决定用以表彰特别突出的先进集体、模范人物和处罚严重违纪违规的单位与个人,如《国务院关于表彰全国劳动模范和先进工作者的决定》《中国足协纪委关于对青岛海牛足球俱乐部运动员×××违规违纪的处罚决定》等。

(五)告知性决定

这类决定主要是告知重大工作或活动,以及机构调整、人事任免的信息,如《国务院关于实行公民身份号码制度的决定》《××市人民政府关于撤销创建卫生文明城市办公室的决定》等。

三、决定的写作

决定正文的结构一般由前言、主体、结语三部分组成。

(一)前言

写这部分应开门见山地概括决定制作的缘由、根据和决定的具体对象。如《国务院关于修改部分行政法规的决定》的前言："为了依法推进行政审批制度改革和政府职能转变,发挥好地方政府贴近基层的优势,促进和保障政府管理由事前审批更多地转为事中事后监管,进一步激发市场、社会的创造活力,根据 2013 年 7 月 13 日国务院公布的《国务院关于取消和下放 50 项行政审批项目等事项的决定》和 2013 年 11 月 8 日国务院公布的《国务院关于取消和下放一批行政审批项目的决定》,国务院对取消和下放的 125 项行政审批项目涉及的行政法规进行了清理。经过清理,国务院决定:对 16 部行政法规的部分条款予以修改。"这段话不仅简明扼要地讲清了为什么行文、根据什么行文、行文针对的主体是什么,还指出了行文的目的。

(二)主体

这部分是全文的实际内容所在,务必写明决定的具体内容。决定涉及的问题大多重大,范围较广,相关的政策、规定和举措较多。因此,写这些内容时,应紧紧围绕决定的主要命题,按照决定内容的主次作用和逻辑关系来谋篇布局,划分层次段落。内容较多、篇幅较长的决定,宜用条款式行文或序号标题分述式行文。例如,《国务院关于建立城镇职工基本医疗保险制度的决定》,围绕建立城镇职工基本医疗保险制度这一中心命题,将全文要表述的相关问题分七个方面进行了结构安排,并以七个小标题统率各方面的内容:"一、改革的任务与原则;二、覆盖范围和缴费方法;三、建立基本医疗保险统筹基金和个人账户;四、健全基本医疗保险基金的管理和监督机制;五、加强医疗服务管理;六、妥善解决有关人员的医疗待遇;七、加强组织领导。"这样的结构安排,就使该文件的决定内容井然有序、重点突出、层次分明,看起来一目了然。

(三)结语

这部分不是所有的决定都需要写。有的决定正文将有关的条款写完就结束全文,有的决定则在正文后针对决定的内容提出贯彻决定的要求和希望,或对规定作简要说明。需要写结语的决定则写,并要注意简短,以免画蛇添足。

参考例文

<h1 style="text-align:center">国务院关于实施金融控股公司准入管理的决定</h1>

国发〔2020〕12 号

各省、自治区、直辖市人民政府,国务院各部委、各直属机构:

为加强对非金融企业、自然人等主体控股或者实际控制金融机构的监督管理,规范金融控股公司行为,防范系统性金融风险,现作出如下决定:

一、对金融控股公司实施准入管理

中华人民共和国境内的非金融企业、自然人以及经认可的法人控股或者实际控制两个或者两个以上不同类型金融机构,具有本决定规定情形的,应当向中国人民银行提出申请,经批准设立金融控股公司。

(一)本决定所称金融控股公司,是指依照《中华人民共和国公司法》和本决定设立的,控股或者实际控制两个或者两个以上不同类型金融机构,自身仅开展股权投资管理、不直接从事商业性经营活动的有限责任公司或者股份有限公司。

(二)本决定所称金融机构的类型包括:

1.商业银行(不含村镇银行,下同)、金融租赁公司;

2.信托公司;

3.金融资产管理公司;

4.证券公司、公募基金管理公司、期货公司;

5.人身保险公司、财产保险公司、再保险公司、保险资产管理公司;

6.国务院金融管理部门认定的其他机构。

(三)本决定所称应当申请设立金融控股公司的规定情形,是指具有下列情形之一:

1.控股或者实际控制的金融机构中含商业银行的,金融机构的总资产不少于人民币5 000 亿元,或者金融机构总资产少于人民币5 000 亿元但商业银行以外其他类型的金融机构总资产不少于人民币1 000 亿元或者受托管理的总资产不少于人民币5 000 亿元;

2.控股或者实际控制的金融机构中不含商业银行的,金融机构的总资产不少于人民币1 000 亿元或者受托管理的总资产不少于人民币5 000 亿元;

3.控股或者实际控制的金融机构总资产或者受托管理的总资产未达到上述第一项、第二项规定的标准,但中国人民银行按照宏观审慎监管要求认为需要设立金融控股公司。

二、设立金融控股公司的条件和程序

(一)申请设立金融控股公司,除应当具备《中华人民共和国公司法》规定的条件外,还应当具备以下条件：

1.实缴注册资本额不低于人民币 50 亿元，且不低于所直接控股金融机构注册资本总和的 50%；

2.股东、实际控制人信誉良好，且符合相关法律、行政法规及中国人民银行的有关规定；

3.有符合任职条件的董事、监事和高级管理人员；

4.有为所控股金融机构持续补充资本的能力；

5.有健全的组织机构和有效的风险管理、内部控制制度等其他审慎性条件。

（二）中国人民银行应当自受理设立金融控股公司申请之日起 6 个月内作出批准或者不予批准的书面决定；决定不予批准的，应当说明理由。

经批准设立的金融控股公司，由中国人民银行颁发金融控股公司许可证，凭该许可证向市场监督管理部门办理登记，领取营业执照。未经中国人民银行批准，不得登记为金融控股公司，不得在公司名称中使用"金融控股""金融集团"等字样。

依照本决定规定应当设立金融控股公司但未获得批准的，应当按照中国人民银行会同国务院银行保险监督管理机构、国务院证券监督管理机构提出的要求，采取转让所控股金融机构的股权或者转移实际控制权等措施。

（三）金融控股公司变更名称、住所、注册资本、持有 5% 以上股权的股东、实际控制人，修改公司章程，投资控股其他金融机构，增加或者减少对所控股金融机构的出资或者持股比例导致控制权变更或者丧失，分立、合并、解散或者破产，应当向中国人民银行提出申请。中国人民银行应当自受理申请之日起 3 个月内作出批准或者不予批准的书面决定。

三、其他规定

（一）本决定施行前已具有本决定规定应当申请设立金融控股公司情形的，应当自本决定施行之日起 12 个月内向中国人民银行申请设立金融控股公司。逾期未申请的，应当按照中国人民银行会同国务院银行保险监督管理机构、国务院证券监督管理机构提出的要求，采取转让所控股金融机构的股权或者转移实际控制权等措施。

（二）非金融企业或者经认可的法人控股或者实际控制的金融资产占其并表总资产的 85% 以上且符合本决定规定应当申请设立金融控股公司情形的，也可以依照本决定规定的设立金融控股公司条件和程序，申请将其批准为金融控股公司。

（三）中国人民银行根据本决定制定设立金融控股公司条件、程序的实施细则，并组织实施监督管理，可以采取相关审慎性监督管理措施。

本决定自 2020 年 11 月 1 日起施行。

国务院

2020 年 9 月 11 日

第二节　通　知

一、通知的概念

通知是用于发布行政法规和规章,转发上级机关、同级机关的公文,批转下级机关的公文,要求下级机关办理和需要周知或共同执行事项的一种公文。通知的用途很广,使用频率很高。

按通知内容要求和作用的不同,通知可分为法规性通知、工作性通知、批转性通知、转发性通知、知照性通知、会议性通知等。

由于通知的种类较多,下面分别叙述各类通知的写作。

二、法规性通知的写作

法规性通知,就是用于发布行政法规、规章的通知。这类通知本身并不是法规或规章,但由于它是颁发或实施法规、规章的文件,因此也具有法规性和强制性的特点。

这类通知的写作有两种情况:一种只写明颁发的法规或规章的名称及上级机关要求遵照执行的指示性短语即可,如 2013 年 10 月 25 日发布的《国务院办公厅关于印发突发事件应急预案管理办法的通知》(国办发〔2013〕101 号),文件的正文只有"《突发事件应急预案管理办法》已经国务院同意,现印发给你们,请认真贯彻执行"。这样短的文字,一种是不仅要写明颁发的法规或规章的名称,还要写出具体的实施规定和要求;第二种通知的正文内容较多,一般分为前言和主体两个部分。其写作要求如下。

(一)前言

这部分应写出颁发法规的名称及其目的意义。例如,《国务院办公厅关于实施〈中华人民共和国赔偿法〉的通知》,文件的前言部分先写明《中华人民共和国赔偿法》将于何时起施行,紧接着就指出:

"这是我国社会主义民主与法制建设的一件大事。保证国家赔偿法全面、正确地实施,并以此促进各级政府和政府各部门严格依法行使职权,是各级行政机关的一项重要职责,也是政府法制建设的一项重要任务。为了做好国家赔偿法的实施工作,经国务院同意,现将有关事项通知如下。"

这段话首先写明该通知行文的意义和目的,起到了对全文提纲挈领的作用,让收文者读完前言就明确了文件的主旨。

（二）主体

这部分要写出颁布法规的实施规定和要求,可用篇章式也可以用条款式来表达,内容的详略要根据法规的范围和下级易于掌握执行的要求来写。如《国务院办公厅关于实施〈中华人民共和国赔偿法〉的通知》的主体就是用篇章式将实施规定和要求分为四个方面来表述的:一是要从我国政权的性质认识国家赔偿法的重要意义,切实做好实施国家赔偿法的工作;二是确定受理赔偿请求的具体工作机构和人员;三是抓紧国家赔偿法的配套制度建设;四是通过实施国家赔偿法,把政府法制工作提高到一个新水平。这四个方面的内容具体、明确地反映了国务院办公厅实施《中华人民共和国赔偿法》的意图和工作要求。

参考例文一

国务院办公厅关于文化市场
综合行政执法有关事项的通知

国办函〔2021〕62号

各省、自治区、直辖市人民政府,国务院各部委、各直属机构:

《文化市场综合行政执法事项指导目录》(以下简称《指导目录》)是落实统一实行文化市场综合行政执法要求、明确文化市场综合行政执法职能的重要文件,2021年版《指导目录》已经国务院原则同意。根据深化党和国家机构改革有关部署,经国务院批准,现就有关事项通知如下:

一、《指导目录》实施要以习近平新时代中国特色社会主义思想为指导,全面贯彻党的十九大和十九届二中、三中、四中、五中全会精神,按照党中央、国务院决策部署,扎实推进文化市场综合行政执法改革,统筹配置行政执法职能和执法资源,切实解决多头多层重复执法问题,严格规范公正文明执法。

二、《指导目录》主要梳理规范文化市场综合行政执法领域依据法律、行政法规设定的行政处罚和行政强制事项，以及部门规章设定的警告、罚款的行政处罚事项，并将按程序进行动态调整。各省、自治区、直辖市可根据法律、行政法规、部门规章立改废释和地方立法等情况，进行补充、细化和完善，建立动态调整和长效管理机制。有关事项和目录按程序审核确认后，要在政府门户网站等载体上以适当方式公开，并接受社会监督。

三、切实加强对文化市场综合行政执法领域行政处罚和行政强制事项的源头治理。凡没有法律法规规章依据的执法事项一律取消。需要保留或新增的执法事项，要依法逐条逐项进行合法性、合理性和必要性审查。虽有法定依据但长期未发生且无实施必要的、交叉重复的执法事项，要大力清理，及时提出取消或调整的意见建议。需修改法律法规规章的，要按程序先修法再调整《指导目录》，先立后破，有序推进。

四、对列入《指导目录》的行政执法事项，要按照减少执法层级、推动执法力量下沉的要求，区分不同事项和不同管理体制，结合实际明晰第一责任主体，把查处违法行为的责任压实。坚持有权必有责、有责要担当、失责必追究，逐一厘清与行政执法权相对应的责任事项，明确责任主体、问责依据、追责情形和免责事由，健全问责机制。严禁以属地管理为名将执法责任转嫁给基层。对不按要求履职尽责的单位和个人，依纪依法追究责任。

五、按照公开透明高效原则和履职需要，编制统一的文化市场综合行政执法工作规程和操作手册，明确执法事项的工作程序、履职要求、办理时限、行为规范等，消除行政执法中的模糊条款，压减自由裁量权，促进同一事项相同情形同标准处罚、无差别执法。将文化市场综合行政执法事项纳入地方综合行政执法指挥调度平台统一管理，积极推行"互联网+统一指挥+综合执法"，加强部门联动和协调配合，逐步实现行政执法行为、环节、结果等全过程网上留痕，强化对行政执法权运行的监督。

六、按照突出重点、务求实效原则，聚焦文化市场综合行政执法领域与市场主体、群众关系最密切的行政执法事项，着力解决反映强烈的突出问题，让市场主体、群众切实感受到改革成果。制定简明易懂的行政执法履职要求和相应的问责办法，加强宣传，让市场主体、群众看得懂、用得上，方便查询、使用和监督。结合形势任务和执法特点，探索形成可量化的综合行政执法履职评估办法，作为统筹使用和优化配置编制资源的重要依据。畅通举报受理、跟踪查询、结果反馈渠道，鼓励支持市场主体、群众和社会组织、新闻媒体对行政执法行为进行监督。

七、各地区、各部门要高度重视深化文化市场综合行政执法改革，全面落实清权、减权、制权、晒权等改革要求，统筹推进机构改革、职能转变和作风建设。要切实加强组织领导，落实工作责任，明确时间节点和要求，做细做实各项工作，确保改革举措落地生效。文化和旅游部要强化对地方文化和旅游部门的业务指导，推动完善执法程序、严格执法责任，加强执法监督，不断提高文化市场综合行政执法效能和依法行政水平。中央编办要会同司法部加强统筹协调和指导把关。

《指导目录》由文化和旅游部根据本通知精神印发。

国务院办公厅

2021 年 6 月 3 日

参考例文二

国务院关于印发《国务院工作规则》的通知

国发〔2013〕16 号

各省、自治区、直辖市人民政府,国务院各部委、各直属机构:

《国务院工作规则》已经 2013 年 3 月 20 日召开的国务院第 1 次全体会议通过,现予印发。

国务院

2013 年 3 月 23 日

附件:国务院工作规则(略)

三、工作性通知的写作

工作性通知,就是上级机关要求下级机关办理和需要周知或共同执行的工作任务的通知。

写工作性通知,关键是把握住它的规定性这一特点,即针对要求下级机关办理的某一件事,作出明确的规定,以期达到预定的目的。下级机关明确了该做什么、怎么去做、达到什么要求的问题,就会按上级的意图开展工作。

工作性通知的正文一般由缘由、事项、结语等部分组成。

(一)缘由

无论是上级机关对下级机关布置某方面工作的通知,还是要求执行某项任务、办理某件事的通知,正文的开头部分都应先写明缘由,即为什么要下级完成某事的理由或依据。例如,《四川省人民政府办公厅关于进一步加强和规范突发事件信息报送工作的通知》(川办函〔2011〕41 号)的开头部分就说明:"近年来,随着全省应急管理工作不断加强,突发事件信息报送时效性、准确性有了明显提高,但仍然存在信息渠道不畅,不按规定时限、内容、范围和程序报送,迟报、漏报和瞒报等问题。特别是越重大越敏感的信息,往往慢于媒体和网络反应,造成信息滞后,严重影响了领导的决策指挥。为进一步加强和规范突发事件信息报送工作,经省政府同意,现就有关规定和要求通知如下。"

这段话简明扼要地写出了发此通知的缘由。缘由与事项之间采用"现将有关问题(或事项)通知如下""现就有关规定和要求通知如下"之类的过渡语,然后转入事项部分的叙述。

(二)事项

事项是事项性通知的主体和核心部分。这部分要完整、具体地体现出上级机关下达事项的意图,写作时不能进行笼统、抽象或事无巨细、杂乱无序的表达。事项多得可以分项说明。各项之间有内在联系的,应按时间关系或逻辑关系来安排先后顺序;没有内在联系的,则按主次轻重或区别性质来并列安排,总的布局要合理。例如,《四川省人民政府办公厅关于做好××××年省政府重要工作目标督促检查工作的通知》的"事项"分为三部分来表述:第一部分写明办公厅将对七项重要工作目标进行督促检查,七项目标以条款的方式先后排列;紧接着要求省政府各有关部门加强对这些目标运行的监控,并对出现的问题及时协调解决。要求各地把省政府分解下达的目标作为本级政府的工作重点,每季度将实施情况书面报送省政府。第二部分主要写了办公厅将对各地目标管理的工作进行宏观上的指导,要求各地目标任务明确、措施有力、检查认真,有评比,奖惩到位。第三部分着重要求各地、各部门按照《四川省政务督办工作规则》的要求,严格督查督办,确保各项目标任务保质保量地完成。这些"事项"的表述内容具体,要求明确、条理清楚,值得借鉴。

(三)结语

不是所有的工作性通知都有单独的结语部分。结语的内容一般为"以上通知事项,望认真执行""以上通知的各项任务,请按时完成,并将完成情况书面报告我们"之类的常用语。有些工作性通知在事项部分末句写上了这类用语,就不必专门写这样的结语了。

参考例文

国务院办公厅关于贯彻实施《政府督查工作条例》
进一步加强和规范政府督查工作的通知

国办发〔2021〕5号

各省、自治区、直辖市人民政府，国务院各部委、各直属机构：

党中央、国务院高度重视督查工作。习近平总书记指出，一分部署、九分落实，要强化监督检查、抓好跟踪督办，督查、督导等工作要规范进行，讲求实效。李克强总理强调，抓紧研究制订督查工作法规，建立政策落实和督查的长效机制。2020年12月26日，国务院公布了《政府督查工作条例》（以下简称条例），自2021年2月1日起施行。为贯彻实施好条例，进一步加强和规范政府督查工作，经国务院同意，现就有关事项通知如下：

一、充分认识贯彻实施条例的重要意义

条例是我国政府督查领域的第一部行政法规，是政府督查工作长期实践的系统总结，是优化行政监督体制、健全党和国家监督体系的重要立法成果，对于加强党的领导、落实全面依法治国、推进国家治理体系和治理能力现代化具有重要意义。

条例厘清了政府督查的职责边界，明确了督查主体、内容、对象、保障制度等，实现了督查机构、职能、权限、程序、责任法定化，为政府督查工作提供了遵循。做好条例的贯彻实施工作，有利于进一步推动党中央、国务院决策部署贯彻落实，保障政令畅通，提高政府执行力和公信力；有利于监督行政机关全面依法履行职责，推进廉政建设，提高行政效能；有利于统筹规范政府督查工作，增强督查工作的科学性、针对性和实效性，推进法治政府建设。

二、准确把握条例的精神实质和内在要求

（一）坚持党的领导，牢固树立以人民为中心的督查理念。政府督查要坚持以习近平新时代中国特色社会主义思想为指导，增强"四个意识"、坚定"四个自信"、做到"两个维护"始终坚持和加强党的领导，围绕中心、服务大局，善于从政治和全局的高度把握形势、分析问题、谋划工作。牢固树立以人民为中心的督查理念，把增强人民群众的获得感、幸福感、安全感作为督查工作的着力点，用心用情用力解决人民群众的操心事、烦心事、揪心事。

（二）坚持问题导向，做到发现问题与推动解决并重。政府督查要紧紧盯住决策部署落实不到位的堵点和企业群众的痛点，深入了解情况、找准问题症结、破除执行梗阻；实时跟进经济社会发展主要目标任务和重点工作进展，对进度慢、作风不实、成效不明显的及时督促整改、推动落地见效。既要善于发现问题又要着力推动解决,做到边督查、边协调、边解决问题。加大"督帮一体"工作力度,进一步完善协调联动机制,帮助基层解决需要跨地区、跨部门协调的困难和问题。

(三)坚持辅政建言,积极为辅助决策、完善政策提供支撑。对督查发现不适当的规范性文件或政策措施,及时提出调整或完善的建议。充分发挥政府督查深入基层实际、反映群众心声、积极辅政建言的作用,注意收集并真实准确反映基层对优化政策、改进工作的意见建议。利用大数据和人工智能技术等分析社情民意,对经济社会发展中的系统性、趋势性问题和风险隐患进行研判预警,为科学决策提供有力支撑。进一步用好"互联网+督查"平台、基层联系点、第三方评估等,延伸触角、拓宽渠道,开展政策落实效果评价。

(四)坚持奖惩并举,充分发挥督查激励和约束作用。对抓落实成效明显的地方和部门强化表扬和正向激励,宣传推广经验做法,增加激励措施的含金量,以督查激励促勤政有为;对有令不行、有禁不止,政策执行做选择、打折扣、搞变通以及不作为、乱作为的,依法依规提出批评或交有权机关追究责任,公开曝光典型案例。切实发挥政府督查抓落实、促发展的"利器"作用,广泛调动和激发各方面的积极性、主动性、创造性,推动形成干事创业、竞相发展的良好局面。积极探索加强政府效能建设,研究建立政府效能绩效考核制度。

(五)坚持统筹规范,力戒形式主义、官僚主义。认真落实党中央、国务院关于统筹规范督查检查考核工作的要求,严格控制督查规模、范围、频次和时限。县级以上人民政府对本级政府督查和所属部门依法依规开展的督查实行总量控制,尽量避免同一时间内对同一对象开展督查工作,切实减轻基层负担。不得以政府督查取代部门的日常监督检查,部门日常监督检查也不得随意冠以督查名义。政府督查要坚持实事求是,真实客观反映情况,切实督促整改落实,真督实查、务求实效。

(六)坚持协同配合,推进政府督查与其他监督贯通协调。坚持以党内监督为主导,做好政府督查与其他行政监督的有效衔接,加强与人大监督、民主监督、群众监督、舆论监督等的协调配合,形成工作合力。可以邀请人大代表、政协委员、政府参事和专家学者等参加督查工作,邀请新闻媒体等跟进报道督查活动,增强政府督查的专业性和开放性,提升政府督查抓落实促发展成效。进一步探索政府督查与纪检监察在信息沟通、线索移交、开展问责、成果共享等方面的贯通协调。

三、进一步加强和规范政府督查工作

(一)加强队伍建设,为做好政府督查工作提供坚强保障。(略)

(二)明确职责权限,促进政府督查工作规范有序高效开展。(略)

(三)优化方式方法,推动政府督查工作向纵深发展。(略)

（四）强化程序意识,提高依法督查、规范督查的能力水平。（略）

各地区各部门要高度重视条例的贯彻实施工作,运用法治思维和法治手段不断加强和规范政府督查工作,推动党中央、国务院决策部署落地见效。一要切实加强组织领导。政府主要负责同志要亲自过问督查工作,指导督查队伍建设,听取督查情况汇报。政府秘书长、办公厅(室)主任和部门办公厅(室)主任要加强对督查工作的具体指导和统筹协调;分管负责同志要认真履职尽责,切实负起责任。二要广泛深入开展条例学习宣传。多渠道多形式开展学习宣传活动,重点组织政府督查机构和督查人员进行专题学习培训,加强条例解读,力求深入理解条文内容,全面准确掌握和执行各项规定。三要加强条例实施情况监督指导。各地区各部门要切实担负起指导、推进、监督条例在本地区本领域贯彻落实的责任,及时总结推广条例执行过程中的好经验好做法,抓紧研究解决新情况新问题,重要情况及时报告。要对照条例,梳理有关法规、规章和政策文件等,及时修改与条例规定不一致的内容,纠正与条例精神不符的做法。国务院办公厅加强对全国政府督查工作的指导,及时了解各地区各部门贯彻实施条例的情况,适时开展监督指导。

国务院办公厅

2021 年 2 月 8 日

四、批转性通知的写作

上级机关批转下级机关的公文用批转性通知。

批转性通知实际上是关于某某"通知"的"通知",基本格式与法规性通知相同,写作时可参照法规性通知。但必须注意,写批转性通知要体现出"批复"和"转发"的意思。批转性通知有批复和转发两层意思,应在写作中除说明批转文件外,还需要表示上级机关的指示意见。例如,2014 年 2 月 4 日发布的《国务院批转全国打击侵犯知识产权和制售假冒伪劣商品工作领导小组〈关于依法公开制售假冒伪劣商品和侵犯知识产权行政处罚案件信息的意见（试行）〉的通知》（国发〔2014〕6 号）,首先就写出了批转文件的名称和批转的态度:"国务院同意全国打击侵犯知识产权和制售假冒伪劣商品工作领导小组《关于依法公开制售假冒伪劣商品和侵犯知识产权行政处罚案件信息的意见（试行）》,现转发给你们,请认真贯彻执行。"

需要说明的是,写批转性通知不一定都按以上格式来写。有的批转性通知正文只有一小段内容,写出批转的文件和"同意"的态度、"转发给你们,请认真贯彻执行"即可。有的除写出以上的内容外,因还要对下级机关提出针对性的要求,就应写出上级机关批转文件的指示性意见。如《国务院批转教育部面向 21 世纪教育振兴行动计划的通知》表示"同意"的态度后面还专门写出了指示意见:"实现社会主义现代化,科技是关键,教育是基础。在即将到来的21世纪,国家的综合国力和国际竞争能力将越来越取决于教育发展、科学技术和知识创新水平。改革开放以来,我国教育改革和发展取得了重要成就,为21世纪教育事业的振兴奠定了坚实基础。但是,我国教育发展水平仍然较低,教育结构和体制、教育观念和方法还不能适应现代化建设的需要。以江泽民同志为核心的党中央在党的十五大上明确提出:'培养同现代化要求相适应的数以亿计高素质的劳动者和数以千万计的专门人才,发挥我国巨大人力资源的优势,关系21世纪社会主义事业的全局。'根据党中央关于21世纪社会主义现代化建设特别是实施科教兴国战略的重大部署,全社会都要高度重视教育,要使科教兴国真正成为全民族的广泛共识和实际行动。各级人民政府和各有关部门要切实把教育摆在优先发展的战略地位,充分认识全面振兴教育事业的重要性,认真实施《面向21世纪教育振兴行动计划》,把生机勃勃的中国教育带入21世纪。"

写批转意见,应以上级机关领导、指导的语气着重指明问题的性质、意义和要求,做到言简意赅、旨意深远。

参考例文

国务院批转全国打击侵犯知识产权和制售假冒伪劣商品

工作领导小组《关于依法公开制售假冒伪劣商品

和侵犯知识产权行政处罚案件信息的意见(试行)》的通知

国发〔2014〕6号

各省、自治区、直辖市人民政府,国务院各部委、各直属机构:

国务院同意全国打击侵犯知识产权和制售假冒伪劣商品工作领导小组《关于依法公开制售假冒伪劣商品和侵犯知识产权行政处罚案件信息的意见(试行)》,现转发给你们,请认真贯彻执行。

国务院

2014年2月4日

五、转发性通知的写作

转发上级机关、同级机关和不相隶属机关的公文用转发性通知。

转发性通知的正文与批转性通知正文的组成内容有相同之处，文中必须写明转发的文件名称和转发文件的态度及要求，所不同的是"批转"和"转发"的角度的区别。"批转"是站在上级机关的角度批准转发下级机关的公文，而"转发"则是站在下级机关的角度转发上级机关的公文，或站在同级机关和不相隶属机关的角度转发有关公文，不具"批转"的权力，只能"转发"。"批转"和"转发"这两种形式的通知，都可以要求下级受文机关"遵照执行"或"望参照执行""请研究执行"。例如，《国务院办公厅转发国家经贸委、教育部、民政部、财政部、劳动保障部、中国人民银行〈关于解决国有困难企业和关闭破产企业职工基本生活问题的若干意见〉的通知》，正文的全部内容为："国家经贸委、教育部、民政部、财政部、劳动保障部、中国人民银行《关于解决国有困难企业和关闭破产企业职工基本生活问题的若干意见》已经国务院同意，现转发给你们，请遵照执行。"并不是所有转发性通知的正文内容都这样简短，如转发机关对受文单位有专门的、具体的要求，正文的篇幅则较长。正文的内容写长写短，这要根据转发公文的实际需要行文。

批转性通知和转发性通知都有附件，即被批转或转发的文件。

参考例文一

国务院办公厅关于转发教育部等部门
《特殊教育提升计划（2014—2016 年）》的通知

国办发〔2014〕1 号

各省、自治区、直辖市人民政府，国务院各部委、各直属机构：

教育部、发展改革委、民政部、财政部、人力资源社会保障部、卫生计生委、中国残联《特殊教育提升计划（2014—2016 年）》已经国务院同意，现转发给你们，请认真贯彻执行。

国务院办公厅

2014 年 1 月 8 日

附件：特殊教育提升计划（2014—2016 年）（略）

参考例文二

国务院办公厅转发国家发展改革委等部门
关于清理规范城镇供水供电供气供暖行业收费
促进行业高质量发展意见的通知

国办函〔2020〕129号

各省、自治区、直辖市人民政府,国务院各部委、各直属机构:

国家发展改革委、财政部、住房城乡建设部、市场监管总局、国家能源局《关于清理规范城镇供水供电供气供暖行业收费促进行业高质量发展的意见》已经国务院同意,现转发给你们,请结合实际认真组织实施。

附件:关于清理规范城镇供水供电供气供暖行业收费促进行业高质量发展的意见(略)

国务院办公厅

2020 年 12 月 23 日

六、知照性通知的写作

知照性通知是上级机关需要下级机关知道、了解的有关事宜使用的通知。

为了做到上情下达,上级的有关情况要及时用通知的形式告知下级,如机构的设立和调整、印章启用时间、任免或调整干部等均需通知下级机关,便于下级机关联系和开展工作。这类通知一般只用于知照,而不用于工作安排或发表意见。

一般的知照性通知,开头应写明缘由(目的、根据),主体内容则应将通知的事项叙述清楚,结语用"特此通知"或不写也可。例如,2013 年 3 月 19 日发布的《国务院关于机构设置的通知》(国发〔2013〕14 号),正文开头部分先写上:"根据第十二届全国人民代表大会第一次会议审议批准的《国务院机构改革和职能转变方案》和国务院第一次常务会议审议通过的国务院直属特设机构、直属机构、办事机构、直属事业单位设置方案,现将国务院机构设置通知如下。"第二部分写出设置了哪些机构即可。

有的知照性通知,在正文部分除写明行文的缘由和知照的内容外,还要结合知照内容简明地表示行文机关的态度和对受文机关的要求。例如《××省人民政府关于发布第四批省级风景名胜区名单的通知》,在主体部分写出省政府同意列为省级风景名胜区的 20

个名称后,紧接着写了一段文字:"各有关市、州、县和地区行政公署要加强对风景名胜区工作的领导,搞好风景名胜资源的保护工作,实行统一规划、建设和管理。省政府各有关部门要密切配合,加强协作,共同促进风景名胜区各项工作的发展。"这段结语针对通知里的知照内容提出了指示性的要求,受文单位不仅能了解通知的知照内容,还会按照发文机关的意图去处理。

作为知照性通知,一般只需要发挥知照的作用,不必去写发文机关的具体意见和要求。某些知照性通知,需要发文机关表示某种态度和工作要求,在文字表达上宜简明扼要,不要写出过长的篇幅,否则就成了工作性通知或其他类别的通知。

参考例文

国务院办公厅关于调整
国家减灾委员会组成人员的通知

国办函〔2020〕31号

各省、自治区、直辖市人民政府,国务院各部委、各直属机构:

根据机构设置、人员变动情况和工作需要,国务院决定对国家减灾委员会组成人员作相应调整。现将调整后的名单通知如下:

主　任:王　勇　　　国务委员
副主任:黄　明　　　应急部党委书记
　　　　马宜明　　　中央军委联合参谋部副参谋长
　　　　孟　扬　　　国务院副秘书长
秘书长:郑国光　　　应急部副部长兼地震局局长
委　员:蒋建国　　　中央宣传部副部长
　　　　马朝旭　　　外交部副部长
　　　　连维良　　　发展改革委副主任
　　　　孙　尧　　　教育部副部长
　　　　徐南平　　　科技部副部长
　　　　辛国斌　　　工业和信息化部副部长
　　　　林　锐　　　公安部副部长
　　　　王爱文　　　民政部副部长
　　　　赵大程　　　司法部副部长

余蔚平	财政部副部长
李　忠	人力资源社会保障部副部长
凌月明	自然资源部副部长
翟　青	生态环境部副部长
易　军	住房城乡建设部副部长
戴东昌	交通运输部副部长
叶建春	水利部副部长
张桃林	农业农村部副部长
王受文	商务部副部长兼国际贸易谈判副代表
于学军	卫生健康委副主任
任洪斌	国资委副主任
孙梅君	市场监管总局副局长
高建民	广电总局副局长
李晓超	统计局副局长
周柳军	国际发展合作署副署长
张亚平	中科院副院长
何华武	工程院副院长
余　勇	气象局副局长
梁　涛	银保监会副主席
贾　骞	粮食和储备局副局长
刘宝华	能源局副局长
吴艳华	国防科工局副局长
李树铭	林草局副局长
吕尔学	民航局副局长
王大忠	中央军委后勤保障部副部长
黄桃益	中央军委国防动员部副部长
汪鸿雁	共青团中央书记处书记
孟庆海	中国科协副主席、书记处书记
王　平	中国红十字会副会长兼秘书长
郭竹学	中国国家铁路集团有限公司副总经理

国家减灾委员会办公室设在应急部，承担国家减灾委员会日常工作，办公室主任由应急部副部长兼地震局局长郑国光兼任。国家减灾委员会委员因工作变动等需要调整

的,由所在单位向国家减灾委员会办公室提出,报国家减灾委员会主任批准。

国务院办公厅

2020 年 5 月 9 日

七、会议通知的写作

会议通知是专门用于告知与会者、参会者参会有关事项和要求的一种通知。

写会议通知需要明确与会议有关的具体事项。与上级机关要求下级机关办理某些事项工作性的通知有所不同的是:会议通知既可是上级机关发出的通知,也可是平行机关或不相隶属机关发出的通知;既可以作为下行文,也可以作为平行文。正因为如此,会议通知不都具有执行性。上级机关的通知规定的与会人员、名额及会议的任务,都是要遵照执行的,具有执行性;平行机关或不相隶属机关的会议通知,偏重于协作性,会议事项的落实是在协调或合作的基础和关系上进行的。但无论是下行还是平行的通知,在格式的安排上,都有一些共同的要求。

写作会议通知既要从办会机关的办会意图考虑,也要为与会人员设想。为使参加会议的人员能按时出席会议,并使会议正常进行,凡属与会人员事先应当知道和准备的事项,必须在通知中一一交代清楚。这些事项是:

①会议的名称、议题(解决的主要问题)。

②会议召开的时间、地点。

③出席会议的对象、名额。

④报到的时间、地点。

⑤会期的日程安排。

⑥与会人员事先应做的准备工作。

⑦会议的有关注意事项。

参考例文

××省社会科学界联合会
关于召开××省第十五次社会科学优秀成果
颁奖大会暨省社科联六届三次理事会议的通知

各省级学会、协会、研究会、市州社科联、大专院校、科研院所：

经省委、省政府领导批准，定于2014年3月20日在××市召开××省第十五次社会科学优秀成果颁奖暨省社科联六届三次理事会议。现将有关事项通知如下：

一、时间和地点

2014年3月20日上午9时在××市北京路新华宾馆三楼会议厅召开大会，会期两天。

本市的同志请于当天上午8:30前到会场报到；外地的同志请于3月19日下午到××市北京路新华宾馆大厅接待处报到。

二、参会人员

省社科评奖委员会全体委员；市、州荣获荣誉奖和一、二、三等奖及社科界优秀成果奖的获奖人员；市、州社科联负责人；未成立社科联的市、州邀请宣传部负责评奖工作的同志；省级各学会、协会、研究会负责人；大专院校、党校、科研院（所）科研管理部门的负责同志；省社科联第六届理事会顾问、理事；没有理事的学会、协会研究会请派一名负责人参加。

三、主要内容

（一）省评委会主任作评奖工作报告；省领导向获奖者颁奖；省委领导同志讲话。

（二）审议并通过《××省社科联2013年工作总结》《××省社科联2014年工作要点》。

四、有关事项

（一）颁奖大会结束后，其他参会人员即可返回原单位。省社科联第六届理事会成员参加本届第三次理事会议，会期一天。

（二）参加大会的外地同志，如需购买返程火车、飞机票，请于3月10日前电告省社科联办公室。（电话：×××××××；联系人：×××）

（三）外地同志往返交通费和住宿费自理。

××省社科联
××省社科评奖委员会办公室
2014年2月16日

42

第三节 通 报

一、通报的概念

通报是用来表彰先进、批评错误,传达上级的重要精神或有关重要情况的公文。

表彰性、批评性通报主要用于宣传、教育,从正、反两方面为人们提供认识的典型;情况性通报主要用于上级精神,重大问题、重要情况的普遍告知。

按通报内容的性质其可分为表彰性通报、批评性通报和情况通报三种类型;按表达形式分为直叙式和转述式两种。

二、通报的特点

(一)典型性

通报的内容,无论是表彰的,还是批评的,都应该是具有典型意义、能够产生广泛影响的事例。属于一般性、小范围内影响不大的好人好事或错误行为是不发通报的。作为情况通报的内容,虽不要求具有典型性,但必须是重要或特殊的、具有通报价值的。

(二)教育性

不少公文都有一定的教育性,但作为主要用于表彰先进、批评错误的通报,其教育性的特点尤为突出。典型的正、反事例及重要的情况一经发布,干部和群众就会向被表彰的单位或个人学习,从被批评对象的错误中吸取教训,从重要的情况通报中去认识问题的是非优劣,其教育性质是明显的。

(三)范围广

通报比一般公文更具广泛性。通报的对象虽然只是某个单位或个人的正、反事例,以及某地区或某方面的情况,但一经通报,就会在某单位、个人所属的整个系统,甚至各行各业中广为传达。某地区的情况也会通报到全省,甚至全国范围内的有关部门。

三、表彰性通报的写法

表彰性通报的正文一般分为三个部分:第一部分写被表彰机关或人物的事迹,这部分的内容是行文机关写通报的依据,是通报全文的基础,体现着被表彰事实本身的价值和意义。因此,应将这部分写得具体实在,既扼要侧重又清楚明了。写作时,采用记叙的方式,将基本事实包括的单位或个人、时间、地点及事件的发生、经过和结果归纳性地表达出来,突出关键事实和重要情节,略写不必要的过程和次要细节,做到线索清楚、主次分明、详略得当。第二部分对表彰的事迹的意义影响进行结论性的简明归纳,语言要概括、准确。第三部分提出表彰决定和学习的号召。有的公文将这部分的内容分为两部分来写,表彰决定为一部分,学习号召为另一部分,成为递进的两个层次。这样的结构安排也是合理的。表彰决定的内容往往不止一项,有精神鼓励、物质奖励、晋级记功等,要根据具体情况,将表彰的内容如实写出。"学习号召"这部分不能写成空洞的口号,也不应机械地"就事论事"号召大家学习。如通报表彰的是奋不顾身、勇救落水儿童的英雄,就去号召大家争做这种英雄,这是不切实际的,应该号召大家学习和发扬英雄见义勇为、无私奉献的精神,在平凡的工作中为本单位的发展、为国家的振兴作出应有的贡献。

四、批评性通报的写法

批评性和表彰性通报的性质截然相反,但它们的行文结构方式是基本一样的。

批评性通报的正文一般也分为三个部分:第一部分写被批评的错误事实,这部分不能一笔带过或虚写,应写出错误的经过、结果和不良影响。第二部分概括性地指出问题的性质、严重性和造成事故的原因。第三部分提出处理决定和防止类似错误发生的办法,或提出警告性和警戒性的普遍希望。

以上表彰性和批评性通报的写法都属于直叙式的写法。如写转述式的表彰或批评通报,则应注意:转述式通报因通报的事实要作为附件一并发下,故正文第一部分只简略地写出事实,不再复述经过、结果和影响,而让受文单位从附件中去了解具体情况。第二部分、第三部分则按直叙式表彰通报或批评通报的写法处理。

五、情况通报的写法

情况通报主要用于重大、重要情况的通报,其正文一般由两部分组成:第一部分集中介绍有关情况的现状和影响;第二部分为分析结论或处理建议,这部分要体现出行文机关对所介绍情况的态度、意见或如何对待的具体措施。不是所有的情况通报都要写这些内容,有的只写上级的态度、意见,另文写具体的对待措施。怎么写,需要根据行文机关的意图和实施步骤来定。

六、写通报应注意的问题

①通报具有表彰、警戒和传达重要情况的作用,故拟写通报的事实应抱着实事求是的态度,不允许虚构和歪曲。

②叙述事实经过,应抓住能够定性的事实来写,不必写非本质的细枝末节,忌内容繁杂、语言啰嗦。

③无论表扬、批评,还是传达重要情况,对问题的分析都必须客观中肯,结论要公允正确、恰如其分,浮夸美饰和有失偏颇都会造成不良后果与影响。

④表彰的决定、批评的处理措施和对重要情况的处理意见都要写得明白无误,不能含糊其辞,更不能模棱两可,否则就难以发挥通报表彰、警戒和解决问题的作用。

参考例文一

××市城建公司关于对张华同志进行表彰的通报

××司〔2014〕25 号

各部(办)及下属单位:

我司承建的某市××锦水区农贸市场已于 2014 年 2 月完工,由于向供电局申请的变压器一直未到位,以致不能完成向物业公司交房。今年 1 月初,第一工程部水电工程师张华同志根据现场实际情况,提出取消原供电设计方案的 600 kVA 专用变压器,改由临江别墅一期工区的变压器引入电源的建议。规划设计部对这一建议进行了论证,认为其切实可行,采纳了该建议。该项建议的施行不但使幼儿园及农贸市场得以完成向物业公司交付使用,而且为公司节约了成本 40 多万元。

为了表彰张华同志在工作中勤于思考、主动创新的良好职业素养,以及为公司分忧解难、创造效益的高度主人翁精神,根据某司〔2013〕15号文《关于印发〈成都×××公司员工奖励制度〉的通知》的相关规定,经公司第26次总经理办公会研究,决定给予张华同志通报表扬,并奖励现金10000元。

希望公司广大员工向先进学习,立足本职工作,爱岗敬业,发扬开拓创新的精神,锐意进取,开创工作新局面,为公司的发展作出更多更大的贡献。

特此通报。

××市城建公司

2014年3月6日

参考例文二

2020年政府网站和政务新媒体检查情况通报

为深入贯彻落实党中央、国务院关于深化政务公开、加强数字政府建设的决策部署,持续推动各地区、各部门政府网站和政务新媒体健康有序发展,助力提升政府治理能力,不断增强人民群众获得感,按照《国务院办公厅秘书局关于印发政府网站与政务新媒体检查指标、监管工作年度考核指标的通知》要求,2020年7—10月,国务院办公厅政府信息与政务公开办公室对各地区、各部门政府网站和政务新媒体及相关监管工作进行了检查。现将有关情况通报如下:

一、总体情况

共检查政府网站328个(含153个门户网站),占全国正在运行的政府网站总数的2.3%,总体合格率91.8%。92个地方政府门户网站中,广东、北京、湖南、四川、安徽、吉林6个省级政府门户网站和茂名、密云、合肥3个市(区)政府门户网站得分靠前,江西、重庆、贵州、内蒙古、陕西、浙江、广西7个省级政府门户网站和广元、长沙2个市级政府门户网站得分较高。北京、天津、上海、江苏、安徽、广东、重庆7个地区的省、市、县三级政府门户网站均达到良好。61个国务院部门中,市场监管总局、国家发展改革委、水利部、交通运输部等单位的政府门户网站得分较高,公安部、中国气象局、国家药监局、税务总局、农业农村部、应急部、海关总署等单位的政府门户网站总体较好。

共检查政务新媒体728个,其中地方政府及其部门开设的政务新媒体417个、国务院部门及其内设机构开设的政务新媒体311个,总体合格率91.9%。北京、天津等16个地区和外交部、教育部等39个国务院部门的政务新媒体合格率达100%。

本次检查将各地区、各部门政府网站和政务新媒体监管工作纳入考评。总的来看,各地区、各部门积极落实监管责任,加强监督考核,基本实现常态化监管。其中,北京、天津、安徽等 11 个地区得分靠前;税务总局、中国气象局、国家民委等 17 个国务院部门得分靠前。31 个省(自治区、直辖市)和外交部等 44 个国务院部门均按季度对本地区、本部门政府网站和政务新媒体开展抽查巡查,并向社会公开抽查结果。北京、吉林、上海等 11 个地区和交通运输部、税务总局、中国气象局等国务院部门每季度网站抽查比例均达 100%。江苏、安徽、江西、湖南等地区进一步规范政务新媒体监管,在加强内容建设的同时,关停整合功能重复或相近、长期不更新、用户关注度低的政务新媒体。

二、政府网站和政务新媒体成为深化政务公开、提升政府治理能力的重要抓手

今年以来,全国政府网站和政务新媒体积极围绕中心工作听民意、惠民生、解民忧,不断深化政务公开、优化政务服务,在抗击新冠疫情、深化"放管服"改革、提升政府治理能力中发挥更大作用。

(一)积极主动作为,助力疫情防控与纾困惠企。面对突如其来的疫情,各级政府网站和政务新媒体快速响应、协同联动,及时准确传递党和政府权威声音,解疑释惑、回应关切、提振信心,为打赢疫情防控阻击战、服务经济社会发展提供有力支持。31 个省(自治区、直辖市)政府门户网站均在显著位置开设疫情防控专题专栏,第一时间集中发布疫情信息。国家卫生健康委"健康中国"新媒体矩阵每日通报全国最新疫情,密集发布防控工作动态,推送通俗易懂的科普知识和政策图解。北京市政府门户网站开设"复工复产"惠企政策兑现专题,为企业设立税费减免、首贷服务、租金减免等专属页面。广东省建设"粤企政策通"平台,企业可精准查找相关政策、"一键申报"扶持资金等惠企项目。

(二)加强内容建设,"掌上看""指尖办"成为常态。各地区、各部门积极运用政府网站和政务新媒体发布政策措施,回应公众关切,提供便捷服务,为企业和群众建设"指尖上的网上政府"。在今年全国"两会"期间,各级政府网站和政务新媒体第一时间转载政府工作报告和"两会"相关报道文章,深入解读关于统筹推进疫情防控和经济社会发展工作的政策举措,半天时间发布相关稿件约 36 万条。人力资源社会保障部制作推出一系列关于养老金、失业保险金等热点话题的回应解读,人力资源社会保障系统新媒体矩阵联动发布,全网阅读量超 2 亿次。"国家移民管理局"微信公众号运用图片、视频等形式宣传《中华人民共和国出境入境管理法》,内容鲜活、接地气。吉林省延吉市医疗保障局"延吉医疗保障"微信公众号通过文字、图片等多种形式解读群众关心的医保问题,让政策易知易懂。浙江省"浙里办"移动客户端推进"一证通办",群众只需提交 1 份材料,就可办理新生儿出生医学证明、户口、社保、医保 4 个事项。"国家税务总局"微信公众号引入纳税服务平台即时互动功能,智能答复网民政策咨询,支持便捷开票,让税收服务触手可得。

(三)加快集约共享,推进数据汇聚融通、应用百花齐放、平台安全运行。据初步统

计,已有39.5%的地方政府网站迁入省(自治区、直辖市)集约化平台运行,基层网站"散小孤弱"、重复建设等问题得到初步解决,技术及安全运维压力得到缓解。11个集约化试点地区通过建设统一信息资源库,深化数据融通、服务融通、应用融通,构建"24小时不打烊网上政府"的数据底座,大力推进政策信息"一网通查"、互动交流"一网通答"、办事服务"一网通办"、数据资源"一网通管"。北京市、湖南省、广东省等对本地区政府网站信息资源进行大数据分析,研究汇总社情民意关注热点,量化评估政府施政效果,为科学决策提供参考。此外,集约化工作有力提升了政府网站内容保障和安全防护能力,网站规范性、可靠性显著增强,本次检查中未发现试点地区有不合格网站。

(四)完善功能渠道,更好保障群众知情权、参与权、监督权。不少地方和部门把政府网站和政务新媒体作为联系群众、服务群众、接受群众监督的重要渠道。98.0%的政府门户网站开设了政策解读栏目,63.4%做到解读稿与相关政策文件联动发布,45.1%在5个工作日内对简单常见咨询作出答复,20.3%能在1个工作日内答复。安徽省各区县政府门户网站开设部门和乡镇街道政务公开专栏,集中公开基层政策文件及工作动态等信息。广西壮族自治区等政府门户网站搭建功能丰富灵活的应用库,针对企业和群众办事高频事项推出专题服务。四川省、贵州省、农业农村部、应急部、市场监管总局等政府门户网站把办事服务事项设立依据与政策文件库打通,提供一体化信息服务。江苏省、山东省、湖南省、国家发展改革委等政府门户网站整合各类互动、服务平台用户入口,实现统一身份认证。吉林省、河南省、交通运输部等政府门户网站提供在线智能问答服务,常见问题"秒回"。

三、一些地方和部门运用政府网站和政务新媒体的能力水平有待提高

(一)内容保障机制有待健全。个别政府网站和政务新媒体仍然存在信息不更新、服务不实用、互动不回应等问题。如云南省"昆明市西山区政府"网存在多个空白栏目,浙江省"浙江公路"微博3年未更新,国家粮食和储备局"国储广东"微信公众号自2017年开通以来只发布了6条信息,且与工作职责无关,上海市杨浦区"睦邻延吉"移动客户端各频道内容为空白,湖北省"荆门市人民政府"移动客户端安装后无法打开,"国家煤矿安全监察局"网未提供审批事项办理入口,山西省"灵丘县人民政府"网服务事项内容不准确等。此外,抽查的政府门户网站中52.3%存在办事指南不规范、内容不完整等问题,少数网站仍未建立听民意、汇民智渠道,企业和群众在线办事、咨询政策存在困难。

(二)政策解读水平有待提升。一些地方和部门政策解读针对性不强,没有向群众讲清讲透政策措施的重点要点和公众关心的问题,未能发挥好增进共识、赢得支持和推进落实的作用。如河北省"赞皇县人民政府"网解读稿大篇幅照抄照搬文件,无实质性解读内容;四川省"色达县人民政府"网、青海省"同德县人民政府"网未发布对本级政府文件

的解读;湖北省"枝江市人民政府"网未开设政策解读栏目等。

(三)监督管理责任有待落实。检查发现,62.5%的地方、37.8%的国务院部门未督促本地区、本部门政府网站规范公开有关网站工作年报。部分地方和部门未严格执行政府网站域名管理规定。一些部门未按要求开展常态化监管。除北京市、天津市、安徽省、山东省、贵州省、新疆维吾尔自治区外,其余地区未将部分信用类网站、机构改革后新开设的网站等纳入监管。一些部门政府网站和政务新媒体监管工作仅止步于解决内容不更新等底线问题,未严格对照检查指标提升服务水平。部分单位在政务新媒体摸底普查工作中存在漏报、误报等问题。

四、下一步工作要求

(一)进一步提高政治站位,强化日常监管。要始终坚持把政治建设放在政府网站和政务新媒体工作的首要位置,全面贯彻落实党的十九大和十九届二中、三中、四中、五中全会精神,坚持以人民为中心,增强"四个意识",坚定"四个自信",做到"两个维护"。持续加强政府网站和政务新媒体管理,健全日常监管体系,完善常态化通报机制,不断提升工作实效。

(二)进一步加强内容建设,提升服务水平。全过程推进政务公开,在确保内容及时更新的同时,更加注重信息质量,持续深入推进决策、执行、管理、服务、结果公开,努力实现群众需要的信息触手可得。加强对中央重要决策部署的发布和解读工作,各级政府网站和政务新媒体要整体联动、协同发声。全方位回应社会关切,畅通互动回应渠道,及时了解社会关注热点,做到群众有所呼、政府有所应。全流程优化政务服务,着力提升政府网站和政务新媒体在线办事体验,推进数据同源、服务同根,实现一次认证、一网通办。全链条加强政务信息管理,持续推进集约化建设,加强个人信息保护,以信息资源共享共用推动政府网站和政务新媒体整体服务水平提升。

(三)进一步夯实管理基础,及时发现和解决突出问题。依托全国政府网站和政务新媒体报送系统,建立完善全面准确、动态更新的基本信息库。强化政务新媒体开办、下线、注销等管理机制,针对群众反映强烈的"僵尸""空壳"等"指尖上的形式主义"问题,有序开展清理整合,切实减轻基层负担。

各地区、各部门要认真学习借鉴本次通报中的典型经验做法,结合实际改进工作,对照发现的问题举一反三,抓好自查整改。整改情况和本地区、本部门第四季度政府网站和政务新媒体检查情况,请于2021年1月31日前报送国务院办公厅政府信息与政务公开办公室。

附件:1.抽查评分较高的政府门户网站名单

2.1个工作日内在线答复留言的政府门户网站名单

3.政务新媒体抽查合格率达100%的地方和部门名单

4.政府网站与政务新媒体监管工作情况

2020 年 11 月 26 日

（选自中央人民政府网站，本文有删减）

第四节　公　告

一、公告的概念

公告是向国内外宣布重要事项或者法定事项时使用的公文。公告除发文的形式外，多采用登报、电视、广播的形式公开发布。公告的内容必须是应该告知国内外公众知道的重大或重要的事项。不仅国家各级行政机关能使用公告，企事业以及合法的社会团体组织也可以使用。公告一般是国家机关或级别较高的权力部门发布的，它具有庄重宣告、广泛晓喻，使大众周知的作用，因而，其写作要求是：高度概括、简明扼要、语气庄重。

二、公告的写作

公告由标题、正文、落款三部分构成，其写法如下。

（一）公告的标题

公告的标题一般有两种：一种是"发文机关+文种"，如《第十届全国人民代表大会常务委员会公告》；一种是只写"公告"二字。

公告一般不编发文字号，若以专发文件的形式发送则需编发文字号；连续性公告可编字号。

（二）公告的正文

公告正文的结构通常由两部分组成。

1.开头部分

这部分简要交代公告的依据、缘由,如《国务院侨办 2014 年录用公务员面试公告》的第一自然段。有些内容简单的公告,也可省去这部分。

2.正文部分

这部分写公告事项的内容,要求用简明扼要的语言把公告的事项和要求直接表达出来,不加说明和议论,也不具体阐述事件的意义和细节。正文部分内容简短时也可与第一部分连在一起写,内容较多时可以写成条款式,还可划分内容段落,写成分段式。

公告的结语可用"特此公告""现予公告"等。

（三）公告的落款

正式发文的公告在落款处应署上发文机关名称,若在大众媒体登载时已在标题上反映出来,则既可在落款处省去行政机关署名,也可署名。公告的发布时间可以写在标题之下,外加括号;也可以写在文尾。

三、公告写作注意的问题

①不能与布告的内容和使用范围相混淆。

②不能把一些并不重大的事项用公告这一文种去发布。

③无权使用公告这一文种的单位不能随便使用公告。

公告写作中应把握两点:一是要弄清楚本机关、本单位是否有权发布公告;二是拟发公告的内容是否属于重大事项和法定事项。

参考例文一

国务院公告

2020 年 4 月 3 日

为表达全国各族人民对抗击新冠疫情斗争牺牲烈士和逝世同胞的深切哀悼,国务院决定,2020 年 4 月 4 日举行全国性哀悼活动。在此期间,全国和驻外使领馆下半旗志哀,全国停止公共娱乐活动。4 月 4 日 10 时起,全国人民默哀 3 分钟,汽车、火车、舰船鸣笛,防空警报鸣响。

参考例文二

国务院侨办 2014 年录用公务员面试公告

根据国家公务员局关于公务员招考工作的有关规定,2014 年国务院侨务办公室机关拟录用公务员面试工作定于 2014 年 2 月 19—21 日在北京进行。现就有关事宜公告如下:

一、参加面试人员(见附件):

二、面试安排:

面试时间	面试职位	面试人数
19 日 上午 9:00—11:30	0401001001	5
下午 1:30—6:00	0401002001 0401005001	10
20 日 上午 9:00—12:30	0401006001	5
下午 1:30—5:30	0401003001	5
21 日 上午 9:00—12:30	0401004001	5

三、专业考试安排:

报考 0401003001 和 0401004001 职位的考生在本人面试结束后按面试顺序参加由我办组织的专业考试,详情见《国务院侨办 2014 年录用公务员专业考试公告》。

四、考生最终综合成绩中,公共科目考试成绩和面试成绩各占 50%;在进行专业考试的职位,专业考试成绩占面试成绩的 30%。面试时,参加面试人数和录用计划数比例达到 3:1 及以上的,将根据考生综合成绩由高到低按 1:1 比例确定体检和考察人选;比例低于 3:1 的,考生面试成绩应达到其所在面试考官组使用同一面试题本的所有人员的平均分,方可进入体检和考察。

五、请考生在 1 月 24 日前电话向我办确认是否参加面试,逾期未确认的,视为自动放弃面试资格,不再进入面试程序;并请于 2 月 17 日前将以下材料的复印件通过邮政特快专递(EMS,请勿使用其他快递方式)邮寄到我办:

1.本人身份证、准考证、学生证或工作证、已取得的大学及以上各学历层次的学历学位证;相关奖励和表彰证明、政治面貌证明、外语和计算机能力相关资格证书;

2.应届考生由所在院校学生主管部门盖章的成绩证明和报名推荐表(从国家公务员局网站下载);

3.社会在职人员需提交所在单位出具的同意报考证明,证明中应注明工作单位详细名称、地址、人事部门联系人及办公电话;

4."大学生村官"等四类服务基层项目人员由相应主管部门出具的证明,并特别注明起止时间和工作地点;

5.考生的报名登记表(贴好近一年内1寸免冠照片),要求准确详细填写个人学习工作经历,时间段必须连续,不可空缺。并注明各学习阶段是否为在职学习,取得何种学历学位。

以上材料的原件请于参加面试时一并提供,并上交近期1寸免冠照片1张。

六、注意事项:

1.考生应对个人材料的真实性负责。入围考生如报考信息不实,影响资格复审结果的,请务必尽快与我司联系并说明情况,否则一经查实,将取消录用资格并影响今后公务员的报考。

2.考生务必在面试时间开始前半小时到考场并进入候考室等候,上午超过8:50,下午超过1:20不到的将取消面试资格。

3.面试期间,考生食宿、交通费用自理。请参加面试的考生合理安排行程,并注意安全。

4.为便于联络,请各位入围考生保持通讯方式畅通。

5.我办地址:北京市西城区阜外大街35号国务院侨办(天意小商品批发市场西侧)。邮编:100037。邮寄材料请注明"国务院侨办干部处收",并请在信封右上角注明考生姓名和职位编号。联系电话:010-88387696,010-68327467。

国务院侨办人事司
2014 年 1 月 22 日

第五节　通　告

一、通告的概念

通告是在一定范围内公布的应当遵守或需要知道事项的公文。

通告和布告都属于公开的法规性公文,都可以公开张贴和在报刊上发表,但两者是有区别的,这主要表现在受知范围不同。布告受知范围广,要求人人皆知、家喻户晓。例如,《国务院关于保护森林制止乱砍滥伐的布告》就是告知全国人民的。通告的受知范围较窄,对象多属通告内容涉及的相关单位和人员。例如,《中华人民共和国财政部税务总局关于个体工商业户必须依法纳税的通告》,告知的对象主要是财政税务部门和个体工商业户。从发布的通告来看,一般带有行业性和专业性。因此,写通告时,除了与布告一样体现出法规性,还应该注意相关的行业特点和专业要求。

二、通告的写作

通告的结构形式包括标题、正文和落款三部分。其写法如下。

(一)标题

通告标题的写法一般有三种。

①由发文机关、发文事由和文种构成,如《国务院关于保障民用航空安全的通告》。

②省去发文事由,由发文机关和文种构成,如《××市工商行政管理局通告》。

③只写文种,将发文机关和事由省去。采用这种标题,要在落款处写明发文机关名称。

(二)正文

通告的正文一般由前言、主体、结语三部分构成。

1.前言

这部分首先写明发布通告的根据、因由及目的、意义,文字不宜长,要简明直接,与正文过渡用"特通告如下""现将有关事项(问题)通告如下""现将有关规定通告如下"等习惯用语。例如,《××市工商行政管理局、××市消费委员会关于开展查禁制售假冒伪劣商品活动的通告》的前言是:"为了认真贯彻落实省、市政府查禁制售假冒伪劣商品的有关指示,维护正常的经济秩序,保护消费者利益,经市政府同意,在全市深入开展查禁制售假冒伪劣商品活动。现将有关活动内容和规定通告如下。"

2.主体

这部分是通告的主体,用以发布具体事项或规定。写作时,一般采用分条的方式,逐一对有关条文加以阐述。例如,《××市教育局、××市公安局关于维护学校教学秩序的联合通告》(下文简称《联合通告》)的正文为:

"一、未经学校允许,校外无关人员不得擅自进入学校。不准在教学区、生活区滋扰闹事;不得随意进入学校礼堂、体育场(馆)、游泳池、溜冰场等公共场所,影响师生员工的正常活动。

二、严禁在校内或学校附近寻衅滋事。（略）

三、严禁损坏校内一切公共设施。（略）

四、严禁侵占学校的任何财物和场地。（略）

五、严禁擅自携带各种枪支、弹药、凶器……进入学校。

六、机动车辆未经许可不准进入学校。"

以上这些条文明确反映了《联合通告》有哪些规定、每条规定有哪些具体内容，行文条理清楚，让人一目了然。

3.结语

这部分针对通告的具体内容，写出发文机关的希望、要求或限定措施，如《联合通告》的结尾：

"凡违反本《通告》者，学校全体师生员工有权批评制止，学校各级行政组织和保卫部门应及时进行查处；对触犯《中华人民共和国刑法》、违反《治安处罚条例》者，由当地公安机关依法处理。"

一般的通告在正文结束后，另起一行写上"特此通告"作为结句。

（三）落款

在通告正文右下方的适当位置写上发文机关名称及发文时间。

参考例文

中山市 2014 年慈善万人行道路交通管制通告

中山市 2014 年慈善万人行巡游活动（以下简称"万人行"）将于 2014 年 2 月 14 日（农历正月十五）在兴中道举行。为保障活动期间道路交通安全畅通，中山市公安局交管部门将于 2 月 14 日 13 时至活动结束，对下列路段实行交通管制：

一、兴中道从人大、政协至孙文公园正门路段，实施全封闭，禁止社会车辆通行，持通行证车辆除外。

二、孙文东路、柏苑路、松苑路、中山路、体育路、东裕路、公园路、城桂路部分道路实行交通管制：孙文东路从华苑大街路口至东苑路路口；柏苑路从华苑大街路口至兴中道路口；竹苑路从兴中道路口至东苑路路口；中山路从银通街路口至东苑路路口和中山三路隧道；体育路从银通街路口至兴中道路口；东裕路从兴中道路口至东苑路路口；公园路从兰桂路路口至兴中道路口；城桂路从兴中道路口至博爱医院路口实施临时交通管制。

上述路段允许行人通行,禁止社会车辆通行,持通行证车辆除外。

三、博爱四路、博爱五路允许机动车经过地下隧道通行,禁止驶入兴中道,持通行证车辆除外。

四、当日 13:00 至活动结束,孙文东路兴中道路口东西方向各 100 米内路段严禁一切车辆停放。

上述路段对涉及的部分路口将设置指示绕道行驶标志牌和交通管制设施,指示过往车辆绕道行驶。届时请市民及时调整出行计划,绕道行驶,不便之处,敬请原谅。

特此通告。

中山市公安局交通警察支队
2014 年 1 月 26 日

第六节　报　告

一、报告的概念

报告是下级机关向上级机关汇报工作、反映情况、提出建议的公文。在上行文中,报告最能体现出"下情上达",上级机关对这种公文特别重视。报告是陈述性公文,在中、下级机关中普遍使用。

二、报告的作用

报告的作用是向上级机关汇报工作、反映情况,提出对进一步开展工作的设想和意见,使上级机关及时了解、掌握情况,在指导下级机关的工作时有所依据和参考。报告还用于回答上级机关的询问和报送文件与物件。

三、报告的种类

报告根据不同要求,有不同的种类,如综合报告同时报告几方面的工作情况,专题报告则一份报告写一件事项。从时限来划分,又有年度报告、季度报告、月度报告等。就内容而言,可分情况报告、工作报告两大类。有人将"建议报告"划分为单独一类,这是不切实际的。在报告这种公文里向上级机关提出任何"建议"都不是凭空的,而是根据有关情况和工作内容来"建议"的。"建议"只是情况类报告、工作类报告中的一部分内容,不能单独形成报告。

四、报告的写法

1.标题

报告的标题由发文机关、事由、文种三部分组成。

2.正文

报告的正文一般由前言、主体、结尾三部分内容组成。前言部分往往是说明写此报告的原因、根据或报告内容的中心问题和梗概。主体部分展开报告的具体内容,即对某一工作或情况进行回顾总结,说明其目前的状态,肯定成绩,指出存在的问题。结尾部分针对现状、存在的问题,提出对今后工作的设想、意见及具体措施。例如,《关于发挥先进人物作用,推动学赶先进活动的报告》,首先说明了行文的根据及要报告的中心问题是充分发挥先进人物作用、学赶先进活动的建议;主体部分回顾了党和政府在开展这一活动中的历史、现在所取得的成绩,对这个活动所作的高度评价,同时指出存在的问题,并分析产生这些问题的原因;结尾部分针对存在的问题,提出改进工作的具体措施,以便推动这一活动更加广泛深入地发展。这份报告反映情况、陈述意见,既有事实依据又充分说理,起到了报告应有的作用。

报告正文结束后,要写上结语"以上报告,请批示""以上报告如无不妥,请批转各地"等。如果上级不作批示、转发,该报告只是供上级机关掌握情况参考。如果上级领导机关批准转发,则成为上级机关文件的内容,具有法规性、规定性或约束力。例如,《××省物价局、财政厅关于第三批取消或降低标准的行政事业性收费项目的报告》,一经××省政府以"×政发〔2022〕22 号"文批转,该报告就成了通知的组成部分,并具有文件的规定性,各受文单位必须按该报告里的有关规定执行。

报告落款处要写上发文机关名称、发文日期。

五、写报告的基本要求

①坚持实事求是的原则,反对报喜不报忧。向上级汇报工作,有成绩写成绩,有错误写错误,有问题反映问题,不能文过饰非,夸大成绩,减少错误或隐瞒不报。反映问题或提出建议的报告也要符合客观实际和工作需要,不能以偏概全或搞形式主义,要向上级提供真实可靠、有决策参考价值、能推动全局工作的情况和建议。

②报告的内容要突出事实。主要让事实来反映是非优劣,不能空洞抽象地写做了什么工作,写问题也要具体准确,反映出实质,不能只写表面现象和印象。失误、存在问题的主观原因是什么,新的措施和对策、建议是什么,都应有条理、符合逻辑关系地安排和撰写。

③报告中不应夹带请示事项。

参考例文

××市电力局关于2012年
政务信息公开工作的报告

×电局发〔2013〕6号

2012年,我局认真贯彻落实《中华人民共和国政府信息公开条例》(以下简称《条例》),健全公开机制,规范公开程序,突出公开重点,创新公开形式,全面推进政务公开工作,进一步增加了工作透明度,强化了行政监督,提高了依法行政水平和行政效率,推动了水利事业全面发展。现将有关工作情况报告如下。

一、政府信息公开主要做法

我局把建立健全公开机制作为推进政务公开工作的一项重要举措,以机制强化教育,以机制明确责任,以机制促进督查,做到持续公开、长效公开。主要做法有:

(一)加强领导,落实责任。我局把政务公开工作纳入重要工作议事日程,成立了局长任组长,党组副书记、纪检组长任副组长,科站办负责人为成员的政务公开领导小组,明确局办公室为全局政府信息公开工作的主要部门,具体负责日常工作的开展。领导小组切实抓好工作部署,明确政务公开办事公开的指导思想、工作目标、主要任务,切实增强公开的针对性和实效性。

(二)健全制度,规范管理。我局建立健全了《××市电力局政务信息公开发布制度》《××市电力局政务信息和宣传工作管理办法(试行)》等制度,使政务公开工作有章可循、有序开展,做到用制度管事、管人。局机关及各科站办建立落实了首问责任制、限时办结制、责任追究制等,坚持挂牌上岗,促进了政务公开工作制度化、规范化、经常化。我局严格按照规定程序,着力解决如何公开、公开什么的问题,坚持依法公开、依规公开,不断提高公开质量和水平。

(三)讲究形式,注重实效。我局认真开展政务公开、办事公开工作,由一般事项公开向重点事项公开转变,主动接受社会和群众的监督。我局根据市政府的要求,进一步完善政务公开的内容,编制政府信息公开目录、政府信息公开指南,及时更新所有的内容。我局对外公开的主要内容有:本局工作职能、科室职责,局领导成员其工作分工;局办公地点、联系电话及电子信箱;本局行政审批项目、审批程序、审批时限、政策法规依据,相关事项责任科室和责任人;本局各项服务承诺事项和工作制度;部门动态;等等。

(四)拓展平台,接受监督。我局充分利用公开主阵地及电子政务平台实施政务公开。一是着重抓好政务服务中心水电局窗口的管理,规范窗口办事程序,增强工作透明度,把我局的22项行政审批事项公开在窗口,为客户提供更方便的服务。二是运用电子网络等现代化手段公开政务信息。我局建立了部门政务公开网站,在单位明显位置设置了政务公开栏,把行政机关的行政主体基本情况、行政决策的过程和行政处理的结果等事项以及事业单位办理事项的项目、依据、收费标准、办理期限、监督方式等都公开于部门的网站或政务公开栏上,为公众提供透明、公正和便捷的服务。同时,我局编印了《××市电力工作简报》,将全市电力系统重点工作编入简报,发往市四家班子领导、分管副秘书长、相关部门、市直水电各单位及县(区、管理区)水电局,提高水电工作的知晓率。

二、政务信息公开基本情况

我们主要通过××市人民政府门户网站、政务中心水电局窗口、市委、市政府《信息简报》、广西电力信息网、《××市水电工作简报》等渠道主动公开本局的政务信息。在××市人民政府门户网站上,社会公众可以通过"政务信息公开"专栏查阅我局主动公开的4条信息。分别是:××市电力局政府信息公开指南(试行)、××市电力局工作机构及主要职能、××市电力局领导成员及其工作分工和××市电力局简介。在市委、市政府《信息简报》上,2012年,我局报送信息103篇,是2011年的11倍多,采用信息56篇。在《××市电力工作简报》上,2012年,我局编印《××市水电工作简报》4期,将简报发往市四家班子领导、分管副秘书长、相关部门、市直电力各单位及县(区、管理区)电力局,提高电力工作的知晓率。

三、2012年政府信息公开工作重点

2012年我局政府信息公开工作指导思想是:继续深入贯彻落实市委、市政府的决策部署和全市政府信息公开工作的会议精神,按照突出重点、切合实际、稳步实施的要求,不断拓宽政府信息公开范围,充实政府信息内容,创新政府信息公开载体,规范政府信息公开工作,加强监督检查,努力提高水电系统内政府信息公开办事公开工作的质量和水平。

（一）认真组织学习贯彻自治区、市政府信息公开工作的有关文件,进一步明确今年水电工作信息公开工作的指导思想和工作思路。

（二）进一步拓展政府信息公开的形式和渠道,充分利用政务公开栏、电视、报纸、广播、网络等多种手段,从静态的公开转向动态的公开,从办事结果的公开转向办事过程的公开,不断提高电力系统信息公开的透明度。

（三）深化和丰富信息公开的内容,除了对行政执法、行政审批的事项及时公开外,要注重电力重大项目建设等与群众利益密切相关事项的公开,确保信息公开工作更加具体,更加贴近群众的需求。

（四）继续完善信息公开工作相关制度,做好信息公开的督促检查工作,发挥监察、督查、舆论和群众的监督作用。不断摸索政务公开新路子,形成有效的内部制约机制和外部监督机制,提高信息公开的水平。结合电力行业实际,不断完善和延伸信息公开工作,促进电力队伍的形象建设,提高机关工作效率,树立本市电力的良好形象。

×× 市电力局

2013 年 3 月 25 日

第七节　请　示

一、请示的概念

请示,是下级机关向上级机关提出要求,请上级机关给予指示或批准的公文。下级机关一般需要请示的问题有:对有关方针、政策、指示、法令中不了解的问题;工作中发生重大问题和原无规定难以处理的问题;由于本单位、本地区的特殊情况而造成的难以处理或需要变通处理的问题;不在本单位权限范围内,须经上级批准后方可决定的问题等。对以上问题,下级机关应以请示的文种向上级机关行文,但在不少地区的机关中,特别是一些基层机关,常用报告代替请示或将两种文体混淆使用。例如,××区人民政府《关于追加扶贫经费的报告》,这篇"报告"陈述的理由是贫困现象严重,申请的是追加扶贫经费,按国家公文的使用范围规定,应用请示而错用了报告;又如,××大学××处《关于筹建学生活动中心的请示报告》,该文名称出现的"请示报告"混淆了文种界限,按公文管理的办法,这是不允许的。

二、请示的写法

请示由标题、正文和落款三部分构成,其写法如下。

(一)标题

请示的标题由"发文机关+事由+文种"组成。如《大连市兴华贸易总公司××分公司关于修建办公大楼的请示》。

(二)正文

请示的正文一般由请示理由(问题)和请示事项两部分构成。

1.请示问题的理由

这部分写明请示的问题并陈述理由。请示的要求一般从标题上就能反映出来,如《××省人民政府关于民族贸易继续给予扶持和照顾的请示》,上级机关一看就知道请示的要求是对民族贸易继续给予扶持和照顾。但请示的要求是根据什么问题提出的、其理由是什么,这必须在请示的正文里先作具体的陈述。只有让上级了解到请示的问题轻重如何、属于什么性质、是否非解决不可,才能为上级提供指示或是否批准的依据。写这部分一定要做到问题明确、理由充分。

如前面提到的请示,中心的问题是民族贸易面临极为严重的困难,请示要求国务院继续给予扶持和照顾。理由是什么呢? 请示陈述说××省是一个多民族省份,少数民族人口占全国第五位,民族地区区域面积占全省一半以上。由于历史原因,少数民族多居住边远山区,交通不便,文化科技落后,经济发展缓慢。民族贸易企业普遍存在经营设施简陋,职工素质和管理水平低,购销额小而分散,经营效益低的困难。实行新税制后,营业税改增值税,原对民贸企业的税收优惠政策基本取消,民贸企业普遍存在费用高、税赋重、资金紧缺、网点萎缩、效益下降等严重困难,截至 1995 年年底,累计亏损额达 2 亿元,年亏损额以 42.91%的速度增长,县以下的民贸企业损失面已达 90%。这些问题严重影响到民贸经济的发展和民族地区的安定团结。以上这些理由并非空谈、泛谈,而是依据事实和确凿的数据,高度概括地说明了民族贸易存在严重困难的现状,其理由是实在而充分的,自然会引起国务院的高度重视。

2.请示批准的事项

请示的问题明确、理由充分,要求解决的事项就能得到上级的认可和批准。在请示批准事项的这部分,要针对前面的问题及理由,向上级提出具体的请示事项。内容多可分条列出,内容少可集中陈述。如上面列举的请示,所涉问题属于全省性的比较重大的问题,涉及的政策性问题较多,如果笼统地向上级提出解决的请求,就难以表达出行文机关全面、具体的愿望。该请示围绕解决民族贸易严重困难这个中心问题,从四个方面单独列条写出了请求事项,明确、完整地表达了行文的意图。

向上级机关提出请求,既要从请示机关的实际问题和需要出发,又要考虑到上级机关的批准权限和解决问题的能力。任意提高解决问题的要求,或不考虑上级机关是否能解决,都不利于实现请示的目的。因此,在写请示批准的事项时,要抱着客观实际的态度,向上级机关提出合理可行的请求。

写作请示要抓住两个要点:一是陈述理由要充分;二是提出解决方案要具体,切实可行。这是因为,请示的目的是请求上级机关批准,只有理由充足、方案可行,上级才好作出决断,问题才能得到迅速解决。

结语写上"以上意见当否,请批示""当否,请批复"之类的结束语。

三、写请示应注意的问题

①请示应一文一示。如有多项问题或事项,要分别行文请示。

②不搞多头请示,以免互相推诿,贻误工作。主送一上级主管机关,其他有关的上级机关采取抄报形式处理。

③要按隶属关系逐级请示,除特殊情况外,一般不得越级请示;必须越级请示的,要抄送越过的直接上级领导机关。

④请求拨款的应附预算表;请求批准规章制度的,应附规章制度的内容;请示处理问题的,本单位应先明确表态。

⑤该用"请示"的不可用"报告",因报告不一定要求上级机关复文,而请示一定要由上级复文。请示如按报告处理,问题就不能得到及时解决。

参考例文

财政部　国家税务总局
关于二滩电站增值税先征后返问题的请示

财税字〔1998〕9 号

国务院第 155 次总理办公会议决定,为减轻二滩电站债务负担,降低上网电价,可考虑在一定期限(五年)内返还增值税,具体方案由电力部牵头,商财政部等有关部门提出报国务院审定(《国务院会议决定事项通知》国秘通〔1997〕61 号),电力部转请财政部提出具体方案会有关部门报国务院审批。经与有关部门共同研究,现对二滩电站税收政策问题请示如下:

一、二滩电站的基本情况

二滩电站位于长江支流雅砻江上,装机总容量 330 万千瓦,年可发电量 170 亿千瓦时,1991 年 9 月主体工程开工,预计 1998 年 7 月第一台机组投产,2000 年全部竣工,是我国本世纪投产的最大水电站。二滩水电开发有限责任公司为项目业主单位,电站总投资约 300 亿元,其中资本金 20 亿元,分别由国家开发投资公司、四川省投资集团公司、四川省电力公司按 48%、48%、4% 的比例出资,国内贷款 190.77 亿元人民币,国外贷款 10.75 亿美元。国内贷款的还款期限是 2009 年底,国外贷款的还款期限是 2015 年底。

由于二滩电站贷款规模大,还贷期相对集中,因此,在项目投产发电的初期,测算的上网电价过高,四川电网难以接收。据二滩电站测算,在正常纳税的情况下,不含税上网电价分别为:1998—2009 年 0.4827 元/千瓦时;2010—2015 年 0.2697 元/千瓦时;2016—2020 年 0.1485 元/千瓦时。而四川电网 1997 年不含税目录电价(销售电价)为 0.3515 元/千瓦时,含代购代销的独立电厂电网平均销售电价水平为 0.3754 元/千瓦时,加上各项基金和费用后,用户实际支付的不含税综合电价水平为 0.437 元/千瓦时,二滩电站的预计上网电价大大高于现行电价。

二、我们的意见

(一)根据国务院决定精神,为支持我国水电事业的发展,适当降低二滩电站的上网电价,建议从 1998 年起至 2002 年五年的时间内,对二滩电站实行增值税先征后返的优惠政策,据测算,这一方案五年共可返增值税约 46 亿元。返还增值税后,每千瓦时电价可相应降低 0.05 元。

(二)关于返还税款的归属问题。国务院会议决定事项通知中规定,返还的增值税款作为中央投资。二滩电站是由中央和地方共同投资建设的,其中国家开发投资公司和四川省电力公司属于中央企业,四川省投资集团公司属于地方企业,中央投资占全部资本金比例的52%,地方占48%。四川省政府提出,四川省应保持占二滩股权的48%的比例不变,返还的增值税应按照中央52%,四川48%的比例分别作为中央和地方的资本金。由于增值税属于中央和地方共享收入,因此,四川省所提返还的增值税按比例分别增加中央和地方的资本金是有道理的。关于具体比例的确定,据我们测算,1994年至1996年中央与四川省对两税的平均分成比例为56:44,1997年为58:42,四川省对两税的实际分成比例呈逐年下降趋势。为简化操作程序,兼顾中央和地方的实际利益,建议五年内对先征后返的增值税按中央和地方58:42的固定比例确定资本金投入。其中中央资本金部分,再按照国家开发投资公司和四川省电力公司在二滩公司中所占的股份分别相应增加各自的资本金。这样处理,比较符合实际,也同四川省政府提出的要求基本接近。

以上意见妥否,请批示。

财政部　国家税务总局
1998年5月13日

第八节　批　复

一、批复的概念

批复是上级机关对下级机关报告、请示事项答复的公文。批复要对请示事项明确表示同意或不同意、批准或不批准的态度。批复是具有指示性质的公文,下级部门要解决请求的问题,必须以批复内容为依据。批复不仅用于请示事项的回复,也可对报告这一公文作出批示。

二、批复的特点

(一)具有答复性和决断性

批复是上级机关对下级机关请示的事项予以肯定或否定的答复,一经行文答复便产生效力,肯定的才能去执行,否定的则不允许执行,明显地体现着上级机关的决断性。因此,批复的意见必须明确、果断,不能含糊其辞、模棱两可。

（二）具有直接针对性

因为批复是答复下级机关请示事项的答复性公文,它应该直接针对请示事项行文,而不能答非所问,也不能言及表面现象而不触及实质问题,或言其轻次的问题而回避重大的问题。作为上级机关的批复,无论是面对下级机关请示的问题有多严重或多复杂,都要直接针对请示的问题作具体认真的答复,不能简单从事,更不能敷衍了事。

（三）具有较强的时间性

下级机关向上级请示的事项,多为亟待处理的问题,上级机关应迅速、及时地批复,不能搁置一旁久拖不批,以免贻误下级机关的工作从而影响全局。

三、批复的结构和写作

一般针对简单请示事项的批复,文字都比较简短;针对大的问题或复杂的问题的批复,文字就比较长。长、短批复的结构内容都由标题、正文、落款三个基本部分组成。

（一）批复的标题

标题由"发文机关名称+发文事由+文种"构成。写标题的事由部分时,有两种常见的情况:一种是写出下级机关请示文件的标题来体现事由,如《××省人民政府对省监察厅等部门〈关于开展治理公路"三乱"工作的请示〉的批复》;另一种是针对下级机关请示的事项,直接写出批复的事由,如《××市人民政府关于整顿各区、县劳务市场问题的批复》。这两种情况都包括了发文机关、发文事由和文种,但前一种标题不仅反映了批复什么事,还反映了对什么机关批复什么事,比起后一种标题的内容更准确、全面,因而,第一种情况的标题更能体现出批复这种公文的要求。

（二）批复的正文

批复的正文由批复的根据和批复的意见两部分内容构成。

1.批复根据

批复前面要写出批复的根据,引述下级单位的来文标题和发文字号。如××市物价局针对××市电子元件厂的请示,在批复的开头就写出:"你厂《关于提高电子元件出厂价格的请示》(×厂发〔2014〕36号)已收悉。经研究现批复如下。"

2.批复的意见

紧接批复根据写出批复意见,对请示或报告的事项作出明确、具体的答复。如《××市物价局关于对××市电子元件厂〈关于提高电子元件出厂价格的请示〉的批复》,正文写出批复的根据后,针对请示中陈述的困难和申请批准的事项,写出了批复意见:"由于电子产品的原材料及辅料价格的提高,生产成本上升较大。为保证电子产品正常生产,满足市场的需要,同意将你厂电子产品出厂价格提高5%,从文到之日起执行。"这篇批复的文字不多,但结构完整,内容简明扼要,针对性强。

如批复的意见较长,就需要单独写成一个部分,并以条款的形式来分别表述有关的意见。

在正文的结尾处,常用"此复""特此批复"等习惯用语。

（三）批复的落款

在正文右下方的位置写上发文机关名称及发文日期。

参考例文

国务院关于同意将辽宁省辽阳市
列为国家历史文化名城的批复

国函〔2020〕162号

辽宁省人民政府:

你省关于申报辽阳市为国家历史文化名城的请示收悉。现批复如下:

一、同意将辽阳市列为国家历史文化名城。辽阳市历史悠久,传统格局和历史风貌特色鲜明,文化遗存丰富多样,城市发展脉络清晰,具有重要的历史文化价值。

二、你省及辽阳市人民政府要以习近平新时代中国特色社会主义思想为指导,全面贯彻党的十九大和十九届二中、三中、四中、五中全会精神,按照党中央、国务院决策部署,牢固树立保护历史文化遗产责任重大的观念,落实《中华人民共和国文物保护法》《历史文化名城名镇名村保护条例》要求,强化历史文化保护,深入研究发掘历史文化资源的内涵与价值,明确保护的原则和重点,传承弘扬中华优秀传统文化。编制好历史文化名城保护规划,确定历史文化街区、文物保护单位、历史建筑的保护范围及建设控制地带,制定并严格实施相关保护管理规定。在规划和建设中,要科学统筹文物保护利用与文化遗产保护传承,正确处理城市建设与保护历史文化资源的关系,重视保护城市格局,加强整体性保护、系统性保护。注重城区环境整治和历史建筑修缮,保持传统格局、历史风貌和空间尺度,不得改变与其相互依存的自然景观和环境,不得进行任何与名城环境和风貌不相协调的建设活动,不得损坏或者擅自迁移、拆除历史建筑。

三、你省与住房城乡建设部、国家文物局要加强对辽阳市国家历史文化名城保护工作的指导、监督和检查。

国务院

2020 年 11 月 29 日

第九节　意　见

一、意见的概念

意见,是行政机关对上级有关方针、政策、规定等重要问题以及行文机关内部范围各种重要问题所提出的见解和处理办法。

意见并非是上级一般性的看法和提议,而是具有指示性甚至具有某种规范性、运行性的见解和措施或方法,如教育部、国务院纠风办等部门 2014 年 3 月 3 日发布的《国务院关于改进加强中央财政科研项目和资金管理的若干意见》(国发〔2014〕11 号)。该"意见"不仅对中央财政科研项目和资金管理工作提出具有指导性的意见,还明确该项工作的主要任务与相关措施。因此,受文单位不能把上级下发的"意见"仅仅视为表态性的看法,而要根据意见的实际要求去遵照办理。

二、意见的写作

意见的正文由标题、正文和落款构成。

(一)意见的标题

由"行文机关+事由+文种"组成,如 2014 年 2 月 21 日发布的《国务院关于建立统一

67

的城乡居民基本养老保险制度的意见》(国发〔2014〕8 号)。

(二)意见的正文

意见的正文一般由前言和正文两部分组成。

1.前言

这部分应简明扼要地写出发文机关的发文根据和目的,写出针对什么问题、什么工作或活动的总的看法。如 2003 年 1 月四川省监察厅等部门联合颁发的《关于纠正中小学教辅材料虚高过多过滥的意见》的文件,前言部分首先针对近几年四川一些中小学"乱收费问题仍较突出,主要表现为教辅材料虚高定价过多过滥"的问题,指出对此问题"社会反应十分强烈,已经成为广大群众关心的热点问题"。紧接着就根据这样的问题写出行文的缘由:为了认真贯彻国务院办公厅相关通知的精神,纠正中小学教辅材料虚高定价、过多过滥,切实为了学生与家长减轻经济负担,"特提出以下意见"。一般意见的前言都不应过长,只要能简明扼要地写出发文的缘由就行。

2.正文

这部分是意见的主体,要写出针对实际问题或工作的具体意见,如果虚写一些大道理或泛泛的要求,就达不到意见的指导和规范作用。行之有效的"意见",都应该具体地体现在如何提出解决问题的工作任务和措施上。如××省纠正行业不正之风办公室《关于××××年纠风工作的实施意见》,主体这部分包括"主要工作任务"和"主要措施"两部分。在"主要工作任务"中明确要求做到:①整治优化环境;②治理教育乱收费;③纠正医药购销中的不正之风;④认真做好减轻农民负担的工作;⑤治理公路"三乱";⑥加强行风建设和开展民主评议行风工作等。在这些任务中,都表明了切合实际的要求和目标。在"主要措施"中,针对需要完成的主要任务提出:①落实纠风工作责任制;②抓住重点、难点,加强监督检查;③努力从源头上预防和解决不正之风;④加强领导,狠抓落实,务求实效等。在这些措施中包含了完成任务的各种方法,具有可操作的指导作用。

意见主体部分的写法并没有固定的要求,但无论针对什么问题或工作的意见,都应像前面的例文那样,体现出针对性、指导性和可运行性。

(三)意见的落款

在主体的右下方落款处署上发文机关名称及发文时间。

三、写意见应注意的问题

①意见的行文有两种,一为"意见",二为"实施意见"。写前者可以写得原则一些,

提出大体要求和办法即可;写后者则需更为明确具体,以便规范实施。

②无论写"意见"还是写"实施意见",都要注意针对性、实效性,力戒空泛地发表见解和主张。

参考例文

国务院办公厅关于
加快农村寄递物流体系建设的意见

国办发〔2021〕29号

各省、自治区、直辖市人民政府,国务院各部委、各直属机构:

农村寄递物流是农产品出村进城、消费品下乡进村的重要渠道之一,对满足农村群众生产生活需要、释放农村消费潜力、促进乡村振兴具有重要意义。近年来,农村寄递物流体系建设取得了长足进步,与农村电子商务协同发展效应显著,但仍存在末端服务能力不足、可持续性较差、基础设施薄弱等一些突出问题,与群众的期待尚有一定差距。为加快农村寄递物流体系建设,做好"六稳""六保"工作,经国务院同意,现提出如下意见。

一、指导思想

以习近平新时代中国特色社会主义思想为指导,深入贯彻党的十九大和十九届二中、三中、四中、五中全会精神,认真落实党中央、国务院决策部署,立足新发展阶段、贯彻新发展理念、构建新发展格局,坚持以人民为中心的发展思想,健全县、乡、村寄递服务体系,补齐农村寄递物流基础设施短板,推动农村地区流通体系建设,促进群众就业创业,更好满足农村生产生活和消费升级需求,为全面推进乡村振兴、畅通国内大循环作出重要贡献。

二、原则目标

坚持以人民为中心、惠及民生。提升农村寄递服务能力和效率,聚焦农产品进城"最初一公里"和消费品下乡"最后一公里",助力农民创收增收,促进农村消费升级。

坚持市场主导、政府引导。有效市场和有为政府紧密结合,以市场化方式为主,主动打通政策堵点,引导各类市场主体创新服务模式,积极参与农村寄递物流体系建设。

坚持完善体系、提高效率。强化顶层设计,发挥寄递物流体系优势,促进线上线下融合发展,进一步畅通农村生产、消费循环。

坚持资源共享、协同推进。支持邮政、快递、物流等企业共建共享基础设施和配送渠道,与现代农业、电子商务等深度融合,因地制宜打造一批协同发展示范项目,引领带动农村地区寄递物流水平提升。

到 2025 年，基本形成开放惠民、集约共享、安全高效、双向畅通的农村寄递物流体系，实现乡乡有网点、村村有服务，农产品运得出、消费品进得去，农村寄递物流供给能力和服务质量显著提高，便民惠民寄递服务基本覆盖。

三、体系建设

（一）强化农村邮政体系作用。在保证邮政普遍服务和特殊服务质量的前提下，加强农村邮政基础设施和服务网络共享，强化邮政网络节点重要作用。创新乡镇邮政网点运营模式，承接代收代办代缴等各类农村公共服务，实现"一点多能"，提升农村邮政基本公共服务能力。发挥邮政网络在边远地区的基础支撑作用，鼓励邮政快递企业整合末端投递资源，满足边远地区群众基本寄递需求。支持邮政企业公平参与农村寄递服务市场竞争，以市场化方式为农村电商提供寄递、仓储、金融一体化服务。（国家邮政局牵头，国家发展改革委、财政部、商务部、国家乡村振兴局、中国邮政集团有限公司等相关单位及各地区按职责分工负责）

（二）健全末端共同配送体系。统筹农村地区寄递物流资源，鼓励邮政、快递、交通、供销、商贸流通等物流平台采取多种方式合作共用末端配送网络，加快推广农村寄递物流共同配送模式，有效降低农村末端寄递成本。推进不同主体之间标准互认和服务互补，在设施建设、运营维护、安全责任等方面实现有效衔接，探索相应的投资方式、服务规范和收益分配机制。鼓励企业通过数据共享、信息互联互通，提升农村寄递物流体系信息化服务能力。（商务部、交通运输部、国家邮政局牵头，国家发展改革委、农业农村部、国家乡村振兴局、供销合作总社、中国邮政集团有限公司等相关单位及各地区按职责分工负责）

（三）优化协同发展体系。强化农村寄递物流与农村电商、交通运输等融合发展。继续发挥邮政快递服务农村电商的主渠道作用，推动运输集约化、设备标准化和流程信息化，2022 年 6 月底前在全国建设 100 个农村电商快递协同发展示范区，带动提升寄递物流对农村电商的定制化服务能力。鼓励各地区深入推进"四好农村路"和城乡交通运输一体化建设，合理配置城乡交通资源，完善农村客运班车代运邮件快件合作机制，宣传推广农村物流服务品牌。（交通运输部、商务部、国家邮政局、中国邮政集团有限公司等相关单位及各地区按职责分工负责）

（四）构建冷链寄递体系。鼓励邮政快递企业、供销合作社和其他社会资本在农产品田头市场合作建设预冷保鲜、低温分拣、冷藏仓储等设施，缩短流通时间，减少产品损耗，提升农产品流通效率和效益。引导支持邮政快递企业依托快递物流园区建设冷链仓储设施，增加冷链运输车辆，提升末端冷链配送能力，逐步建立覆盖生产流通各环节的冷链寄递物流体系。支持行业协会制定推广电商快递冷链服务标准规范，提升冷链寄递安全监管水平。邮政快递企业参与冷链物流基地建设，可按规定享受相关支持政策。（国家发展改革委、财政部、交通运输部、农业农村部、商务部、国家邮政局、国家乡村振兴局、供销合作总社、中国邮政集团有限公司等相关单位及各地区按职责分工负责）

四、重点任务

（一）分类推进"快递进村"工程。在东中部农村地区，更好发挥市场配置资源的决定性作用，引导企业通过驻村设点、企业合作等方式，提升"快递进村"服务水平。在西部农村地区，更好发挥政府推动作用，引导、鼓励企业利用邮政和交通基础设施网络优势，重点开展邮政与快递、交通、供销多方合作，发挥邮政服务在农村末端寄递中的基础性作用，扩大"快递进村"覆盖范围。引导快递企业完善符合农村实际的分配激励机制，落实快递企业总部责任，保护从业人员合法权益，保障农村快递网络可持续运行。（国家邮政局牵头，国家发展改革委、财政部、人力资源社会保障部、交通运输部、商务部、供销合作总社、中国邮政集团有限公司等相关单位及各地区按职责分工负责）

（二）完善农产品上行发展机制。鼓励支持农村寄递物流企业立足县域特色农产品和现代农业发展需要，主动对接家庭农场、农民合作社、农业产业化龙头企业，为农产品上行提供专业化供应链寄递服务，推动"互联网+"农产品出村进城。发挥农村邮政快递网（站）点辐射带动作用，2022年6月底前建设300个快递服务现代农业示范项目，重点支持脱贫地区乡村特色产业发展壮大，助力当地农产品外销，巩固拓展脱贫攻坚成果。（农业农村部、商务部、国家邮政局牵头，供销合作总社、中国邮政集团有限公司等相关单位及各地区按职责分工负责）

（三）加快农村寄递物流基础设施补短板。各地区依托县域邮件快件处理场地、客运站、货运站、电商仓储场地、供销合作社仓储物流设施等建设县级寄递公共配送中心；整合在村邮政、快递、供销、电商等资源，利用村内现有公共设施，建设村级寄递物流综合服务站。鼓励有条件的县、乡、村布设智能快件（信包）箱。推进乡镇邮政局（所）改造，加快农村邮路汽车化。引导快递企业总部加大农村寄递网络投资，规范管理农村寄递网点，保障网点稳定运行。统筹用好现有资金渠道或专项政策，支持农村寄递物流基础设施改造提升。（国家发展改革委、财政部、交通运输部、农业农村部、商务部、国家邮政局、国家乡村振兴局、供销合作总社、中国邮政集团有限公司等相关单位及各地区按职责分工负责）

（四）继续深化寄递领域"放管服"改革。简化农村快递末端网点备案手续，取消不合理、不必要限制，鼓励发展农村快递末端服务。修订《快递市场管理办法》和《快递服务》等标准，规范农村快递经营行为，鼓励探索符合农村实际的业务模式。鼓励电商企业、寄递企业和社会资本参与村级寄递物流综合服务站建设，吸纳农村劳动力就业创业。加强寄递物流服务监管和运输安全管理，完善消费者投诉申诉机制，依法查处未按约定地址投递、违规收费等行为，促进公平竞争，保障群众合法权益。支持有条件的地区健全

县级邮政快递监管工作机制和电商、快递协会组织,加强行业监管和自律。(国家邮政局及各地区按职责分工负责)

五、组织落实

各地区、各相关部门和单位要充分认识加快农村寄递物流体系建设的重要意义,强化责任落实、加强协调配合,按照本意见提出的要求,结合实际研究制定配套措施,及时部署落实。各地区要将农村寄递物流体系建设纳入相关规划和公共基础设施建设范畴,落实地方财政支出责任,支持村级寄递物流综合服务站建设,认真抓好任务落实。各相关部门要建立工作协调机制,研究出台相应支持政策,及时总结推广典型经验做法。国家邮政局要加强工作指导和督促检查,重大情况及时报告国务院。

国务院办公厅
2021 年 7 月 29 日

第十节　函

函可分公函、便函两种。便函用机关信笺缮写或打印,可加标题,不必编号,落款署上机关名称,签上日期,盖上公章即可。这种形式的便函不属正式文件,一般不归入档案。公函号正规文件,应按正规形式的公文处理。"公函"和"便函"只是为了区别它们的形式而划分的,实际上便函也用于处理公务,应属一种简便的公函。

一、函的概念

函是机关之间用于商洽工作、询问和答复问题的一种公文。一般情况下,函是用于平行机关之间商洽工作、咨询和答复问题的公文,不具备指导作用,也无批准效力;但上级机关对下级机关询问重要问题的复函,也有指示作用或批准作用。函也可以作为上行文,下级机关向上级机关请求指示、批准的重要事宜,一般用"请示"行文;较次要的问题,往往用函呈文。

二、函的写作方法

公函、便函都有问函和复函两种发文的形式。它们的正文内容一般可分为开头和主体两个基本部分。

(一)问函

开头部分写出发函的起因;主体部分写商洽、询问、请求批准的事项,或提出希望、要求。结语多用"特此函达""即希函复"之类的习惯语。

(二)复函

开头告知收函的情况,如"×月×日来函收悉,就函中若干问题作如下答复""×工函字〔1996〕8 号文《关于妥善解决××市文化宫货亭拆除问题的函》已收悉,经我们研究,现作如下答复"等。主体部分就对方商洽、交涉、询问的问题作出具体答复。结语多用"专此函复"之类的习惯语。

三、写函应注意的问题

(一)一函一事

无论问函、复函,均应做到一函一事,不要把性质不相关的几件事放在一份函中叙述。一份函所涉的问题多而又互无关系,就难以集中明确地陈述或答复问题,更不能及时处理问题。

(二)语言要得体、有分寸

写函应力避客套,在语言上应讲究礼貌。作为平行函,不能使用指示、命令式的语言,要用平等磋商的语调;作为上行函,不能使用要挟、过激的语言,要用咨询、请示的语调;作为下行函,不能使用颐指气使的语言,要用尊重、理解的语调。无论是哪一种行文关系的函,都应在语言上恰如其分地体现出行文机关的"地位"和姿态,这样才能充分发挥函的作用。

参考例文一

××省总工会关于妥善解决
××市文化宫货亭拆除问题的函

×工函字〔××××〕8 号

中共××市委：

××市劳动人民文化宫自建立以来，在贵市市委、人大、政府、政协的关怀和有关部门的大力支持下，工作取得了显著成效。1993 年被省总工会评为省级"先进文化宫"，1994 年被全总授予"全国工会职工文化先进集体"荣誉称号，跨入全国先进工会文化宫的行列。省总工会对市委及人大、政府、政协四大班子给予工会工作的关心、支持表示感谢！

最近，我们收到××市文化宫数名职工联名反映市上即将强行拆除文化宫内货亭的书面材料，措辞激烈、意见尖锐。为妥善解决好这个问题，避免激化矛盾，省总工会有以下几点意见，请市委斟酌：

一、××市文化宫在宫内设建部分货亭符合全总、国家市场监督管理总局、财政部等国家六部委"关于工会兴办为职工服务的第三产业的通知"精神，不影响文化宫的性质和功能。文化宫坚持全总提出的"以文补文、多业助文"的办宫原则，以弥补经费的不足，路子是正确的。

二、文化宫的货亭属工会财产。对工会财产的处置，工会法和我省工会法实施细则有明确规定："工会的财产、经费和国家拨给工会的不动产，任何组织和个人不得侵占、挪用和任意调拨。""工会的经费和用工会经费兴建、购置的房屋、设备、设施等固定资产及其下属企业、事业单位的财产属于工会资产。"在涉及工会财产处理上，应执行工会法有关规定，其他部门无权处置。

三、在对待市文化宫内货亭问题上，应维护市政府的权威和威信。市政府办公厅〔××××〕×办复字 27 号文对市文化宫内增设部分货亭、弥补经费不足所做的工作是予以肯定的，对市政府办公厅的三点整改意见，市文化宫也是认真执行了的。建议市文化宫解决这一问题时，应维持和尊重市政府的意见。

四、鉴于货亭拆除涉及部分职工的具体利益，且可能引发有关方面的利益纠纷，建议最好能待有关方面进一步协商一致、做好工作后再作处置为妥，以避免引发不安定因素，影响贵市的稳定与发展。

××省总工会

××××年×月×日

参考例文二

国务院办公厅关于同意广东、香港、澳门
承办 2025 年第十五届全国运动会的函

国办函〔2021〕79 号

体育总局、财政部、国务院港澳办:

你们《关于广东、香港、澳门承办第十五届全国运动会的请示》(体竞字〔2021〕224号)收悉。经国务院领导同志批准,现函复如下:

一、同意广东、香港、澳门承办 2025 年第十五届全国运动会。

二、筹备和举办第十五届全国运动会的经费主要由广东省人民政府、香港特别行政区政府、澳门特别行政区政府自筹,中央财政给予一次性定额补助。

三、体育总局、广东省人民政府、香港特别行政区政府、澳门特别行政区政府要严格按照党中央、国务院有关规定,结合当地经济社会发展实际,坚持"简约、安全、精彩"的办赛要求,充分利用现有场馆设施,严格预算管理,节约办赛成本,严格控制规模和规格,全力做好新冠肺炎疫情防控工作,共同组织好第十五届全国运动会。

国务院办公厅

2021 年 8 月 21 日

第十一节 纪 要

一、纪要的概念

纪要是将会议的主要情况和研究、解决的主要问题,进行归纳、概括而形成的公务文件。纪要的作用是传达会议决定的事项和主要精神,要求与会单位共同遵守和执行。

二、纪要的写作

纪要的正文由概述会议的情况和摘要会议研究、解决的问题两部分组成。

(一)概括会议的情况

可概括交代一下会议召开的时间、地点、召开单位、参加者、会议议题和主要议程、收获等。这一部分相当于新闻导语,可以用一段话加以概括,文字应简洁明快、开门见山。

(二)摘要会议研究和解决的问题

这一部分主要是将会议研究、讨论的问题以及议定的事项进行分析、归纳、综合,以摘要的形式反映出来。摘要的目的是传达出会议的主要精神,而会议的主要精神又必须通过纪要摘录才能反映出来。因此,凡属能体现会议主要精神的内容,包括会议的一致认识、看法、意见、建议和决定,都应以摘要的形式反映出来。这样既便于让受文机关了解会议的情况,也便于与会单位共同遵守、执行。

三、写纪要应注意的问题

(一)会议纪要不同于会议记录

会议记录是按会议自然进程记载的完整的原始资料,会议纪要是在会议记录的基础上加工整理、归类组合而成的,它较之会议记录更能集中、概括地反映会议的主要精神。

(二)概述讨论结果和议定事项

撰写会议纪要的注意力应放在对会议讨论的结果和议定事项的概述上。会议讨论的结论比较长、议定的事项比较多,则应用分段或分条的形式进行条理清楚、简明扼要的叙述。

参考例文

省重点项目领导小组 2011 年第一次全体会议纪要

××府阅〔2011〕13 号

2011 年 2 月 13 日

2 月 11 日,省委常委、常务副省长、省重点项目领导小组组长××主持召开全省重点项目领导小组 2011 年第一次全体会议,专题研究重点项目推进工作。副省长、省重点项目领导小组副组长××,省政府副秘书长××和省重点项目领导小组成员单位负责人参加会议。会议听取了省发展改革委(省重点办)关于全省 2010 年重大项目计划执行情况及 2011 年全省重点项目建议计划的汇报,对 2011 年全省重点项目推进工作进行了安排部署。会议审议并原则通过了《××省 2011 年重点项目建议计划》和《××省人民政府关于做好 2011 年投资工作的意见(代拟稿)》。

会议认为,2010 年在省委、省政府领导下,全省上下奋力推进"两个加快",着力强化投资拉动和产业支撑,加强协调服务,强化要素保障,大力推进重大项目建设,超额完成年度计划目标任务,为我省经济社会发展作出积极贡献。会议指出,2011 年是"十二五"开局之年,也是实施新一轮西部大开发的第一年。为确保实现我省"十二五"良好开局,必须继续坚持把投资拉动作为推动经济增长最直接、最主要的抓手,稳定和扩大投资规模,保持投资的持续拉动力;坚持充分发挥重点项目对全省投资的支撑、导向和带动作用;坚持加强以基础设施为重点的项目建设,加快推进在建项目进度,狠抓新项目开工。会议强调,各级各部门要充分认识重点项目建设在带动全省经济社会发展中所起到的重要作用,加强沟通衔接,强化协调配合,形成工作合力,全力推进省重点项目建设。

会议议定以下事项:

(一)修改完善《2011 年重点项目建议计划》(以下简称《建议计划》)。一是省发展改革委牵头,会同省重点项目领导小组其他成员单位再次对《建议计划》中的项目进行认真审查,严格把关,筛选出对我省经济社会发展具有支撑、导向和带动作用的项目。修改完善后报省政府常务会议审定。二是××市机场改扩建工程和××州"两路一隧"项目事关交通枢纽建设和藏区经济社会发展大局,要纳入全省 60 个重点推进项目。

(二)筹备全省重点项目推进工作会议。省发展改革委要会同省政府有关部门,尽快筹备全省重点项目推进工作会议,安排部署全省投资和重点项目推进工作,签订投资和重点项目工作目标责任书,将投资和重点项目目标任务细化分解落实到市(州)、省级行业主管部门和中央在我省企业。

（三）加大重点项目建设用地支持和管理力度。一是国土资源厅会同省发展改革委进一步加强重点项目建设用地监管，下发一个紧急通知，要求市（州）、县（市、区）和有关部门、项目业主单位坚持依法用地，及时办理被征地农民社会保险和建设用地报征手续。二是国土资源厅要在国家下达我省的建设用地计划指标中，优先安排省重点项目建设用地。

（四）高度重视重点项目建设资金保障工作。要采取多种方式，拓宽融资渠道，大力筹措重点项目建设资金。一是抓住国家继续实施积极财政政策的机遇，紧紧围绕国家重点投向，抓紧做好项目准备和投资计划申报工作，积极争取国家更大支持。二是筹备召开重点项目金融对接工作会议，进一步加强银政、银企合作，及时向银行和有关金融机构推荐重点项目，引导银行信贷资金向重点项目倾斜。三是继续发挥我省发展、铁投、交投等投融资平台的作用，加大重点项目资本金和建设资金筹措力度。

（五）健全完善重点项目推进工作机制。一是继续实行重点项目月报制度。省发展改革委（省重点办）继续按月汇总分析全省重点项目推进情况和计划执行情况。二是健全重点项目协调机制。省重点办要进一步健全重点项目推进工作协调联动机制，注重部门、市（州）、项目业主的协调联动，搭建省市县三级联动平台，每月召开一次全省重点项目协调会议，及时协调解决项目实施中存在的问题和困难。三是扎实推进项目前期工作。注重项目前期工作的落实和可行性认定，确保省重点项目符合国家产业政策和投向；完善省市县三级"审批绿色通道"，推行并联审批，提高审批效率。省政府有关部门要围绕项目审批所需要件，提前介入，主动作为，指导市（州）、项目业主单位等做好项目前期工作。

附件：研究促进粮食生产政策落实和农资供应工作会议纪要（略）

第三章　规章制度

　　根据我国法规规章文书制定的相关规定,如《法规规章备案条例》所指出,法规是指省、自治区、直辖市和较大的市的人民代表大会及其常务委员会依照法定职权和程序制定的地方性法规,经济特区所在地的省、市的人民代表大会及其常务委员会依照法定职权和程序制定的经济特区法规,以及自治州、自治县的人民代表大会依照法定职权和程序制定的自治条例和单行条例。规章,包括国家部门规章和地方政府规章。国家部门规章,是指国务院各部、各委员会、中国人民银行、审计署和具有行政管理职能的直属机构(以下简称"国务院部门")根据法律和国务院的行政法规、决定、命令,在本部门的职权范围内依照《规章制定程序条例》制定的规章。地方政府规章,是指省、自治区、直辖市和较大的市的人民政府根据法律、行政法规和本省、自治区、直辖市的地方性法规,依照《规章制定程序条例》制定的规章。因此,本章节所讲述的规章制度的范围不包括"法规",而是上述国家部门规章、地方政府规章以及各企事业单位参照制定部门和政府规章的相关文件而制作的规定性、约束性文书。

第一节　规章制度概述

一、规章制度的概念

规章制度是国家行政机关、业务主管部门、社会团体、企事业单位或其他组织机构根据党和国家的政策、法令,从本部门的实际情况出发所制定的,在特定的范围内,要求有关人员共同遵守的具有约束力的行为规范和准则。它是党和国家的方针、政策的具体化,也是具有一定程度上的强制性和在一定范围内的约束力的公文。

规章制度是章程、规定、办法、细则、规则、规程、制度、守则、公约、须知等的总称。

二、规章制度的特点

(一)使用的广泛性

规章制度使用广泛,国家机关、企事业单位和其他组织都可以使用。它既可以用于重要的政策规定,也可以用于具体的管理方法;既可以作为国家的行政规章,也可以作为一般性的工作规则。

(二)语言的严谨性

严谨性是规章制度用语的主要特点。规章制度按照所涉及对象的具体情况,规范人们的行为,相关部门及人员要遵守执行。因此,规章制度用语必须严谨,做到准确无误,不能有任何歧义或错漏。

(三)内容的周密性

规章制度的内容必须具体、严密、细致、周全,具体的条款要对规章制度实施过程中可能出现的情况考虑周全。规章制度的条款要有严密的逻辑性,不能自相矛盾。

（四）实施的可行性

规章制度的可行性主要是指规章制度必须以法律和政策为依据。任何规章制度的制定,都必须以国家颁布的各种法律法规、党和政府制定的方针政策为依据,如果背离了法律法规、方针政策,这种制度不但不可行,也失去了存在的依据。

（五）结构的规范性

规章制度在文章的结构上,较之一般文章表现出尤为突出的规范性。规章制度一般以条款形式安排其内容,常见的内容层次为章、条、款三级或者条、款两级。分条分款的结构形式使得全文内容条目清晰,便于理解和执行。

（六）制发的程序性

法规规章文书在制作和发出环节都要遵守一定的程序,特别是在发出环节应使用"令""公告""通知"等法定公文将法规规章文书发布出来,是保证制发程序合法有效的重要一环。一般企事业单位印发规章制度常用的印发类公文是通知。

三、规章制度的写法

（一）标题

1.公文式

标题由发文机关名称、事由和文种三要素或者两要素（省略发文机关）组成。突出的地方是,标题出现"关于……的……"这一标准公文标题中的介词词组和中心语的偏正结构。三要素齐全的标题,如《××大学图书馆关于图书借阅的办法》;两要素式标题由事由和文种组成,如《关于期末考试考场的规则》。

2.要素式

组成标题的各要素直接出现,发文机关、事由、文种之间无须如"关于"一类的词语相连接。如《图书借阅办法》。

规章制度由于需要严谨规范,所以,在标题上一般不使用"一般文章式"标题,表明规章制度文种的词一定出现在标题的最后部分。

如果该规章制度属于"草案"或者需要"暂行""试行",可以在标题中体现,"暂行""试行""草案"类文字,可加圆括号放在文种词的前面或后面。如《四川大学本科教学质量监控与评估方法（试行）》。

（二）正文

1.规章制度的正文结构形式

（1）条目贯通式（分条式），即全文所有内容按条目顺序排列。全文的所有条款统一编序，序号从小到大一贯到底。

（2）章断条连式（章条式），即把整个正文部分分为总则、分则、附则三个部分，而具体内容按条目的流水顺序排列。一般而言，第一章的题目是"总则"，最后一章的题目是"附则"，从第二章起到最后一章之前的数章属于"分则"。属于"分则"的各章具体的题目因内容的不同而各异。采用章条式写作的规章制度，各章分开，需要强调的是，一份章条式规章制度的全文的"条"是一以贯之的，所有条款统一编序，"条"的序号从小到大一贯到底，不因分章而中断。

（3）总序分条式（序条式）。即类似于一般文章的"总分式"，也有开头部分的"总"和下面分层次的"分"两大部分。但较之于一般的总分式文章，"总序分条式"规章制度的条款简明清晰，不做过多的阐释。

2.规章制度的正文写法

法规类文书在编目上可分为七级：编、章、节、条、款、项、目。一般的规章制度最常用的编目为章、条、款。也可以只有条这一级。

规章制度的正文部分无论采用条目贯通式（分条式）、章断条连式（章条式）还是总序分条式（序条式），在具体写作上一般都需要按照"总则""分则""附则"的写作规则来安排内容层次。

（1）总则。

总则，主要用于明确制定该规章制度的缘由、依据、指导思想、总的原则、适用对象和范围等。这是规章制度在开头部分必须具备的重要内容。说明写作依据和缘由。常常使用"为了……""根据……"的句式。"总则"部分需写的内容，既可以由上述章条式的"第一章 总则"的第一条至第××条来反映，也可以是序条式的"序"来组成，也可以是不分章的"分条式"的头几条来体现。如《四川大学本科教学质量监控与评估办法（试行）》在分"总分式"的"总"——即全文开头部分就表明了该办法制定的缘由和总的原则要求。也有将"总则"的内容直接写进条款中的，如《四川省通信设施保护规定》并没有单独写一段序言，也没有分列几章，而是在第一条中明确提出本规定的目的和依据。

（2）分则。

分则为除总则和附则之外的内容，位于文书的"总则"之后和"附则"之前，还是规章制度的主体部分，是该规章制度的具体规定条款所在。

根据规章制度内容的复杂程度不同，一般有两种表述方式：一种是简单的"分条式"

或"序条式",内容较为简单的规章制度的"分则"部分常常是该规章制度的中间部分的几条或十数条。如××学院在教学大楼入门处张贴悬挂的《进入大楼须知》除第一条的"为了……制定以下须知"外,从第二条到结束的条款逐条规定了全校师生和外来人员在本学院的教室里应该遵守的规定。一种是相对复杂的"章条式"结构的规章制度,除第一章的题目为"总则"、最后一章的题目为"附则"外,中间的几章属于"分则",而且,从"第二章"起,每一章的题目因各章具体内容不同而不同。如,《四川大学本科学生学籍管理规定(试行)》所规定的有关四川大学本科学生学籍管理的规定采用"章条式"的写作方式,将"入学与注册""学制、修业年限与课程修读"等内容分别规定在各个章节中,上述"入学与注册""学制、修业年限与课程修读"等也成为除第一章和最后一章外的各自章节的题目。

(3)附则。

作为主体的补充和说明,附则是该规章制度附加的规则,常常包含解释权、说明权、生效日期等与该规章制度实施执行有关的事项。如果说主体部分是实体性规定的话,那么,附则部分往往就是程序性的规定。在写作上,也因规章制度的简单或者复杂的不同而在文面上体现出不同——序条式、分条式中的附则属于规章制度结尾部分或最后几条,而在章条式中,则会作为最后一章单独列出。

(三)落款

制定规章制度的部门或单位的签署是规章制度具备制作单位相同权威权限的标志。在规章制度全文结束后的右下方,先署制定规则的单位名称,后在其下再写制定规则的日期。重要的规章制度或公开发布的规章制度常常采用"题注"——题下标注的方式,即把制作者生效日期等相关信息放在规章制度标题的下方。如果该规章制度采用"题下标注"的形式标注制作者等相关信息,则无须再署名。

四、规章制度写作的基本原则

(一)依法合规

制定规章制度首先要以党和国家的方针政策和法律法规为依据,其内容也必须符合国家的法律法规和政策要求,不能违背。在法律法规、规章制度这一系列规范社会和人们行为的文书中,规章制度本身依法合规,才能起到规范和约束作用。

（二）切合实际

制定规章制度的目的是确保各项工作的顺利开展，这就要求我们一定要从本行业、本系统或本单位的实际需要出发，切合实际地确定写作内容。因此，做好在撰写有关文件之前的调查研究和文件起草后交由大家共同讨论、广泛征求群众意见的工作，也是必不可少的。

（三）严谨规范

规章制度在文字表述上必须明确具体，对于应该不应该、可以不可以、允许不允许、作为与不作为、怎样为等问题的规定一定要确切，措辞要严谨、妥帖，用语要精练、庄重。规章制度在结构上使用规范的模式，易于对规章制度的解读和执行。

（四）适时修订

规章制度是在一定范围、一定时期制定的切合实际的规则，虽然要求一定的稳定性，但社会总是在不断发展变化，新的问题、新的情况不断出现，根据这些发展变化和社会的实际需要，适时地修订规章制度就显得很有必要。尤其是标明"试行""暂行"的规章制度文书，一定要适时增删完善。

第二节　章　程

一、章程的概念

章程是团体、企事业单位以及社会组织用以明确组织性质、宗旨、任务、组织机构，规范其总体原则、成员的权利义务等重大事项以及内部一切工作活动及进行程序的规定性文件。

章程主要有组织章程和业务工作章程两种。组织章程由各类社会组织制定，用以对本组织的性质、宗旨、任务、机构、人员构成、内部关系、职责范围、权利义务、活动规则、纪律措施等作出明确规定,如《中国共产党章程》《××公司章程》等。业务工作章程主要由有关企事业单位制定,阐明其业务性质、运作方式、基本要求、行为规范等,如《××学院办学章程》《招生简章》等。

由于制定这种文件的主体有着不同的特点,不同的发文机关或部门所制定的章程均带有明显的行业、部门或单位特色。

二、章程的特点

(一)稳定性

章程是组织或团体的基本纲领和行动准则,在一定时期内稳定地发挥其作用,如需更动或修订,应履行特定的程序与手续(经组织全体成员或其代表审议通过),有关单位开展业务工作的章程,是基本的办事准则,也应保持相对稳定,不宜轻易变动。

(二)约束性

章程由团体、组织依法合理制定,只作用于团体、组织内部,在本团体或组织内部施行,需全体成员共同遵守,有一定的规范作用和约束力。

三、章程的写法

(一)标题

组织章程的标题,一般采用"要素式"标题,常由组织或团体名称加文种两要素组成,如《中国共产党章程》。如果有关组织的代表大会通过了,就是正式章程;如果是尚未经代表大会通过的,在标题末尾加圆括号,圆括号内注明"草案"二字。

(二)题注

正式通过的章程一般采用题下标注的方式表明制作者、通过时间等。在标题下面,写明什么时间由什么会议通过,加上括号。采用题注的章程,无须再在文尾落款。

(三)正文

各行业、各部门组织包罗万象的特点,决定了章程属于规章制度中比较复杂的文书,因而多采用章条式,如参考例文所举《××省写作学会章程》就采用章条式结构。当然,章程也可以使用分条式结构,如由我国农业部(现农业农村部)和国家林业局(现国家林业和草原局)联合制定并于20××年1月1日施行的农村土地承包仲裁委员会示范章程——《××农村土地承包仲裁委员会章程》,就采用分条式结构。具体的章程不管采用哪种结构,一般都由总则、分则和附则三部分构成,包括组织性质、组织宗旨、任务、组织成员及权利义务、组织机构的设置、经费财产的来源、管理和使用以及文件解释权和修订权的归属、生效日期的规定等。

(四)落款

未采用题注方式表明制作者、通过时间等的章程,需要将署名及成文时间置于全文结束后的右下方。有的章程在落款处还需要章程的全体设立人签署并盖章。

四、章程的写作要求

(一)内容要具体完备

章程的内容要包括社团名称、宗旨、任务、组织机构、会员资格、入会手续、会员权利义务、领导者的产生和任期、会费的缴纳和经费的管理使用等。必要的项目要完备,既突出特点又照顾全面。

(二)结构要严谨统一

全文由总到分,要有合理的顺序。分的部分,一般是先讲成员,后讲组织;先讲全国组织,后讲地方组织,再讲基层组织;先讲对内,后讲对外。要一环扣一环,体现严密的逻辑性,使章程成为一个有机的统一体。

(三)表述要简明具体

章程条文应该具体明确,不得含糊其辞。用语要准确规范。章程一般是一个组织最基本的规范性文件,必须讲求用语准确,严格使用规范用语。章程的语句特别强调简洁明确、准确无误。多用单句,语言直接。一般不使用如比喻、拟人等修辞手法,保证章程条款的明确无误,没有歧义。

(四)条款要完整单一

章程的条款,讲究完整单一。所谓完整单一,是指章程的一个"条"表示一个意思,既不能把一个完整的意思拆分成几条,也不要把几个意思合在一条之中。这样,才便于称说、便于执行、便于引用。

（五）制发要严守程序

制作和发出章程的所有法定程序均不得遗漏，以保证章程的合法有效。内容要依法合规。所起草的章程必须要有政策法律作为依据，所有条文不得违反国家有关法律、法规。从起草文件到文件批准和发出都要遵守规章制度制发的相关文件规定。

参考例文

××省写作学会章程

第一章 总 则

第一条 本会是以我省高等院校从事写作教学和写作学科研究的教师为主，由社会各界从事写作的工作者自愿组成的群众性学术团体。

第二条 本会的宗旨是在遵守国家宪法和现行政策下，贯彻"百花齐放，百家争鸣"的方针，发扬学术民主，组织和调动写作界各种力量，积极开展学术交流和培训活动，为提高写作教学和研究水平、普及应用写作知识作出贡献。

第二章 会 员

第三条 凡我省高等院校的写作教研室承认本会章程，经过申请，可吸收为本会团体会员；凡具有较高写作教学、科研能力的高校教学、科研人员及社会各界的写作人士，承认本会章程，经过申请可吸收作为个人会员。无论团体会员或个人会员，均须省学会理事会批准备案。

第四条 会员的权利

1.有选举权和被选举权。

2.有参加本会各项学术活动和社会活动的权利。

3.对本会的工作有建议和批评的权利。

4.有退会的自由。

第五条 会员的义务

1.遵守会章，执行本会决议，完成省学会或分会交给的任务。

2.向本会定期汇报写作教学、写作研究及其他写作情况，提供相关成果或信息资料。

3.会员需向学会交纳会费，团体会员每年200元，个人会员每年10元。

第三章 组织机构

第六条 会员代表大会是本会最高权力机构，每四年召开一次。必要时，经常务理事会决定，可提前或推迟召开。

会员代表大会的任务是:

1.审查理事会的工作报告;

2.制定工作任务和规则;

3.修改会章;

4.改选理事会。

第七条　理事会是会员代表大会闭会期间的执行机构,由会员代表大会选举理事若干名组成。

1.理事任期四年。理事会可结合年会召开。

2.常务理事由理事会选举产生组成常务理事会,代表理事会处理日常会务工作。

3.由理事会推选会长 1 名、常务副会长 1 名、副会长 7 名、秘书长 1 名、副秘书长 2 名。常务理事若干名组成常务理事会,代表理事会处理日常会务工作。

4.常务理事会下设秘书处、写作教学研究委员会、写作学术研究交流委员会和写作培训中心。

5.会员若长期不履行义务或有严重违反章程的行为,常务理事有权视其情节的轻重,对其作出劝其退会或开除会籍的处分决定。

第四章　任　务

第八条　认真完成上级主管单位对学会部署的工作任务。

第九条　积极研究以高校为主的各类各级学校写作教学的规律,交流教学和科研经验,促进写作教学改革,提高写作教学和写作科研的质量。

第十条　积极研究各种文体的写作实践和写作理论,有计划地在学会内部和社会各界相关部门进行学术交流。

第十一条　向社会推荐会员的写作成果,充分发挥其应用价值和社会影响,特别注重对本会专家学者成果的宣传。

第十二条　促进和加强写作理论研究和成果的国际交流。

第十三条　根据社会各界对写作培训的需求,举办各种培训班。

第十四条　加强与会员的联系,维护会员从事本会业务活动的正当权益。

第十五条　组织学会年会及其他活动。

第五章　附　则

第十六条　本章程经20××年×月×日第×次会员大会表决通过。

第十七条　本章程解释权属于本学会常务理事会。

第十八条　本章程自会员大会表决通过之日起生效。

××省写作学会

20××年×月×日

第三节　规　定

一、规定的概念

　　规定是党政机关、社会团体和企事业单位为实施管理而制定的,在特定范围内对特定的事项、工作和活动所作出的,关于原则、方式、方法等具有约束力的规定和要求以及相应的措施。

　　规定与办法一样,既可以是一部法规,又可作为一般性的管理规章。区别一份规定是法规还是规章,主要的依据是制定者。如果一份规定的制定者是国务院、省会城市所在市及以上的人民代表大会或人大常委会,就是法规;除此之外的制定者制作的规定就是规章。

　　规定是对特定的事项、工作和活动而制定的原则、方式、方法和措施,是对有关法律、法规的具体化。比如,四川大学的《四川大学本科学生学籍管理规定(试行)》就是为落实宪法、高等教育法等有关法律、法规,依据教育部《普通高等学校学生管理规定》并结合学校自身实际情况,制定的一部规章性规定。

二、规定的特点

(一)强制性

　　规定要求有关人员必须遵照执行,违反规定将受到某种处罚,以起到制约和依据作用,这是规定有别于其他规章性文书的主要之处。

(二)可行性

　　规定是以政策、宪法为依据,内容是以促进工作为目的,并且具有实际操作性,便于人们遵照执行。因此,可操作性强是规定的一大特点。

（三）具体性

规定必须具体,落到实处,才便于人们在执行时有法可依、行为有据。清晰具体的规定条文有助于规定文书的施行,这是规定文书的基本特点。

三、规定的写法

（一）标题

公文式、要素式标题均可采用。一般由"事由+文种"构成,用"关于×××的规定"或"×××规定"的句式,也可在事由的前面加制定者的名称,如《四川大学本科学生学籍管理规定(试行)》《普通高等学校学生管理规定》。

（二）正文

正文包括制定规定的缘由、依据、目的和意义、具体规定事项、实施办法和要求等。规定一般在开头说明制定本规定的缘由、依据、目的和意义,在主体部分明确规定的事项,在结尾处对本规定的适用范围和要求、实施时间等有关事项进行说明。

规定正文的结构形式视文件内容的繁简,既可以采用章断条连式(章条式),也可以采用条目贯通式(分条式)或总序分条式(序条式)。

（三）落款

在正文结束后的右下方署名(发文单位名称),注明发文日期。如果标题中已含有发文单位名称,则可以不署名,只注明发文日期;如果采用题下标注的方式,标题下已经有签署和制发时间,则不再落款。

四、规定的写作要求

（一）内容合法,切实可行

合法依规制作规定是规章制度制定的前提,合法的规定才可行。而切实可行强调的是规定的内容要切合实际,对实际工作和人们的行为才具有指导意义,才能够有效地贯彻实施。

（二）语言简明，准确规范

规定的条文要注意具体明确，用语要准确规范。多用单句，语言直接。一般不使用如比喻、比拟等修辞手法，保证条款的明确无误，没有歧义。

（三）格式规范，要素齐备

规章制度在内容的写作、格式的安排上都有一定之规，它们是规定条文能有效实施的基础，是规定的权威性和约束性的保障。

参考例文

歌舞娱乐场所卡拉 OK 音乐内容管理暂行规定

第一章　总则

第一条　为了加强歌舞娱乐场所卡拉 OK 音乐内容管理，弘扬社会主义核心价值观，维护国家文化安全和意识形态安全，根据《国家安全法》《娱乐场所管理条例》等法律法规，制定本规定。

第二条　本规定所称歌舞娱乐场所卡拉 OK 音乐内容是指歌舞娱乐场所歌曲点播系统播放的曲目、屏幕画面等。

第三条　鼓励歌曲点播系统内容提供商向歌舞娱乐场所提供健康向上的卡拉 OK 音乐。鼓励在歌舞娱乐场所歌曲点播系统中设立优秀歌曲专区，弘扬主旋律，传播正能量。

第四条　文化和旅游行政部门负责歌舞娱乐场所卡拉 OK 音乐内容监督管理。全国及地方文化娱乐行业协会负责制定歌舞娱乐场所卡拉 OK 音乐内容自律规范及监督实施工作。歌曲点播系统内容提供商、歌舞娱乐场所负责歌舞娱乐场所卡拉 OK 音乐内容自审等工作。

第五条　文化和旅游部负责建立全国卡拉 OK 音乐内容审核专家小组，建立全国卡拉 OK 音乐违规曲目清单制度。

第二章　内容自审

第六条　歌舞娱乐场所播放的卡拉 OK 音乐不得含有《娱乐场所管理条例》第十三条禁止内容：

（一）违反宪法确定的基本原则的；

（二）危害国家统一、主权或者领土完整的；

（三）危害国家安全，或者损害国家荣誉、利益的；

（四）煽动民族仇恨、民族歧视，伤农民族感情或者侵害民族风俗、习惯，破坏民族团结的；

（五）违反国家宗教政策，宣扬邪教、迷信的；

（六）宣扬淫秽、赌博、暴力以及与毒品有关的违法犯罪活动，或者教唆犯罪的；

（七）违背社会公德或者民族优秀文化传统的；

（八）侮辱、诽谤他人，侵害他人合法权益的；

（九）法律、行政法规禁止的其他内容。

第七条　歌舞娱乐场所应当使用来源合法的卡拉 OK 音乐，不得使用含有法律法规禁止内容的卡拉 OK 音乐。

第八条　歌曲点播系统内容提供商不得向歌舞娱乐场所提供含有法律法规禁止内容的卡拉 OK 音乐。

支持歌曲点播系统内容提供商建立卡拉 OK 音乐内容自审机制，合理配备专业人员，对卡拉 OK 音乐的曲目、屏幕画面等内容进行自审，确保卡拉 OK 音乐来源合法、内容合法。

第九条　全国文化娱乐行业协会负责制定全国卡拉 OK 音乐内容自审规范，为行业开展内容自审工作提供专家咨询、培训等服务。

第三章　清单管理

第十条　地方文化和旅游行政部门发现歌舞娱乐场所播放的卡拉 OK 音乐含有《娱乐场所管理条例》第十三条禁止内容的，应当将详细情况上报文化和旅游部。

第十一条　歌曲点播系统内容提供商在自审过程中发现卡拉 OK 音乐涉嫌含有法律法规禁止内容的，应当通过全国文化娱乐行业协会将详细情况上报文化和旅游部。

第十二条　地方文化和旅游行政部门及全国文化娱乐行业协会上报的卡拉 OK 音乐，经全国卡拉 OK 音乐内容审核专家小组审核确认含有法律法规禁止内容的，由文化和旅游部列入全国卡拉 OK 音乐违规曲目清单。

第十三条　地方文化和旅游行政部门对歌舞娱乐场所播放的卡拉 OK 音乐是否含有法律法规禁止内容难以确定的，可以报请文化和旅游部予以审核。

第十四条　文化和旅游部可以组织全国卡拉 OK 音乐内容审核专家小组对卡拉 OK 音乐进行认定，并支付相关劳务费用。

第十五条　歌曲点播系统内容提供商不得提供含有列入全国卡拉 OK 音乐违规曲目清单的音乐产品。歌舞娱乐场所不得使用列入全国卡拉 OK 音乐违规曲目清单的音乐产品。

第十六条　全国文化娱乐行业协会应当引导行业加强内容自律，提醒歌曲点播系统内容提供商、歌舞娱乐场所及时删除含有法律法规禁止内容的音乐产品，并协助行业主管部门依法依规处置。

　　第十七条　文化市场综合执法队伍参照全国卡拉 OK 音乐违规曲目清单,加强对歌舞娱乐场所检查抽查,发现含有法律法规禁止内容的,应当依法处置。

　　第十八条　文化和旅游行政部门发现歌曲点播系统内容提供商向歌舞娱乐场所提供的卡拉 OK 音乐含有法律法规禁止内容的,可以通过约谈等行政指导方式予以警示、制止;发现向歌舞娱乐场所提供已被列入全国卡拉 OK 违规曲目清单的卡拉 OK 音乐的,可以向社会公布该歌曲点播系统内容提供商的名称、违规曲目等信息,予以通报。

第四章　附则

　　第十九条　迷你歌咏亭卡拉 OK 音乐内容管理参照歌舞娱乐场所内容管理。

　　第二十条　本规定由文化和旅游部负责解释,并自 2021 年 10 月 1 日起施行。

文化和旅游部
2021 年 7 月 26 日

第四节　办　法

一、办法的概念

　　办法是政府机关、企事业单位和社会团体等对贯彻执行某一法规文书或进行某项活动、工作,提出的具体方法、措施等有强制性和约束力的规定性文件。

　　办法与上节所述的规定一样,有法规性办法和规章性办法,其强制性和约束力不一样,判断的依据依然是制作者——国家最高行政机关国务院和省会城市所在市的市级以上人大和人大常委会制定的办法是法规,其他机构制定的办法一般说来是规章。

　　根据内容、性质的不同,办法可分为法律法规文件的实施办法和工作事务的管理办法两种。如根据四川省人民政府 2008 年 8 月 25 日发布并实施的《四川省贯彻〈中华人民共和国政府信息公开条例〉实施办法(试行)》第一条的规定:"为了规范政府信息公开工作,提高政府工作透明度,保障公民、法人和其他组织的知情权、参与权,监督行政机关依法履行职责,根据《中华人民共和国政府信息公开条例》及《四川省政务公开规定)等有关规定,结合本省实际,制定本办法。"可知,《四川省贯彻〈中华人民共和国政府信息公开条例〉实施办法(试行)》就是法规规章文件的实施办法。而四川大学根据教育部《关于加强高等学校本科教学工作提高教学质量的若干意见》(教高〔2001〕4 号)精神,为完善监控评估机制,加大监控评估的力度,确保本科人才培养质量,制定的《四川大学本科教学质量监控与评估办法(试行)》是具体工作事务的管理办法。

二、办法的特点

(一)操作性

办法是以政策、宪法为依据,内容是以促进工作为目的,并且具有实际操作性,便于人们遵照执行。因此,可操作性强是办法的一大特点。

(二)具体性

办法较之规定更加强调内容具体,落到实处。办法的条文要有利于人们在实际工作中依法而行、行为有据。清晰具体的办法条文有助于指导工作事务的开展。

三、办法的写法

(一)标题

办法常用的标题有两种。一种是公文式,由"发文机关+事由+文种"构成,如《四川大学本科教学质量监控与评估办法(试行)》。一种是要素式,不使用"关于"带起的介词词组结构,直接由"制发机关+事由+文种"或者"事由+文种"组成,如《四川省贯彻〈中华人民共和国政府信息公开条例〉实施办法(试行)》。属于试行或尚待进一步完善的办法,需在标题的文种词前后加"试行""暂行"等字样。

(二)题注

在标题之下注明制发时间、通过的会议名称及发布机关或批准机关、通过(批准)的时间等。这些制发时间和依据需在标题下方用圆括号括起。有的办法随"命令""令"等文种同时发布,这一项目内容可不再写。

（三）正文

办法一般采用分章分条的章条式结构。正文由制发依据与目的、具体规定和解释权、修订权等说明这三部分组成。办法中的各条规定，是办法的主体部分，要将具体内容和措施依次逐条写清楚。办法的结尾，一般是交代实施的日期和对实施的说明。

四、规定的写作要求

（一）合法依规

合法依规制作规章制度，尤其是实施办法，符合其具体化的法规规章文书的相关规定才能作为人们办理事项、开展工作的规范和依据。

（二）具体完整

办法和规定的重要区别就在于办法更强调具体落实的方式方法。办法的条文要具体完整，不能抽象笼统。具有指导意义和可操作性的办法条文，也才能够有效地贯彻实施。

参考例文

四川大学关于深入贯彻落实《党政机关厉行节约反对浪费条例》的实施办法

为贯彻落实《党政机关厉行节约反对浪费条例》（以下简称《条例》），进一步弘扬艰苦奋斗、勤俭节约的优良作风，根据有关规定，结合我校实际，制定本办法。

一、深刻认识贯彻落实《条例》的重大意义，把厉行节约反对浪费全面落实到各项工作中

艰苦奋斗、勤俭节约是中华民族的传统美德，是我们党的优良作风。党中央国务院从关系党和人民事业兴衰成败的高度，以党内法规形式颁布实施《条例》，是新形势下做好节约工作、防止浪费行为的总依据和总遵循。《条例》彰显了中央大力弘扬和践行艰苦奋斗优良作风的政治勇气，彰显了从严治党和彻底根治铺张浪费的坚强决心，对推进厉行节约反对浪费工作制度化、规范化、程序化、常态化，从源头上狠刹奢侈浪费之风具有极其重要的现实意义和重大深远的历史意义。

按照《条例》精神和要求，学校制定《四川大学关于深入贯彻落实〈党政机关厉行节

约反对浪费条例〉的实施办法》(以下简称《实施办法》),对经费管理、国内差旅、因公临时出国(境)、公务接待、公务用车、会议活动、办公用房、资源节约作出全面规定和明确要求。校内各单位和广大师生员工要深刻学习领会《条例》精神,切实执行学校《实施办法》,把厉行节约反对浪费作为教育工作长期秉持的工作原则和基本理念,真正落实到实际工作中和具体行动上,努力办好人民满意的教育。

二、认真开展厉行节约反对浪费的宣传教育

充分利用校园网、教育电视台、校报、橱窗等各类校园媒体和微博、微信等新兴媒体,通过开辟专栏、主页报道、橱窗宣传等形式,广泛宣传厉行节约反对浪费的重大意义,宣传阐释相关制度规定,宣传推广厉行节约的经验做法和先进典型,增强勤俭节约办校的思想意识;要将《条例》作为校、院党委(总支)理论学习中心组、党团组织生活、教职工政治学习、干部教育培训和学生思想政治理论课、形势教育课的重要内容,使之内化于心、外化于行,牢固树立节约光荣、浪费可耻的思想观念,形成厉行节约反对浪费的浓厚氛围。

三、严格落实监督检查、责任追究机制

建立健全厉行节约反对浪费监督检查机制,加强经常性督促检查,将《条例》有关规定的执行情况纳入检查、考核指标体系,作为干部管理监督、选拔任用的重要依据;校、院两级领导干部要将厉行节约反对浪费的情况纳入领导班子民主生活会和领导干部述职述廉的重要内容并接受评议;学校两办负责统筹协调开展对厉行节约反对浪费工作的督促检查,每年至少组织一次专项督查,并将督查情况在一定范围内通报;纪委办公室、监察处负责监督检查工作;财务处应加强校内各单位的预算编制和执行情况的监督检查;审计处加大对校内各单位公务支出和公款消费的审计力度。建立健全厉行节约反对浪费信息公开制度,将《条例》贯彻执行情况及时在学校信息公开网上予以公开,接受党代会、"双代会"代表和师生员工的监督。

建立健全厉行节约反对浪费责任追究制度,校纪委办公室、监察处要加强对厉行节约反对浪费工作的监督检查。发现有未经批准列支预算资金,采取弄虚作假等手段违规取得审批,违反审批要求擅自变通执行,违反《条例》和《实施办法》超标准或虚假事项开支,利用职务之便假公济私等情形之一的,要依纪依法追究相关人员的责任。有铺张浪费、奢侈奢华问题,师生职工反映强烈、本单位领导发现问题查处不力,指使、纵容本单位人员违反《条例》和《实施办法》造成浪费,不履行内部审批管理监督职责造成浪费,不按规定及时公开各部处、各学院、各业务单位有关厉行节约反对浪费有关信息等情形之一的,要追究各部处、各学院、各业务单位主要负责人的责任。

凡以前出台的有关规定与本《实施办法》不一致的,按照本办法执行。本办法自发布之日起施行。

附件:1.四川大学关于加强经费预算编制管理及执行过程监控的实施细则

   2.四川大学关于国内公务出差实施细则

   3.四川大学进一步规范因公出国(境)的实施细则

   4.四川大学国内公务接待实施细则

   5.四川公务车管理使用实施细则

   6.四川大学会议活动管理实施细则

   7.四川大学办公用房管理实施细则

   8.四川大学水电气管理实施细则

中共四川大学委员会

四川大学

20××年2月21日

第五节 细 则

一、细则的概念

细则是国家机关、企事业单位和社会组织制定的规范性文书,一般是有关总体性原则等重大事项的法律法规的具体化规定。它是为贯彻落实某一法律、法规和规章以及其他有关规定而制定的经具体细化、可操作性较强的办法和说明等的文件。

在实践中,细则主要有两大类,一类是国家机关发布的行政法规和规章,另一类则是企事业单位和社会组织制定的内部规章。国家机关有关部门在制定法规、规章后,为了确保这些法规规章的落实,一般需要制定相应的实施细则作为配套规章,以便对有关法规进行补充或说明。企事业单位和社团组织也如此,因为总体原则性的文件规定得再明确,也不便将怎样实施的问题包罗万象地列举完毕,即使将这些内容都规定到前述文件中,从立法技术和文书、秘书学的角度来看也不科学,因此,单独制定一个细则就十分必要。

二、细则的特点

（一）依附性

细则的名称常常为"××办法实施细则"之类,这个细则是作为诸如条例、办法、规定等法规规章文书原则性条文的细化。这些细化的条文有助于原法规规章文书的贯彻落实。没有原来的条文,这些细化的条文就没有存在的基础,正所谓"皮之不存毛将焉附"。

（二）派生性

细则制作的前提是一部法规规章文书里的一部分原则性条文需要进一步作出补充性、解释性的说明,细则的所有文字均是以其依附的法规规章文书作为源头,没有母体文书也就没有子文书,其派生性显而易见。细则常称为"实施细则",正是因为它对原来原则性的条文的具体化,使其更利于实施。

三、细则的写法

（一）标题

一般采用要素式标题。由"制发者+事由+文种"组成,或由"事由+文种"构成,如《四川大学授予成人高等教育本科毕业生学士学位实施细则》。

（二）正文

细则正文在结构上既有"章条式"的,也有"条款式"的,视具体条款的繁简情况而定。正文由总则、分则和附则构成,主要包括制定依据、目的、适用范围和具体规范的事项、要求以及正文未尽事宜、解释权、生效时间等。

需要注意的是,细则正文开头在写作上与其他法规规章文书不同的一点是,在"总则"部分需要说明本细则所依附的法规规章文书的制定者、法规规章文书的题目等。

（三）落款

细则的制作者一般与其所依附的母体文书的制作者相同,也可以由细则所依附的法规规章文书制作者的下级机关部门依法制定。

四、细则的写作要求

(一)合法依规

细则在合法的基础上,内容要与相关规定配套,也就是说必须以法律、法规及组织内部的法规规章制度为依据,并不能与之相抵触。

(二)具体可行

具体规定要细致详细,便于遵照实施。

(三)语言规范

细则的用语也必须做到准确规范。

参考例文

四川大学授予成人高等教育本科毕业生
学士学位实施细则

(2013 年 7 月 5 日)

第一条　根据《中华人民共和国学位条例》《中华人民共和国学位条例暂行实施办法》以及《四川省人民政府学位委员会办公室关于下发〈四川省普通高等学校关于授予成人高等教育本科毕业生学士学位暂行实施办法〉的通知》(川学位办〔2006〕54 号)精神,为保证我校成人高等教育本科毕业生(包括成人、自考、网络本科毕业生,以下简称为成教本科毕业生)学士学位授予质量,结合我校实际,特制定本实施细则。

第二条　四川大学授予成教本科毕业生学士学位工作,由四川大学学位评定委员会办公室(以下简称校学位办)统一负责。

第三条　授予成教本科毕业生学士学位应贯彻择优授予的原则,坚持标准,严格要求,保证质量。

第四条　授予成教本科毕业生学士学位的对象:

(一)成人本科毕业生。即经省级招生机构批准录入成人高等教育单位学习的本科毕业生。

(二)自考本科毕业生。

（三）网络本科毕业生。即网络教育学院录入的成人高等教育本科毕业生。

第五条　成教本科毕业生申请学士学位，应符合以下条件：

（一）成教本科毕业生只能申请一次学士学位，应在获得本科毕业生证书后两年内提出申请，未通过者不再补授学士学位。

（二）成人和网络本科毕业生，其专业教学计划规定的考试课程总平均成绩不低于75分。自考本科毕业生，其专业教学计划规定的考试课程总平均成绩不低于65分。计算总平均成绩的课程不含体育课、毕业论文或毕业设计以及其他毕业实践环节。

（三）通过省学位办组织的外国语水平考试。参加考试的时间范围为取得学籍或考籍至申请学位前。

（四）成人和网络本科毕业生，须参加校学位办组织的一门基础课和两门专业基础课的主干课程考试且通过。

（五）毕业论文（毕业设计或其他毕业实践环节）成绩合格。

第六条　成教本科毕业生，有下列情况之一者，不能授予学士学位：

（一）在读期间严重违反学术诚信的或触犯刑法受到处罚的；

（二）超过申请学士学位规定年限的；

（三）四川大学学位评定委员会审查认为不能授予学士学位的。

第七条　授予成教本科毕业生学士学位的程序和应提交材料如下：

（一）成人和网络本科毕业生向所在学校成人或网络教育学院递交个人申请材料；自考本科毕业生向主考学校的成教部门递交个人申请材料。个人申请材料如下：

（1）《四川省普通高等学校成教本科毕业生学士学位申请表》（以下简称《申请表》）（见附件1）；

（2）成人高等教育本科毕业证书；

（3）成教本科毕业生申请学士学位外国语水平统一考试合格证书。

（二）成人高等教育单位于每年1月中旬前向校学位办提交以下材料：

（1）四川省普通高等学校推荐授予学士学位成教本科毕业生名单（见附件2）；

（2）成教本科毕业生申请学士学位应提交的个人申请材料（一人一袋，以名单顺序编号）；

（3）成人本科毕业生的省级招生机构录取新生名册，网络本科毕业生的学校录取名册；

（4）本科专业教学计划；

（5）报送四川省普通高等学校推荐授予学士学位成教本科毕业生名单（见附件2）；

（6）上报申请学生 Visual FoxPro 格式数据库文件，字段信息格式及要求见附件3。

（三）校学位办具体负责审查申请学生资格并验收申请材料后向省学位办提交相关

材料。

（四）经省学位办组织专家审查通过的学士学位申请者名单,按学士学位评定程序,报四川大学学位评定委员会审议通过后,授予学士学位。未通过者不授予学士学位。

第八条　本实施细则自颁布之日起实施。

第九条　本实施细则的解释权归四川大学学位评定委员会。

附件:1.《四川省普通高等学校成教本科毕业生学士学位申请表》(略)

2.四川省普通高等学校推荐授予学士学位的成教本科毕业生名单(略)

3.申请学生 Visual FaxPro 格式数据库文件字段信息要求(略)

第六节　规　　则

一、规则的概念

规则是行政机关、社会团体、企事业单位为了维护工作纪律和公共利益,保证学习、生产、生活等活动正常有序地进行,在特定的范围内,要求有关人员共同遵守的具有约束力的行为规范和准则。

二、规则的特点

(一)明确的限定性

规则是规范和管理的准则,它明确规定了行为的界限,以及违反规定的处理原则,以起到维护某种秩序的作用。这是规则有别于其他规章性文体的主要之处。

(二)鲜明的行业性

规则是根据不同行业制定的一种规章文书,不同行业有不同的规则,行业特点很鲜明。

（三）较强的针对性

规则是一种针对性很强的文书，它主要针对具体性事务进行统一要求和规范，以达到统一步调的作用。

三、规则的写法

（一）标题

规则常用的标题写法有两种：一种是公文式标题，由"发文机关名称+事由+文种"三要素组成，如《××大学图书馆关于图书借阅的规则》；一种是要素式标题，由"制作者+事由+文种"或"事由+文种"组成，如《期末考试考场规则》。

（二）正文

正文包括制定规则的缘由、依据、目的和意义、具体规则事项、实施办法和要求等。规定一般在开头说明制定本规则的缘由、依据、目的和意义，在主体部分明确规则的事项，在结尾处对本规则的适用范围和要求、实施时间等有关事项进行说明。

规则正文的结构形式视文件内容的繁简，既可以采用章断条连式（章条式），也可以采用条目贯通式（分条式）或总序分条式（序条式）。

（三）落款

在全文结束后的右下方先署制定规则的单位名称，下面写明制定规则的日期。如采用题下标注的方式，标题下已经有签署和制发时间，则不再落款。

四、规则的写作要求

（一）依法合规

这是所有规章制度的前提与基础，符合法规规章的规则才具备规范作用。

（二）明确具体

准确无误、具体细致的条文才利于理解与执行。

（三）切实可行

规则主要侧重于对工作、活动和管理等事项，就其职责、内容、范围、方式、程序等作出界定。要求切合实际，便于实施。

参考例文

中小学教育惩戒规则（试行）

第一条 为落实立德树人根本任务，保障和规范学校、教师依法履行教育教学和管理职责，保护学生合法权益，促进学生健康成长、全面发展，根据教育法、教师法、未成年人保护法、预防未成年人犯罪法等法律法规和国家有关规定，制定本规则。

第二条 普通中小学校、中等职业学校（以下称学校）及其教师在教育教学和管理过程中对学生实施教育惩戒，适用本规则。

本规则所称教育惩戒，是指学校、教师基于教育目的，对违规违纪学生进行管理、训导或者以规定方式予以矫治，促使学生引以为戒、认识和改正错误的教育行为。

第三条 学校、教师应当遵循教育规律，依法履行职责，通过积极管教和教育惩戒的实施，及时纠正学生错误言行，培养学生的规则意识、责任意识。

教育行政部门应当支持、指导、监督学校及其教师依法依规实施教育惩戒。

第四条 实施教育惩戒应当符合教育规律，注重育人效果；遵循法治原则，做到客观公正；选择适当措施，与学生过错程度相适应。

第五条 学校应当结合本校学生特点，依法制定、完善校规校纪，明确学生行为规范，健全实施教育惩戒的具体情形和规则。

学校制定校规校纪，应当广泛征求教职工、学生和学生父母或者其他监护人（以下称家长）的意见；有条件的，可以组织有学生、家长及有关方面代表参加的听证。校规校纪应当提交家长委员会、教职工代表大会讨论，经校长办公会议审议通过后施行，并报主管教育部门备案。

教师可以组织学生、家长以民主讨论形式共同制定班规或者班级公约，报学校备案后施行。

第六条 学校应当利用入学教育、班会以及其他适当方式，向学生和家长宣传讲解校规校纪。未经公布的校规校纪不得施行。

学校可以根据情况建立校规校纪执行委员会等组织机构，吸收教师、学生及家长、社会有关方面代表参加，负责确定可适用的教育惩戒措施，监督教育惩戒的实施，开展相关宣传教育等。

第七条 学生有下列情形之一，学校及其教师应当予以制止并进行批评教育，确有必要的，可以实施教育惩戒：

（一）故意不完成教学任务要求或者不服从教育、管理的；

（二）扰乱课堂秩序、学校教育教学秩序的；

（三）吸烟、饮酒，或者言行失范违反学生守则的；

（四）实施有害自己或者他人身心健康的危险行为的；

（五）打骂同学、老师，欺凌同学或者侵害他人合法权益的；

（六）其他违反校规校纪的行为。

学生实施属于预防未成年人犯罪法规定的不良行为或者严重不良行为的，学校、教师应当予以制止并实施教育惩戒，加强管教；构成违法犯罪的，依法移送公安机关处理。

第八条 教师在课堂教学、日常管理中，对违规违纪情节较为轻微的学生，可以当场实施以下教育惩戒：

（一）点名批评；

（二）责令赔礼道歉、做口头或者书面检讨；

（三）适当增加额外的教学或者班级公益服务任务；

（四）一节课堂教学时间内的教室内站立；

（五）课后教导；

（六）学校校规校纪或者班规、班级公约规定的其他适当措施。

教师对学生实施前款措施后，可以以适当方式告知学生家长。

第九条 学生违反校规校纪，情节较重或者经当场教育惩戒拒不改正的，学校可以实施以下教育惩戒，并应当及时告知家长：

（一）由学校德育工作负责人予以训导；

（二）承担校内公益服务任务；

（三）安排接受专门的校规校纪、行为规则教育；

（四）暂停或者限制学生参加游览、校外集体活动以及其他外出集体活动；

（五）学校校规校纪规定的其他适当措施。

第十条 小学高年级、初中和高中阶段的学生违规违纪情节严重或者影响恶劣的，学校可以实施以下教育惩戒，并应当事先告知家长：

（一）给予不超过一周的停课或者停学，要求家长在家进行教育、管教；

（二）由法治副校长或者法治辅导员予以训诫；

（三）安排专门的课程或者教育场所，由社会工作者或者其他专业人员进行心理辅导、行为干预。

对违规违纪情节严重,或者经多次教育惩戒仍不改正的学生,学校可以给予警告、严重警告、记过或者留校察看的纪律处分。对高中阶段学生,还可以给予开除学籍的纪律处分。

对有严重不良行为的学生,学校可以按照法定程序,配合家长、有关部门将其转入专门学校教育矫治。

第十一条　学生扰乱课堂或者教育教学秩序,影响他人或者可能对自己及他人造成伤害的,教师可以采取必要措施,将学生带离教室或者教学现场,并予以教育管理。

教师、学校发现学生携带、使用违规物品或者行为具有危险性的,应当采取必要措施予以制止;发现学生藏匿违法、危险物品的,应当责令学生交出并可以对可能藏匿物品的课桌、储物柜等进行检查。

教师、学校对学生的违规物品可以予以暂扣并妥善保管,在适当时候交还学生家长;属于违法、危险物品的,应当及时报告公安机关、应急管理部门等有关部门依法处理。

第十二条　教师在教育教学管理、实施教育惩戒过程中,不得有下列行为:

(一)以击打、刺扎等方式直接造成身体痛苦的体罚;

(二)超过正常限度的罚站、反复抄写,强制做不适的动作或者姿势,以及刻意孤立等间接伤害身体、心理的变相体罚;

(三)辱骂或者以歧视性、侮辱性的言行侵犯学生人格尊严;

(四)因个人或者少数人违规违纪行为而惩罚全体学生;

(五)因学业成绩而教育惩戒学生;

(六)因个人情绪、好恶实施或者选择性实施教育惩戒;

(七)指派学生对其他学生实施教育惩戒;

(八)其他侵害学生权利的。

第十三条　教师对学生实施教育惩戒后,应当注重与学生的沟通和帮扶,对改正错误的学生及时予以表扬、鼓励。

学校可以根据实际和需要,建立学生教育保护辅导工作机制,由学校分管负责人、德育工作机构负责人、教师以及法治副校长(辅导员)、法律以及心理、社会工作等方面的专业人员组成辅导小组,对有需要的学生进行专门的心理辅导、行为矫治。

第十四条　学校拟对学生实施本规则第十条所列教育惩戒和纪律处分的,应当听取学生的陈述和申辩。学生或者家长申请听证的,学校应当组织听证。

学生受到教育惩戒或者纪律处分后,能够诚恳认错、积极改正的,可以提前解除教育惩戒或者纪律处分。

第十五条　学校应当支持、监督教师正当履行职务。教师因实施教育惩戒与学生及其家长发生纠纷,学校应当及时进行处理,教师无过错的,不得因教师实施教育惩戒而给予其处分或者其他不利处理。

教师违反本规则第十二条，情节轻微的，学校应当予以批评教育；情节严重的，应当暂停履行职责或者依法依规给予处分；给学生身心造成伤害，构成违法犯罪的，由公安机关依法处理。

第十六条　学校、教师应当重视家校协作，积极与家长沟通，使家长理解、支持和配合实施教育惩戒，形成合力。家长应当履行对子女的教育职责，尊重教师的教育权利，配合教师、学校对违规违纪学生进行管教。

家长对教师实施的教育惩戒有异议或者认为教师行为违反本规则第十二条规定的，可以向学校或者主管教育行政部门投诉、举报。学校、教育行政部门应当按照师德师风建设管理的有关要求，及时予以调查、处理。家长威胁、侮辱、伤害教师的，学校、教育行政部门应当依法保护教师人身安全、维护教师合法权益；情形严重的，应当及时向公安机关报告并配合公安机关、司法机关追究责任。

第十七条　学生及其家长对学校依据本规则第十条实施的教育惩戒或者给予的纪律处分不服的，可以在教育惩戒或者纪律处分作出后15个工作日内向学校提起申诉。

学校应当成立由学校相关负责人、教师、学生以及家长、法治副校长等校外有关方面代表组成的学生申诉委员会，受理申诉申请，组织复查。学校应当明确学生申诉委员会的人员构成、受理范围及处理程序等并向学生及家长公布。

学生申诉委员会应当对学生申诉的事实、理由等进行全面审查，作出维持、变更或者撤销原教育惩戒或者纪律处分的决定。

第十八条　学生或者家长对学生申诉处理决定不服的，可以向学校主管教育部门申请复核；对复核决定不服的，可以依法提起行政复议或者行政诉讼。

第十九条　学校应当有针对性地加强对教师的培训，促进教师更新教育理念、改进教育方式方法，提高教师正确履行职责的意识与能力。

每学期末，学校应当将学生受到本规则第十条所列教育惩戒和纪律处分的信息报主管教育行政部门备案。

第二十条　本规则自2021年3月1日起施行。

各地可以结合本地实际，制定本地方实施细则或者指导学校制定实施细则。

教育部

2020年×月×日

第七节　守　则

一、守则的概念

守则是国家机关、社会团体或企事业单位根据有关法律法规和本行业、本部门、本单位、本社区等实际工作的需要,在征集广大群众意见后订立的具有一定约束力的文件。如《全国职工守则》就是在广泛征求群众意见的基础上由全国劳动模范和先进人物代表座谈会通过的。

二、守则的特点

(一)针对性

守则是党和国家方针政策、相关法律法规与本地区、本部门的具体情况相结合的产物,是对相关法规政策的具体化,针对本地区本部门实际拟制的条文才能落到实处。

(二)行业性

守则大多数只对所管辖范围的人员有效,是行业部门成员共同遵守的行为规范和准则,制定时必须根据部门行业性质和工作特点提出全面要求,才能起到规范、激励和教育作用。

三、守则的写法

(一)标题

一般采用要素式标题。由"事由+文种"构成,用"××守则"的结构;也可在事由的前面加制定者的名称,如《中国教育和科研计算机网用户守则(试行)》。

（二）正文

守则的内容都很简明,均以条款式表述,可以要序言和结语,也可只有主体部分。

（三）落款

在正文结束后的右下方署名(发文单位名称),注明发文日期。如采用题下标注的方式,标题下已经有签署和制发时间,则不再落款。

四、守则的写作要求

①内容必须符合党的路线、方针、政策,以及社会所倡导的时代精神。
②条文要简明扼要,具体实在,切实可行。
③文字要简练,语言要规范,多用短句或结构规则的句子,便于记忆。

参考例文

北京市轨道交通乘客守则

第一条　为加强本市轨道交通运营安全管理,保障运营秩序,为乘客创造安全、便捷、和谐的乘车环境,依据《北京市轨道交通运营安全条例》等规定,制定本守则。

第二条　凡进入本市轨道交通各车站出入口、通道、站厅、站台和列车车厢的人员,均应遵守本守则。

第三条　乘客应遵守《北京市城市轨道交通车票使用规则》购票乘车,禁止使用伪造、变造票卡。

第四条　乘客应当按照有关规定接受并配合安全检查。不接受安全检查的,安全检查人员可拒绝其进站乘车;拒不接受安全检查并强行进入车站或者扰乱安全检查现场秩序的,安全检查人员可制止并报公安机关依法处理。

第五条　乘客禁止携带法律、法规规定的违禁物品(具体禁止携带物品目录参见公安机关公告)。安全检查人员发现携带违禁物品的可按照规定处置并及时报告公安机关依法处理。

第六条　乘客携带的物品重量不得超过 30 千克,长度不得超过 1.8 米,宽和高均不得超过 0.5 米。不得携带妨碍车内及站内通行和对运营安全可能造成影响的其他物品乘车。

第七条　1.3 米以下儿童须在成人陪同下乘车,以确保安全。

第八条　衣冠不整、醉酒肇事等不文明行为者及因疾病、健康状况可能危及其他乘客者不得进站乘车。

第九条　行动不便者、精神病患者等应当由其监护人或者其他健康成年人陪同乘车。

第十条　搭乘自动扶梯时,乘客应遵守乘梯安全要求,扶稳扶手带,不得倚靠扶梯侧壁。

第十一条　乘客应遵守以下乘车规定:

(一)候车时应自觉排队,禁止越过安全线,禁止倚靠站台门;

(二)乘车时应当先下后上,从车门两侧依次登车,留意列车与站台间的空隙;

(三)列车到达终点站,乘客应当全部下车;

(四)列车因故不能继续运行时,应当服从工作人员的安排或者换乘其他交通工具。

第十二条　严禁乘客下列行为:

(一)擅自进入轨道、隧道等高度危险活动区域;

(二)在轨道线路上放置、丢弃障碍物;

(三)列车车门或站台门提示警铃鸣响时强行上下列车,车门或站台门关闭后扒门;

(四)在非紧急状态下动用紧急或者安全装置;

(五)疏散通道内长时间滞留、躺卧,在车站、车厢或者疏散通道内堆放物品、设置摊点等影响疏散的行为;

(六)违反自动扶梯、通道等禁行标志逆行;

(七)其他危害轨道交通运营安全的行为。

第十三条　乘客应自觉为老、幼、病、残、孕、怀抱婴儿者或者其他有需要的人士让座和提供方便。

第十四条　乘客应自觉维护车站、车厢的环境卫生和乘车秩序:

(一)禁止吸烟(含电子烟)、随地吐痰、便溺、吐口香糖、乱扔废弃物、乱写乱画;

(二)禁止携带活禽、猫、狗(警犬、导盲犬除外)等宠物以及其他可能影响轨道交通运营或其他乘客乘车的动物乘车;

(三)禁止大声喧哗或者弹奏乐器、外放音乐等;

(四)不得一人同时占用多个座位,不得踩踏车站和车厢内的座席;

(五)不得携带容易造成污损、有严重异味或无包装易碎的物品、未妥善包装的肉制品及其他影响公共卫生的物品;

(六)不得在列车车厢内进食(婴儿、病人除外);

（七）不得私自张贴、悬挂物品；

（八）不得推销产品或从事营销活动；

（九）不得在车站、车厢使用折叠自行车、各类滑板车、自动平衡车、滑轮鞋、滑板等，不得携带充气气球进站乘车。

第十五条　严禁损毁轨道交通范围内的各项设施、设备。严禁移动、遮盖或污损警示标志、疏散或导向标志、安全标志等。

第十六条　轨道交通范围内发生突发事件或意外情况时，乘客应当保持冷静，服从现场工作人员指挥或按广播提示有序疏散。

第十七条　乘客可配合运营单位通过乘客满意度调查等形式对轨道交通运营安全服务情况进行公众评价。

第十八条　乘客对轨道交通运营安全服务不满意的情况可向运营单位或市交通行政主管部门进行反映或投诉处理。

第十九条　乘客应自觉遵守本守则。违反本守则的，运营单位有权采取制止、劝离或者拒绝提供服务；违反法律法规规定的，应当依法移送交通部门或者公安部门处理。

第二十条　本守则自 2019 年 5 月 15 日起施行。

北京市交通委员会

2019 年 5 月 15 日

第八节　公　约

一、公约的概念

公约是一定范围内的行业、团体、单位或社区等为保证工作、学习和生活的良好环境和秩序，把大家的愿望和要求集中起来写成条文的道德规范和行为准则。

公约与守则有许多相似之处，它们都是为一定范围内的人员规定简明可行的道德规范和行为准则；同时，也都是为了达到一定目的，把大家的愿望和要求集中起来写成条文的群众性文书。所不同的是,公约是群众在自觉自愿的基础上经过大家充分酝酿讨论而共同订立的。例如,在当前信息化时代,丰富多彩的网络世界为广大青少年益智广识提供了前所未有的便利条件。不过,面对良莠不齐、泥沙俱下的网上资讯,年轻一代的辨别和自律能力就显得尤其重要了。为增强青少年自觉抵御网上不良信息的意识,团中央、教育部、文化和旅游部、国务院新闻办、全国青联、全国学联、全国少工委、中国青少年网络协会就向全社会发布了《全国青少年网络文明公约》。再如,为了进一步净化手机语言环境、弘扬文明新风,中央文明办和信息产业部(现工信部)在 2007 年 7 月 12 日共同发起了面向全社会征集《手机短信文明公约》的活动。并举行了《手机短信文明公约》征集活动启动仪式,引起了很好的社会反响。评审委员会对应征作品进行筛选提炼、归纳概括,制定出《手机短信文明公约》,并于 2007 年 9 月 8 日向社会公布,同时对优秀应征作品进行奖励。它们都充分体现了公约在概念上与一般的规章制度的不同之处。

二、公约的特点

(一)社会约定性

约定性是公约的突出特点之一。公约虽有约束力,但它不是有关管理部门制定的强制性法规规章,而是订约单位或订约人自愿协商缔结的公共约定。它一般不产生于行政管理部门,而是产生于社会团体或民众之间,有一定的民间特色。它不是正式的法律和法规,对参与者只有道德约束力,没有法律效力。

(二)集体监督性

公约一经公众认同,就是订约人的行为和道德规范,每个人都有履行公约的义务,不得违反。同时,它也是人们互相监督的依据,每个人也都有以公约为准则监督别人的义务。一旦发现有违背公约的行为,大家都有权进行批评和谴责。

三、公约的写作格式

(一)标题

一般为要素式标题,由"事由+文种名称"构成,如《全国青少年网络文明公约》《手机短信文明公约》等。

（二）正文

公约常用分条式，甚至不使用条序码，直接使用句式相似、字数大致相同的句子组成篇幅不长的文书。公约的正文一般比较简约，常常只有主体，也可以有序言。如果有序言，序言应写明订立公约的目的、意义等；如果没有序言，则直接写具体的条款。

（三）落款

署明制发单位，注明制定日期。当采用题注方式在标题下方已有制作者、制发日期等时，则不再落款。

四、公约的写作要求

（一）讲究民主与集中

公约的制定，必须充分发扬民主，广泛征求意见，最后整理归纳，形成具备共识的条款。

（二）内容要合法合理

公约的内容，必须合法依规，必须切合实际，符合人民群众的利益。

（三）条文要简便易行

公约的条文，要具体明确、简便易行，利于实施和督促检查。

（四）语言简明生动

公约的语言，要通俗易懂、简明扼要。尤其是篇幅短小的标语体公约，更要注意语言的简练生动、朗朗上口，以易于传播。

参考例文一

图书馆文明公约

为严谨校风、馆风，营造文明、静雅、和谐的图书馆阅读环境，使每一位读者都均等地享有图书馆服务，特制定本公约。

第一条 图书馆严格实行凭证入馆制度,请自觉配合管理人员的查询。严禁衣冠不整及穿背心、拖鞋及钉子鞋等入馆。

第二条 自觉维护图书馆整洁、安静的阅览环境,不得随地吐痰、丢纸屑和带食物进入阅览室;公共区域严禁喧哗、嬉戏;搬动阅览座椅时要小心轻放;手机须调至震动状态,并在室外或僻静无人的区域轻声接打电话,以免影响他人。

第三条 自尊自爱,遵守公共道德,杜绝有碍人格和观瞻的不道德行为。

第四条 图书馆工作人员须为人师表,行为举止文明得体,着装整洁;以饱满的工作热情、良好的工作状态,和蔼、热心、耐心地服务于读者;挂牌上岗,坚守工作岗位,主动接受读者的监督。

第五条 馆内无线网络及多媒体阅览室为学习所设,杜绝一人占用多个IP,或长时间占用IP下载数据等;本馆所设检索用机仅供书目检索和文献查询专用,不得挪作他用。

第六条 爱护公共设施和文献资源,摒弃折损书刊及在书刊、桌面上随意涂抹勾画等不文明行为。

第七条 节约能源,从小事做起,节约每一滴水、每一度电,坚决反对浪费现象。

第八条 馆内严禁明火、吸烟,严禁携带易燃、易爆等危险物品入馆。

第九条 所有入馆人员,均须自觉遵守图书馆的各项管理规章制度。发生如下违章、违纪情况之一者,图书馆有权视其情节轻重分别予以批评教育、限制借阅、限制入馆,直至令其当即退馆的处理。情节严重者,将根据学校相关规定给予处罚。

1.故意撕毁、私藏书刊;

2.利用图书馆网络、设备浏览不健康的网站、玩游戏、网上聊天等行为;

3.占座、占用存包柜等公共资源;

4.骚扰他人,严重影响图书馆正常阅览秩序。

文明校园,文明行为,从我做起,请大家自觉遵守。

校图书馆

20××年×月×日

参考例文二

全国青少年网络文明公约

要善于网上学习,不浏览不良信息;

要诚实友好交流,不侮辱欺诈他人;

要增强自护意识,不随意约会网友;

要维护网络安全,不破坏网络秩序;

要有益身心健康,不沉溺虚拟时空。

共青团中央

2019 年 11 月 22 日

第四章 非规定性公文

非规定性公文指我国现行的《党政机关公文处理工作条例》规定的 15 种公文以外的通用公文,包括调查报告、工作总结、计划、工作安排、工作方案、简报、大事记等主要用于机关内部的通用公文。这类公文虽然没有国家专门发文规定其文种类别、适用范围、行文要求和格式标志,但也有各自相对稳定的文体格式和行文要求,不受行业限制而被通用,与我国现行的规定公文同样是机关实施领导、履行职能、处理公务的具有特定效力和有特定体式的文书,是传达贯彻党和国家方针政策,公布法规和规章,指导与布置工作,报告、通报和交流情况等的重要工具。

本章主要讲调查报告、计划、工作安排、工作总结、简报等公文。

第一节 调查报告

调查报告能够为党和国家的路线、方针、政策的制定、落实和修改提供有价值的第一手材料,供上级领导机关进行科学决策时参考;也可扶持新生事物,传播典型经验,提供学习借鉴的样板;还可揭露和批评丑恶现象,消除弊端,引以为戒。

一、调查报告的概念

调查报告是对客观事物进行调查研究,根据所获得的成果写成的反映客观实际、揭示事物本质和规律的书面报告。

调查报告与公文中的"报告"有所不同。公文中的"报告"侧重于汇报日常工作,供主管部门领导指导工作时参考;而调查报告不限于日常工作,凡与日常工作有关的重大情况、典型事件、经验或教训等带有普遍意义的问题,都可用调查报告的形式予以反映。调查报告的范围较为广泛,内容也较复杂,可供内部参考,也可公开发表。

二、调查报告的特点

(一)真实性

调查报告的基础是客观事实,其主旨是调查研究后所揭示的客观事物的本质和规律。因此,撰写调查报告,就需要深入调查,对材料的真实性要反复核实。如果了解的仅仅是根据事物表象得出的结论,那么其要么是假的,要么就是非本质规律的。

(二)典型性

调查对象是否典型,所运用的材料是否典型,是撰写调查报告成败的关键。材料不典型,就不能很好地揭示现实事物的本质和规律。因此,必须选择典型意义的事实或材料撰写调查报告,这样才具有对工作的普遍指导意义。

(三)论理性

调查报告不是材料的堆积,也不是对事物的具体描述。它主要通过对大量的材料进行分析和综合,达到揭示事物的本质和规律的目的。所以,撰写调查报告一般是通过对事实的概括叙述和简要说明,由事论理,最后引出结论,在表达上多采用夹叙夹议、叙议结合的方式。

(四)时效性

调查报告要回答当前工作中迫切需要解决的问题,具有较强的时效性。这一点类似于新闻。因此,写作者要抓紧时间调查和写作,不能让新事变旧事,失去指导意义。

三、调查报告的种类

调查报告的种类有经验调查报告、情况调查报告和问题调查报告。

四、调查研究的方法

常用的调查方法有普遍调查法、典型调查法、抽样调查法和实地观察法。

五、调查报告的写法

调查报告一般由标题、署名、正文三部分构成。

（一）标题

调查报告的标题形式有单标题和双标题两种。单标题可分为公文式标题和新闻式标题，公文式标题如《关于××厂发生重大火灾事故的调查报告》；新闻式标题如《公司是怎样改革经营运行机制的》《街道齐抓共管、综合治理社会治安取得成效》。双标题一般是正标题揭示文章主题，副标题指明调查对象、地点、范围等，如《打开宝岛的"金"钥匙在哪里——关于海南岛开发建设的调查》。

（二）署名

调查报告的署名就是写上作者的名字、单位名称，放在标题下一行居中位置，个人署名可署于文尾右下方，也可署于标题之下右下方。

（三）正文

正文分为开头、主体、结尾三部分。

1.开头

开头又称前言部分，它或概括调查对象的基本情况，或提示全文的基本内容，或直接提出调查的问题和结论。开头的写法也较灵活，常用的形式：①概括介绍式，即介绍调查对象的基本情况。②结论式，即在前言先写调查报告的结论，再阐述主要事实。③议论式，针对调查的问题说明意义，作简要的评述，再叙写事情的经过。④提问式，开门见山，抓住中心问题提出问题，引起读者的思考和兴趣。

不管运用何种方式开头，开头都应该重点突出，简明精要，切入内容要旨。

2.主体

主体是正文的核心部分,是对前言的展开。主体既要具体地叙述调查中的事实情况,又要在事实的叙述报告中引发认识,阐述观点,做到由事入理、叙议结合。主体为了突出段旨,常给各段加上小标题。主体部分的结构形式安排通常有两种方式:①纵式结构,按照事物发生发展的先后顺序组织材料安排层次。②横式结构,按问题的性质或事物的特点来组织材料,加上序号或小标题,分别进行阐述。

3.结尾

调查报告的结尾应简明扼要,或者总结全篇主要观点,借以加深读者印象;或者指出存在问题,提出建议;或者对所调查的现状作归纳性说明,并指出其发展远景等。有的调查报告主体部分结束了,意尽言止,就不需另写结尾了。

六、调查报告的写作要求

①选择典型,有针对性地深入调查。

②分析研究材料,找出规律,概括出合乎事理的观点。

③要用事实说话,做到观点和材料的统一。

参考例文

中国人民银行××分行关于××县支行
干部职工当前思想状况的调查报告

2013年3月下旬,我们到××县支行进行了为期一周的调查,借向支行宣读总行关于撤销其"中国人民银行双文明单位"荣誉称号的决定之机,对人行职能调整后,县支行如何履行职责、在县域经济金融中发挥重要作用,以及当前干部职工的思想状况等问题进行了调研。通过与干部职工面对面的交心谈心、座谈,我们了解到,××县支行由于双文明单位摘牌、改革的压力、后顾之忧、县城搬迁等诸多因素,在思想上有所波动,情绪有些消沉。但是,在中支党委的领导下,县支行新一届班子采取切实措施,凝聚人心,稳定干部职工思想情绪,大力促进各项工作开展和创新,树立央行新形象。当前绝大部分干部职工对于改革是拥护的,工作认真踏实,对今后的工作充满信心。现将有关情况报告如下:

一、影响当前干部职工思想情绪的主要因素

(一)工作与生活的后顾之忧

随着经济金融的发展和改革的不断推进,县支行的命运成为许多学者、决策者、新闻媒体关注的问题。本次改革县支行得到保留,虽然没有触及干部职工的根本利益,但是,县支行的干部职工思考、担心支行和自身的命运前途,大部分人认为县支行被撤销只是迟早的问题,由此带来一些思想上的波动和消极情绪,这是无法回避的事实。

对于县城,从20世纪90年代开始,许多企业、工厂纷纷倒闭,最近几年一些金融机构也撤出县城,一些干部职工的家属下岗待业。而县城本身经济不十分发达,失业以后重新就业的难度大。所以,县支行一些干部职工有很大的家庭压力。他们概括为一句话:"上有老,下有小,中间一个管不到(家属下岗)。"而一些干部职工也反映,人民银行的工资、福利相对其他一些单位不算很好。他们也概括为一句话:"纵向比,气死人;横向比,不平衡。"所以,他们一方面希望人民银行的待遇能够得到改善,另一方面,他们更加担心自己的前途,害怕下岗失业。(略)

(二)职能改革的压力

人民银行职能调整以后,对于广大干部职工在思想认识上是一个巨大的挑战。人民银行职能转换要求人民银行干部职工必须从以前大量的操作性的事务中解脱出来,把精力放到宏观调控以及经济金融运行情况的把握和分析上来。但是,县支行作为中央银行的最基层单位,他们一直从事比较具体的工作,整个金融体系的安全、宏观调控以及经济金融运行情况的准确把握和分析仿佛与他们都很遥远,对于怎样履行央行职责还比较茫然。同时,怎样建立有效的协调机制、怎样加强对金融机构系统性风险的管理、树立央行新形象都是新问题,还需要进一步探索。对于央行的地位、职能定位不准,以及面对人事制度改革,不少人没有升迁机会,有很强的失落感,"讲退休太早,说提升太老",这样的心态十分普遍。这是影响当前干部职工工作积极性和思想情绪的两大主要因素。(略)

(三)职工队伍老化

人手少、人员老化的问题是县支行最近几年反映特别强烈的、亟待解决的问题。由于人员紧张,干部职工忙于工作,培训、学习的机会几乎没有;对于本职工作,也只能应付,没有时间和精力进行思考和创新;同时,还有许多岗位(特别是守押)超时劳动,甚至有的工作只得违反程序和有关规定进行安排。另外,由于临时工增加,管理和经费又是一个很大的难题。××县支行,现在有11个临时工,接近正式职工的一半,行长××同志开玩笑地说,再过两年,他要成为临时工行长了。并且现在县支行的干部职工年龄老化、青黄不接,缺少年轻干部,许多工作(比如青年工作)缺乏活力,甚至无法开展。

(四)学习观念不强

由于工作忙,职业学习机会本来就少;人才奇缺,缺乏调查研究的能力和宏观思维,学习不系统,都是零碎的。在实践中的学习培训也不好,满足于操作性的,会操作就行,比如一个新的程序开始使用,就是录入、上报,不关心为什么,也没有人知道为什么,没有人讲为什么。现在人民银行开展的各类学习培训,大多流于形式,没有实质性的作用。

比如春训,雷声大雨点小,大多是读一读文件了事。县支行大多由中支进行教育培训,无法接受更高层次的培训学习,分行很少开展针对县支行的教育培训。县支行竞争不激烈,信息闭塞,职工学习的观念不强,自身学习的压力和动力都还不够。

（五）摘牌引起的情绪波动

××县支行是多年的先进单位,全行干部职工为此付出了许多艰苦努力,也形成了强烈的集体荣誉感和成就感。2002年被总行授予"双文明单位"称号,这也是他们经过多年努力,用辛勤的汗水和实际的工作换来的,是他们一直引以为豪的。但是由于单位个别领导的问题,总行级"双文明单位"称号最近被总行取消,干部职工的福利待遇受到一些影响,荣誉感受到挫伤,担心被人另眼相看,情绪有所波动。一些职工坦言,希望上级行不要抛弃他们,他们会用自己的努力再次赢得大家的认可。这表明一方面他们对摘牌确有切肤之痛,另一方面也说明他们不愧为"老先进"单位的职工,有一种敢为人先、不服输的劲头。

二、解决相关问题的措施

××市中支和县支行两级领导都十分重视当前干部职工的思想状况,针对以上问题,他们提出了四点措施:一是新一届领导班子要把做好当前干部职工的思想政治工作作为首要的工作来做,重在安慰鼓励、打气鼓劲、树立信心。对于个别问题和重要岗位要进行单独谈话、个别沟通,遇有具体困难在政策条件允许的情况下尽量解决。二是加强管理,建立健全内控制度,严格按章办事,违者严肃处理。三是转变学习观念,加强自我定位。认真学习央行新职责、新知识,尽快找准人民银行的位置,找准自己的位置,认清形势,扎实工作;查找干部职工知识结构、自身素质的薄弱环节,有针对性地开展自学活动。四是努力工作,正视过去,面向未来,发扬过去的长处和优点,不断突破,开拓创新,认真履职,为地方经济金融发展作出应有贡献,在地方上树立央行新形象。通过扎实的工作实绩赢得上级行的支持和信任,再创辉煌。

三、建议

（一）尽快确定县支行的"三定"方案,明确机构、岗位、人员,"三定"定人心。

（二）对机构调整后人民银行面临的新形势、新情况、新任务、新职责要进一步做好学习教育和宣传,让干部职工心中有数,让社会对人民银行新职能有所了解。在做好分行怎样履行央行职责研究的同时,也要组织人力专门研究县支行应该怎么办,怎样建立有效的协调机制和有效的管理机制,怎样在县域经济中发挥重要作用,怎样发挥央行基层行的作用等问题。

（三）转变学习观念,加强培训。要紧跟时代的步伐,培养随时学习、全民学习、终身学习的观念;学习的安排和规划不能只局限在学历教育和几次培训上,现有的各类培训也不能流于形式,要有针对性,要把学习贯穿到各类实际业务中,要结合新知识、新业务、新技能。培训要深化、系统化，不能只满足于具体操作，要加强实际业务培训，不仅要知道怎么做，还要懂得为什么，这样才可能发现问题、提出建议、有所创新。

（四）切实关注县支行的发展，关注县支行干部职工的思想状况，帮助他们解决工作、生活中的一些具体困难。在加强对干部职工的思想和形势等方面的宣传、教育和引导，切实做好、做实、做细思想政治工作之外，对干部职工关心的一些合理要求要认真予以解决。比如他们反映的在职称评定、非领导职务方面的问题，是完全可以想办法解决的。

中国人民银行××分行党委宣传部

2004 年 4 月 19 日

第二节　计　划

常见的安排、打算、规划、设想、要点、方案等都属于计划一类，只是由于内容和成熟程度不同而选用了不同的名称。规划是具有全局性的、较长时期的长远设想。方案是从目的、要求、工作方式方法到工作步骤——对专项工作作出全面部署与安排的计划。安排是对短期内工作进行具体布置的计划。设想是初步的草案性的计划。打算是短期内工作的要点式计划。要点是列出工作主要目标的计划。

计划是党政机关、社会团体、企事业单位和个人，为了实现某项目标和完成某项任务而事先拟订目标、措施和要求的事务文书，也是使用频率很高的一种事务公文。计划的实质是对理想、目标的具体化。它对整个工作有着重要的指导、推动和保证作用。制订计划是一种科学的领导艺术，它体现出以下几个特点。

（一）计划的特点

1.预想性

制订计划需要对以前的工作基础进行总结与调查研究，如上一阶段的工作情况怎样，实施计划的内部条件和外部环境如何，并以此为依据确定工作目标、具体做法及实施步骤。但计划毕竟是对未来工作的设想，对可能遇到的新情况，计划实施步骤、完成时间,都具有难以预想性。因此,计划不能定得过死,必须留有余地,在实施过程中一旦发现与实际有不符的地方,或出现新情况,便需作出切合实际的修改。

2.指导性

计划一旦成文,就对实践起一种控制和约束作用。制订计划,是为了避免工作中的盲目性。从应用上说,计划有上级下发的计划和单位自行制订的计划两种。上级下发的计划,勾勒发展蓝图,明确工作目标,提出步骤措施,目的是指导所属单位不至于盲目冒进,或偏离工作方向,能始终朝着既定目标去做,其指导性是明显的。而本单位制订的计划,目的也在于控制方向、规模、速度,使任务能保质、保量地按时完成。

3.可操作性

再好的计划也要付诸实施,因此,计划必须定得具体明确、切实可行、符合实际。目标定得过高,计划无法实现和完成;定得过低,计划又无法起到指导、激励作用。计划的步骤、措施、要求、时限不但要写得具体、细致,还要便于检查督促,对照落实。离开实践,或操作性差的计划,将是毫无价值的一纸空文。

(二)计划的类型

(1)按内容分,有综合计划、专项计划等。

(2)按性质分,有生产计划、学习计划等。

(3)按范围分,有国家计划、部门计划、单位计划、科室计划、班组计划、个人计划等。

(4)按时间分,有年度计划、季度计划、月度计划等。

(5)按形式分,有文件式计划、表格式计划和文件表格结合式计划等。

(三)计划的结构和写法

计划由标题、正文两部分组成。

1.标题

标题一般包含单位名称、时限、内容和文种,如"万达公司 2012 年工作计划",这是一个"完整式"标题。也有省略时限(时限不明显或临时的单项工作)的标题。有的,还可写成"公文式"标题。所制订计划如还需要讨论定稿或经上级批准,就应在标题的后面或下面用圆括号加注"草案""初稿"或"讨论稿"等字样。

2.正文

正文的形式主要有表格式、文表结合式和条文式。

(1)表格式计划,以表格方式撰写计划,适用于时间短、范围窄、变化小、内容单一的具体安排,如销售计划、月计划等。

(2)文表结合式计划,即表格式和条文式相结合的计划。一般是将各项目的内容填进表格后,再用简短文字作解释说明。

(3)条文式,通常包括前言和计划事项两部分内容。

①前言。前言又称为导语。通常内容有:对基本情况的分析,或对计划的概括说明,或说明依据什么方针、政策以及上级的何种指示精神,在什么条件下,制订这个计划,完成这个计划的必要性、可能性以及要达到何种主要目的等。这是制订计划的基础,要写得简明扼要、灵活多样。

②计划事项。计划事项是计划的主体。不论是哪一种计划,计划事项都包括目标、措施、要求三项内容。目标、措施、要求,被称为计划的"三要素"。

目标,即回答"做什么"的问题,可以是总体目标,也可以是具体任务或指标。总体目标往往是要实现的最终目的,是多方面综合指标的最终体现。具体任务或指标,则是具体说明要完成的任务、达到什么指标、做好某项工作、开展某项活动等,务必写得具体明确。目标的明确对计划的撰写乃至计划的实施至关重要,目标过高或过低都不合适。这就需要深入调查研究,广泛征求意见和充分论证,慎重确定目标。

措施,即回答"如何做"的问题,包括组织分工、进程安排、物质保证、方式方法等。组织分工可说明领导机构、进程安排,主要是对目标进行分解,一般要安排若干阶段。如果是年度计划,每一季度(甚至月份)要完成哪些工作,要达到什么指标都要加以明确。如果是专项计划,则要划分阶段,明确每一阶段的大致任务及具体安排,如做好某项工作,可以分为准备阶段(包括传达、动员、学习、成立组织、物质准备等)、实施阶段(具体工作的展开、落实)、总结阶段(扫尾、小结)。进程安排是计划事项的重要内容,也是一个重要措施。物质保证,包括实施计划的人力、财力、物力,配备多少、如何配备等。方式方法是完成任务的具体手段,一般要写得比较简要。

要求,即回答"做得怎样""如何做完"之类的问题,主要是质量、数量、时间上的要求。质量上,要达到什么标准、什么水平、什么程度;数量上,要达到什么指标;时间上,什么时候完成该项工作;等等。这是计划效益指标的具体设想,能否多快好省,就要在"要求"这一项里加以具体设计。

计划三要素是互相联系的,没有目标,或者目标不明确,就谈不上措施要求;没有具体的措施,目标就难以实现;而没有具体要求,实现目标的效率、质量就没保证。它们之间是互相依存、缺一不可的。

(四)计划写作的注意事项

①要以党和国家的方针政策为指导,能够体现本单位领导的意图,确保计划指导思想的正确性。

②要充分考虑计划的可行性,做到反复论证,从多种计划方案中择优,实事求是地确

定计划的目标和任务,并适当留有余地。

③要服从长远规划,坚持整体原则,既要服从大局,处理好多种关系,又要体现本单位工作的特点。

④要走群众路线,集思广益,把计划变成群体的共同意志,以保证计划的认同和可行性。这样,在执行计划中就能更好地发挥群众的积极性,减少阻力。

⑤要适时检查计划执行情况。如情况发生了变化,需要修改,也要经过一定的程序,以保证计划的严肃性,使计划不致成为形式主义的一纸空文。

参考例文

国际电视节外宾接待计划

受中国广播电影电视部委托,××省人民政府将于10月6—12日在××市举办"国际电视节",这是我省今年的一项重大外事活动,将有力地促进我省的对外开放,推动我省两个文明建设,具有重大的政治意义和国际影响。应邀参加电视节的有来自五大洲三十个国家和地区的外宾及我国港澳地区客人,预计300人。他们是电视节特邀评委,特邀嘉宾(包括部长级外宾、国家级电视台台长和省级电视台台长),各国驻华使馆文化官员,参加电视节目交易和电视设备展销的客人,参加电视节文艺演出的中外艺术团(组),各奖项获得者、外国驻京记者及我国港澳地区记者等。为此,我们应本着热情友好、多做工作、广交朋友,宣传我省的精神,做好接待工作,具体安排如下。

一、迎送、陪同部长级外宾抵离××,由省广电厅领导出面迎送。其余外宾和我国港澳地区客人,分别由电视节接待办、评奖办、演出办、交易办等部门负责人迎送。日常参观活动,由接待办外宾处负责人陪同。

二、会见宴请10月6日上午9点,请省长在省府平房会议室会见电视节评委、部分特邀嘉宾和各国驻华使馆文化官员。请省政府一位秘书长、省外办、省广电厅、省文化和旅游厅各厅厅长出席。当日中午12点,电视节组委会分别在××宾馆、××饭店举行欢迎酒会,招待国外及境外来宾。

三、主要活动安排:

10月7日晚,在省体育馆举行电视节开幕式文艺晚会。

10月8—10日,电视节全体评委在广电厅参加电视评选。

10月8日上午,在省展览馆举行电视节节目交易和设备展销会开幕式。

10月11日上午,安排外宾参观××省电视台和××影视外景基地。

10月12日上午、下午,安排外宾游览×××、×××、×××等历史文化名胜。

10月12日晚,在省体育馆举行电视节闭幕式暨颁奖文艺晚会。

以上各项活动的具体方案见附件6。

上述活动除电视节全体应邀代表参加外,请省长及省政府秘书长、省外办、省广电厅、省文化和旅游厅各厅厅长出席。

四、接待工作

(一)外宾及我国港澳地区客人接待工作的归口管理

电视节外宾及我国港澳地区客人的接待工作原则上由接待办外宾处归口管理。外宾及我国港澳地区客人在宾馆的食宿由外宾处统一安排。国际评委在宾馆之外的业务活动由评奖办负责。外国文艺团(组)的演出活动由演出办负责,参加设备交易的外商、港商由省贸促会安排接待。其余外宾和我国港澳地区客人由外宾处负责接待。外宾处在××宾馆、××饭店各设一个值班室,负责联络协调工作。

各部门单位安排省级领导会见电视节外宾及我国港澳地区客人,均通过接待办外宾处报电视节总指挥部批准。各单位自行宴请外宾及我国港澳地区客人,要经外宾处同意。

外宾及我国港澳地区客人赴会及在我省参观访问活动,请当地政府和有关单位负责人出面接待,接待方案见附件7。

(二)其他来宾的接待工作

其他来宾由电视节秘书处接待办负责安排相关事宜,接待方案见附件8。

五、纪念品、宣传品和其他材料

纪念品由电视节组委会办公室提供,宣传品请省外办、省委宣传部、市外办提供。外宾和我国港澳地区客人的出席证、招待会请柬、晚会演出票由组委会有关部门提供,外宾处统一分发。外宾处为客人准备大会日程表、访问须知等材料。

六、××机场入境签证和器材入出关

由省外办涉外处与省入出境管理处在××机场为少数未办签证来省的外宾及我国港澳地区客人办理入境手续。

这次电视节有大量电视节目器材入关,请交易办、演出办、接待办外宾处派专人与海关联系,办理入出关手续。

对部长级外宾请给予安全检查方便。

七、北京、上海、广州中转

外宾处派人到北京、上海设中转站,接待过往的电视节外宾及我国港澳地区客人。经广州入出境的外宾及我国港澳地区客人,请广东电视台协助接待。

八、新闻采访与报道

拟举行外国和我国港澳地区记者招待会,请省政府领导出席介绍省经济情况和电视节情况,请省外办、省计经委、省经贸委、省广电厅各一位负责人参加。

外国和我国港澳地区记者在我省的采访活动,由外宾接待处组织安排,计划另发。

我国新闻界采访外宾和我国港澳地区客人,一律先报电视节新闻中心审核,再由外宾接待处酌情安排。

九、安全保卫工作

外宾和我国港澳地区客人在电视节期间的安全保卫工作,由电视节安全保卫组负责。

附件(略)

国际电视节组委会接待办公室

××省人民政府外事办公室

××××年×月×日

第三节　方　案

各项管理工作和活动都需要有明确的计划,但要实施计划,还需要有具体的方案。尤其是一些专项性、业务性、操作性强的管理或活动项目,都需要根据计划中的总体目标,进一步细化实施的措施与方法,为执行部门和人员提供明确、具体的要求。

一、方案的概念及作用

方案,是按有关管理目标和工作计划,为使某项具体工作或活动规范有序地进行而制作的一种带计划性质的公文。

(1)有利于增加工作的计划性。事前有了方案,就能做到有章可循、有条不紊。

(2)有利于增加工作的可行性,使各项工作或活动切实可行。

(3)有利于提高各项工作的办事效率,达到预期目的。

二、方案的写法

方案由标题、正文和落款三部分构成。

（一）标题

方案的标题一般由制订方案的机关名称、事由、文种组成，如《××省政府关于工商行政管理系统机构改革方案》。这样写标题，落款处可以不再写发文单位名称只写发文时间，也可只写出事由和文种，发文单位写在落款之处，如《关于全面改进技术工艺流程的方案》。

（二）正文

正文一般由前言、正文两部分构成。

1.前言

这部分应写明制订该方案的原因，即应写明行文的根据或行文的目的。如《××省政府关于工商行政管理系统机构改革方案》的前言："根据《国务院批转国家市场监督管理总局工商行政管理体制改革方案的通知》精神，为加快我省工商行政管理系统机构改革的步伐，全面完成改革任务，特制订我省关于工商行政管理系统机构改革方案。"

2.正文

这部分应针对某项工作或某项活动写出总的要求、指导思想或基本原则，然后针对具体的内容写出开展工作或活动的对象、步骤及方法，以及各个方面应达到的标准或效果。以上这些内容应按其主次、性质及相应关系分项写出，做到内容切合实际、行文条款分明。

（三）落款

署上制订方案的单位名称和发文时间。

三、写方案应注意的问题

（1）切实可行，符合工作或活动的实际需要，以利于实施。

（2）方法得当，措施有力，以利于操作并取得高效。

（3）打破陈规，体现创意，避免新的工作、新的活动内容套用老的方案。

参考例文

××学院教学方法与考试计分改革方案

随着文科教学改革进程的加快,改革不适应当前教育发展形势的陈旧体制的工作必须立即展开。通过对这次"评优创建"活动的考察,我院的教学工作存在着一定的问题,教学方法的老化和考试计分方法的单一严重地阻碍了我院教学水平的进一步提高,也在一定程度上影响了学生的学习积极性。必须尽快加以改革,使我院在较短的时间内,教学管理和教学秩序出现明显的变化,承担起为社会输送大量优秀文科人才的历史重任。

一、关于教学方法的改革

(一)基本原则

1.提倡互动式教学,增进师生间的交流和沟通,在调动学生学习积极性的基础上突出学生在课堂教学中的参与性。

2.提倡启发式教学,培养学生独立思考的习惯和能力,改变被动听课、死记硬背的传统学风。

3.提倡个性化教学,用教师独具特点的教学内容、教学方法和手段以及人格风范去吸引和引导学生。

4.提倡理论联系实际的教学,尽可能使书本知识和社会人生知识结合起来,使学生真正学有所得、学以致用。

5.提倡课堂面向社会的教学,通过社会调查、专题调研、专业实习等多种形式丰富教学内容,培养适应社会发展需求的实干型人才。

(二)教学方法与课程类型

1.讲授课。

A.适用范围:专业必修课和部分专业选修课,占全院各类课程总量的50%以上。

B.基本方式:

(1)确定优秀教材,公布课外阅读参考文献书目。

(2)讲授课程主要内容,指定学生自学教材的范围和章节,讲授与自学比例为6:4。

(3)加大课堂教学中抽问或讨论问题的力度,每次课不得少于2次。

(4)教学内容单元结束后应酌情布置课外小作业,认真评批,一学期不得少于3次。

(5)定期检查或抽查学生课堂笔记,期中和期末各一次。

C.教学目的:使学生较为全面地掌握各门专业主干课程的理论知识,完成教学大纲要求的学习任务。

2.研讨课。

A.适用范围:部分理论性较强的专业选修课,占全院各类专业选修课总量的40%以上。

B.基本方式:

(1)根据课程内容,征求学生意见,或开课初或分阶段公布研讨题目。

(2)每次上课的研讨内容应让学生提前准备,一般可每两次一题(教师自定)。

(3)每次课可提前指定3~5名学生作详细准备,重点发言;其余学生写出讨论提纲,争取人人参与。

(4)此类课以学生发言为主,教师适时加以引导、启发、评点和总结,并指定专人做好研讨记录,作为教学总结和考查学生平时成绩的依据。

(5)期末课程结束时可用一次课对全期研讨内容做全面的回顾和总结,强化学生对教学内容的整体印象。

C.教学目的:培养学生求实创新、独立思考问题的能力,提高学生的学术研究兴趣和水平,增进学生间专业学习上的交流和竞争。

3.实践课。

A.适用范围:部分应用性较强的专业选修课,占全院各类专业选修课总量的25%以上。

B.基本方式:

(1)根据专业培养方向,确定教学实践的内容和社会对象。

(2)由教师宏观控制把握,指导学生有计划、有目的地参与教学实践。

(3)可根据需要和可能,将学生按兴趣分为若干小组;教师通过组长了解实践课的实效。

(4)期末课程结束时学生个人或实践小组应提交实践报告,作为考试成绩的主要依据。

C.教学目的:加强学生与社会实际的联系,培养学生的实际动手、解决问题的能力,全面提升文科学生积极参与社会竞争的综合素质。

(三)教学方法改革实施步骤

1.2000学年第二学期内由教研室报出教学方法改革试点课程,每个教研室报讲授课1门、研讨课或实践课2门。

2.2000学年第二学期下半期由院系领导、离退休教师代表、任职教师代表和各年级学生代表组成评审小组,择时考查各门试点课程,提出整改意见。

3.从2001学年第一学期开始,各教研室逐年有计划地推出教改课程,每学年不得少于3门,力争在3年内涵盖全院的所有课程。

4.建立"教学方法改革优秀课程"评比制度,每学年末评出该学年的重点优秀课程。

(四)教学方法改革奖惩办法

1.参加课程教改,经考察合格者,给予课时费奖励(可分为合格、良好、优秀3级,每课时各在原课时费的基础上奖励2元、4元、10元)。院级重点优秀课程可一次性奖励2 000~5 000元(每学年指标2门,宁缺毋滥)。

2.连续3年不参与教学方法改革者,不得参与职称的申报,或解、降聘任合同。

二、关于考试计分方法的改革

(一)基本原则

1.改革原有只看期末考试成绩的考试计分方式,全面考查学生综合表现和学习成果。

2.增大学生的学习压力,从制度上消除学生中的"软、懒、散"现象。

3.增强教师教学管理的责任感和权威性,重塑教师在教学活动中的主体形象。

4.采用何种考试计分方式的组合,由教师根据课程性质和教学内容自行决定。

(二)一般考试计分组合类型

1.基本分。

A.期末考试分,占总成绩的50%。

B.平时作业分,占总成绩的20%。

2.表现分。

A.考勤记录分,占总成绩的10%(旷课一次扣2分,迟到或早退每次扣1分)。

B.课堂笔记分,占总成绩的10%(较差者扣5分,不合格者扣10分)。

C.讨论发言分,占总成绩的10%(从回答问题争先发言、答题质量等方面考察)。

3.奖励分。学习态度端正,期末成绩优秀,平时表现突出,有全勤记录,或在学术探讨和学习创新上有显著特点和成绩,可在总成绩的基础上奖励10~20分(百分制,因此可能出现如101~119的高分)。

(三)新型考试计分制的实施办法

1.重新印制成绩计分册,选择有关课程试行新的考试计分方法,总结经验后逐步推广、完善。

2.印制学生考勤记录表,每次上课前由学生签到(病假出具医院证明,事假出具组织证明)。

3.无故旷课缺席超过5次,不得参加期末考试。

4.无本人课堂笔记,不得参加期末考试(由任课教师或年级辅导员检查)。

5.4 学年中有多门课考试获奖励分(超过 100 分),或奖励分累积达 60 分,推荐免试读研究生时优先录取。

20××年×月×日

第四节　总　结

工作总结,是对一定时期的工作加以归纳分析,找出经验、教训,用以指导今后工作的公文。它是各行各业各单位普遍使用的一种公务文书。总结要表达的内容,不是在某个阶段"要做什么、如何做、做到什么程度"的问题,而是在某个阶段"已经做了什么、如何做的、做到了什么程度"。总结的内容已不再是对过去的工作进行就事叙事的感性回顾,而是以鉴定的眼光作出全面、系统、本质的认识,是对以往工作实践的一种理性认识。

一、总结的含义、作用

(一)总结的含义

总结,是机关、团体、企事业单位对规定时限内的某项工作或任务加以回顾、分析、研究,从中找出经验和教训,引出规律性的认识,明确今后实践的方向,把这些内容系统化、条理化,形成文字的文书。总结是对实践的认识,总结的过程是由感性认识上升到理性认识的过程。总结应对实践进行全面、深刻的概括。

常用的小结、体会实际上也是总结,只是它所反映的内容较简单和经验不够成熟,时间较短、范围较小而已。

(二)总结的作用

总结的作用很大,所谓"前事不忘,后事之师"。总结不仅可以对过去的工作进行检查评价,衡量是否完成了预定的工作计划,更重要的是可以总结出经验与教训,供制订和完成新的工作计划参考,激励和调动上下级人员的工作积极性。总结的目的,就是归纳成功经验、纠正错误,以利于今后的工作开展。

二、总结的特点

(一)实践性

总结首先要回顾实践或工作的全过程。自身实践的事实,尤其是典型事例和确凿数据是一篇总结得出正确结论的基础。

(二)经验性

总结旨在把实践中的成功经验归纳出来,把教训分解出来,从而对工作作出正确估计,得出科学结论,以增强工作的自觉性和主动性。但总结所反映的对象一般又只限于本地区、本部门、本单位特定时限内的工作实践,由本单位撰写,并采用第一人称叙述,因而得出的经验也会带有较强的个性特色。

(三)说理性

总结不仅要陈述工作情况,更要揭示理性认识。能否进行理性分析,能否找出带有规律性的东西,是衡量一篇总结好坏的重要标准。找出带有规律性的东西,用以指导今后的工作,这就是总结的实质。

(四)简明性

总结往往作概括叙述,而不必具体描写;作简要说明,而不必旁征博引;作直接议论,而不必多方论证。

三、总结的类型

总结的分类方法有很多,如可按性质、内容、时间、范围等来划分。本书按写法和内容,把总结划分为综合性总结和专题性总结两大类。

(一)综合性总结

这是对一单位、一部门工作进行的全面性总结,它要展现该单位、该部门在一定时期内工作的全貌。其包括的内容比较广泛,既要反映工作的概况和取得的成绩,存在的问题、缺点,也要写经验教训和今后如何改进的意见等。但写作时不应面面俱到,而要有所选择,突出主要工作和重要经验。

（二）专题性总结

这是对一定时期的某项工作或某一方面的问题进行的专门性总结。这类总结往往偏重于总结某一方面的成绩、经验,其他方面则可少写或不写。

四、总结的结构和写法

总结的结构一般包括标题、正文和落款三个部分。

（一）标题

一般包含单位名称、时限和文种,如"××局××××年度工作总结"。

（二）正文

结构形式主要有五种。

1."三段式"结构

这种结构的总结由工作概况、经验体会、今后打算构成。这是综合总结的基本形式。

（1）工作概况。这是总结的开头部分。通常要简明扼要地说明总结所涉及的时间、背景、任务、效果等,目的在于给人以总体印象,领起下文。

（2）经验体会。这是总结的主体部分,是总结的重点。其中,做法与成绩的说明是基础,经验体会的总结是重心。因为抓住了基本经验,总结就有了主题,而从做法和成绩取得的过程中找到规律性的东西则是写好总结的关键。要写好这部分的内容,一定要注意点面结合、详略结合、叙议结合,而且叙议得当。

（3）今后打算。这是总结的结尾部分。这部分要说明工作中存在的问题,针对这些问题,结合前面所总结的经验与教训及对有关规律性的认识,提出对今后工作的新设想及改进意见。如要发扬什么、克服什么,要采取哪些新的措施和方法,要向什么方向努力,达到什么目标等。这一部分内容要力求避免空洞、一般化及八股调。

2."两段式"结构

这种结构的总结即情况加体会。先集中摆情况,包括基本情况、主要做法、成绩与缺点等;后集中谈体会,包括经验的总结、教训的归纳以及对存在问题的认识等。问题比较集中的专题总结大多采用这种写法。

3."阶段式"结构

这种结构的总结就是根据工作发展过程中的几个阶段,按时间先后顺序分成几个部分来写。每一部分对每个阶段的工作,都要既讲情况、做法,又讲经验、教训及存在的问题。这样写,便于看出整个工作的开展进程和各个阶段的特点、经验。周期比较长而又有明显阶段性的工作,不管是专题总结还是全面总结,都宜采用这种结构。写时要注意抓特点,保证各部分之间的连贯性。

4.“总分式”结构

这种结构的总结首先概述总的情况,然后分若干项主要工作一一进行总结。全面总结一般用这种写法。在每一部分对每一项工作进行总结时,同样要求把做法、成绩、经验、教训等有机地结合在一起写。这种写法要注意抓重点,切忌面面俱到。

5.“体会式”结构

这种结构的总结即以体会(而不是以工作本身)为中心来安排结构。根据几点体会,把有关情况或几个具体问题,从几个不同的角度进行总结,而寓情况于体会之中,夹叙夹议,讲清问题。各部分之间则体现出某种逻辑关系,或以主次为序,或以轻重为序,或以因果为序等。这种结构适用于各种类型的总结,特别是学习总结。这种写法最为灵活,也最难掌握。

(三)落款

以主要负责人的名义所做的总结,署名在标题下;以单位或党政机关名义总结或发表的,署名可在标题下也可在文末;若标题上出现了单位名称或负责人姓名,则可不另署名。总结日期可加括号放在标题下,也可不加括号放在文末。

五、总结与计划的区别

计划是在工作之前制订的;总结则是在工作到一定阶段或计划完成后进行的。计划的内容是为完成一定任务所设想的具体步骤、方法和措施,重在叙述说明;总结则是对一定阶段的工作或计划执行情况作出的总分析、总评价,重在抽出有规律性的东西,作出理论概括。计划所要回答的问题是做什么,怎样做,做到什么程度;总结要回答的问题则是做了什么,做得怎样,有何工作规律。

六、总结的写作要求

(一)要有新发现

要实事求是,在调查得来的大量的材料中认真分析、研究,从而归纳出过去没有或与过去不同的东西,而不能是老生常谈。

（二）要找出带有规律性的东西

不能有了新发现就匆忙落笔,而应当经过反复研究和证实,找出其中能够揭示事物本质的带有规律性的东西,以指导今后的工作。

（三）要突出重点

不仅要全篇重点写经验,而且还要写好重点经验,不能眉毛胡子一把抓,更不能写成"流水账"。

（四）要叙议得当

叙议得当,是总结在表述上的特别要求。应以叙述为主,叙议结合。一般而言,在交代工作的过程、列举典型事例时,以叙述为主;在分析经验与教训、指明努力方向时则多发议论。叙述的事实为议论提供依据,说理是对所叙述事实的升华。叙述是总结行文的基础,它通过对时间、地点、事件、人物和原因、结果的交代,使读者对某部门、某单位或某个人的工作状况有明晰的了解。议论则是用分析、综合、论证,把分散、感性的材料转化为具有指导意义的理论。议论不宜过多,主要是靠事实说话。但要注意,只叙不议,会变成罗列现象;而只议不叙,则会变成空谈。只有以叙带议、叙中有议、叙议结合、叙议得当,才能相得益彰,笔底起波澜,写出好的总结。

参考例文

×× 市国家税务总局
2013 年上半年工作总结

今年以来,我局在××市委、市政府和上级局的正确领导下,从"税收服务经济发展"的大局出发,紧紧围绕全市国税工作思路和工作重点,紧扣组织收入中心,狠抓征管服务主业,全局干部职工努力同心、履职尽责,预计将圆满完成"双过半"任务。现将上半年工作总结如下:

一、上半年工作开展情况

（一）紧扣组织收入中心,市本级收入"双过半"

截至今年 6 月 20 日,我局已实现税收收入 63 480 万元,较 2012 年上半年同比增收 4 952 万元,增长 8.46%。目前,尚有 1 850 万元企业所得税正全力组织入库。预计上半年收入规模将达到 65 330 万元,同比增收 6 802 万元,增长 11.62%。其中增值税收入 44 868万元,同比增收 970 万元,增长 2.2%;企业所得税 15 567 万元,同比增收 4 633 万元,增长 42.37%。上半年国税收入市本级所得 13 518 万元,同比增收 2 011 万元,增长 17.48%,完成全年目标任务的 50.23%,圆满实现"双过半"。

(二)全面落实优惠政策,税收职能充分发挥

我局围绕中心、服务大局,认真贯彻市委、市政府和上级局的工作要求,不折不扣地落实一系列结构性减税政策和税收优惠政策,切实减轻纳税人税收负担,帮助企业破难解困。截至 2013 年 5 月底,为 20 户出口企业办理出口退税 7 358 万元,办理免抵调库 3 426万元,落实减免退税 2 720 万元。税收优惠政策的贯彻落实,极大地发挥了税收在"调结构、保增长"方面的职能作用。

(三)积极推进依法治税,税收环境明显改善

一是我局不断规范税收执法行为,积极创建依法行政示范单位。进一步加强和规范税收执法信息系统目标考核,对非系统原因造成的过错,严肃责任追究,今年上半年执法准确率为 100%。有计划开展税收执法检查工作,对查处的重大税务案件进行重点督察。开展税收优惠政策落实情况检查,对全市 180 余户享受优惠的企业的政策执行情况进行跟踪。

二是大力整顿和规范税收秩序。积极开展辅导自查、税收专项检查、专项整治及大要案查处工作,进一步规范行业税收秩序,有力打击涉税违法犯罪活动。上半年,通过稽查清理粮食购销企业、滞留票等企业 300 余户次,查办重大稽查案件 5 起。累计组织 93 户次户籍清理,55 户企业调整管辖,24 户企业新纳入管理。对 2012 年以来 60 户新办商贸企业的进销项情况进行全面比对,排查税收风险。上半年稽查评估查补税款 2 240 万元。

(四)深化国地税协作,"营改增"稳步推进

"营改增"是今年税收工作的重头戏,我局多次召开专题会议,对"营改增"试点工作进行研究部署,成立领导小组,制订工作方案,细化分工、明确要求,扎实推进"营改增"试点工作。我局主动与地税协作,于 5 月底接收"营改增"移交管户 567 户。6 月,我局借助地税提供的基础征管信息,组织大量人员进行逐户核实。经核实,确认企业 212 户、个体 101 户。我局及时将"营改增"企业移交情况向市委、市政府作了汇报,对"营改增"后的税源情况、对市本级收入的影响情况作了测算,并作专题报告。

(五)依托税收宣传月,全面优化纳税服务

结合第 22 个税收宣传月活动,深入纳税人开展"问需求、查问题、抓整改、促提升"活动,广泛征集纳税人需求和意见,切实改进工作中的不足,最大限度地满足纳税人的合理涉税需求。进一步深化全职能办税服务厅建设,完善办税服务厅职能,精简办税流程,切

实为纳税人减负。强化绩效管理,进一步修订、完善纳税服务目标管理与激励考核制度,实现服务评价科学化,促进纳税服务考评激励的常态化。积极拓展办税渠道,推广在线开票、网络申报、个体户电子扣税等快捷办税方式。

(六)加强学习培训,提高队伍素质

我局依托外聘和自有兼职师资,不断加强全职能大厅、"营改增"等方面的业务培训,坚持每月组织1次业务知识学习,提升全员业务素质,以适应税收改革新形势。深入学习贯彻"中央八项规定",制定并实施本局贯彻落实"中央八项规定"的具体意见,督促全局干部职工切实改进工作作风。深入开展"走建惠"活动,坚持工作重心下沉,贴近基层、贴近纳税人,完善业务工作手册和工作台账,做好建账、议账、销账、晒账工作,确保各项工作能实实在在惠民生。认真开展中国梦主题教育实践活动,认真学习党的十八大报告、习近平总书记重要讲话精神,加强理想信念和宗旨教育,引导干部职工自觉为谱写中国梦努力奋斗。

(七)加强党风廉政建设,确保队伍安全

我局认真贯彻落实各级反腐倡廉工作会议精神,继续把监察与业务工作并轨,纳入目标管理,统一部署、统一落实、统一考核。严格落实"一岗双责",层层签订"党风廉政建设责任书",确保党风廉政建设各项工作全面落实。按照上级要求,深入开展内控机制建设,深入构建多层次、立体化、科学化的风险防控格局。以组织开展"强化责任、防范风险"活动为契机,强化干部职工责任意识,全面梳理权力风险点,做好风险防范。以局长讲党课、纪检组长作反腐败形势报告、观看反腐败教育电影、廉政诗歌征文等形式,加强党风廉政教育,全局干部反腐倡廉的自觉性不断增强。上半年,我局干部队伍总体安全,实现了"三个安全""四个保障""五个无"的党风廉政建设工作目标。

二、上半年工作中存在的主要问题

1.经济是税收之源,宏观经济维持较低增速,新增税源不足,收入压力难以从根本上得到缓解,组织收入工作还有待进一步加强。

2.由于征管服务改革各项工作比较集中地开展,"营改增"等业务对税务人员也是全新的挑战,我们在征管服务工作中还存在诸多薄弱环节,征管服务基础工作还有待进一步加强。

3.中央调库指标收紧,出口难以实现调库收入。按照我局收入结构和目标增幅计算,2013年的中央调库收入将超过2亿元,上半年仅实现3 426万元。

对于这些问题,我局将在2013年下半年的工作中高度重视并努力改进。

三、下半年工作打算

(一)依法组织税收收入,确保实现预期目标(略)

(二)优化纳税服务,提升纳税人满意度(略)

（三）强化税收征管,推进精细化管理(略)

（四）加强队伍建设,提升履职能力(略)

（五）深化党风廉政建设,确保队伍安全(略)

××市国家税务总局

2013 年 6 月 21 日

第五节 安 排

为了使具体的工作得到落实,上级机关往往以安排这种文体形式对下级部门或人员提出任务目标、执行方式、机构或人员分工、时间要求等。有了明确的工作安排,执行部门或人员就会目标明确、有序地推进各项工作,按照相关要求去完成任务。

一、安排的概念

安排是就某一具体工作或活动所制订的具体、切实的公文。大多安排具有单一性、临时性,如节假日放假安排、庆典活动安排、会议日程安排等。但也有一些安排涉及的内容较多、时间较长,如××季度、××年度的工作安排,或时间跨度长的生产、宣传、教育、文化等专项活动安排。

二、安排的写作方法

安排的结构由标题、正文、落款三部分构成。

（一）标题

安排的标题一般由"发文单位名称+事由+文种"构成,如《××省新闻出版集团关于第三期职工素质培训的安排》。安排的标题也可省去发文单位名称,如《关于春节期间值班的安排》《"质量日"宣传活动的安排》。

（二）正文

安排的正文由发文缘由和安排事项两部分组成。

1.发文原由

这部分需简要说明发文的根据,针对什么工作或哪项活动所作的安排。如《××分公司促销活动的安排》原由部分:"根据总公司九月召开的促销会精神,不失时机地抓住国庆大假旺销机会,争取超额完成总公司下达的促销指标,分公司决定组织为期一周的促销活动,现将有关活动安排如下。"

2.安排事项

这部分应根据有关工作或活动目的,具体、明确地写出各级任务以及如何完成任务的环节、措施、做法、时间,同时还应对完成有关工作或执行有关任务提出明确的要求,以便执行安排的部门和人员——落实。

3.落款

在正文右下方署明发文机关名称,在名称下写明发文日期。

参考例文

××大学关于寒假有关事项的安排

根据目前情况和学校工作部署,经校务会议研究决定,对 2012—2013 学年寒假放假时间进行调整,现将放假时间及有关事项安排如下:

一、放假时间

（一）按照校历安排,2012—2013 学年寒假从 1 月 16 日开始,2 月 10 日结束。即 2 月 8、9 日学生到所在院、系报到注册,10 日正式行课。

（二）校各部、处、院、系及图书馆、后勤各部门参照学校放假时间,根据各自的实际情况自行安排休假,休假时间不得超过 20 天。

（三）放假前,请各单位认真安排好教学、科研及下学期教学准备工作。教务处、研究生院及各学院要做好学生课程调整安排并及时通知到任课教师和学生。

（四）学生应按上述规定时间持学生证（研究生证）到所在学院报到注册,各学院和有关部门要安排专人办理学生报到注册手续。

二、有关事项及要求

（一）寒假期间,各单位要安排值班人员,并将其名单于 1 月 10 日报党办、校办和保卫处。在保证做好新学期开学准备各项工作正式运行的前提下,各单位从放假 3 天后分期分批安排教职工轮休(按惯例教职工应提前两天上班,安排好开学前的准备工作)。党政中层干部的轮休从放假后第二周开始安排,假期要到外地的应分别向党办、校办报告;各单位要对本单位教职工到外地的情况进行登记。

(二)各单位要切实做好假期中的安全保卫、保密、防火、防盗等工作,确保假日期间学校稳定。保卫处要加强安全检查,对重点部位要加强值班、防范。水、电、气及易燃、易爆、剧毒物品、库房、锅炉房及贵重精密仪器设备都要严格管理。

(三)各学院、学生工作部等部门要加强对离校学生的人身、财物、防火、防盗等安全教育,及时掌握和了解假期留校学生的人数和情况,对离校、在校学生逐一进行登记并将登记名册于1月15日报学生工作部及保卫处。学生工作部、工会、团委、后勤集团、保卫处等有关部门要切实安排好留校学生及教职工假期的生活及活动。学生假期活动安排由学生工作部、团委另行通知。

(四)保卫处、后勤集团、学生处值班电话必须保证24小时有人值班,并将重大情况及时报告学校总值班室。

学校总值班室电话:86666666　　保卫处值班电话:86666667

学生处值班电话:86666668　　后勤集团值班电话:86666669

×× 大学

2012 年 × 月 × 日

第六节　简　报

简报不是规定的正式文件,但它用于公务活动;简报也不是公开的报刊,但它又具有新闻报道的某些性质。写作简报应从公文和新闻这两种文体相结合的要求上体现其特点。

一、简报的概念

简报,就是简明的情况报道,它是各级机关内部用以反映工作情况、交流各种信息、推广经验、揭露问题、指导工作的一种公务文书。简报的使用很普遍,常常以"工作简报""情况反映""××动态""××简讯""会议简报"等名称出现。

二、简报的特点

普通报刊可以反映各行各业的建设成就、工作经验,也可以反映政治、文化、体育、卫生及各种社会问题等方面的动态,还可以开辟副刊登载文艺作品等。这些内容具有宣传教育、知识传播、审美娱乐等多方面的作用,它服务于全社会的众多读者。而简报属于各机关的内部刊物,是为机关内部交流信息、进行管理的工具,它具有以下特点。

(一)公文化的刊物

从简报的性质来看,它属于服务于机关工作的文书。从它的内容来看,是属于工作范围内需要了解交流的情况,而不同于公开的普通报刊的内容。简报内容的作用集中体现在交流工作情况与相关信息和指导工作上,它服务于机关内部或行业内部。简报虽然是机关内部收发的公务文书,但它的形式是一种刊物,因此,也可说它具有公文化刊物的特点。

(二)简明扼要

简报,可以用"简明的情况报道"来概括它,可见它在形式上和内容表现上的特点。形式上,它不需要正规文件那样的版式标记,也不需要正规报刊版面的许多花样。简报只需要一个简单的版头,登载的短讯和文章或少或多、或长或短,依序排列整齐就行,不需错落有致、变化多样。在内容上,则要简明扼要,篇幅尽可能简短。

(三)快速及时

简报需要反映的内容,应是工作上的新情况、新问题、新经验及有关的新信息,如果反映不快速及时,就难以体现简报的参考借鉴价值。有的机关将简报办成月报甚至季报,上下级部门看到的简报内容都成了旧闻,这样办简报就失去了应有的作用。因此,简报需要的内容,一定要快速搜集、及时编写。

三、简报的写作

简报反映的工作情况和信息是多方面的,因此,有人将简报分为各种类别,如反映工作情况类、交流经验类、报道先进典型和反面典型类、揭露问题类及会议简报类等。这些类别的简报尽管名称及具体内容不同,但大多是以类似新闻消息或通讯的形式出现在简报中间。当然,也有以普通文章的形式出现的。就简报的整体格式来看,它包括报头、报体、报尾三个部分。

(一)简报的报头

报头一般占简报页面的五分之一,与报体之间用横线隔开。在横线上方的第一排位中间写明"情况简报"或"××简报"即可。在"简报"名称下面即第二排居中位置写上办简报的期数"第××期"。在期数下即第三排左边写上主办简报的单位名称,右边写上出报的时间。例如:

情况简报

第 6 期

××省人民政府办公厅主办   ××××年×月×日

(二)简报的报体

一期简报的报体载多少条消息或文章并没有规定,这主要根据开展工作的需要来考虑。有的简报一期只有一条消息或一篇短文,有的一期则有两条、三条甚至更多的消息和若干篇短文。总的载文量不宜过多,过多就容易办成"杂志"而不是简报了。如遇稿件多,一要精选,二要浓缩,有的文章只需摘要就行了。条目多的简报,可以先在报体上写出消息或文章的目录。重要的消息或文章,可为其加上编者按,让人引起重视和领会其精神要点。如××市工商行政管理局 2014 年 3 月 21 日所发的情况简报(第九期),上面刊载的消息《通力协作,冲破围攻阻碍——记我局执法干部执法受阻及处理情况》一文前即加了编者按:"在具体的行政执法工作中,执法人员要常冒着围攻被殴的风险,承受着执法受阻的尴尬。本期特列一起典型案例,旨在提醒我局干部职工在依法行政时,不仅要具有无私无畏的精神,还要注意切实保护自身的安全。同时要更清醒地认识到,在整顿和规范市场经济秩序的工作中,不仅需要自身过硬的作风,还需要相关部门的通力协作,更需要广大人民群众和社会舆论的大力支持。"

简报中消息和通讯体的文章,其写法与本书中所讲的新闻消息和通讯的写法大体一致。不同的是,简报中的消息标题不必写成多项标题,一般只写出正题或正题加上副题。消息的正文也不一定要先写一段导语,大多数的消息相当于简讯,开门见山、直叙其事,语言简洁质朴。

简报的报尾很简单,只需要写明抄送和分发单位。

参考例文

情况简报

第 1 期

××公司综合办公室主办　　　　　　　　　　　　　　　2003 年 1 月 6 日

2003 年信息采用重点及报送要求

2002 年我公司《情况简报》共编发 60 期,被集团公司采用信息 40 条,采用量居集团所属公司第一位。各分公司信息工作在 2002 年都取得较大的成绩,信息报送数量和质量都有明显的提高,希望各分公司和各直属单位继续加强信息采编和报送工作,更加准确、及时、全面地反映基层企业的业务发展、管理、改革、服务等方面的内容,建立一个畅通、有效的综合信息交流通道,为各级管理者提供有益的参考。

信息报送重点:

一、贯彻落实集团公司新年工作会议精神的各项工作思路和措施。

二、对竞争对手信息的收集、分析和整理工作。

三、加大对各种有利于集团公司改革与发展的调研报告的报送力度。

四、改革、发展中所面临的各种社会环境、竞争环境、政策环境和政府沟通等方面的困难和问题。

五、企业发展中所出现的各种新情况、新问题。

六、在实现机制创新、技术创新、管理创新等方面的新思路、新做法、新经验。

信息报送要求:

一、信息要求真实准确,事实和数据都要确凿。

二、信息的报送要及时、准确。时效性是信息的价值保障。

三、信息内容力求简明扼要、言简意赅,条理清晰。

四、避免日常工作汇报式信息的报送。欢迎有新意的、有代表性的典型信息。

五、报送竞争对手的信息要避免泛泛而谈,应注重从深层次分析其信息,切实提高此类信息的有效利用程度。

2002 年是集团组建后内部改革的关键一年,改革力度大,发展任务重。希望大家共同努力,把 2002 年的信息工作做得更好。最后感谢各公司主管领导和信息工作人员对公司信息工作的支持和配合,祝大家新春快乐!

抄送:×××、×××、×××、×××

第五章　会议文件

　　会议是为了解决问题，有组织、有目的地召集人们商议事情、沟通信息、表达意愿的活动。组织管理过程中，会议是沟通信息、通报情况、研讨问题、实施决策的主要形式，它往往伴随着一定规模的人员流动，在会前、会中、会后都可能产生一些文字材料，这些文字材料，我们统称为会议文件。简言之，会议文件是指为了召开会议而撰写的文字材料的总称。

　　会议按性质划分有依法必须召开的，具有法律效力的法定会议，如各级人民代表大会、股东大会等；有以工作或问题研究为导向的决策会议，如各级人民政府的常务会议、各类组织的办公会议等；有以行业或专业领域名义召开的专业会议，如教育工作会议、金融工作会议、销售工作会议等；有以宣传动员，统一认识为目的动员会议，如征兵动员会、活动动员会等；有以纪念某一重大事件或重要人物为目的的纪念会议，如纪念辛亥革命100周年大会、纪念建校60周年大会等。

　　会议的性质和形式不同，会议文件的类型不同。会议的要求和规模不同，会议文件的多少也不同。一般说来，会议文件主要包括会议筹备方案、会议通知、会议邀请函、会议议程及日程安排、会议主持词、会议开幕词、领导讲话稿、会议工作报告、会议议案、会议决议、会议记录、会议简报、会议闭幕词、会议纪要、答谢词、欢送词等数十种，分布于会前筹备、会中服务、会后落实等不同的会议阶段。这些文书都具有以下三个主要的特点：一是针对性。会议文书是为了召开会议而撰写的，必须要以会议目的、会议主题、议程安排为依据，适应会议不同阶段的需要，或者采用文字式，或者采用表格式，讲求实际效用，内容和形式都具有极强的针对性。二是多样性。会议文书分布于会议筹备到会后落实的各个阶段，每个阶段的工作重心不同，主要任务有别，带来了内容的丰富性和文本形式的多样性。三是程式性。会议文书作为实用文体，大部分都有惯用的体式，这些体式来自会议实践，是人们在长期的会议活动中逐步探索和总结出来并在实践中得到验证的，因而也具有相对的稳定性和程式化特征。

本章主要讲解开幕词、闭幕词、领导讲话稿和会议工作报告四种会议主要文书的写作。

第一节 开幕词

一、开幕词的概念与作用

开幕词是党政机关、企事业单位、社会团体的领导人在各种重要会议或活动开始时所作的致词。它具有以下两个方面的作用。

一是宣告作用。按照惯例,召开重要的会议、举办重要的活动,一般都要由会议主持人或主要领导人致开幕词,正式宣告会议开幕,以营造一种隆重的气氛。

二是提示作用。开幕词通常要阐明会议宗旨、提出会议任务、说明会议目的等,集中体现大会或活动的指导思想和主要精神,起到点题定调的作用,让与会者心中有数。

二、开幕词的文本结构

开幕词一般由标题、题注、称谓、正文四个部分组成。

（一）标题

标题是文章的眉目。开幕词的标题有以下两种拟制方法。

1.公文式标题

公文标题常由"发文机关+事由+文种"三要素构成,也可省略部分要素构成。开幕词的标题如采用公文式标题的拟制方法,可由"致词人+会议（活动）名称+开幕词"构成,如《××同志在××会上的开幕词》;也可由"会议（活动）名称+开幕词"构成,如《中国教育学会第五次会员代表大会开幕词》《××大学第 27 届教职工运动会开幕词》《在××会（节）上的致辞》;也可只有文种构成,如《开幕词》。

2.一般文章式标题

一般文章式标题,用于揭示会议的目的宗旨、主要内容,多以鼓动性语言为主,由"主标题+副标题"构成,分列两行,副标题前用破折号。主标题用于揭示会议(活动)的目的、意义或主要内容;副标题用于对主标题进行补充、说明或限定,常常标注"开幕词"或"致辞(词)"的文种名称。如《为全面建设小康社会而努力奋斗——在第十五次妇女代表大会开幕式上的致词》《我们的文学应该站在世界的前列——中国作家协会第四次会员代表大会开幕词》。

(二)题注

题注是对标题的注释说明。在公文格式中,位于公文标题之下,是用来注明法规性文件或经会议讨论通过的文件产生的法定程序与时间等。开幕词常有题注,位于标题之下,分行居中排布。一般包括两项内容。一是致词人,即开幕词宣读人的姓名,有时为了庄重或突出致词人的身份,还要在致词人的姓名前要加上单位名称及职务。二是注明会议(活动)时间,外用圆括号括入。题注的内容根据习惯标注先后,通常将会议(活动)时间标注在前,将致词人的姓名标注在后。

(三)称谓

称谓是人们因某种社会关系而建立起来的称呼或名称。开幕词的称谓是根据会议的性质和与会人员的身份来确定的,一般用泛称,如"各位代表,各位同志""各位委员""同志们、朋友们""女士们、先生们"等,称谓后用冒号。

(四)正文

正文是开幕词的核心,包括开头、主体和结语三个部分。

1.开头

开头一般开门见山,直入主题,用"××大会今天隆重开幕了!"或"××大会现在开幕。"然后致词人代表会议主办方礼貌性地对会议的召开表示热烈的祝贺,对参会领导及代表表示热烈的欢迎或致意。如:"××市第××次妇女代表大会今天隆重开幕了! 这是我市妇女政治生活中的一件大事,是我市妇女以党的十八大精神为指导,共商××市妇女事业发展大计的盛会。在此,我代表市委、人大、政府、政协向大会的召开表示热烈的祝贺! 向莅临指导今天大会的省妇联领导表示热烈的欢迎! 向出席本次大会的各位代表,并通过你们向广大妇女工作者和各界妇女群众致以亲切的问候和崇高的敬意。"

会议开幕词的开头也可采用概述式写法,概括介绍会议召开的背景、筹备情况、主要任务、主要议程以及参会代表的情况等;或阐述会议的目的、意义;或以简短有鼓舞性的语言郑重宣布大会开幕。较大型活动开幕词的开头常采用描述性语言铺陈。如：

在这激情燃烧的八月,我们迎来了彝族人民盛大的节日——第××届中国××彝族国际火把节。我谨代表中共××省委、××省人民政府,向××各族人民致以最热烈的祝贺,向所有莅临"国际火把节"的各位领导和来宾朋友们表示最诚挚的欢迎!

2.主体

主体是全文的中心或重点部分。由于会议的性质不同,开幕词的主体内容也有所不同。一般而言,工作会议的主体部分包括五个方面:一是提出本次大会的指导思想、主要任务、会议的主要议题和议程;二是阐明会议的意义和预期性的评价;三是概要回顾过去的工作、成绩及经验教训;四是提出做好今后工作的意见和建议;五是表达对与会代表的希望和要求。如邓小平同志1982年9月1日在中国共产党第十二次全国代表大会上的开幕词的主体部分,就包括大会主要议程和任务、大会的历史地位和影响、社会主义现代化建设的指导思想、20世纪80年代的三大任务及20世纪末近20年内的四件工作这四个层次。节庆、纪念、文化艺术、体育等活动开幕词的主体部分主要包括三个方面:一是介绍活动的由来及历史;二是阐述本次活动的目的、意义、影响及主要任务;三是展望活动的未来前景。

3.结尾

结尾是文章或正式讲话末了带有总结性的一段话。一般包括三个方面:一是向有关人员表示感谢;二是用简洁的语言发出号召;三是表达对会议或活动的良好祝愿。常用"预祝××大会(活动)取得圆满成功!""谢谢大家!"作为结束语。

三、开幕词通用写作模板

××会(节)开幕词

(20××年×月×日)

×××

×××(各位代表、同志们、朋友们等):

××大会(节)现在开幕[××大会(节)今天隆重开幕了]! 我谨代表××,向××致以最热烈的祝贺,向所有莅临××的各位代表(领导、来宾朋友们)表示最诚挚的欢迎!

……(交代会议背景、历史、目的、议题、任务、原则等)。

……(表示感谢、提出希望、发出号召等)。

预祝××大会(活动)取得圆满成功!

谢谢大家!

参考例文

中国共产党第十二次全国代表大会开幕词

（一九八二年九月一日）

邓小平

同志们：

中国共产党第十二次全国代表大会现在开幕。

我们这次代表大会的主要议程有三项：（一）审议第十一届中央委员会的报告，确定党为全面开创社会主义现代化建设新局面而奋斗的纲领；（二）审议和通过新的《中国共产党章程》；（三）按照新的党章的规定，选举新的中央委员会、中央顾问委员会和中央纪律检查委员会。

完成这次代表大会的任务，我们党对于社会主义现代化建设的指导思想就会更加明确，党的建设就能够更加适合新的历史时期的需要，党的最高领导层就能够实现新老合作和交替，成为更加朝气蓬勃的战斗指挥部。

回顾党的历史，这次代表大会将是党的第七次全国代表大会以来的一次最重要的会议。

一九四五年在毛泽东同志主持下召开的党的第七次全国代表大会，是建党以后民主革命时期我们党最重要的一次代表大会。那次大会总结了我国民主革命二十多年曲折发展的历史经验，制定了正确的纲领和策略，克服了党内的错误思想，使全党的认识在马克思列宁主义、毛泽东思想的基础上统一起来，达到了全党的空前团结。那次代表大会，为新民主主义革命在全国的胜利奠定了基础。

一九五六年召开的党的第八次全国代表大会，分析了生产资料私有制的社会主义改造基本完成以后的形势，提出了全面开展社会主义建设的任务。八大的路线是正确的。但是，由于当时党对于全面建设社会主义的思想准备不足，八大提出的路线和许多正确意见没有能够在实践中坚持下去。八大以后，我们取得了社会主义建设的许多成就，同时也遭到了严重挫折。

现在这次代表大会和八大时的情况有了很大的不同。正如七大以前，民主革命二十多年的曲折发展，教育全党掌握了我国民主革命的规律一样，八大以后社会主义革命和建设二十多年的曲折发展也深刻地教育了全党。从十一届三中全会以来，我们党在经济、政治、文化等各方面的工作中恢复了正确的政策，并且研究新情况、新经验，制定了一系列新的正确政策。和八大的时候比较，现在我们党对我国社会主义建设规律的认识深刻得多了,经验丰富得多了,贯彻执行我们的正确方针的自觉性和坚定性大大加强了。我们有充分的根据相信,这次代表大会制定的正确的纲领,一定能够全面开创社会主义现代化建设的新局面,使我们党兴旺发达,使我们的社会主义事业兴旺发达,使我们的国家和各民族兴旺发达。

我们的现代化建设,必须从中国的实际出发。无论是革命还是建设,都要注意学习和借鉴外国经验。但是,照抄照搬别国经验、别国模式,从来不能得到成功。这方面我们有过不少教训。把马克思主义的普遍真理同我国的具体实际结合起来,走自己的道路,建设有中国特色的社会主义,这就是我们总结长期历史经验得出的基本结论。

中国的事情要按照中国的情况来办,要依靠中国人自己的力量来办。独立自主,自力更生,无论过去、现在和将来,都是我们的立足点。中国人民珍惜同其他国家和人民的友谊和合作,更加珍惜自己经过长期奋斗而得来的独立自主权利。任何外国不要指望中国做他们的附庸,不要指望中国会吞下损害我国利益的苦果。我们坚定不移地实行对外开放政策,在平等互利的基础上积极扩大对外交流。同时,我们保持清醒的头脑,坚决抵制外来腐朽思想的侵蚀,决不允许资产阶级生活方式在我国泛滥。中国人民有自己的民族自尊心和自豪感,以热爱祖国、贡献全部力量建设社会主义祖国为最大光荣,以损害社会主义祖国利益、尊严和荣誉为最大耻辱。

80年代是我们党和国家历史发展上的重要年代。加紧社会主义现代化建设,争取实现包括台湾在内的祖国统一,反对霸权主义、维护世界和平,是我国人民在80年代的三大任务。这三大任务中,核心是经济建设,它是解决国际国内问题的基础。今后一个长时期,至少是到本世纪末的近二十年内,我们要抓紧四件工作:进行机构改革和经济体制改革,实现干部队伍的革命化、年轻化、知识化、专业化;建设社会主义精神文明;打击经济领域和其他领域内破坏社会主义的犯罪活动;在认真学习新党章的基础上,整顿党的作风和组织。这是我们坚持社会主义道路,集中力量进行现代化建设的最重要的保证。

我们党现在已经是一个拥有三千九百万党员、领导着全国政权的大党。但在全国人民中,共产党员始终只占少数。我们党提出的各项重大任务,没有一项不是依靠广大人民的艰苦努力来完成的。在这里,我代表我们党,向在社会主义现代化建设中辛勤劳动的全国工人、农民和知识分子,致以崇高的敬意,向保卫祖国安全和社会主义建设的钢铁长城中国人民解放军,致以崇高的敬意。

我国各民主党派在民主革命时期同我们党共同奋斗,在社会主义时期同我们党一道前进,一道经受考验。在今后的建设中,我们党还要同所有的爱国民主党派和爱国民主人士长期合作。在这里,我代表我们党,向各民主党派和无党派的朋友们,表示衷心的感谢。

我们党的事业得到了全世界进步人士和友好国家的支持和援助。在这里,我代表我们党,向他们表示衷心的感谢。

我们一定要兢兢业业地做好自己的工作,加强同全国各族人民的团结,加强同全世界人民的团结,为把我国建设成为现代化的、高度文明、高度民主的社会主义国家,为反对霸权主义,维护世界和平,推进人类进步事业而努力奋斗。

(选自人民出版社 1983 年 7 月版《邓小平文选》)

邓小平同志 1982 年 9 月 1 日在中国共产党第十二次全国代表大会上所作的开幕词,无论是内容还是格式都有许多可圈可点之处,堪称经典之作。从内容来看,作为划时代的文献,这篇开幕词所确定的路线方针,积极推动了中国特色社会主义事业的蓬勃发展。从格式来看,全文结构要素齐全,由标题、题注、称谓、正文四个部分构成。标题采用了"会议名称+文种"的公文式标题形式,简洁明了。正文部分运用辩证唯物主义的态度和方法,回顾了中国共产党自党的八大以来社会主义建设取得的成就和遭受的挫折,总结了历史的经验和教训,加深了对社会主义建设客观规律的认识和了解。在此基础上,第一次提出了"把马克思主义的普遍真理同我国的具体实际结合起来,走自己的道路,建设有中国特色的社会主义"的主张,这也是建设有中国特色社会主义理论初步形成的标志。接着明确指出我们党和国家在 20 世纪 80 年代的三大任务和今后一个较长时期必须抓好的四件工作,为全党和全国各族人民指明了奋斗的目标和前进的方向。最后发出号召,提出要求。

第二节　闭幕词

一、闭幕词的概念与作用

闭幕词与开幕词相呼应,是党政机关、企事业单位、社会团体的领导人在各种重要会议或活动结束时所作的致辞。它是对整个会议的总结,也是对贯彻落实会议精神的动员。闭幕词具有以下两个方面的作用。

一是总结作用。重要会议或活动结束时,会议主持人或主要领导人或德高望重者通过闭幕词,对大会或活动的进展情况、议题完成情况、基本内容、主要精神等进行总结,以帮助与会人员梳理会议成果,抓住会议重心,明确目标任务。

二是评价作用。闭幕词对大会或活动取得的重大成果给予积极的肯定,对大会或活动的影响进行恰如其分的评价,从而激励与会人员的斗志,增强其贯彻执行会议精神或主要任务(工作)的信心和决心。

二、闭幕词的文本结构

闭幕词的文本结构与开幕词相同,也是由标题、题注、称谓、正文四个部分组成。区别主要在正文的主体部分。

闭幕词正文的开头部分一般用简洁的语言说明经过全体代表的努力,已经圆满完成了会议(活动)预定的各项议程(任务),今天就要闭幕了。主体部分常由总结、评价、激励三个层次组成。"总结层次"以总结为主,要对大会的基本情况进行简要回顾,对大会取得的成果进行概括和总结。需要列举本次大会(活动)完成的议题、任务,或讨论通过的主要文件、研究解决的重大问题、安排部署的中心工作等,还要适当强调或补充会议未能展开但都已认识到的重要问题。"评价层次"以评价为主,要对大会或活动取得的重大成果给予积极的肯定,对大会或活动的影响给予恰如其分的评价。常采用"这次代表大会(活动),是一次……的大会(活动)……"句式形成排比,从各个不同的侧面对成果和影响进行评价。如"这次代表大会,是一次总结过去、规划未来的大会……这次代表大会,是一次继往开来、与时俱进的大会……这次代表大会,是一次发扬民主、团结奋进的大会……""激励层次"以鼓舞人心为主,向与会人员或组织提出贯彻会议精神的工作要求或奋斗目标,或提出希望、发出号召。结尾部分自然收束,用"谢谢大家!"作结。

三、闭幕词通用写作模板

××会(节)闭幕词

(20××年×月×日)

××

×××(各位代表、同志们、朋友们等):

××大会(节),经过全体代表(委员、与会同志)的共同努力,圆满完成了预定的各项

151

议程(任务),今天就要胜利闭幕了。

本次大会……(总结层次。对大会的基本情况进行简要回顾,对大会取得的成果进行概括和总结)。

这次大会(活动),是一次……的大会(活动)……(评价层次。从各个不同的侧面对大会或活动的成果和影响进行评价)。

各位代表(同志们)!……(激励层次。提出贯彻要求、奋斗目标、希望或发出号召)。

谢谢大家!

参考例文

愚公移山

(一九四五年六月十一日)

毛泽东

我们开了一个很好的大会。我们做了三件事:第一,决定了党的路线,这就是放手发动群众,壮大人民力量,在我党的领导下,打败日本侵略者,解放全国人民,建立一个新民主主义的中国。第二,通过了新的党章。第三,选举了党的领导机关中央委员会。今后的任务就是领导全党实现党的路线。我们开了一个胜利的大会,一个团结的大会。代表们对三个报告发表了很好的意见。许多同志作了自我批评,从团结的目标出发,经过自我批评,达到了团结。这次大会是团结的模范,是自我批评的模范,又是党内民主的模范。

大会闭幕以后,很多同志将要回到自己的工作岗位上去,将要分赴各个战场。同志们到各地去,要宣传大会的路线,并经过全党同志向人民作广泛的解释。

我们宣传大会的路线,就是要使全党和全国人民建立起一个信心,即革命一定要胜利。首先要使先锋队觉悟,下定决心,不怕牺牲,排除万难,去争取胜利。但这还不够,还必须使全国广大人民群众觉悟,甘心情愿和我们一起奋斗,去争取胜利。要使全国人民有这样的信心:中国是中国人民的,不是反动派的。中国古代有个寓言,叫做"愚公移山"。说的是古代有一位老人,住在华北,名叫北山愚公。他的家门南面有两座大山挡住他家的出路,一座叫做太行山,一座叫做王屋山。愚公下决心率领他的儿子们要用锄头挖去这两座大山。有个老头子名叫智叟的看了发笑,说是你们这样干未免太愚蠢了,你们父子数人要挖掉这样两座大山是完全不可能的。愚公回答说:我死了以后有我的儿子,儿子死了,又有孙子,子子孙孙是没有穷尽的。这两座山虽然很高,却是不会再增高了,挖一点就会少一点,为什么挖不平呢? 愚公批驳了智叟的错误思想,毫不动摇,每天挖山不止。这件事感动了上帝，他就派了两个神仙下凡，把两座山背走了。现在也有两座压在中国人民头上的大山，一座叫做帝国主义，一座叫做封建主义。中国共产党早就下了决心，要挖掉这两座山。我们一定要坚持下去，一定要不断地工作，我们也会感动上帝的。这个上帝不是别人，就是全中国的人民大众。全国人民大众一齐起来和我们一道挖这两座山，有什么挖不平呢？

昨天有两个美国人要回美国去，我对他们讲了，美国政府要破坏我们，这是不允许的。我们反对美国政府扶蒋反共的政策。但是我们第一要把美国人民和他们的政府相区别，第二要把美国政府中决定政策的人们和下面的普通工作人员相区别。我对这两个美国人说：告诉你们美国政府中决定政策的人们，我们解放区禁止你们到那里去，因为你们的政策是扶蒋反共，我们不放心。假如你们是为了打日本，要到解放区是可以去的，但要订一个条约。倘若你们偷偷摸摸到处乱跑，那是不许可的。赫尔利已经公开宣言不同中国共产党合作，既然如此，为什么还要到我们解放区乱跑呢？

美国政府的扶蒋反共政策，说明了美国反动派的猖狂。但是一切中外反动派的阻止中国人民胜利的企图，都是注定要失败的。现在的世界潮流，民主是主流，反民主的反动只是一股逆流。目前反动的逆流企图压倒民族独立和人民民主的主流，但反动的逆流终究不会变为主流。现在依然如斯大林很早就说过的一样，旧世界有三个大矛盾：第一个是帝国主义国家中的无产阶级和资产阶级的矛盾，第二个是帝国主义国家之间的矛盾，第三个是殖民地半殖民地国家和帝国主义宗主国之间的矛盾。这三种矛盾不但依然存在，而且发展得更尖锐了，更扩大了。由于这些矛盾的存在和发展，所以虽有反苏反共反民主的逆流存在，但是这种反动逆流总有一天会要被克服下去。

现在中国正在开着两个大会，一个是国民党的第六次代表大会，一个是共产党的第七次代表大会。两个大会有完全不同的目的：一个要消灭共产党和中国民主势力，把中国引向黑暗；一个要打倒日本帝国主义和他的走狗中国封建势力，建设一个新民主主义的中国，把中国引向光明。这两条路线在互相斗争着。我们坚决相信，中国人民将要在中国共产党领导之下，在中国共产党第七次大会的路线的领导之下，得到完全的胜利，而国民党的反革命路线必然要失败。

（选自人民出版社 1966 年 7 月版《毛泽东选集》第三卷）

《愚公移山》是毛泽东同志在中国共产党第七次全国代表大会上所作的闭幕词。这篇闭幕词对于统一全党的思想和行动，团结奋斗，夺取抗日战争的最后胜利起到了十分重要的历史作用。对于闭幕词的写作也具有十分重要的启迪意义。本篇闭幕词的标题采用一般文章式标题形式，用《列子·汤问》中的一则寓言故事提炼出"愚公移山"四个字,作为标题,以古喻今,既鲜明地揭示出闭幕词的核心内容,体现了大会的主张和路线,又发出了要以愚公移山的精神,下定决心、排除万难,铲平帝国主义和封建主义这两座大山的号召。生动形象,匠心独运,给人留下深刻的印象。正文部分的开头,用"我们开了一个很好的大会""我们做了三件事"作为对"七大"会议的总结和评价,开门见山、高度概括、干净利索,使与会者一下子就抓住了会议的主要议题和基本精神。主体部分提出了"要宣传大会的路线,并经过全党同志向人民作广泛的解释"的要求,通过"愚公移山"这个寓言故事中"愚公"与"智叟"的对比以及对美国扶蒋反共政策的批驳,指出了贯彻执行党的"七大"路线的应持有的正确态度,并进一步说明将革命进行到底的锲而不舍精神的重要性,发出了铲平帝国主义和封建主义这两座大山的号召。深入浅出,比简单地发号施令、安排任务、更让人容易接受,也给人留下深刻的印象。最后,通过中国共产党召开的"七大"与国民党召开的"六大"在目的和结果两个方面的对比,进一步明确了党的奋斗目标和前进方向,激发了斗志,坚定了信念。全文 1 600 余字,短小精悍,言简意赅,援引寓言,谈古论今,通俗易懂,鼓动性强,堪称闭幕词的经典之作。

第三节　领导讲话稿

　　领导讲话是领导参与公务活动的一种方式,是实施领导职能的重要途径。无论是高级领导还是基层领导,无论是机关领导还是企业领导,只要做领导工作,就离不开讲话。在某些场合,领导即兴讲话,不需要讲话稿。但在正式场合,为了提高讲话质量,强化讲话意图,需要事先拟写好讲话稿或讲话提纲。

一、领导讲话稿的概念与作用

　　领导讲话稿是党政机关、企事业单位、社会团体的领导人在公务活动中的讲话文稿。具有以下三个方面的作用。
　　一是沟通作用。领导同志在各种公务活动场合的讲话,总是与党和政府路线、方针、政策的宣传,与企事业单位中心工作的推进密切相关。一方面通过领导讲话便于上下级之间交流信息、沟通情况,起到上情下达、下情上传的作用;一方面通过现场的互动和交流,也有利于上下级之间加强了解、增进感情,促进人与人之间和谐关系的构建。

二是指导作用。领导同志在各种公务活动场合的讲话,既不同于一般的发言,也不会泛泛而谈,总是针对某一方面的重大问题、某一时期的重要工作提出意见、建议、要求或者发出明确指令,都体现了领导机关的意图和旨意,对于动员和组织人民群众明确目标和方向,统一思想和行为,凝聚人心和力量,克服困难、完成任务具有重要的指导作用。

三是展示作用。领导同志在各种公务活动场合的讲话,总是体现了领导同志本人独特的气质、个性、思维方式、表达能力、领导风格等,因此也是领导同志向群众展示自我形象的重要途径。讲得准确,使领导意图快速传达,从而转化为群众的自觉行为,可以体现领导的管理水平与才干;讲得得体,可以体现领导的睿智与驾驭能力;讲得巧妙,可以体现领导的机敏和应变能力。

二、领导讲话稿的文本结构

领导讲话稿的文本结构由标题、题注、称谓(及问候语)、正文四部分构成。

(一)标题

领导讲话稿的标题都要求准确规范、醒目精练。根据不同场合或类型的需要,可采取两种拟题方式。

1.公文式标题

由"领导姓名+会议(活动)名称+讲话"构成,如《×××同志在××××会上的讲话》;也可由"会议(活动)名称+讲话"构成,如《在纪念毛泽东同志诞辰 120 周年座谈会上的讲话》《在××××会(节)上的讲话》等。

2.一般文章式标题

可由单标题或双标题组成,以揭示讲话主旨、明确讲话内容,或提示受众注意、引发读者兴趣。单标题如《坚定信心,团结一致,共同开创××公司的新局面》,双标题如《推进二次创业纵深发展　共同开创××美好明天——××主席在公司年会上的讲话》。

(二)题注

领导讲话稿的题注位于标题之下,居中排布。一般包括讲话时间和讲话人姓名。讲话时间要用圆括号括入。

(三)称谓及问候语

由于领导讲话是与与会者或活动参加者的面对面交流,因此,称谓及问候语是必不可少的。称谓是对与会者或活动参加者的称呼。不同的会议或活动有不同的参与对象，称谓也要随之变化，符合会议的气氛和社交礼节及风俗习惯。一般说来，在党和政府及有关工作会议上的讲话，用"各位同志""同志们"作为称谓语；在代表大会上的讲话，用"各位代表、同志们""各位委员、同志们"作为称谓语；在有上级领导及来宾参加的会议或活动上的讲话，用"各位领导、同志们""各位来宾、同志们""各界朋友们、同志们"作为称谓语；在一些研讨会、座谈会、联谊会、茶话会上的讲话，可使用泛称与特指称谓相结合的方式，如"各位专家、学者、朋友们""女士们、先生们、朋友们""尊敬的×××先生及夫人、尊敬的各位朋友"等作为称谓语。称谓之后应有"你们好!""大家好"等礼貌性的问候语。

（四）正文

领导讲话稿的正文包括开头、主体、结尾三个部分。

1.开头

开头是领导讲话稿的开篇，用简洁的文字交代讲话背景、缘由或目的、意义等，以开启话题，引领全文，确定基调。常常有以下四种开篇方式：一是开门见山式。即开篇用简明扼要的一句话或几句话点明讲话的主题和意旨。这种直入主题的开篇方式常用于工作部署会议、问题研讨会议或较小规模的座谈会等，显得庄重、明快，很容易聚焦与会者或活动参与者的注意力，突出讲话内容。二是提示说明式。即开篇把讲话的背景、缘由或要点简单交代一下，使与会者或活动参与者一开始就形成一个总体框架或大致印象，有利于把握领导讲话的重心，常用于专题会议、研讨会议、学术会议等。三是概括提要式。即开篇用高度概括的语言将讲话内容或基本精神进行浓缩，以达到先声夺人的效果，常用于重要的工作部署会议、经验交流会议等。四是意义阐发式。即开篇用简洁的语言阐述召开会议或举办活动的目的和意义，以引起与会者或活动参与者的重视，常用于较大规模的重要工作部署会议、动员会议、总结会议等。

2.主体

主体是领导讲话稿的核心和重点，是讲话领导表情达意、提出观点和见解的主要篇章。内容以分析问题、阐述道理，或部署具体工作为主。常用横式、纵式、纵横结合式三种结构方式。横式结构是按照横向发展思维轨迹组合正文主体部分的结构模式。通常是把整体划分为若干相对的层次，各层次之间互不交织、平等并列，从不同的方面和角度共同展示事物的整体面貌或阐述意见、建议。各部分内容在逻辑上是并列关系，并无轻重之分，在位置上可以相互调换，给人视野开阔之感。此种结构常用于以安排或总结工作为主的讲话稿。纵式结构是按照纵向展开的思维轨迹组合正文主体部分的结构模式。或以时间顺序组合，或以逻辑顺序组合。各层次之间循序渐进、层递有序，不断深化讲话主旨,给人规范严谨之感。这种结构常用于阶段性工作部署讲话、节庆活动讲话等。纵横结合式结构是横式结构和纵式结构的交错使用,有纵有横,而以大纵小横的结构居多。这种结构常用于内容丰富、篇幅较长的讲话稿。

3.结尾

领导讲话稿的结尾往往根据讲话内容的需要,或提纲挈领、总结概括;或强调意旨、激励感召;或提出要求、发出号召;或表达希望、激励斗志;或抒发感情、表达心愿;或言到意止,自然收束;或使用礼貌用语"谢谢大家"来结束。

三、领导讲话稿写作的基本流程

(一)了解背景,弄清意图

一般说来,领导讲话都有其背景和意图,在起草领导讲话稿之前,一定要把背景和意图弄清楚。要了解的背景包括大、中、小三个方面。大背景是指新近召开的重大会议、发生的重大事件、出台的重大政策、作出的重大部署、提出的重大理论以及宏观经济发展的动态。中背景是指为什么要召开这样一个会议或举办这样一个活动,要达到什么样的目的,要解决什么问题,如有的是为了传达贯彻上级精神,有的是为了安排部署某项工作,有的是为了研究或解决某一问题,有的是为了动员开展某项活动等。小背景是指讲话的领导是谁,领导的执政理念、领导风格、思维方式、讲话习惯以及处理类似工作或问题的基本态度、方式方法等;要了解讲给谁听,听众的思想倾向和心理状况怎么样,听众的所思所想、所需所求、喜怒哀乐是什么等;还要了解有没有其他领导讲话等。

弄清意图就是要弄清领导想讲什么,对会议或活动、工作或问题有什么具体的想法和要求,准备讲哪些问题以及它们相互之间的逻辑关系。是想肯定成绩、鼓舞士气、推广经验、促进工作,还是想找出问题、加压鼓劲、采取针对性的措施等。只有在弄清了背景和意图的基础上,才能确定讲话稿的类型和基调。

(二)明确主题,搜集材料

任何一个会议或活动,都应该有一个明确的主题。具体工作中,有的会议主题是由领导集体或领导个人确定的,有的则需由讲话稿撰写人确定。主题一旦确定,就要始终突出这个主题,围绕这个主题来安排内容、搜集材料。撰稿人不可能对每一项工作都了解、熟悉,这就要求在起草领导讲话稿之前,广泛搜集材料,尽可能熟悉情况。

材料是指撰写者为了既定的起草目的,从各方面搜集、摄取并写入讲话稿之中的事例、知识或论据。掌握材料的多少和熟悉程度,决定着讲话稿信息量的大小,也决定着讲话稿的理论深度和文本质量。讲话稿中常用的资料,大体有三类:一是依据类资料。即阐述某一观点或部署某项工作或解决某一问题的依据。其主要包括意识形态的各种理论和重要思想;党和政府的政策、法律法规以及上级机关的工作部署和指示;本地区出现的重要情况和正在推进的重要工作等。二是佐证类资料。就是佐证主题的客观事实、具体事例。其包括与讲话内容和观点相联系的典型单位的成绩和经验;能够说明主题的实际发生的问题;能够佐证观点的文字材料、图表照片、统计数据等。三是辅助类资料。就是能够增强说服力,凸显讲话主题,强化讲话意图的典型案例、名言警句、幽默故事、俗话俚语、群众语言等。资料搜集完成后,需要进行分类整理、鉴别核实、归纳提炼等工作,以确定写入讲话稿中的材料的类别和数量。

(三)提炼观点,拟订提纲

讲话的观点,就是讲话人通过讲话所表达的看法或主张。实际上,讲话的主题思想也是观点,是这一讲话的"大观点"。一篇讲话稿有了大观点,还要有与之相配套的中观点、小观点。就跟建房一样,除了要有大梁,还要有柱子、檩子、椽,搭起骨架,再配之以门、窗等材料,才能完成工程。提炼出观点,再对观点进行整体安排与组合,就形成了写作提纲。如此,讲话稿的起草就完成了一大半。

观点来自材料或者领导的意图。在提炼观点时,首先,要做到正确。观点要正确,就要符合"两情"。一方面要符合"上情",即要符合马克思主义、毛泽东思想的原理,符合邓小平理论和"三个代表"、科学发展观、习近平新时代中国特色社会主义思想等中国共产党发展历程中总结出来的重要理论,符合党的路线、方针、政策以及党中央、上级领导机关的部署和指令。另一方面要符合"下情",即符合本地区、本行业、本领域、本单位的实际情况,符合人民群众的根本利益。其次,要做到鲜明。鲜明就是分明而确定,一点不含糊。讲话中所阐述的观点,必须旗帜鲜明,掷地有声。既有感召力,也有战斗力,不能吞吞吐吐、模棱两可,让人听了不痛不痒,甚至不得要领。最后,要做到配套。在一篇讲话稿中先后阐述的多个观点要相互照应、相互配套,形成体系,具有内在的逻辑性,而不能生拼硬凑、互不相干、玩文字游戏,更不能互相冲突、前后矛盾。

提纲是构思成果的外化,是文章主要构架的设计草图。其用途有二:一是用于征求领导的意见,避免写作成果偏离领导意图。讲话稿的撰写往往是主题先行,但是领导的意图交代并不一定清楚;或者即使已经交代清楚,也有可能发生变化,或我们自以为是的理解并不是领导的真正意图。因此,撰写者拟订完成写作提纲后,应提交领导审定同意后才动笔写作,以避免重新写作的尴尬。二是用于思路的条理化和合理安排材料。通过拟订写作提纲,可以把构思阶段的思路进一步条理化;通过分析和综合,可以明确文章主题,抓住表达重点,安排关键段落和层次,并据此剪裁材料,防止顾此失彼、前后重复。

讲话稿的提纲一般包括初拟标题、主要观点和内容、篇章布局及层次、过渡、照应的大体安排等。有了提纲,讲话稿的结构就能大体确定,既避免遗漏,有利于从整体出发,突出重点,实现写作目的,也有利于反映领导意图。提纲的详略,取决于文稿的长短、重要程度、熟悉程度和领导的写作习惯。一般说来,内容较多的讲话稿、事关全局或局部重要工作部署的讲话稿、涉及意识形态方面重要问题的讲话稿、撰写者不怎么熟悉的事项或领域的讲话稿、内容尚有争议的讲话稿等,都需要列出较为详细的提纲,送交有关领导审查或提交有关方面征求意见。有的内容较多的大部头的讲话稿常常由一个写作班子集体撰写,分工协作,更需要写作班子成员集体研讨,形成较为详细的写作提纲。一方面需要统一章节安排、详略重点、表达方式和文笔基调;另一方面也要划清分工拟写的内容边界,避免出现重复交叉、前后脱节等问题。如果是篇幅不长的讲话稿、一般性工作部署的讲话稿或者撰写者对内容较为熟悉的讲话稿,只列出简单的提纲即可。提纲常常采用标题式写法,以小标题的形式把章节内容概括出来,简明扼要,一目了然。

(四)纲举目张,草拟成文

俗语说,"磨刀不误砍柴工"。起草领导的讲话稿,更需要冷静细致。不管任务有多急多重,都不能盲目下笔,而应该依据提纲,想好从哪里切入、到哪里收尾、要用几句什么关键性的话等,然后下笔。只有这样,才能写得顺畅,一气呵成。如果是写了上句不知道下句、上一段写了不知道下一段的内容等,必定会逻辑混乱、层次不清、水平低劣、难以过关。

撰拟成文阶段是撰写者因字生词、缀词成句、积句成章的表达阶段,也是思维成果的外化阶段。初稿撰写的顺利与否,决定了完成既定任务的效率和质量。因此,撰写者首先要使自己尽快进入写作状态,在头脑中迅速搜索,串联各种信息,按照前一阶段拟定的提纲顺序,专心致志,力争一气呵成。其次,要力争达到"严、准、精、快"四个要求。"严"即保持政治上的严肃性和政策上的严密性。领导讲话,总是代表一级组织或者团体实施管理,必须要体现党和国家以及某一领导集体的意志,符合执政党的执政理念、方针政策和国家的法律法规,体现出严肃性;所列举或拟采取的某一措施或办法务必实事求是、针对性强,有利于政策的贯彻执行和工作的高效推进。"准"即内容准确、体式规范。内容依靠材料来表现,要准确,就要处理好主旨与材料之间的关系。围绕主旨来选择材料,就要选择具有代表性和普遍性,能够真正反映讲话主旨的本质和事物规律性的典型材料;就要选择能够如实反映社会生活和工作实际的真实材料,尤其是经过权威机构认定的数据、图表、统计资料等。无论什么内容,都要通过一定的形式表达出来;不管什么形式,都要承载一定的内容信息量。领导讲话稿虽然没有法定公文那么严格的格式要求,但也需要规范体式,符合文种要求。"精"即文字精练、言简意赅、条理清楚、逻辑严密。领导讲话稿的主旨最终是通过语言文字表达出来的,撰写领导讲话稿时要选用准确得体的规范的书面语言,形成简明扼要、平实庄重、言之有物的语言特色;同时,通过严谨的结构布局、合理的层次安排、精妙的过渡照应来实现主旨的准确表达。"快"即思路顺畅、尽快脱稿。达到了这四个要求,就能收获满意的写作成果。

(五)反复修改,定稿上交

文稿撰拟完成后,写作任务只是初步完成,就像一件艺术品才刚刚完成坯胎的制作一样,更多更细的工作需要在修改阶段完成。修改是讲话稿草拟完成之后的精加工环节,是撰写者不断深化认识、不断完善表达的过程。俗话说:"玉越琢越美,文越改越精。"从写作规律来看,草拟的文章必须修改。从写作实践来看,古今中外的文章精品大都得力于修改。因此,不管初稿是由一人完成,还是由多人完成,修改都是至关重要的环节。可以自己改、请他人或领导改,也可以集体讨论修改。无论采取哪种修改方式,首先要通读初稿,从整体上进行感觉和判断。如讲话意图是否实现,主题和重点是否突出,逻辑和层次是否清晰,措施和要求是否到位,详略和篇幅是否恰当等。该调整的调整,该补充的补充,该删减的删减。其次字斟句酌,从细微之处进行润色和加工,精雕细刻。如从字词使用、句式安排、修辞方法、标点运用、段落布局、语言风格等各个方面去斟酌。修改完成后上交领导审核,再根据领导的要求进一步完善直至最终定稿。

四、起草领导讲话要处理好三个关系

(一)权威与平易的关系

一篇好的讲话稿,总是权威性与平易性相结合的产物。领导讲话无疑要具有权威性。这种权威,与讲话人的身份地位以及所代表的组织相符合,也是一种原则的把握。讲话时,要严肃认真、立场坚定、原则性强、鲜明有力地展示自己的观点,起到应有的强调和号召作用。但如果一个领导者在讲话中,处处炫耀自己的身份和地位,措辞生硬,居高临下地发号施令;或者以权压人,危言耸听地阐明自己的思想和观点,往往会拒人千里之外,无形中拉远了与听众之间的距离。这样做,实际上阻碍了双方情感上的交流,也难以获得听众思想上的共鸣,更谈不上影响人、教育人、引导人和感化人。如果领导讲话坦率诚挚、平易近人,就很容易与听众快速建立起信任关系,大大缩短彼此之间的距离,就能在自然而亲切的氛围中传达自己的立场观点、思想感情。因此,起草领导讲话稿,不仅要合法合规,言之成理,还要善于把"理"说白说透,将各种事理渗透到亲切、自然的语言中,便于领导权威的自然贯彻,消除听众的逆反心理,收到领导讲话应有的效果。

（二）庄重与幽默的关系

庄重就是不随便,不轻浮。领导讲话无疑要庄重,要严肃认真、准确完整地传达党和政府、上级机关的指示和精神,阐明自己的观点立场、意见建议、指令要求,不能拉家常式地漫谈闲扯,这是领导讲话必须把握的原则。一个领导者无论身处何种环境,运用什么样的语言,都不能超越一定的原则限度去阐述、说明、表现领导者的思想观点和意图。领导者既不能无原则地去评价某些事、某些人,也不能无原则地按照自己的想法,以我为中心地一味表现自己。那么,起草领导讲话稿一定要郑重其事,行文沉稳扎实,以使领导活动严肃认真、原则性强,达到预期目的。但如果在讲话稿中一味照本宣科或讲些大话、套话,比如开始说一通形势如何如何,结尾原则性地提提要求,没有一点新颖性,也难以打动听众。讲话作为一种鼓动、号召的手段,还必须讲求一些现场效应,努力与听众之间产生共鸣,才能起到应有的作用。这时,灵活性就成为一种必要的补充,即以基本原则为指导,对具体问题进行具体分析和灵活处理。幽默性是灵活性的绝妙体现。在讲话中适当增强语言的幽默性,不但会提高语言的艺术魅力,而且会为领导者的风度增光添彩。当然,讲话中使用幽默的方式方法是多种多样的,需要灵活运用,以使领导讲话丰富多彩,独具魅力。

（三）深入与浅出的关系

领导讲话,总是要通过阐明一定的道理来说服人、教育人,"以理服人"是必须遵循的原则之一。但是如果仅仅以此为根据,通篇都是名词、定义、概念,一味进行简单的"满堂灌",会使人觉得深奥难懂,枯燥乏味。因此,起草领导讲话稿,只有将说理性与通俗性结合起来,才能使所要阐明的道理生动明了,听众易于接受,从而起到讲话应有的作用。能够把高深的道理讲得明白流畅、简单透彻,首先需要宽广的知识面和灵活运用语言的功力。撰写讲话要想事理严明而又深入浅出、明白通畅,撰稿人必须要具备一定的知识素养,平时注意积累各学科的知识,并在实践中注意培养自己的悟性与灵感。其次,要掌握语言使用的技巧。讲话语言的技巧是多种多样的,如数字串联法、借题发挥法、引经据典法、图表说明法等。掌握语言表达的技巧并能在撰拟中灵活应用,会使领导讲话有理有据,生动有趣,产生较强的吸引力。

五、起草领导讲话应注意三个问题

(一)避免内容重复

领导者参加会议应邀讲话,常常会遇到多位领导人讲同一个问题的情况。如果在这种情况下再重复讲,势必使听众失去兴趣,也把自己置于重复啰唆的尴尬境地。撰写者应预先考虑到这种情况,在避免重复、雷同上下功夫,使领导讲话全面又独特,紧紧抓住听众,收到较好的效果。一般来讲,独辟蹊径会避免重复、雷同现象,常常也会因为出人意料而大受欢迎。可以在以下四个方面下功夫:一是可根据领导者的特定身份就会议的主旨阐发观点,展开议论,这样自然成为"一家之言";二是适当变换讲话的角度,用独特的视角来看待问题、阐发观点,使人耳目一新;三是选择一些富有新意的材料来说明问题,不同程度地满足人们审美活动和求异思维的需要,使听众开阔视野、回味无穷;四是主动和会议组织者沟通,共同研究讲话稿的主要内容和侧重点,以避免重复。

(二)彰显讲话风格

讲话要有自己的风格,才能抓住听众。领导讲话也最忌千篇一律地发表意见。因此,撰写者要在把握领导思维、语言特点的基础上,发挥创造性,使领导讲话讲出自己的风格来。每个人所具有的异于他人的品格、异于他人的创造特点,也就使人有不同的风格。领导讲话要有风格,也是由客观实践决定的。传达贯彻上级指示,安排部署工作,每个领导都有各自的方式方法,不可能千人一面。如果整篇讲话都是文件搬家、照抄报纸,四平八稳、套话连篇,那么听众便始终处于麻木的、未触动的状态,就会越来越没有耐心。其实,任何一篇成功的讲话稿都有其独具的风格,或真挚细腻,或警喻深刻,或文采飞扬。那么,撰写领导讲话,要以传达、贯通领导者的思想、观点为主旨,不应拘于一章一法的限制和束缚,应根据领导人的性格、职务特点、语言习惯的不同,以及讲话内容和场合而变化。不仅要做到逻辑严明、思路清晰,而且要做到生动活泼、文采盎然。这样的讲话就富有生气,富有感染力和号召力。

(三)嵌入调剂因子

由于会议不同,领导的讲话有长有短。如果遇到长一些的讲话,与会者就会感到疲劳,精力难以集中。特别是到会议最后,主要的东西已经讲完,听众的情绪开始松弛下来,台下有人开小会,有人收拾东西准备走,这些时候就需要调剂情绪和气氛。对此,撰写者应该预先考虑到讲话过程中可能出现的情况,在领导讲话稿中适当嵌入一些调剂因子,如经典桥段、幽默故事、雅俗共赏的笑话等,以激发听众的情绪和注意力。当然,嵌入调剂因子要随着领导讲话内容的变化而变化,因听众对象的不同而变化,有时用在开头,有时用在中间,有时用在结尾。无论用在什么地方,都需要对听众的可能反应进行预先估计,不但要契合领导讲话的风格,也要注意调剂因子是高雅的,是与讲话内容相吻合的。

六、领导讲话稿通用写作模板

在××会(节)的讲话

(20××年×月×日)

××

×××(各位代表、同志们、朋友们等):

……(开头部分。用简洁的文字交代讲话背景、缘由或目的、意义等,以开启话题、引领全文、确定基调)。

……(主体部分。以会议主题为主,明确阐述观点、主张或意见,可以分为多个层次陈述、议论或说明)。

各位代表(同志们)!……(结尾部分。或者总结前文,或者表达希望,或者发出号召,或者提出要求)。

谢谢大家!(或自然收束)

参考例文

在庆祝中国共产党成立100周年大会上的讲话

(2021年7月1日)

习近平

同志们,朋友们:

今天,在中国共产党历史上,在中华民族历史上,都是一个十分重大而庄严的日子。我们在这里隆重集会,同全党全国各族人民一道,庆祝中国共产党成立一百周年,回顾中国共产党百年奋斗的光辉历程,展望中华民族伟大复兴的光明前景。

首先,我代表党中央,向全体中国共产党员致以节日的热烈祝贺!

在这里,我代表党和人民庄严宣告,经过全党全国各族人民持续奋斗,我们实现了第一个百年奋斗目标,在中华大地上全面建成了小康社会,历史性地解决了绝对贫困问题,正在意气风发向着全面建成社会主义现代化强国的第二个百年奋斗目标迈进。这是中华民族的伟大光荣!这是中国人民的伟大光荣!这是中国共产党的伟大光荣!

同志们、朋友们!

中华民族是世界上伟大的民族,有着5 000多年源远流长的文明历史,为人类文明进步作出了不可磨灭的贡献。(以下略)

中国共产党一经诞生,就把为中国人民谋幸福、为中华民族谋复兴确立为自己的初心使命。一百年来,中国共产党团结带领中国人民进行的一切奋斗、一切牺牲、一切创造,归结起来就是一个主题:实现中华民族伟大复兴。

——为了实现中华民族伟大复兴,中国共产党团结带领中国人民,浴血奋战、百折不挠,创造了新民主主义革命的伟大成就。(以下略)

——为了实现中华民族伟大复兴,中国共产党团结带领中国人民,自力更生、发愤图强,创造了社会主义革命和建设的伟大成就。(以下略)

——为了实现中华民族伟大复兴,中国共产党团结带领中国人民,解放思想、锐意进取,创造了改革开放和社会主义现代化建设的伟大成就。(以下略)

——为了实现中华民族伟大复兴,中国共产党团结带领中国人民,自信自强、守正创新,统揽伟大斗争、伟大工程、伟大事业、伟大梦想,创造了新时代中国特色社会主义的伟大成就。(以下略)

同志们、朋友们!

一百年前,中国共产党的先驱们创建了中国共产党,形成了坚持真理、坚守理想,践行初心、担当使命,不怕牺牲、英勇斗争,对党忠诚、不负人民的伟大建党精神,这是中国共产党的精神之源。(以下略)

同志们、朋友们!

初心易得,始终难守。以史为鉴,可以知兴替。我们要用历史映照现实、远观未来,从中国共产党的百年奋斗中看清楚过去我们为什么能够成功、弄明白未来我们怎样才能继续成功,从而在新的征程上更加坚定、更加自觉地牢记初心使命、开创美好未来。

——以史为鉴、开创未来,必须坚持中国共产党坚强领导。(以下略)

——以史为鉴、开创未来,必须团结带领中国人民不断为美好生活而奋斗。(以下略)

——以史为鉴、开创未来,必须继续推进马克思主义中国化。(以下略)

——以史为鉴、开创未来,必须坚持和发展中国特色社会主义。(以下略)

——以史为鉴、开创未来,必须加快国防和军队现代化。(以下略)

——以史为鉴、开创未来,必须不断推动构建人类命运共同体。(以下略)

　　——以史为鉴、开创未来，必须进行具有许多新的历史特点的伟大斗争。（以下略）

　　——以史为鉴、开创未来，必须加强中华儿女大团结。（以下略）

　　——以史为鉴、开创未来，必须不断推进党的建设新的伟大工程。（以下略）

　　同志们、朋友们！

　　我们要全面准确贯彻"一国两制""港人治港""澳人治澳"高度自治的方针，落实中央对香港、澳门特别行政区全面管治权，落实特别行政区维护国家安全的法律制度和执行机制，维护国家主权、安全、发展利益，维护特别行政区社会大局稳定，保持香港、澳门长期繁荣稳定。

　　解决台湾问题、实现祖国完全统一，是中国共产党矢志不渝的历史任务，是全体中华儿女的共同愿望。（以下略）

　　同志们、朋友们！

　　未来属于青年，希望寄予青年。（以下略）

　　同志们、朋友们！

　　一百年前，中国共产党成立时只有50多名党员，今天已经成为拥有9 500多万名党员领导着14亿多人口大国、具有重大全球影响力的世界第一大执政党。（以下略）

　　全体中国共产党员！党中央号召你们，牢记初心使命，坚定理想信念，践行党的宗旨永远保持同人民群众的血肉联系，始终同人民想在一起、干在一起、风雨同舟、同甘共苦，继续为实现人民对美好生活的向往不懈努力，努力为党和人民争取更大光荣！

　　同志们、朋友们！

　　中国共产党立志于中华民族千秋伟业，百年恰是风华正茂！回首过去，展望未来，有中国共产党的坚强领导，有全国各族人民的紧密团结，全面建成社会主义现代化强国的目标一定能够实现，中华民族伟大复兴的中国梦一定能够实现！

　　伟大、光荣、正确的中国共产党万岁！

　　伟大、光荣、英雄的中国人民万岁！

　　（选自《国务院公报》2021年第19号，篇幅原因本例文有删节，学习请参见原文。）

　　2021年7月1日，庆祝中国共产党成立100周年大会在北京天安门广场隆重举行。这篇讲话是中共中央总书记、国家主席、中央军委主席习近平在庆祝大会现场发表的，全文7 000多字。从文本内容来看，总书记以宏阔的视野，全面回顾了一百年来中国共产党团结带领中国人民，围绕实现中华民族伟大复兴的主题，书写中华民族几千年历史上最恢宏的史诗的光辉历程；高度评价了中国共产党百年奋斗的辉煌成就，以及这些成就在中华民族发展史上、世界社会主义发展史上、人类文明发展史上所具有的重大意义。习近平总书记立足百年求索前行、百年追梦圆梦的历史维度，提出了"坚持真理、坚守理想，践行初心、担当使命，不怕牺牲、英勇斗争，对党忠诚、不负人民"的伟大建党精神，围绕以史为鉴、开创未来提出了"九个必须"的根本要求。从文本结构来看，这篇领导讲话稿结构要素齐全，标题采用了"会议名称+文种"的公文式标题形式，正文开头部分交代了讲话背景，揭示了庆祝大会的意义。主体部分以"同志们、朋友们！"为结构标识语，分别阐述了中国共产党百年来创造的伟大成就，总结了伟大建党精神，内涵丰富、逻辑严密、意义重大，具有鲜明的政治性、科学性和实践性，集中体现了中国共产党的性质宗旨、优良作风和伟大品格。结尾部分发出号召，展望未来。全文层次分明，逻辑严密，气势磅礴，是一篇马克思主义的重要文献。

第四节　会议工作报告

一、会议工作报告的概念与作用

会议工作报告是党政机关、企事业单位、社会团体的领导人在重要会议上，向会议代表就一个时期或某一方面的工作开展情况进行总结或汇报以及对下一阶段工作进行部署时使用的文稿。作为会议的主要文件，会议工作报告集中体现了会议的精神。

通常情况下，依据国家法律法规、组织章程等规定召开的代表大会、委员会、董事会、股东大会等，由该组织的法定代表人、主要负责人或其委托或指定的人员就某一个时期或某一方面的工作开展情况向大会汇报，提请大会审议并通过，这是典型的会议工作报告。此外，组织的主要领导人就一个时期或某一方面的工作进行全面总结，对下一阶段的工作进行安排部署，也称会议工作报告。它具有以下两个方面的作用。

一是总结作用。会议工作报告需要对某一个时期或某一方面的工作开展情况进行全面回顾，对取得的成就进行梳理，对工作失误进行反思，以便总结经验教训，为今后工作的开展提供借鉴。虽然类似于领导讲话，但是又与领导讲话有明显的不同。领导讲话由于其地位无疑具有权威性，但更多体现了领导人的思想、观念和风格，打上了领导人浓厚的个体色彩。会议工作报告是会议主题的集中体现，也是报告人所代表的组织和领导集体意志的集中体现,不是一个人或者几个人的想法或者意见,往往是由领导亲自主持起草,反复听取各个方面的意见和建议,最后经领导班子讨论通过。因此,也是集体智慧的结晶,是群体思维的成果。

二是指导作用。会议工作报告还会对当前形势进行分析判断,对今后一段时期或某一方面的工作进行安排部署。因而,它也是与会单位或组织的工作指南,对中心工作的把握和开展具有非常重要的意义。

二、会议工作报告的文本结构

会议工作报告由标题、题注、称谓、正文、结束语五个部分组成。

(一)标题

会议工作报告的标题,有公文式标题和一般文章式标题两种形式。

1.公文式标题

公文式标题一般由"事由(会议名称)+文种"构成,省略介词"关于"。如《政府工作报告》《工会工作报告》等是由"事由+文种"组合而成;《在省直机关反腐倡廉动员大会上的报告》《在××公司第七次职工代表大会上的报告》等则是由"会议名称+文种"组合而成。也可以由"报告机关+报告对象+文种"组成,如《中共中央纪律检查委员会向党的第十八次全国代表大会的工作报告》。

2.一般文章式标题

一般文章式标题往往采用多行标题的形式,主标题概括报告的主要内容或主要精神;副标题使用破折号进行补充说明,由"事由(会议名称)+文种"构成。如《坚持改革创新　狠抓工作落实　努力取得党风廉政建设和反腐败斗争新成效——在中国共产党第十七届中央纪律检查委员会第六次全体会议上的工作报告》,主标题概括会议主题和工作思路,副标题进行补充说明。

(二)题注

题注位于标题之下,居中排布。包括会议时间和报告宣读人的姓名,分行排列。一般将会议日期居前排列,用圆括号括入,将报告宣读人的姓名排列于下一行。当公开发表时,也可以将报告通过的情况及时列出,如《中共中央纪律检查委员会向党的第十八次全国代表大会的工作报告》的题注为:(2012 年 11 月 14 日中国共产党第十八次全国代表大会通过)。

（三）称谓

称谓是对与会人员的称呼。在题注之下正文之前，居左顶格书写。通常为"各位代表，同志们""全厂干部职工同志们""全体教工代表们"等。

（四）正文

正文是报告的核心。包括开头、主体、结尾三个部分。

1.开头

开头较为简短，一般直入主题，向大会提出审议报告的请求，常采用"现在，我代表××向大会作报告，请审议。"的句式。这也是在各种代表大会上组织负责人或报告宣读人宣读工作报告时常用的格式。也可以阐述会议的主要任务或预告主要议题，或阐明会议的意义和主题，如胡锦涛同志2012年11月8日在中国共产党第十八次全国代表大会上的报告《坚定不移沿着中国特色社会主义道路前进　为全面建成小康社会而奋斗》的开头部分。还可以概述工作情况，如2012年11月14日中国共产党第十八次全国代表大会通过的《中共中央纪律检查委员会向党的第十八次全国代表大会的工作报告》的开头部分。

2.主体

主体是会议工作报告的核心。类型不同、侧重点不同，写法也有较大的差异。如果是汇报性的工作报告，要全面总结某一个时期或某一方面的工作成绩，分析存在的问题和经验教训，提出今后的工作打算及切实可行的方法和措施。如果是部署性的工作报告，则要列举出中心工作、主要任务、预期目标、方法步骤、措施要求等。

主体的结构一般会采用分条列项的方式布局，常包括三个层次。一是"前期工作回顾"。简明扼要地陈述报告期内所开展的主要工作、所采取的主要措施以及取得的主要成绩，并进一步总结工作经验。还要在肯定成绩的基础上，列举存在的主要问题，分析其产生的主客观原因和应该吸取的教训。二是"当前形势分析"。通过具体的事例或数据，对组织面临的国际国内社会、政治、经济等宏观形势以及组织生存发展所面临的微观环境等因素进行分析，厘清组织的有利条件和不利因素以及由此带来的机遇与挑战，为下一阶段的工作的开展扫清思想障碍，并为工作部署的科学性奠定基础。三是"今后工作部署"。今后一段时期或阶段的中心工作是什么、主要任务有哪些、着力点在哪里、应该怎么开展、采取什么措施等都需要在这个部分展开，因此这个层次既是主体的核心，也是全文的重点。

3.结尾

结尾一般用"各位代表""同志们"等起句作为过渡的标志，表示报告进入尾声。会议工作报告的结尾往往表明决心,或表达希望、发出号召,或提出贯彻落实的要求。

（五）结束语

根据需要确定是否需要结束语。可以自然收束,也可以用"谢谢大家"这样的套语作为结束语。

三、会议工作报告通用写作模板

××××××　　××××××

——在××大会上的报告

（20××年×月×日）

×××

×××（各位代表、同志们、朋友们等）:

现在,我代表××××向大会作报告,请审议。（开头部分。可以直接入题,也可以阐述会议的主要任务或预告主要议题,也可以阐明会议的意义和主题）。

一、（前期工作回顾）

……

二、（当前形势分析）

……

三、（今后工作部署）

……

四、××

……

（主体部分是会议工作报告的核心内容。如类型不同、侧重点不同,写法也有较大的差异）。

各位代表（同志们）! ……（结尾部分。或者表示决心,或者表达希望,或者发出号召,或者提出要求）。

谢谢大家!（或自然收束）

参考例文

政府工作报告

——2021 年 3 月 5 日在第十三届全国人民代表大会第四次会议上

国务院总理 李克强

各位代表:

现在,我代表国务院,向大会报告政府工作,请予审议,并请全国政协委员提出意见。

一、2020 年工作回顾

过去一年,在新中国历史上极不平凡。面对突如其来的新冠肺炎疫情、世界经济深度衰退等多重严重冲击,在以习近平同志为核心的党中央坚强领导下,全国各族人民顽强拼搏,疫情防控取得重大战略成果,在全球主要经济体中唯一实现经济正增长,脱贫攻坚战取得全面胜利,决胜全面建成小康社会取得决定性成就,交出一份人民满意、世界瞩目、可以载入史册的答卷。全年发展主要目标任务较好完成,我国改革开放和社会主义现代化建设又取得新的重大进展。(以下略)

一年来,我们贯彻党中央决策部署,统筹推进疫情防控和经济社会发展,主要做了以下工作。

一是围绕市场主体的急需制定和实施宏观政策,稳住了经济基本盘。(以下略)

二是优先稳就业保民生,人民生活得到切实保障。(以下略)

三是坚决打好三大攻坚战,主要目标任务如期完成。(以下略)

四是坚定不移推进改革开放,发展活力和内生动力进一步增强。(以下略)

五是大力促进科技创新,产业转型升级步伐加快。(以下略)

六是推进新型城镇化和乡村振兴,城乡区域发展格局不断优化。(以下略)

七是加强依法行政和社会建设,社会保持和谐稳定。(以下略)

一年来的工作殊为不易。各地区各部门顾全大局、尽责担当,上亿市场主体在应对冲击中展现出坚强韧性,广大人民群众勤劳付出、共克时艰,诠释了百折不挠的民族精神,彰显了人民是真正的英雄,这是我们战胜一切困难挑战的力量源泉。

各位代表!

过去一年取得的成绩,是以习近平同志为核心的党中央坚强领导的结果,是习近平新时代中国特色社会主义思想科学指引的结果,是全党全军全国各族人民团结奋斗的结果。我代表国务院,向全国各族人民,向各民主党派、各人民团体和各界人士,表示诚挚感谢!向香港特别行政区同胞、澳门特别行政区同胞、台湾同胞和海外侨胞,表示诚挚感谢！向关心和支持中国现代化建设的各国政府、国际组织和各国朋友,表示诚挚感谢!

在肯定成绩的同时,我们也清醒看到面临的困难和挑战。新冠肺炎疫情仍在全球蔓延,国际形势中不稳定不确定因素增多,世界经济形势复杂严峻。国内疫情防控仍有薄弱环节,经济恢复基础尚不牢固,居民消费仍受制约,投资增长后劲不足,中小微企业和个体工商户困难较多,稳就业压力较大。关键领域创新能力不强。一些地方财政收支矛盾突出,防范化解金融等领域风险任务依然艰巨。生态环保任重道远。民生领域还有不少短板。政府工作存在不足,形式主义、官僚主义不同程度存在,少数干部不担当不作为不善为。一些领域腐败问题仍有发生。我们一定要直面问题和挑战,尽心竭力改进工作,决不辜负人民期待!

二、"十三五"时期发展成就和"十四五"时期主要目标任务

过去五年,我国经济社会发展取得新的历史性成就。经济运行总体平稳,经济结构持续优化,国内生产总值从不到70万亿元增加到超过100万亿元。创新型国家建设成果丰硕,在载人航天、探月工程、深海工程、超级计算、量子信息等领域取得一批重大科技成果。脱贫攻坚成果举世瞩目,5 575万农村贫困人口实现脱贫,960多万建档立卡贫困人口通过易地扶贫搬迁摆脱了"一方水土难养一方人"的困境,区域性整体贫困得到解决,完成了消除绝对贫困的艰巨任务。农业现代化稳步推进,粮食生产连年丰收。1亿农业转移人口和其他常住人口在城镇落户目标顺利实现,城镇棚户区住房改造超过2 100万套。区域重大战略扎实推进。污染防治力度加大,资源能源利用效率显著提升,生态环境明显改善。金融风险处置取得重要阶段性成果。全面深化改革取得重大突破,供给侧结构性改革持续推进,"放管服"改革不断深入,营商环境持续改善。对外开放持续扩大,共建"一带一路"成果丰硕。人民生活水平显著提高,城镇新增就业超过6 000万人,建成世界上规模最大的社会保障体系。全面建立实施困难残疾人生活补贴和重度残疾人护理补贴制度。教育、卫生、文化等领域发展取得新成就,教育公平和质量较大提升,医疗卫生事业加快发展,文化事业和文化产业繁荣发展。国防和军队建设水平大幅提升。国家安全全面加强,社会保持和谐稳定。经过五年持续奋斗,"十三五"规划主要目标任务胜利完成,中华民族伟大复兴向前迈出了新的一大步。

"十四五"时期是开启全面建设社会主义现代化国家新征程的第一个五年。我国发展仍然处于重要战略机遇期,但机遇和挑战都有新的发展变化。要准确把握新发展阶段,深入贯彻新发展理念,加快构建新发展格局,推动高质量发展,为全面建设社会主义现代化国家开好局起好步。

根据《中共中央关于制定国民经济和社会发展第十四个五年规划和二〇三五年远景目标的建议》,国务院编制了《国民经济和社会发展第十四个五年规划和2035年远景目标纲要(草案)》。《纲要草案》坚持以习近平新时代中国特色社会主义思想为指导,实化

量化"十四五"时期经济社会发展主要目标和重大任务,全文提交大会审查,这里概述几个方面。

着力提升发展质量效益,保持经济持续健康发展。(以下略)

坚持创新驱动发展,加快发展现代产业体系。(以下略)

形成强大国内市场,构建新发展格局。(以下略)

全面推进乡村振兴,完善新型城镇化战略。(以下略)

优化区域经济布局,促进区域协调发展。(以下略)

全面深化改革开放,持续增强发展动力和活力。(以下略)

推动绿色发展,促进人与自然和谐共生。(以下略)

持续增进民生福祉,扎实推动共同富裕。(以下略)

统筹发展和安全,建设更高水平的平安中国。(以下略)

展望未来,我们有信心有能力战胜前进道路上的艰难险阻,完成"十四五"规划目标任务,奋力谱写中国特色社会主义事业新篇章!

三、2021年重点工作

今年是我国现代化建设进程中具有特殊重要性的一年。做好政府工作,要在以习近平同志为核心的党中央坚强领导下,以习近平新时代中国特色社会主义思想为指导,全面贯彻党的十九大和十九届二中、三中、四中、五中全会精神,坚持稳中求进工作总基调,立足新发展阶段,贯彻新发展理念,构建新发展格局,以推动高质量发展为主题,以深化供给侧结构性改革为主线,以改革创新为根本动力,以满足人民日益增长的美好生活需要为根本目的,坚持系统观念,巩固拓展疫情防控和经济社会发展成果,更好统筹发展和安全,扎实做好"六稳"工作、全面落实"六保"任务,科学精准实施宏观政策,努力保持经济运行在合理区间,坚持扩大内需战略,强化科技战略支撑,扩大高水平对外开放,保持社会和谐稳定,确保"十四五"开好局起好步,以优异成绩庆祝中国共产党成立100周年。

今年我国发展仍面临不少风险挑战,但经济长期向好的基本面没有改变。我们要坚定信心,攻坚克难,巩固恢复性增长基础,努力保持经济社会持续健康发展。

今年发展主要预期目标是:国内生产总值增长6%以上;城镇新增就业1 100万人以上,城镇调查失业率5.5%左右;居民消费价格涨幅3%左右;进出口量稳质升,国际收支基本平衡;居民收入稳步增长;生态环境质量进一步改善,单位国内生产总值能耗降低3%左右,主要污染物排放量继续下降;粮食产量保持在1.3万亿斤以上。

经济增速是综合性指标,今年预期目标设定为6%以上,考虑了经济运行恢复情况,有利于引导各方面集中精力推进改革创新、推动高质量发展。经济增速、就业、物价等预期目标,体现了保持经济运行在合理区间的要求,与今后目标平稳衔接,有利于实现可持续健康发展。

做好今年工作,要更好统筹疫情防控和经济社会发展。坚持常态化防控和局部应急处置有机结合,继续毫不放松做好外防输入、内防反弹工作,抓好重点区域和关键环节防控,补上短板漏洞,严防出现聚集性疫情和散发病例传播扩散,有序推进疫苗研制和加快免费接种,提高科学精准防控能力和水平。

今年要重点做好以下几方面工作。

(一)保持宏观政策连续性稳定性可持续性,促进经济运行在合理区间。(以下略)

(二)深入推进重点领域改革,更大激发市场主体活力。(以下略)

(三)依靠创新推动实体经济高质量发展,培育壮大新动能。(以下略)

(四)坚持扩大内需这个战略基点,充分挖掘国内市场潜力。(以下略)

(五)全面实施乡村振兴战略,促进农业稳定发展和农民增收。(以下略)

(六)实行高水平对外开放,促进外贸外资稳中提质。(以下略)

(七)加强污染防治和生态建设,持续改善环境质量。(以下略)

(八)切实增进民生福祉,不断提高社会建设水平。(以下略)

各位代表!

面对新的任务和挑战,各级政府要增强"四个意识"、坚定"四个自信"、做到"两个维护",自觉在思想上政治上行动上同以习近平同志为核心的党中央保持高度一致,践行以人民为中心的发展思想,不断提高政治判断力、政治领悟力、政治执行力,落实全面从严治党要求。(以下略)

各位代表!

重任在肩,更须砥砺奋进。让我们更加紧密地团结在以习近平同志为核心的党中央周围,高举中国特色社会主义伟大旗帜,以习近平新时代中国特色社会主义思想为指导,齐心协力,开拓进取,努力完成全年目标任务,以优异成绩庆祝中国共产党百年华诞,为把我国建设成为富强民主文明和谐美丽的社会主义现代化强国、实现中华民族伟大复兴的中国梦不懈奋斗!

(选自《国务院公报》2021年第8号,篇幅原因本例文有删节,学习请参见原文。)

2021年3月5日,第十三届全国人民代表大会第四次会议在北京召开。李克强总理在大会上作了《政府工作报告》。全文17 000多字,分三个部分展开。一是从七个方面回顾了2020年的主要工作,较为全面地反映了2020年的国民经济和社会发展状况;二是总结了"十三五"时期发展成就,提出了"十四五"时期主要的目标任务;三是展望了2021年发展主要预期目标,提出了要重点做好的八个方面工作。从文本内容来看,这类报告主要总结、反思过去某一时期或阶段的工作,展望部署下一时期或阶段的工作。从文本结构来看,结构要素齐备,作为大会文件公开发表,标题采用了复合标题的形式,主标题由"报告机关+报告对象+文种"组成广副标题注明报告的时间、场合(会议),题注注明报告人。正文采用分条列项的方式,在开头部分简要说明报告的背景,并用过渡句"报告如下,请予审查(审议)"过渡到主体部分。主体部分按照"回顾(工作情况)—总结(经验教训)—提出(建议计划)"的惯用模板,脉络清楚、层次分明,便于接受报告的机关和受众了解工作开展情况,掌握推进工作的规律,理解下一步工作的指导思想和工作重心。结尾部分提出要求,发出号召。

第六章　新闻文体

新闻是对新近发生或正在发生的事实的报道,是报纸、电台、电视台、网络等媒体大量运用的一种文体。新闻有广义和狭义之分。广义的新闻包括消息、通讯、特写、调查报告、新闻评论等。狭义的新闻专指消息。本章主要阐述消息、通讯和新闻评论这三种最常用的新闻文体。

第一节　消　息

一、消息的概念

消息是对新近发生或正在发生的有新闻价值的事实的简要报道。它是新闻报道最基本的方式,也是公众获取新闻的主要来源。

二、消息的特点

(一)真实准确

真实是消息的生命。消息作为人们获取国内外各方面信息的主要渠道,对人们的思想言行、工作、学习、生活有着直接影响。消息写作要严格遵守真实性原则,不能歪曲和编造事实。所写的全部内容,包括时间、地点、人物、事件、数据以及背景材料等,都要反复查证核对,做到真实准确。

(二)时效性强

消息是新闻文体中时效性最强的文体。时效性是指从事件发生到新闻发布之间的时间差。通常情况下,时间差越短,时效性越强。一般来说,报刊消息是报道前一天发生的事实。电视台、电台消息比报刊时效性更强,能对当天发生或正在发生的事实进行报道。互联网由于其机制的灵活性,不像电视台和电台受技术设备、制作播出流程等因素的制约,对突发性事件的报道时效性更强。

(三)用事实说话

用事实说话即通过客观的叙述新闻事实来体现观点、表明态度,而非作者自己站出来说话。消息写作要实事求是,要根据"事实"来描述事实,而不是根据"希望"来描述事实,也不能以抽象的概念和议论代替事实的报道。

(四)短小精练

短小是指消息的篇幅较短。消息只需要简明扼要地报道事实,不需要把事件的根源及相关问题挖得很深很透。精练是指文字要表达准确、干净利落,多用短句少用长句,用叙述性语言慎用修辞性语言。

三、消息的种类

采用不同的划分方式,我们可将消息分为不同种类。按照消息的内容划分,其可分为政治消息、经济消息、科技消息、文化消息、教育消息、军事消息、体育消息、社会生活消息等。按照消息的来源地域划分,其可分为国际消息、国内消息、地方消息等。按照消息的篇幅划分,其可分为长消息、短消息、简讯、标题新闻等。按照消息内容、形态及写作特点等综合因素划分,可分为动态消息、经验消息、综合消息、评述消息等。下面就常见类型做一个简单介绍。

（一）动态消息

动态消息是最常见的消息类型,它迅速、及时地报道国内外新近发生或正在发生的新闻事实,是反映新事物、新情况、新动向的主要消息类型。如《人民日报》2021 年 8 月 20 日刊载的消息《神舟十二号航天员乘组第二次出舱活动全部既定任务圆满完成　计划九月中旬返回》《华西都市报》2021 年 8 月 18 日刊载的消息《为市中心圈起绿色屏障　年底前成都将建成 100 公里一级绿道》,都属于动态消息。这类消息与其他消息相比,迅速、及时的特点尤为突出。

（二）综合消息

综合消息是围绕一个中心,把发生在不同地区或部门具有类似性质的新闻事实综合起来报道的一种消息类型,如《人民日报》2021 年 8 月 21 日刊载的《各地接续推进农村人居环境整治提升行动　美丽乡村更宜居　群众生活更幸福（走进乡村看小康）》《光明日报》2021 年 8 月 6 日刊载的《坚决守住来之不易的防控成果——全国各地进一步做好新冠肺炎疫情防控工作》。我们可将这种消息视为若干动态消息的组合报道,其报道面广、概括性强,具有普遍参考价值和指导意义。

（三）经验消息

经验消息,也称典型报道,是对某一具体部门或单位的典型经验或成功做法进行全面系统报道的消息类型,如《人民日报》2021 年 8 月 17 日刊载的《河北阜平县龙泉关镇骆驼湾村党支部——支部有决心　致富有信心（两优一先典型）》、光明日报 2020 年 3 月 18 日刊载的《区县融媒体如何服务基层战"疫"》。经验消息多数是正面宣扬先进的人物和事迹,也有对反面典型的揭露和批评,如《中国青年报》2021 年 1 月 12 日刊载的《"全国优秀院长"落马获刑,受贿手段非常隐蔽》。经验消息报道的事实不是新近发生的,而是反映某一时期、某一项工作的全貌,其作用是通过典型指导一般,带动全局。

（四）述评消息

述评消息是一种边叙边评、夹叙夹议的消息类型,它介于新闻和评论之间,既报道新闻事实,同时对新闻事实的性质、特点、发展前景等作出分析、解释和评价,如《四川日报》2021 年 8 月 3 日刊载的消息《零的突破,新希望控股集团有限公司上榜世界 500 强——首个本土世界 500 强企业怎样诞生?》。述评消息具有很强的评论色彩,从文字上看述多于评,从内容上看评重于述。

四、消息的写作

(一)标题

标题是消息的眼睛,是对消息内容的高度概括和浓缩,也是吸引读者、引导读者的重要手段。

标题的类型,大体可以分为单行标题和多行标题两类。单行标题只有主题。多行标题通常是由引题、主题、副题组成。

引题又称为眉题、肩题,排列于主题之上,其作用是提示消息的背景、烘托氛围或者引出与主题相关的问题。引题不直接表现消息的主体事实或中心意义,不能独立成为标题,它只有配合主题才能发挥作用。

主题又称为正题、母题,排列于引题之下、副题之上,其作用是点明消息的主体事实或中心意义。主题可以独立成为单行标题。消息的双行、三行标题中,主题的字号较大,以突出其地位和作用。

副题又称为辅题、子题,排列于主题之下,其作用是对主题进行补充说明,提要似的概括消息的结果。副题不能独立成为标题。

常见的消息标题形式有以下几种:

1.完全式标题("引题+主题+副题")

引题:习近平回信勉励江苏省淮安市新安小学的少先队员

主题:结合自身成长实际学好党史 从小坚定听党话跟党走的决心

副题:祝全国小朋友们"六一"国际儿童节快乐

(《人民日报》2021 年 6 月 1 日)

2.主题式标题("引题+主题")

引题:我驻外使领馆、留学生和华侨华人举办活动

主题:庆祝中国共产党百年华诞

(《人民日报》2021 年 7 月 1 日)

3.主副式标题("主题+副题")

主题:办好家门口实事 创造高品质生活

副题:广州在高质量发展过程中探索以人民为中心的城市发展之路

(《南方日报》2021 年 8 月 23 日)

4.主标式标题

再次延长,台湾防疫二级警戒或"延到年底"

（《参考消息》2021 年 8 月 23 日）

消息标题形式多样,其写法也较为灵活。拟写标题是一门学问,拟写得好能吸引读者,拟写得不好,一篇好消息也会被埋没。具体来说要注意以下几点:一是要生动传神。消息标题应选取那些最能传达新闻事实和新闻主题的词语。二是要简洁工整。消息标题有一定字数限制,特别是主题,要求语言凝练,同时也要讲究文采,可以恰当运用对仗、押韵等修辞手法,或者借用诗词名句、成语典故、民谚俗语等。三是要新颖别致。新颖别致的标题能令人耳目一新,第一时间抓住读者眼球。

（二）消息头

消息头是消息的标志,是对新闻发出媒体、地点和时间的交代与说明。如"新华社郑州 8 月 19 日电"。消息头在不同媒体称谓不一,通讯社称"电头",报社称"本报讯",电台、电视台称"本台消息"。

（三）导语

导语是消息的开头部分。好的导语往往浓缩了新闻最精华、最核心的事实,或者达到吸引读者的目的。导语写得好,消息写作也就成功了一半。导语的写作方式较为灵活,重点介绍以下五种。

概述式。通过摘要或概括的方法,把消息中最主要的事实开门见山、提纲挈领地写出来,让读者第一时间获取主要信息。如《新华网》2021 年 6 月 4 日刊载的消息《"上新"三星堆青铜器再续"颜值"传奇》的导语:

"沉睡数千年,一醒惊天下"的三星堆,再次惊艳世人。在新发现的 6 个"祭祀坑"已出土的千余件重要文物中,国之重器青铜器再续"传奇",出现了一些新器形。

描述式。对消息的主要事实或某一侧面进行描写,以渲染事件或人物。这种导语或以形象的画面引起读者的好奇,或以情境感染读者,让读者先有感性认识,再对事实进行理性思考,从而强化新闻的报道效果。如《新华网》2018 年 7 月 27 日刊载的消息《荒沟又闻稻花香》的导语:

盛夏时节,沟壑中连片的秧田形成一条绿色长廊。尺多高的水稻开始抽穗,微风拂过,蝉鸣声中传来阵阵稻花香。这是记者日前在川中地区金光村、三河嘴村交界处的所见所闻。而在今年前,这片沟壑中的田块还是杂草丛生,是村民们避而远之的荒沟。

评述式。夹叙夹议、有述有评,能体现出作者对新闻事实的观点或倾向。这种导语在夹叙夹议的基础上,将新闻事实的意义和影响提点出来。议论一般是提示性、结构性的议论,点到为止,不作展开。如《新华网》2021 年 4 月 30 日刊载的消息《春茶更"绿"了》的导语:

眼下正值春茶上市,茶产业是四川省雅安市名山区特色优势产业和农民增收的骨干支柱产业,当地推动茶叶加工过程中清洁能源替代,减少二氧化碳等温室气体排放,让春茶更"绿"了。

提问式。针对主要事实,提出读者所关心的问题,然后给出问题的答案或解决问题的路径。如《人民日报》2021 年 8 月 23 日刊载的消息《智能网联汽车 安全是关键(政策解读)》的导语:

在智能网联汽车里打电话谈论商业计划,被车内摄像头采集的信息会不会泄露? 智能网联汽车行驶中全时在线,会否遭到黑客攻击? 车企对已售车辆进行在线升级,会不会引发安全问题? ……近年来,智能网联汽车越来越获得市场认可,但一些安全问题也引发了用户和行业的广泛关注。

引语式。直接或间接引用消息中人物或相关人物的话语,构成导语。引用的话语,对新闻事实具有针对性、代表性、权威性。引语式一般采用直接引语,以增强现场感。如《人民日报》2019 年 3 月 24 日刊载的消息《习近平:我将无我,不负人民》(全文):

"最后,我有一个很好奇的问题,不知能不能问一下?"

22 日下午,意大利众议院,习近平主席同众议长菲科举行会见。临近结束时,"70 后"的菲科突然抛出了这句话。

全场目光注视着他。

"您当选中国国家主席的时候,是一种什么样的心情?"听到众人的笑声,菲科补充道:"因为我本人当选众议长已经很激动了,而中国这么大,您作为世界上如此重要国家的一位领袖,您是怎么想的?"

习近平主席的目光沉静而充满力量,他说,这么大一个国家,责任非常重、工作非常艰巨。我将无我,不负人民。我愿意做到一个"无我"的状态,为中国的发展奉献自己。

稍作停顿,他继续讲道,一个举重运动员,最开始只能举起 50 公斤的杠铃,经过训练,最后可以举起 250 公斤。我相信可以通过我的努力、通过全中国 13 亿多人民勠力同心来担起这副重担,把国家建设好。我有这份自信,中国人民有这份自信。

"欢迎你到中国去! 看看一个古老而现代的中国,看一看勤劳智慧的中国人民。"

收到习近平主席的邀请,菲科朗声答道:"我一定会去的!"

此外,导语写作还有结论式、号召式、警醒式等,在此不一一列举。无论采用哪种形式,导语在写作上都要注意以下几点:一是要将最具新闻价值、最有吸引力的事实写进导语。二是要把读者关心的问题或感兴趣的点写进导语。三是表述要简明扼要、开门见山。导语不可太长,过长会淹没亮点,令读者失去耐心。

美国夏威夷大学的弗兰克教授在中国记者培训班上让学员们做了一个练习,他针对一家人遭受火灾的新闻事实拟写了四条不同的导语:

今天早上七时,四辆消防车风驰电掣般地赶到北木草街871号,火被扑灭,无一人伤亡。

一个寡妇和她的五个孩子,于今晨七时从熊熊火焰中的北木草街871号的二楼破窗而出。母子安然无恙。

今七时,北木草街871号被熊熊烈火所吞噬,而户主卡琳娜和她的五个孩子站在一旁眼看着自己的房屋被火烧掉。

当今天早上北木草街871号的大火被扑灭后,户主卡琳娜,一位有着五个孩子的寡妇,满噙热泪,望着被火烧毁的房屋,喃喃地说:"完了,一切都完了。"

这四条导语,针对同一事件,选取不同的侧重点,采用不同的写法,产生了不一样的报道效果。由此可见,导语的写作不是程式化的,应从多角度、多侧面去认识新闻事实,并从最佳报道角度去撰写导语。

(四)主体

主体是消息的主干部分。它紧接导语之后,是对导语的展开和补充。如果说标题是消息的眼睛,那么主体就是消息的躯干。主体写作有以下基本要求。

1.围绕主题选材

消息的主体要围绕主题来选择材料,要选择典型的、有说服力的事实材料,与主题无关的材料,哪怕再精彩再感人,也要忍痛割爱。

2.紧扣导语展开

导语里提出的事实,主体要做具体阐述和深化。导语中未提及的事实、背景等,主体要进行补充。

3.结构严谨,层次分明

结构是指消息各个组成部分的搭配和排列,也就是谋篇布局。消息写作常用的结构有倒金字塔结构、时序结构、提要结构、问答结构、华尔街日报体结构等。

(1)倒金字塔结构。

倒金字塔结构是消息写作最常用的一种结构方式。它的得名是因为这种结构很像一座倒置的金字塔,把最重要的材料放在篇首,最不重要的材料放在篇末,从导语至结语按重要性程度递减的顺序来组织安排新闻材料。如《新华网》2021年1月13日刊载的消息《设计时速620千米 世界首台高温超导高速磁浮工程化样车下线》的结构:

新华社成都1月13日电 13日上午,一节银黑相间的工程化样车在位于成都的试验线上缓缓行驶。这是由我国自主研发设计、自主制造的世界首台高温超导高速磁浮工程化样车及试验线正式启用,设计时速 620 千米,标志着我国高温超导高速磁浮工程化研究实现从无到有的突破。

据悉,高温超导高速磁浮工程化样车及试验线项目位于西南交通大学牵引动力国家重点实验室,验证段全长 165 米,由西南交通大学联合中车公司、中国中铁等单位协同攻关研发。

高温超导磁浮技术具有自悬浮、自导向、自稳定特征,适合未来的真空管道交通运输,高温超导磁浮列车在低真空状态下,理论预计速度可高于时速 1 000 公里。

……

倒金字塔式结构的优点在于:一是便于读者迅速掌握全篇消息的精华,满足读者尽快获取最新消息的需求。二是便于记者迅速报道新闻,将最重要的新闻事实最先发出去。三是便于编辑选稿、分稿、组版、删节,如在版面不够时,可从后往前删减,无须重新调整段落。这种结构也存在一定缺点:一是易造成程式化、单一化的毛病。二是这种结构适宜写时效性强、事件单一的突发性新闻,如果用它来写非事件性的、故事性强的新闻就不太适合。

(2)时序结构。

时序结构又称编年体结构,这种结构通常不一定有单独的导语,往往按新闻事件本来的发生、发展过程来安排材料,先发生的放在前面,后发生的放在后面。如《人民日报》2021 年 08 月 23 日刊载的消息《湖北省天门市实施"优质粮食工程"——服务很贴心 种田更省心》的结构:

骤雨过后,湖北省天门市佛子山镇一些水稻发生倒伏。

第二天日头刚露脸,华丰农业合作社农机手林凯就下了田,收割机调足马力,加大转速。

中午,卡车满载稻谷,开上合作社的地磅。称重、起斗,金黄的谷粒倾泻而下,倒入粮井。传送、过筛,烘干机隆隆作响,飘来一阵阵稻香。

"幸亏有了这个'大家伙',否则雨季一到,我家一万多斤谷可就遭殃了!"卢嘴村种植户姚凡凡指了指身旁的烘干机。

"以前,收完稻子最头疼的就是晒谷。"姚凡凡说,铺晒时谷子须不时翻动,费时又费力。若赶上阴雨连绵,湿稻谷没法晒干就会烂在家里。"眼瞅着折本又白搭力气,心疼啊!"

……

目前,天门市粮食产后服务中心均配备了低温循环烘干机械,将稻谷受热温度严格控制在 35 摄氏度以内,爆腰率大大降低,整体出米率比传统晾晒提高一至两个百分点,平均一斤粮至少能为农户节约一毛钱。

"有了服务中心,我们农民只管种好田,剩下的全交给合作社。一个电话,专业农机手和运输经纪人就上了门,省心又放心。"姚凡凡说。

烘干的稻谷从管口吐出,在传送带上轻轻跳跃,被运至漏斗状的干谷仓……走进天门市庄品健实业集团产后服务中心的智能粮食烘干厂房,54 台大型烘干机一天可烘干 3 500 多吨稻谷。

……

时序结构的优点在于,叙事条理清晰,现场感强,很容易让读者了解事件的来龙去脉、前因后果,适合写故事性强、以情节取胜的新闻,尤其适合写现场目击记。其缺点是开头平淡,难以一下吸引读者,消息的精华也可能淹没在长篇的叙述之中。

(3)提要结构。

提要结构是把消息中最重要的事实概括到导语中,然后以小标题划分消息主体内容的层次,体现出不同层次的要点。提要结构适合写内容涉及面较广,时间跨度较大的消息。如《人民日报》2021 年 5 月 5 日刊载的消息《节日坚守岗位 劳动创造幸福》的结构:

"五一"假期,在热闹的古城景区,在忙碌的施工现场,在人流如潮的都市街巷,众多劳动者在各自岗位挥洒汗水、辛勤劳动,用无私奉献和担当作为绘就节日里的一道道动人风景……

奔赴生产建设一线

(略)

守护一方平安健康

(略)

丰富群众文化生活

(略)

(4)问答结构。

问答结构即采用一问一答的方式进行报道的结构,多用于报导记者招待会。如《光明日报》2021 年 4 月 2 日刊载的消息《接种疫苗 权威回应为你解疑》的结构:

连日来,我国各地正在稳步推进新冠病毒疫苗的接种。就哪些人群可以接种疫苗、接种疫苗后是否还需要做核酸检测等社会关注,国家卫健委 4 月 1 日给予了回应。

问:新冠病毒疫苗有必要接种吗?

答:有必要。我国绝大多数人都没有针对新冠病毒的免疫力,对该病毒易感。一旦感染发病,有的人还会发展为危重症,甚至造成死亡。接种疫苗后,一方面绝大部分人可以获得免疫力,从而有效降低发病、重症和死亡风险;另一方面,通过有序接种疫苗,可在人群中逐步建立起免疫屏障,阻断新冠肺炎的流行。

（略）

采用问答结构写消息看起来比较容易，似乎只要一问一答即可构架消息内容，实际上并非这么简单。作者事前需精心设计问题，事后要善于概括问题和进行语言组织。报道内容要忠于原意，不能随意剪接、断章取义，并且要连贯流畅、条理清晰。

（5）华尔街日报体结构。

华尔街日报体是一种使用文学手段叙述新闻事件的结构方式，其特点是从与新闻事件有关的一个具体事例（小故事、小人物、小场景、小细节）写起，然后自然过渡到新闻事件，写出新闻大主题、大背景，结尾再回到开篇的小故事或小人物上，进行主题升华。这种体例是美国《华尔街日报》记者最先开始使用，因此而得名。华尔街日报体结构从小处落笔，向大处扩展，是消息写作化枯燥刻板为形象生动的有效手段。如《光明日报》2021年4月1日刊载的消息《山西阳泉：社区减负"轻装上阵"》的结构：

叮叮当当，山西省阳泉市城区上站街道办事处金三角社区党支部书记、居委会主任王秀梅的手机响个不停。"'两个一百年'奋斗目标是什么？"社区里的党员群众纷纷在微信群里抢答。

（略）

长期以来，社区工作负担过重，究其原因在于对社区居委会的职能认识不清。社区居委会成了万能社区，社区公章也成了万能章。为让社区回归服务自治本位，促进社区治理和服务水平有效提升，近年来，阳泉市出台《关于进一步开展社区减负增效工作的实施意见》等一系列文件，厘清取消各类事项114项，从依法确定社区工作事项、精简考核评比项目、清理社区工作机构和牌子、精简社区会议和台账、严格社区印章管理使用、推进智慧社区建设、增强社区自治功能、提升社区服务和治理能力、加大资金投入力度等各个方面为社区减负。

（略）

在社区工作了17个年头的王秀梅，工资也从当初的200元增加到现在的4 000多元，薪金待遇、社会地位提升的背后，正是不断优化的社区治理体系。

（五）背景

背景是新闻事实发生发展的历史条件和环境条件，又称为"新闻背后的新闻"。介绍背景能对新闻事实起到说明、补充、衬托的作用。

1.背景材料的类型

（1）对比性背景材料。

作者在报道某一新闻事实时，为了突出其性质、特点和意义，运用"今—昔—今""正—反—正"的思路，把新闻事实的历史形态或相反情况作一定介绍，这些与新闻事实形成明显对照和衬托的材料就是对比性背景材料。

（2）说明性背景材料。

即对新闻事实产生的相关条件,如历史、地理、经济、政治、文化等做出说明,对新闻事件的来龙去脉进行交代的背景材料。

（3）注释性背景材料。

即对概念、术语、著名历史事件和人物、有关科学知识进行解释的背景材料。

2.背景材料的嵌入方式

（1）直接插入导语。

这种嵌入方式又可分为三种具体情况。一是背景本身为典型实例,插入导语可以用来吸引读者,用来帮助“说话”。二是背景材料极具吸引力,将其作为定语,用来修饰导语中的事实或人物,为新闻事实的出场鸣锣开路。三是用历史性背景与新闻事实进行对比,在导语中造成新旧反差,引起读者注意。

（2）导语之后接背景段。

这种嵌入方式又可分为两种具体情况。一是导语中出现的关键性的人、事或者专业术语、特殊词句等急需解释,不做解释会影响对新闻事实的理解,影响主体的展开,在这种情况下,导语之后可立即插入背景段。二是出于思维逻辑和文章过渡的需要,可在导语之后立即加入背景段。

（3）分散插入主体中。

这种嵌入方式又可分为两种具体情况。一是主体中分散穿插独立的背景段。二是将背景材料化作句子成分糅进主体,使其黏着在新闻事实之上,让读者看不出背景与新闻事实的界限。

（六）结语

结语就是主体后面的结束部分。对消息是否需要写结语,没有统一要求,这要根据全文内容和结构的安排来考虑。有的消息为了使报道的内容进一步得到扩展或延伸,并能深化和突出主题,往往在主体后面写上结语。有的消息已在导语和主体中把要说的意思写完了,就不需要再另加结语。那些内容简单、篇短小集中的消息一般也不用写结语。消息的结语写作有小结式、启发式、号召式、分析式、展望式等形式,与一般记叙文结尾的写作并无大的不同。

参考例文

告别"同命不同价"！

董柳、陈虹伶、王静

(《羊城晚报》2019 年 12 月 24 日)

告别"同命不同价"！广东省高级人民法院 24 日上午发布了《关于在全省法院民事诉讼中开展人身损害赔偿标准城乡统一试点工作的通知》(以下简称《通知》)。农村居民受害人可获赔的"两金一费"(残疾赔偿金、死亡赔偿金、被扶养人生活费)数额,从此将有较大幅度提升。

《通知》打破了目前存在的城乡差异局面,明确了统一标准,实现了"一视同仁"。《通知》明确:2020 年 1 月 1 日以后发生的人身损害,在民事诉讼中统一按照有关法律和司法解释规定的城镇居民标准计算残疾赔偿金、死亡赔偿金、被扶养人生活费,其他人身损害赔偿项目计算标准保持不变。

现行司法实践中,"两金一费"因城乡居民不同身份采用不同计算标准,导致赔偿数额差异较大。根据《广东省 2019 年度人身损害赔偿计算标准》,2018 年广东省(深圳、珠海、汕头除外)城镇居民、农村居民人均可支配收入分别为 42 066 元/年、17 168 元/年,相差达 2.45 倍;人均生活消费支出分别为 28 875 元/年、15 411 元/年,相差达 1.87 倍。也就是说,同样的人身损害,城镇居民获赔,有可能分别是农村居民的 2.45 倍和 1.87 倍。

以广东省某起机动车交通事故损害赔偿责任纠纷为例,35 岁的农村居民王某被机动车碰撞身亡,双方承担事故同等责任,王某生前与另一人共同抚养其 60 岁的母亲。按照 2019 年度农村居民人身损害赔偿计算标准,其近亲属可获得死亡赔偿金 20.6 万余元,其母亲可获得被扶养人生活费 9.2 万余元,两项合计 29.8 万余元。若按照城镇居民标准计算,死亡赔偿金为 50.4 万余元,被扶养人生活费为 17.3 万余元,两项合计 67.7 万余元。赔偿权利人获得的赔偿数额提高了 37.9 万余元,达 2.27 倍。

"开展人身损害赔偿标准城乡统一试点,是人民法院深化司法体制改革,为促进城乡融合发展提供司法服务和保障的根本要求,也是平等保护受害人的生命权、健康权,更好地实现公平正义的重大举措。"广东高院副院长谭玲告诉记者,"试点期间,受诉法院将在立案、审理环节向当事人主动释明统一适用城镇居民赔偿标准,平等、充分地保障当事人诉讼权利。"

第二节　通　讯

一、通讯的概念

通讯是对有新闻价值的人物或事件进行及时、具体、生动报道的一种新闻文体。与消息相比,通讯内容信息容量更大,可以运用叙述、描写、议论、抒情等多种表现手法。

二、通讯的特点

(一)生动性

通讯在语言和表达方法上都具有一定的文学性,它在报道事实的过程中,借用文学手段进行情景再现、人物展示、事件还原,给人以现场感、立体感。语言生动形象,可以描写、议论、抒情,也可以用比喻、象征、拟人等修辞手法。通讯一般以第三人称叙述为主,但在"见闻""采访记"一类通讯中,也采用第一人称。虽然其中的"我"主要起见证人或采访线索的作用,但在效果上,第一人称的使用增加了通讯的亲切感。

(二)完整性

通讯要求相对完整、具体地报道人物或事件。对人物的报道要求材料丰富、细节丰满、感情真挚,用人物的思想和行动打动人。对事件的报道要求完整的报道事件过程,充分展开情节,甚至进行细节和场面描写。

(三)评论性

通讯要用夹叙夹议的方法,对人物或事件作出直接的评论。通讯的评论不同于议论性文体的评论,必须紧扣人物或事件,进行适时的、恰到好处的评论,讲求以情感人,理在情中。

187

三、通讯的种类

（一）人物通讯

人物通讯是以人物的思想和事迹为主要报道内容的通讯。人物通讯重在表现人物的品质、性格和精神面貌,通过个别显示一般,通过平凡突出伟大,达到揭示时代特征,感染并教育读者的目的。如新华社 2019 年 10 月 15 日刊载的通讯《一朵玫瑰引发山乡巨变》,讲述了四川省阿坝藏族羌族自治州小金县冒水村村支书陈望慧敢于拼搏、艰苦奋斗,利用玫瑰带动村民脱贫奔康、共同富裕的故事,深刻反映了习近平新时代中国特色社会主义思想在基层的落地生根,以及绿色发展理念的深入人心。通讯将一个个生动的故事徐徐展开,巧妙地表达了宏大的主题。人物通讯一般有一个或几个中心人物。如果是报道群体形象,也往往突出几个比较典型的人物。人物通讯可以写"全人全貌",也可以截取某个侧面、阶段或片段。

（二）事件通讯

事件通讯是以具有典型意义的事件为报道对象的通讯。事件通讯通过形象生动地展示事件发生发展的全过程,以及事件的前因后果、来龙去脉,使读者在获知事实真相的同时,了解其背后的社会意义。如《大众日报》2019 年 11 月 30 日刊载的通讯《36 小时,一切为了 11 名矿工兄弟!——山东能源肥矿集团梁宝寺能源公司"11·19"火灾事故救援纪实》,对 2019 年 11 月 19 日晚山东能源肥矿集团梁宝寺能源公司作业面突发火灾,11名矿工被困井下,经 36 小时大救援全部安全升井的事件,第一时间进行了深度报道。报道采用故事化手法,生动还原了 36 小时惊心动魄的营救场面,体现了"八方聚力、众志成城"的中国力量,诠释了中国特色社会主义制度的显著优势。

（三）工作通讯

工作通讯是反映贯彻执行党的路线、方针、政策中的成绩,总结实际工作中的经验和教训,或者探讨有争议的亟待解决的问题的报道。工作通讯的政策性、指导性较强,要求写出背景、做法、成就、经验、教训,概括出有规律性的东西。如《甘肃日报》2019 年 10 月8 日刊载的通讯《守护母亲河 建设幸福河——推进黄河流域生态保护和高质量发展系列报道》,对甘肃省及黄河沿线省市着力加强黄河流域生态保护治理,努力把黄河建设成为造福人民的幸福河的实际举措和成功做法进行了深度报道,多角度、全方位、深层次地展现了甘肃及黄河沿线省市坚持绿水青山就是金山银山的理念。

（四）风貌通讯

风貌通讯又称旅行通讯、概貌通讯，是综合报道某个地区或某条战线的社会面貌、建设情况、风土人情、历史文化遗产等题材的通讯。风貌通讯关注新变化、新气象、新面貌，富含浓郁的时代气息。如《新华社》2021 年 7 月 30 日刊载的通讯《内江：成渝之心"内力"澎湃》，作为新华社四川分社"解码四川"系列通讯之一，站在历史与现实的交汇点，以翔实的史料、丰富的数据、生动的细节全面展示了内江市的前世今生，呈现出新时代的历史更加浓郁、文化更加深厚、经济更加活跃、人民更加幸福的内江新貌。

四、通讯的写作

（一）主题

一篇通讯，主题思想站得高不高，立意深刻不深刻，有没有把握住时代脉搏，在很大程度上决定着它的成败。新闻史上优秀的通讯作品，如《为了六十一个阶级弟兄》《县委书记的好榜样——焦裕禄》《领导干部的楷模——孔繁森》等，无一不是以重大的主题、深刻的立意、鲜明的时代特点为读者喜爱。

1. 主题要新

主题要做到新颖，一是要紧密结合当下新闻宣传重点，唱响主旋律，传播正能量。如 2019 年 1 月 7 日《人民日报》刊载的通讯《总书记的深情牵挂——来自贫困乡村的精准脱贫故事》，这组报道聚焦总书记最牵挂的脱贫攻坚，反映总书记强烈的历史担当、深厚的人民情怀，讲好贫困乡村干部群众在总书记亲切关怀下聚力脱贫攻坚的新作为、新风貌。再如《工人日报》2017 年 3 月 18 日刊载的通讯《"见字如面"23 年》，通过一对平凡夫妻 23 年共同写下的"家庭日记"，展现平凡职工情感的"最美留言"，很好地传递了社会正能量。二是要及时反映社会生活中出现的新问题、新倾向。2019 年 7 月 5 日，《南方日报》在香港修例风波持续发酵、有舆论担心粤港澳大湾区建设是否因此受到影响的背景下，推出通讯《奋进大湾区 乘风破浪时》，释放出粤港澳大湾区稳步推进的信号。报道刊登后引起热烈反响，正确引导了社会舆论。2013 年 11 月，继武汉城管"鲜花执法""眼神执法"之后，陕西城管"扔人执法"事件，再次将城管推向了舆论的风口浪尖。《人民网》刊载了通讯《崇州市城管大队长：自己买的菜和水果 总被怀疑是收缴的》，报道以客观的笔触、生动的细节，反映出城管的另一面：文明执法、低调做事、全心全意为老百姓服务。这篇报道摘掉了对城管的有色眼镜，重新树立了城管的社会正面形象。

2.主题要深

主题要有深度，一是要有大局意识，体现时代精神，即体现党的基本路线、理论、方针，体现党和国家的工作大局，体现爱国主义、集体主义、社会主义思想。二是要透过现象揭示本质和规律，并能指导现实。如《江西日报》2019 年 5 月 5 日刊载的通讯《让老百姓的生活充满阳光 ——南昌市西湖区社区治理和服务创新的观察与思考》，这篇通讯是江西省首个符合《中共中央 国务院关于加强和完善城乡社区治理的意见》的深度作品，通讯立足社会治理格局的共建共治共享的时代要求，积极回应社会和谐、以民为本的基层民生关切，全景式报道了西湖区初步探索出一条共建共治共享的社区治理和服务创新路径的多维内涵，现实指导意义强。

（二）选材

主题确定后，紧接着的工作是围绕主题大量搜集材料，并从中挑选出最具典型性和说服力的材料。选材首先要注意材料的典型性，其次要严格围绕主题。凡和主题有关，并能有力地说明、烘托、突出主题的材料要取之，反之则应弃之。

1.骨干事例

一篇通讯，必须有能够支撑主题的骨干事例，也叫骨干材料。骨干事例是指那些事实过程比较完整、事实意义比较突出、有代表性和权威性，能够说明主题的事例。骨干事例是通讯说服力的基础，是通讯主题能否成立的事实支柱，也是通讯内在逻辑的基本要求。在采写通讯的过程中，寻找骨干事例是中心的一环。

2.细节材料

细节材料是再现型的材料，是指骨干事例中细致的情节、现场画面或者富有个性化的对话等。它们是通讯中最有感染力和说服力，最易吸引读者的部分。如果说骨干事例是告诉你一件事，那么细节材料则是将这件事再现给你看，触动你的感官，使你如临其境，如见其人，如闻其声。细节感染力最强，往往成为通讯生动性、可读性的来源。如《河南日报》2015 年 2 月 15 日刊载的通讯《马氏"兄弟"跨越二十年的诚信》，主题是弘扬社会主义核心价值观，同时歌颂了民族团结。在写作上，作者采用白描手法，几乎通篇都是生动的细节和对话，如"马保东与马奋勇挤坐在一张沙发上"。"马保东到新疆进货，货款足时就在当地付；不够时，货到河南出手后再付，有时连个欠条都不用打"。"马保东的哥哥说，俺弟兄俩没事就在网上'敲''马奋勇'，一'敲'就是近 4 年"。这些细节描写，既使故事更加真实可信，又使作品生动活泼，增强了作品的感染力。

3.背景材料

背景材料是指人物、事件的既往历史与周围环境情况，也包括和正面材料相对应的反面情况。在通讯写作中，只有把人物、事件放到大的社会背景中，才能将其突出价值显示出来。

（三）结构

结构是将精选的材料进行有序组织。"文似看山不喜平"，通讯要悉心安排结构，使读者阅读犹如船驶三峡，波澜起伏，柳暗花明。通讯的结构比较自由，通常有以下三种形式。

1.纵向结构

纵向结构是按照新闻事实发生、发展的时间顺序组合、编排事实材料的一种结构形式。凡全篇的层次与层次之间呈纵深发展态势的，都是纵向结构。具体而言，纵向结构又分为时序结构和递进式结构两种基本形态。时序结构的特点是以时间为脉络，沿着时间的长链，把事件的发生、发展区分为若干不同的步骤，每个步骤形成一个大的层次，几个层次构成全篇。如《新华社》2021 年 4 月 8 日刊载的通讯《英雄无言——95 岁老党员张富清的本色人生》，用时序结构将老英雄张富清的生平经历、感人事迹和优秀品质立体地呈现出来。递进式结构的特点是从浅层到深层，从现象到本质，或从感性到理性，层次与层次之间呈现逐层深入的态势。如《经济参考报》2019 年 11 月 29 日刊载的通讯《关于猪肉的通讯——"稳猪价"背后的农业供给侧改革》，针对国内 2019 年猪肉价格持续上涨，CPI 一路走高现象，作者从上涨原因、稳产保供政策措施、生猪产业健康发展出路三个方面进行报道，内容逐层深入，逻辑层层推进，精准把握了农业供给侧改革的走向。

2.横向结构

横向结构又称为组合结构，特点是按照新闻事实内在性质的区别和联系，以多侧面拼接的形式来安排新闻素材，层次与层次之间呈现相互并列关系。横向结构大体可分为三种类型。一是空间并列式，特点是把发生在不同地区的具有相同性质的新闻事实组织在一起，形成一篇完整的通讯，每一次空间的变换就形成一个新的层次，如《人民日报》2021 年 8 月 29 日刊载的通讯《推进脱贫县"四好农村路"建设——产业沿着公路走 公路促进产业兴（经济新方位·脱贫地区乡村振兴）》。二是人物并列式，这是在集中报道几个同类型人物时采用的结构形式。每个人物的事迹相对独立，形成一个层次，若干人物的事迹共同组成一篇报道，揭示一个深刻的主题，如《光明日报》2021 年 8 月 21 日刊载的通讯《有他们在，我们安心——走进航天员背后的团队》。三是侧面并列式，即按照不同的侧面，把新闻素材并列组织在一起，形成一篇完整的通讯，如《解放军报》2019 年 2 月 5 日刊载的通讯《屹立在喀喇昆仑之巅》。这样的结构在人物通讯和工作通讯中占有较大的比例，因为人物的思想境界可以区分为不同侧面，工作中的成就或问题通常也会被分为不同的方面。

3.纵横交叉结构

纵横交叉结构即在一篇通讯中纵向结构和横向结构交叉使用。一些涉及面广、内容丰富、篇幅较长的通讯,在谋篇布局时往往采用纵横交叉结构。在这两种结构中,总会有一种占主要地位,另一种占次要地位。要么整体上采用纵向结构,局部地方是横向结构;要么总体是横向结构,局部地方是纵向结构。如《吉林日报》2016 年 12 月 8 日刊载的通讯《60 年,和国家主席的两次握手》,以金英淑和国家主席两次握手为脉络,通过典型事例与场景串联,将跨度 60 年的过程素材浓缩为 2 000 余字,既有历史的厚重感,又有现实的生动感。

(四)内容

不同类型的通讯,内容各有侧重,写作方法上也各有特点。

人物通讯写作的关键是抓住人物的特点,以人物最近的行动为新闻,既要见事,又要见人,通过典型事例的描写,揭示出人物具有鲜明时代特征的道德品质、性格特点、人物情怀、思想境界和精神面貌。人物通讯写作应注意以下几点:一是要通过矛盾冲突表现人物的思想境界。二是要通过人物的行动、对话等,表现人物独特的、活生生的性格特征。三是要通过细节描写、心理刻画、环境氛围的营造等,展示人物的内心世界。

事件通讯要具体完整地记叙事件发生发展的过程、原因、结果、影响等。事件通讯的题材非常广泛,既可以报道重大事件,又可以叙写凡人小事;既可以赞颂先进事物,又可以批评错误倾向。事件通讯写作要注意以下几点:一是要深入开掘事件的典型意义,确立富有时代感的主题。二是要理清主线、丰满细节,将事件清晰地、动态地、立体地呈现给读者。三是处理好人物与事件的关系,在叙写事件的同时,也要注意写好人物。

工作通讯既强调政策性,要能指导工作;又强调实践性,要用事实提出问题,在实际中研究问题。写工作通讯的目的是研究和解决问题或传播经验,因此关键是把问题和经验讲透。要做到这一点,首先要精选事例,要善于精选具体、典型、有说服力的事例。其次,针对这些事例进行分析,层层深入,把问题和经验分析透彻。最后,要善于总结、归纳和提炼,以小见大,概括出一定规律。

概貌通讯是以表现事物发展过程的新面貌、新变化为主的,因此只有抓住了事物的新变化、新发展、新面貌,才能写出有深度的文章。概貌通讯写作要以“变”字为轴心,围绕“变”字做文章。写“变”,要尽可能深入地挖掘出发展或变化的原因,力求反映出事物发展变化的本质,而不是停留在浮光掠影的观感上。写“变”,一般常用比较的方法,如纵向比较和横向比较。纵向比较即在时间上对过去与现在进行比较。这种比较以过去的旧面貌衬托、突出现在的新面貌,揭示事物发展的本质和变化的趋势。横向比较即在空间上,在部门、行业、地区、国内外之间进行比较。这种比较可以以一个部门、行业或地区的变化为主,穿插描写其他部门、行业或地区的情况,突出新貌的特征;也可以同时写几个部门、行业或地区的不同点,通过比较,突出各自的鲜明特色。

（五）表达

通讯兼具新闻性与文学美,在保证真实的前提下,给作者留下了很大的创作空间。通讯表现手法多样,叙述视角灵活,作者要善于借助文学手法,增添通讯的表达魅力。

通讯写作要灵活运用描写、议论、抒情等多种表达方式和修辞手段。叙述是通讯最常用、最基本的表达方式,描写、抒情和议论处于从属地位。叙述的使用,无论是顺叙、倒叙、插叙、平叙,都要根据总体构思来进行,做到条理清楚、重点突出、详略得当、结构完整。通讯写作中适当运用描写,能使采写的人物更加立体生动,采写的事件更加真实还原。通讯写作要饱含深情,但一般不由作者直接发表感慨,而常常同叙述、描写水乳交融,要在人物行动和事件进程中自然流露。通讯写作中使用议论,主要是作者对笔下的人物和事件发表看法,而不是专门说明道理。在对人物和事件的叙述过程中,在需要帮助读者加深认识或需要深化主题的地方,进行一针见血的评论,这往往会收到画龙点睛的效果。但要注意,不能超越事实本身去做空泛的议论,更不能滥用议论。

通讯写作要根据主题和内容选择合适、新颖的叙事视角。从叙事学的角度,叙事视角大体分为全知视角、限知视角和纯客观视角。全知视角是作者处于全知全能的角度,这种视角叙事灵活,能全景式、多侧面报道事件,能阐释背景、穿越时空、探寻人物内心世界,也可抒发己见。限知视角又称内焦点叙事,是以故事中人物的角度叙事,以作者视角和当事人视角较为常见。纯客观视角,叙事者作为"物"在场,像一台摄像机,不发表见解,不涉及人物心理,仅仅客观记录人物语言、行为、环境等。在通讯写作中,以上三种视角往往交叉使用,呈现出复合视角。

通讯报道中的视角,除了叙事学上的视角,还包括具体从哪个角度切入新闻事件或人物。新闻事件或人物,可以从不同的角度反映,如正面、反面、侧面、鸟瞰、平视、仰视、远眺、近看、细察,角度不同,印象各异。精心选择最佳角度去写,往往能使稿件陡然增添新意,写得别具一格。如《新华网》2020年6月17日刊载的通讯《高原之音》,在视角上独辟蹊径,以作者在川西高原上听到的声音,包括非遗传习学员制作石刻的敲击声、农牧民使用微耕机的机械声、小学生学习传统乐器的弹唱声、中学生的琅琅读书声四种声音,引出非遗保护、新兴农业、传统文化、现代教育四个方面的故事,以小见大,反映了中央精准扶贫和乡村振兴战略在高原民族地区取得的巨大成就——高原群众从之前"穷得叮当响"到如今"致富响叮当"的巨变。

参考例文

一朵玫瑰引发山乡巨变

新华社记者　周相吉　高健钧　李倩薇

（新华社成都 10 月 15 日电）

秋日的四川省小金县,群山叠翠。记者沿着风景秀丽的山路迤逦而行,一片片玫瑰园映入眼帘,花香扑鼻。

在距离县城 30 公里外的一个现代化工厂里,工人们正忙着收花、选花、烘干……看着忙碌的场景,"玫瑰姐姐"陈望慧百感交集——没想到一朵野生玫瑰,竟引发家乡如此大的变化。

不怕猪拱的野玫瑰

小金县地处四川省阿坝藏族羌族自治州的高原深山,平均海拔近 3 000 米。1935 年的长征路上,红一方面军曾翻越夹金山,在这里与红四方面军胜利会师。

陈望慧是小金县达维镇冒水村的党支部书记,在她推广种植玫瑰之前,当地农作物以土豆、胡豆为主,附加值低,农民始终富不起来,小金县也一直戴着贫困的帽子。

几年前,冒水村村民王忠全的庄稼地总是被野猪拱,种啥都没收成。当时还是村主任的陈望慧上山查看,发现地里的土豆被糟蹋得一干二净,但有一株野玫瑰却完好无损。"当时分析,玫瑰没有粮食的味道,而且带刺,所以野猪不感兴趣。"回去之后,陈望慧彻夜难眠,在有大量留守老人的村庄,怎样避免野猪拱地伤人呢? 想来想去,她又想到那朵"坚强"的野玫瑰。

"要是种玫瑰能挣钱就好了!"陈望慧第二天便委托朋友袁玉丞上网查资料。当得知玫瑰精油被誉为"液体黄金",甚至比黄金还贵时,陈望慧激动得一拳打在桌子上,笔筒翻滚在地。

"不要说比黄金贵,只要比胡豆、土豆贵就行了!"陈望慧说,在了解到甘肃、山东、陕西、云南、贵州等地都有玫瑰产业时,她的信心更加坚定。

陈望慧准备大干一场。

"玫瑰姐姐"的漫漫征途

查完资料第二天,陈望慧独自一人从小金县到成都,乘飞机去甘肃实地考察玫瑰产业。2008 年汶川地震以来,这是她第一次出远门。

在甘肃省永登县,她直接去了县政府,找到当地分管林业、玫瑰产业的县领导。"他很热情,建议我不仅要看种玫瑰的乡村,也要看加工厂。"陈望慧说,当地的玫瑰产业着实让她开了眼界。

此后,陈望慧又独自一人远赴山东省平阴县,学习玫瑰种植。她坐大巴、挤三轮、蹭拖拉机,最后到了村里,结果又饿又发高烧。"当时感觉自己要死在那了,幸亏当地热心人送来了药品,我才缓过来。"陈望慧笑着说,为了家乡发展,这也算是她的"玫瑰长征"。

掌握了技术后,陈望慧兴冲冲地回到村里推广玫瑰种植。一开始,家人和村民们都觉得是天方夜谭。"那时候觉得姐姐疯了,自己的饭店、酒店一年收入好几十万元不去管,每天想这些不现实的事。"陈望慧的弟弟陈望伦说。

然而,这些反对的声音没有动摇陈望慧的决心。她暗自思忖,只有自己先做出成果,才能让村民们跟着她干。她开始引进五个品种的玫瑰种苗,筛选最适合在小金县生长的品种。

2013 年,冒水村开始出现成片的玫瑰,从发芽到开花,陈望慧几乎每天都盯着,村民们于是叫她"玫瑰姐姐"。花开之后,她和丈夫开了两天车,将 400 余斤玫瑰花运到兰州,进行精油提炼。

出油量大、香味浓! 看到出油那一刻,陈望慧笑着流下了眼泪,"看来小金县的气候很适合种玫瑰!"

"幸福花"在高原绽放

50 亩、500 亩、10 000 亩……在陈望慧的带动下,小金县冒水村、夹金村等 30 多个村逐渐种起了玫瑰。

"以前我种菜,一年挣不了一万块。"冒水村村民张成英说,2016 年开始,她从合作社领了苗,种了两亩玫瑰。如今,种玫瑰花每年能给她家带来 1.5 万元收入。

每年近 4 个月的采花季,张成英还到陈望慧的玫瑰基地务工,每月收入 3 000 多元,家庭总收入是以前的三倍。"我家的生活跟以前比,改善太大了!"张成英感慨。

为了提高玫瑰附加值,2016 年,陈望慧决定自己建加工厂。"我一咬牙将房子卖了,又借钱又贷款,才建起来。"陈望慧指着刻有"金山玫瑰"几个大字的厂房说,夹金山下,玫瑰产业符合"绿水青山就是金山银山"的理念。

如今,这个加工厂可以生产玫瑰花茶、玫瑰精油、玫瑰纯露、玫瑰酒、玫瑰酱、玫瑰饼等 10 余类产品,产品远销日本、韩国、保加利亚等地。

2018 年起,小金县、对口援建小金县的成都市新津县政府和陈望慧一起,在当地打造高原玫瑰博览园,形成玫瑰"种植、深加工、销售、观光旅游"于一体的产业链,带动群众致富奔小康。

在当地政府和陈望慧的带动下,小金县的玫瑰产业已形成"基地+公司+合作社+农户"的成熟模式。截止到目前,全县有 12 个乡镇 38 个村的 3 200 多户村民种植玫瑰,其中包括 1 100 户建档贫困户。今年,小金县玫瑰进入丰产期,村民每亩收入可达 6 500 元以上,户均增收近 1.5 万元。

2019 年 4 月份,小金县摘掉了贫困县的"帽子"。如今,一朵朵玫瑰在高原竞相绽放,成为小金群众的"致富花"和"幸福花"。

第三节　新闻评论

一、新闻评论的概念

新闻评论是对新近发生或正在发生的新闻事实、存在的问题现象等直接发表意见的新闻文体。与消息、通讯这类以报道客观事实为主的新闻报道不同,新闻评论则在事实的基础上发表议论、阐述观点。如果说新闻报道是新闻的主体和基础,那么新闻评论就是新闻的旗帜和灵魂。

二、新闻评论的特点

(一)时效性

新闻评论本身就是一种新闻文体,和消息、通讯等新闻报道一样,讲究时效性。并且随着传播媒介和传播技术的发展,时效性越来越强。一些刚刚发生的新闻事件可以立刻成为新闻评论的焦点。

(二)针对性

新闻评论强调"有的放矢",要求针对具体的新闻事件或典型的问题现象发表评论。评论对象是客观的、具体的,评论导向是清晰的、明确的。

(三)公众性

新闻评论的对象往往是公众普遍关心的事实和问题,评论的目的是阐明观点、影响读者、引导社会舆论。新闻评论这一公众性特点,要求其立论要客观公允,为民代言、为民立言,真正成为公众利益的代表者、正确舆论的传播者和引导者。

三、新闻评论的种类

目前,我国对新闻评论的分类有几种不同的分法。按评论对象的内容分类,其分为政治评论、军事评论、经济评论、社会评论、文教评论、国际评论等。按评论的性质功用分类,其分为解说型评论、鼓舞型评论、批评型评论、论战型评论等。按评论写作论述的角度分类,其分为立论性评论、驳论性评论、阐述性评论、解释性评论、提示性评论等。按评论的形式分类,其分为社论、编辑部文章、评论员文章、短评、编者按、专栏评论、漫谈、专论、杂感等。以下介绍几种常见的新闻评论类型。

(一)社论

社论代表报纸编辑部和同级党委,就国内外当前政治、经济、思想、文化领域中的重大问题进行分析评论,及时表明党的立场和态度,阐释党的路线、方针和政策,如《人民日报》2021 年 8 月 19 日发表的社论《奋力谱写雪域高原长治久安和高质量发展新篇章》、《新华网》2021 年 7 月 1 日发表的社论《新华社论习近平总书记在庆祝中国共产党成立 100 周年大会重要讲话》。社论注重政策性、思想性、指导性,文风庄重、严谨,观点鲜明,是报纸的灵魂与旗帜,体现办报的方向。

(二)编辑部文章

编辑部文章是以报刊编辑部的名义对国内外重大事件或理论问题所作的政策性和理论性的论述。编辑部文章的篇幅一般比社论长,时效性一般比社论差,重要性略次于社论。如《新疆日报》2020 年 9 月 7 日发表的《鏖战攻坚 勇毅向前——写在全区疫情防控攻坚战取得决定性胜利之际》。编辑部文章在写作上依靠集体的力量,要进行深入调查、认真研究、反复修改,所涉及和论述的问题全面透彻。

(三)评论员文章

评论员文章的重要性和规模介于社论和短评之间。在形式上,评论员文章是以个人名义发表的议论,实际上是代表和反映编辑部的意见和观点。如《人民日报》2021 年 8 月 16 日刊载的评论员文章《把雷锋精神代代传承下去——论中国共产党人的精神谱系之九》。评论员文章具有较强的权威性、指示性和倾向性。在一些特定语境下,评论员文章与社论并无明显界限,有的甚至可以直接升格为社论。我国政府在评述国际方面的新闻事件、国际重大问题、国际时局时,表现尤为明显,它事实上就是代表中国政府的态度、立场和观点。评论员文章有多种表现形态,如本报评论员文章、特约评论员文章、观察家文章、专论、来论等。其发表时通常有署名和不署名两种。不署名的文章以本报评论员的名义发表,署名的文章则以真名或笔名发表。

（四）短评

短评就是简短的评论,它篇幅短小,内容单一,分析扼要,如《农民日报》的"三农微评"中发表的评论就属于短评。短评一般着眼于一人一事,一个问题之中的一个侧面或一个角度,"评其一点,不及其余"。

（五）编者按

编者按是一种依附于新闻报道或文稿的简短的编者评论,是媒体在编辑过程中对新闻或文稿所加的评介、批注、建议和说明性文字,也是编辑专用的发言方式。如《人民日报》2021年8月23日刊载的《如水花的精灵——奥运跳水冠军全红婵的成长故事》中发表的编者按:"东京奥运会上,中国体育健儿表现出高昂斗志、顽强作风、精湛技能,生动诠释了奥林匹克精神和中华体育精神……"编者按是篇幅最短小、依附性最强的新闻评论。离开了新闻报道,编者按就失去了存在的针对性和必要性。编者按依据性质和内容,可以分为说明性按语和政论性按语。按位置和形式,可以分为文前按语、文中按语、编后按语。

（六）专栏评论

专栏评论是指媒体的固定版面或专门栏目中所发表的评论,如《人民日报》的"钟声""人民时评""现场评论""新论"等专栏,《光明日报》的"光明时评""光明论坛"等专栏。

（七）时评

时评是新闻时评、时事评论的简称,是最狭义的新闻评论。其针对当前发生的新闻事件或焦点、热点问题及时加以评论,讲求速度与时效,一般来说篇幅短小精悍。时评不仅见于传统的报刊,如《人民日报》的"人民时评"、《光明日报》的"光明时评"、《文汇报》的"文汇时评",也兴盛于网络之中,如《新华网》的"新华时评"、《中国青年网》的"中国青年时评"等。网络时评借助传播速度快、阅读便捷的优势,有着更广泛的影响力。

四、新闻评论的写作

(一)选题

新闻评论的选题,是指新闻评论要评论的事实和论述的问题。对作者来说,确定选题即解决写什么的问题,是新闻评论写作的第一步。对媒体来说,确定选题就是对上级要求、媒体定位、受众需求之间切合点的寻找,是媒体特色和个性优势的具体体现,在媒体采编业务中具有重要地位。

1.选题的来源

新闻评论选题常见来源,一是政策文件、党政部门工作的重点。这通常被称为"从上头找选题",是社论、评论员文章等评论的主要选题来源。二是现实生活中的热点、群众关心的焦点、社会问题中的难点问题或新闻事件。这些问题或新闻事件,大都是新闻媒体在一段时间内集中报道的热点,也往往是舆论的焦点。三是受众主动提供和反映的情况,或从媒体已发布的报道中发现的问题。四是媒体的报道策划。对一些重大新闻事件,媒体要进行报道策划,新闻评论的配合是其中一个重要内容。

2.选题的要求

新闻评论选题要触及社会生活现实,紧扣时代脉搏,有新闻价值、有针对性、有新意。同时,选题要大处着眼,小处落笔,达到"小中见大"的效果,如《湖南日报》2018 年 6 月 19 日发表的评论《坚持"房子是用来住的,不是用来炒的"定位》。该评论针对 2018 年上半年长沙"买房越来越难,房子越来越俏"的社会现象,《湖南日报》"晨风"评论员团队通过深入调查研究,就"促进长沙房地产市场平稳健康发展"议题推出系列评论文章。系列文章以问题为导向,抓住群众最忧虑、最急迫的住房问题,及时解疑释惑,旗帜鲜明地反对和抵制"炒房"这一错误观点和行为,在舆论场上起到了"定音鼓""风向标"作用。

(二)立论

立论就是一篇评论的观点和结论,是作者对所提出的论题的主要看法和基本见解。立论和选题不同,选题要确定的是提出一个什么问题,是从什么角度提出问题和分析问题。立论是确定用什么样的立场、观点去分析问题,进而要得出什么样的结论。立论是贯穿全文的中心思想,起着统帅评论所有观点和论据的作用。

1.立论的基本原则

立论应具有针对性、新颖性、准确性、前瞻性。

针对性是指新闻评论要针对当下值得关注的舆论动向、普遍存在的社会时弊、迫切需要解决的实际矛盾、思想上的困惑和疑虑等立论,这样的立论容易引起读者共鸣。新颖性是指有新思想、新观点、新材料,即观点要新颖,见解要独到,要选取新鲜事实或材料作为评论的由头或论据。准确性是指提出的观点、使用的概念、引用的论据,包括语言的尺度等都要准确无误。前瞻性是指对新闻事件或社会问题要有深刻的洞察力,能进行科学预见、审时度势、未雨绸缪。《经济日报》2020 年 2 月 3 日发表的《"精准复工"值得借鉴》,其立论对评论写作尤其是时评写作很有借鉴意义。2020 年初,新冠疫情汹汹来袭,春节长假后是否复工、如何复工的问题亟待解决。作者敏锐地抓住这一具有重大社会影响力的话题,在全国媒体中针对"复工复产"率先发声,对"精准复工复产"进行了探讨,并提出了有效的针对性建议。该篇文章在当时的关键时间节点上,发挥了积极的导向作用,产生了极大的社会效应,彰显了媒体的责任担当。

2. 如何创新立论

新颖的论点是评论的灵魂。在立论时分析、选择、确定一个新颖的论点,是每一位评论作者都应不懈追求的目标。但我们也要清醒地认识到,要求每一篇新闻评论都是闻所未闻的全新观点是不可能的,我们只能尽量追求创新立论。

论点要新颖首先要在论题和事实材料的选择上下功夫。如《天津日报》2019 年 10 月 21 日发表的评论文章《向群众汇报》,作者从天津市委领导同志深入社区指导"不忘初心、牢记使命"主题教育时,与一位干部座谈的对话中,敏锐地抓住"向群众汇报"这一关键词汇,并提炼出"以'向群众汇报'的态度为民服务,是党员干部的必答题和必修课"这一核心观点。该评论刊发后,在党员干部中引起强烈反响,被天津市委作为"不忘初心、牢记使命"主题教育学习材料印发。

论点要新颖更来自立论的角度和切入点。我们常常发现,某些评论选题很好,但观点却很陈旧,了无新意。有些选题似乎已经不太新鲜,但作者选择了一个很好的角度,发人之所未发,让人眼前一亮。选择新颖的立论角度,是在对常见事件和问题的评论中独树一帜的有效手段。如《南方日报》2021 年 8 月 7 日发表的评论《最好的礼物是退后半步的热爱》,针对年仅 14 岁的中国跳水运动员全红婵在东京奥运会以"3 跳满分夺金"的优异成绩火遍海内外的事件,在媒体和社会给予高度关注时,作者从"网络关注的海量热度更像一把双刃剑"的角度,提出新的观点"对全红婵最好的礼物,是退后半步的热爱",呼吁媒体和社会人士要有宽容的心态,不要过分打扰,给她自然成长的空间。这篇评论的发表,对媒体和社会短时间内的过度捧杀,起到了很好的提醒作用,同时是对当事人的保护,体现了媒体人的社会公德意识。

(三)论证

论证就是用事实和材料论述自己论点的过程,也就是常说的摆事实、讲道理。一篇评论是否具有说服力,论点是否正确鲜明,论据是否充分可靠固然重要,但还需要看论证是否严密。

论证的基本方式包括证实和证伪两个方面。证实即运用论据证明自己观点的过程(立论);证伪是运用论据反驳别人观点的过程(驳论)。在新闻评论写作中,这两种方式常常交叉运用。

按论证时所使用的逻辑推理方式,论证的方法分为演绎论证、归纳论证和对比论证。具体而言,新闻评论写作中常见的论证方法有以下几种。

1.归纳法

归纳法是通过若干个别事例概括出它们的共同属性和共同本质,得出一个能反映普遍规律的论点的方法。它的特点是从个别到一般,符合认识规律。

2.类比法

类比法是把两个类似的事物放在一起进行比较,从而得出有关结论的方法。这里的比较,主要是用"另一类事物"来比较"这个事物",而"另一类事物"大都是人们所熟知的事物。

3.对比法

对比法是通过事物之间的比较来论证论点的方法。在这种比较中,肯定什么,否定什么,褒扬什么,贬斥什么,可以得到鲜明的体现。

4.递进法

递进法是先将论点解剖成几个层次,然后逐层进行分析和阐述,以证明论点的方法。递进论证体现着一个剥笋式的论证步骤,它是沿着逻辑思维的常规顺序,一层一层地展开和深入。

5.归谬法

通过将对方的错误论点进行合乎逻辑的引申,得出荒谬的结论,以证明对方论点错误的方法。这是一种"以其人之道还治其人之身"的方法。

(四)结构

新闻评论的结构既是对谋篇布局的整体设计,也是对逻辑思路的总体安排。结构形态分两个层次,一是通过标题、开头、结尾、段落、过渡、照应等体现出来的语言因素,称为表层结构;二是通过是什么、为什么、怎么样、怎么办等体现出来的逻辑因素,称为深层结构。

新闻评论的结构要力求做到要素完整、逻辑严密、层次清楚、波澜起伏。常用的结构形式有以下几种。

1.并列式结构

并列式结构指内容各部分之间为平行并列关系,即围绕中心论点多侧面展开的结构。一般是先提出总论点,然后排列出几个并列的分论点,每个分论点都是对总论点的独立论证。如《人民日报》2021 年 8 月 30 日发表的评论《引导学生树立正确的劳动观(新论)》,主体内容分别从"树立劳动是一切幸福的源泉的观念""树立崇尚劳动、热爱劳动、辛勤劳动、诚实劳动的观念""树立劳动没有高低贵贱之分,任何一份职业都很光荣的观念"三个方面进行论述,三个方面之间是并列关系。

2.递进式结构

递进式结构各层次之间是不断递进的关系,显示出事理逻辑和人们认识事物的逻辑。一般是开头摆出论题,提出论点,然后从几个层次剖析论证,层次之间环环相扣逐步深化,最后顺理成章得出结论。如《榆林日报》2019 年 12 月 30 日发表的评论《敢说"不行"也是自信的表现》,作者从基层采访的所见所闻谈起,从实践、历史和理论三个维度加以论述,既有历史纵深,也有很强的现实针对性。

3.阐析式结构

这种结构有的先提出论点,然后摆出现象进行分析;有的先摆出现象,再通过分析提出论点。如果分析的是负面现象,一般先从概念、常识、政策和可能产生的后果等方面讲明为什么是错误的,然后再从正面说明正确的观点是什么,最后针对问题产生的原因提出对策。如果分析的是正面现象,就分析它好在哪里,并在正反对比中说明它的可贵,以及这种表现的原因是什么,如何去学习。如《中国纪检监察报》2019 年 4 月 17 日发表的评论《问责不能泛化简单化》,是典型的阐析式结构。文章先正面提出论点"问责工作要严肃规范",紧接着梳理实际工作中存在的不严肃、不规范的普遍问题,分析其危害性,然后从正面阐述什么是严肃问责,最后提出对策。

(五)开头

新闻评论的开头是整篇文章提纲挈领的部分,主要担负着提出问题或表明观点的作用。开头的写作应以读者为着眼点,要把最能吸引读者兴趣、最能引起读者关注的事实、观点或问题放在前面。开头的写法有以下几种常见形式。

1.开门见山,提出论题

在新闻评论的开头直接提出问题,或者直接解释文章的主旨。如《文汇报》2018 年 8 月 9 日发表的评论《明星什么时候起"不能批评"了?》的开头"某人气偶像几天前出的一首新歌火了。倒不是因为旋律好听、歌词深刻,而是因为歌曲通篇都在'控诉',把网友的批评调侃说成无端恶意攻击,引发不少人反感——明星什么时候起禁不起批评了?"作者以疑问作为开篇,直接提出问题,引起读者的思考和兴趣。

2.开宗明义,表明观点

在新闻评论的开头,首先把评论作者的观点或结论告诉读者,使读者在观点明确的前提下寻求论据的翔实有力。如《人民日报》2021 年 8 月 30 日发表的评论《为直播电商筑牢诚信之基(人民时评)》,开篇就提出中心论点"随着直播电商的日益发展壮大,信用应该成为行业的准入门槛。只有进一步规范和明确直播电商中'人、货、场'等之间的权责关系,才能促进直播电商健康发展,让大众真正享受到互联网带来的红利。"

3.以新闻事件或现象引出论题

以新闻事件或现象为由头,简要叙述该事件或现象,然后引出下文。有时事件或现象只是作为一个由头而已,有时事件或现象是整篇评论评议的主体。如《工人日报》2019年 4 月 11 日发表的评论《别把超时加班美化为"拼搏和敬业"》的开头,就是以新闻事件作为由头:"近日一则由互联网程序员引发的新闻登上了热搜榜——一名程序员在GitHub 社区上建立了一个'996.icu'(即工作 996,生病 ICU)的项目,披露部分互联网公司'996'工作制现象,大量'996 工作者'涌入并控诉";《宁波日报》2018 年 3 月 3 日发表的评论《哪来那么多"表叔""表哥"》则以"表叔""表哥"这一现象开头。以新闻事件或现象开头,新闻性更强,故事性色彩浓,容易吸引读者对事件及相关话题的关注。

4.交代背景说明原因

在新闻评论的开头,先交代与评论话题相关的背景情况,从新闻事件的背后揭示出评论本身的现实意义。如 2019 年 9 月 2 日《农民日报》发表的评论《生猪价格不断攀升——保供稳价慢不得,转型升级等不起》的开头:"今年 6 月份以来,不少家庭主妇发现猪肉贵了,还贵了不少。……涨价的直接原因是生猪产能的下降。据农业农村部监测数据,全国生猪存栏已连续 7 个月下降,7 月份同比降幅更是达到 32.2%,降幅之大近十年未有。……8 月底,国务院先是开了常务会,又专门开了电视电话会,主题紧紧围绕稳定生猪生产、保障市场供应。"

5.引用引语,揭示问题

采取引用的手法,或引用人物言语,或引经据典,把论点含蓄又直观地呈现出来。如《人民日报》2021 年 8 月 17 日发表的评论《以青春之我为民族复兴铺路架桥》的开头:"'国家需要我',这是 1965 届校友陈国荣坚守雪域高原、把青春献给西藏的动力;'基层是把党的关怀送进每个群众家里的涓涓暖流',这是 2012 届毕业生毕鹏在新疆喀什疏附县工作的心得;'作为高原孕育的孩子,如今我回到高原、回到壮阔江河的源头,也是回到自己的初心',这是法学院 2021 届硕士毕业生平措顿珠选择扎根基层的原因……前不久,在北京大学选调生出征仪式上,'老中青'三代北大人讲述自己服务人民、扎根基层的奋斗故事,给广大师生以深深感动和奋进力量。"

（六）结尾

写文章讲究"虎头、豹尾、猪肚"，就是说结尾要有力。新闻评论的结尾，一般是用来总结全文、表明结论或提出号召。通常有以下几种写法。

1.总结式

在结尾时归纳总结全文。如《向群众汇报》的结尾："以'向群众汇报'的态度为民服务，就是把党的好形象树立在群众心中，任何党员干部对此都不能置身事外。甘当小学生、请群众担任'评判员'，党员干部拿出诚心诚意，就会赢得百姓的真心实意。"

2.点睛式

在结尾处点明主题，或对主题进行拔高或升华。如《光明日报》2021 年 08 月 24 日发表的评论《我们该为满屏 yyds 而担忧吗？》的结尾："因此，我们或许大可不必为眼下刷屏的 yyds 过度忧虑，如何避免在走出旧的话语束缚后，不自觉掉落进新的看似自由的束缚中，倒是值得我们始终保持警惕。"

3. 鼓励号召式

在结尾处做预测、展望或号召，如《别把超时加班美化为"拼搏和敬业"》的结尾："'五一'国际劳动节即将来临，这个节日正是为争取 8 小时工作制而来。今天，应该撩开'996 加班文化'的温情面纱了。高质量发展，需要的是更合理的工作节奏、更高效的运转模式、更科学的管理方法，需要企业承担起维护劳动者权益的法律责任，需要全社会对'8 小时工作制'意义的认可。"

参考例文

哪来那么多"表叔""表哥"

易其洋

《宁波日报》2018 年 3 月 30 日

今年全国两会期间，《经济日报》一记者撰文说，在采访政协委员时学到了两个新词：扶贫"表叔"、扶贫"表哥"；教育部部长陈宝生在"努力让每个孩子都能享有公平而有质量的教育"记者会上，表示从五个方面为教育减负，其中之一是学校要拒绝"表叔""表哥"。上海代表团在讨论时，也有人提出，现在的大学里，"表叔""表哥"太多。

这里的"表叔""表哥"，不是所谓的姻亲，也不是样板戏《红灯记》里铁梅唱的"我家的表叔数不清，没有大事不登门"，更不是腕戴名表在重大车祸现场微笑而遭调查的"表哥"杨达才。就全国两会上代表委员们的反映来看，"表叔""表哥"太多，已经成了普遍现象甚至一大公害。不用调查，留心的人不难发现，我们身边甚至我们自己变身为"表叔""表哥"的真不少，机关有，企业有，事业单位有；高校有，中小学有，医院有；社区有，乡村有……

哪里来那么多"表叔""表哥"？自然是因为要填写的表格太多。汇报工作，参加考评，申报项目，有必要填写表格，问题是，表格过多过滥，啥事情都要填表，一填就让人抬不起头来，甚至填表比做实际工作还重要、还费时间，不弄出一大群"表叔""表哥"才怪呢。

"表叔""表哥"太多，一种是主动的，自己把填表格等同于做工作，要求别人也这样做，被群众讥为"表叔""表哥"。就像《经济日报》记者了解的，在一些地方，扶贫干部走乡串户都带着一摞表格，填完并汇总后，只要留下表格、照片、文字、报道等"痕迹"，一次扶贫调研就算完成，再没了下文。一种是被动的，从别人那里（主要是上级领导和部门）领了表格，不得不填写的人，自嘲为"表叔""表哥"。就像陈宝生部长所说的，上级部门拿着表来了，要填表，各种表，太多了，压得有些老师喘不过气来。

"表叔""表哥"太多，无论是"主动式"还是"被动式"，都说明我们工作中存在严重的形式主义、官僚主义，偷懒耍滑、弄虚作假。大家把时间、精力和脑筋主要用在填表上，干实事自然就少了。这些年，家长们普遍抱怨，一些中小学老师检查孩子作业也经常让家长代劳。但老师们也有"理由"：学校里，干个啥事情，都要写材料、填表格，而且一填一大堆，实在忙不过来，只好麻烦家长。高校里、科研院所里，要申报项目、评审职称、报销科研经费，得填几十张甚至上百张表格，有的不得不放下手头工作，专门对付……而且，这样的"表叔""表哥"，会层层加码。现在就有一种很坏的现象，年度总结、季度总结、月度总结，都要写材料、填表格，而且，因为是一级一级向上报，逼得人不得不提前填写"总结表"。还有就是重复填写，这个部门有事，表格填一遍，那个部门有事，几乎一模一样的内容，又要填一遍。有些甚至是同一个部门、同样的表格，过段时间就要让大家再填一遍。甚至有些表格，填写只是走个过场，填的人不用心填，让填的人也不用心看，纯粹是劳民伤财。

"表叔""表哥"太多，本身是形式主义、官僚主义，还会进一步助长形式主义、官僚主义。全国两会上，那么多人对此口诛笔伐，说明不是小问题了。不要那么多"表叔""表哥"，我以为，像陈宝生部长所说，让学校、老师拒绝不现实，所谓"官大一级压死人"，上级给张表让你填，几个校长敢拒绝？这事儿，还得两头用力。

自上而下。管管那些坐惯了办公室，大门不迈、二门不出的"官老爷"，要了解啥情况，让他们自个儿迈开双腿去基层。一是不能只要求下级怎么做，我们的好多"祸端"，源头其实在上头，大刀阔斧地砍掉一些"表格"，要把自己摆进去，从自己改起；二是不能以形式主义反对形式主义，以官僚主义反对官僚主义，讲得很好听，做起来又是发文件、填表格；三是要坚持，坏作风年年在反，好多不仅不见好转，反而愈加严重，就在于反一反、松一松，弄得积重难返，人人受害而徒唤无奈。

自下而上。"表叔""表哥"太多,说明"痕迹式"工作太多,实的东西太少甚至没有。根子则在于,评事论人,不是以实绩为标准,而是以"表格"为准则,谁表格填得好、填得多,谁就工作好、业绩好。要消除"表叔""表哥",评判工作就不能只看表格或由"表叔""表哥"说了算,而是要加大群众话语权,让群众说了算,让服务对象说了算。就算是真需要填写的表格,填了些啥,不能上级说很好就很好,也要公开,让群众看看是真好还是"绣花枕头草包子"。这才是治本之策,做起来很难,但如果不做,应该想得到,"表叔""表哥"满世界跑的情境有多可怕。

第七章　宣传文书

宣传文书是用于各种宣传事务或活动的文书,常见的宣传文书有宣传计划、文化活动方案、演讲稿、声明、解说词、海报、标语口号、对联等。宣传文书在人们的日常生活中使用广泛,既能用于单位的宣传活动,又能用于个人的具体事务。用于单位机关的宣传文书便于一般群众了解工作的开展、某项政策的传达、某些活动的推广等;对于个人则便于表达自己的思想观念,能加强与他人的交流、沟通。在现代社会中,宣传文书发挥着越来越广泛而重要的作用。

第一节　宣传计划

宣传计划是一种重要的宣传文书,在党政机关、企事业单位中应用非常普遍,便于针对预期达到的宣传目标事先进行周密有效的安排。

一、宣传计划的概念和作用

宣传计划是党政机关、企事业单位对在规定时间内所要完成的宣传工作任务预先所作的科学化、条理化、书面化安排的一种应用文书。

古人说,"凡事预则立,不预则废","谋先,事则昌"。无论做什么事,事先有个计划才可能成功。现代管理科学认为,管理活动包括四个方面,即决策、计划、组织和控制。四个方面环环相扣,计划便于决策得以实施,组织、控制有准则,有利于协调各个相关方面的工作,进而推动整个工作进程。有了宣传计划,可以增强自觉性、避免盲目性,使各项宣传活动合理、有序地进行。

二、宣传计划的特点

(一)全局性

宣传计划涉及整个宣传活动的方方面面,制订计划时一定要纵观全局、统筹安排、合理部署;同时,一定要符合党和国家的路线方针政策。

(二)决策性

宣传计划一经制订,就产生对领导者、执行者的约束和督促,通常情况下不要擅自改变。

(三)可行性

必须对本单位、部门情况进行具体分析,保证宣传计划的内容都切实可行。

(四)指导性

宣传计划的制订依据、目标和措施都不是凭空杜撰的,而是经过分析研究后,对下一阶段宣传工作的部署。因而,其必须能够指导宣传工作的具体实践,明确规定"谁做""怎么做""何时做完"等问题,否则就成了一纸空文。

三、宣传计划的结构与写作要求

(一)标题

常见的标题包括四项内容:宣传计划的执行者、宣传计划的时间界限、宣传计划的主题和文种名称。如果还要加以讨论和定稿,下面可以用括号加注"讨论稿""送审稿"字样。

（二）正文

正文的内容包括三个部分。第一，说明宣传计划制订的依据，如根据国家的政策方针、上级机关的指示、本部门的实际情况等制订，回答"为什么做"的问题。第二，说明计划的目标，包括任务、要求和目标，写明质和量要达到的具体目标，回答"做什么"的问题。第三，说明具体措施，包括采用什么方法，分几个阶段、步骤完成，各个阶段的时限和具体要求，回答"怎么做""谁做"的问题。

常见的结构形式有段落式、条文式、表格式、综合式等。可以根据具体内容采取恰当的方式。

（三）署名和日期

在正文的右下方写明制订宣传计划的单位名称和年、月、日。

四、宣传计划写作的基本原则

要写好宣传计划，必须符合党的方针政策，结合工作实际，切合群众愿望的要求，同时要注意把握形势，着眼全局，实事求是。

①符合党的方针政策。无论是党政部门还是企事业单位、社会团体的各项工作与计划，都应按照党的方针政策来制定，这样才能与党和国家的发展战略规划保持一致，也才能坚持正确的发展方向。

②结合工作实际。任何计划都是为解决实际工作和具体问题而制订的，如果脱离具体工作的对象、要求和可能达到的效果来主观制订，势必缺乏针对性、可行性、可操作性，达不到预期目的。

③切合群众愿望的要求。我们一切工作的目的都是促进国家和本单位的发展，提高人民群众的物质和精神生活水平，因此，我们的各项计划应反映出民心所向、民心所愿，只有这样才能体现群众路线，才能调动群众参与的积极性。

④要从实际出发，不作空谈。

参考例文

亚马孙河考察宣传计划

一、活动前期宣传

2016 年 5—6 月,通过网站、电视台、报纸、电台、杂志等媒体的介绍,吸引企业赞助并且对赞助企业进行宣传;同时,引起人们对此次活动的关注。

新闻发布会准备流程:

1.2016 年 7 月,筹备召开新闻发布会,向社会进行广泛宣传。

2.2016 年 8 月,实施召开新闻发布会,将邀请国家奥林匹克委员会领导及国家旅游局、国家体育总局领导参加。新闻发布会上除安排相关单位负责人发言外,还将向与会新闻单位记者散发本次活动的新闻通稿。

3.2016 年 9—10 月,召开沿途主要停留地的新闻发布会,向世界展示中国人的精神风采。

二、出发仪式宣传

2016 年 9 月 16 日,举行"亚马孙河探险队"出发仪式。仪式将在国际大都市上海举行,以引起人们对此次活动的高度热情与关注。届时,将有政府领导、旅游、体育、文化部门的领导,各新闻单位,赞助企业领导及相关企事业单位负责人,相关国家使节和国际友人,以及旅行界朋友参加此次仪式。主席台安装标有主赞助单位名称的大型背景板,现场插挂彩旗、标语以及大型气球等宣传品。

三、沿途宣传活动

2016 年 9—10 月,由沿途主要停留地的华人组织举行欢迎仪式,向新闻界随时发布活动的最新动态。

到达之后:2016 年 10 月 26 日,在进入亚马孙前夜举行欢送活动。

四、探险返回宣传活动

2016 年 11 月,组织由相关领导和相关负责人及旅行界朋友参加的庆祝活动,庆祝活动圆满成功。

(一)电视、电台、报刊宣传报道

1.电视台:中国中央电视台、上海卫视、东方电视台将跟踪报道此次探险活动,并在《新闻》节目中转播探险队出发仪式和完成探险活动后的庆祝活动;中央五套作专题介绍,中国中央电视台和上海卫视、东方电视台将现场直播探险队胜利返回上海后的庆祝活动。各相关地区电视台将对探险队的行动进行直播或转播。电视台将编辑制作探险活动的专题片并与各电视台进行文化交流、节目交换转播,进一步扩大此次探险活动的影响力,向世界展示中华民族的风采。

2.电台:中央人民广播电台、东方广播电台以及各省市地区相关电台将根据探险队的行程安排,在黄金时段播报探险队的情况、探险队的花絮,当地的人文、地理、自然景象以及经济发展状况。

3.新闻机构和报刊杂志计 30 家以上,对此次探险活动的赞助企业、探险历程进行阶段性的报道,所有报道将采取图文并茂的形式进行宣传。

(二)互联网站宣传报道

设立国际互联网站点,通过互联网进行宣传推广,与喜欢探险旅行的朋友进行交流活动。本次活动将选择著名的门户网站合作,可以在多个知名的网站上直接登录,赞助企业名称和标识将出现在主要网页上。为配合这次活动,××环球自助旅行网将进行全程详细的跟踪报道。

(三)宣传海报宣传报道

印刷数量为 20 万份,在沿途主要停留地发送,赞助企业的名称和标识将出现在宣传海报上。

(四)活动特刊宣传

印刷数量为 5 万份以上,通过国际互联网免费索取,使更多的人了解此项活动,认识赞助企业的产品,记住赞助企业的名称、标识。

亚马孙河考察筹委会

2016 年 8 月 16 日

第二节　文化活动方案

近年来,我国十分重视以人为本,大力倡导人文关怀的精神,更加注重文化建设,各行各业都开展了丰富多彩的文化活动。要使党政部门的机关文化、企事业单位的文化活动得以顺利开展并取得良好效果,需要我们制订内容充实、富有特色、切实可行的文化活动方案。

一、文化活动方案的概念和作用

文化活动方案是指写明某项文化活动的具体实施计划、方法、步骤和措施的文书,一般由政府部门、有关单位团体组织制订和实施。它相当于一个工程的蓝图,方案的精心制订对于文化活动的成功举办有着重要的作用。事先一定要考虑方方面面的具体情况,做好协调筹备工作,才能实事求是地拟订出切实可行又生动丰富的文化活动方案。

二、文化活动方案的写作结构

(一)标题

标题写明活动的主办单位名称、活动的名称和文种。

(二)正文

正文一般由前言和方案条文两大部分组成。前言说明举办本次文化活动的背景、原因、目的和期望达到的效果;方案条文分项列出各项活动的具体内容、举行的时间、地点、参加人员等,要详尽准确、条理分明,以便实施和执行。

(三)署名和日期

署名和日期在正文的右下方,把制订方案单位的名称写清楚,最后注明年月日。

三、写作文化活动方案的注意事项

①着眼全局,统筹兼顾。文化活动往往是综合性的事件,涉及不同部门、不同地点和人员的通力合作,因此考虑问题必须全面,顾及各个方面的情况,才能保证方案的顺利实施。

②措施具体,便于执行。文化活动往往由一系列单项活动组成,每一单项活动举行的时间、地点、方式、人员等都要交代清楚,才能各负其责,落实执行。

③条理分明,详尽准确。方案的写作不能芜杂混乱,而应分条分款,一一叙述准确、明晰。

④设计新颖,生动活泼。方案的构思设计要有新意,不能雷同呆板,枯燥无味,令人毫无兴趣,从而导致活动的失败。

参考例文

第四届中国昆明国际旅游节系列文化活动方案

为了吸引四海宾客来到大理,第四届中国昆明国际旅游节制订了以下开幕系列文化活动方案:

1.迎宾晚会《大理神韵》

古乐与交响乐同奏。4月9日晚在下关一中演出厅举办的迎宾晚会《大理神韵》——大理古乐交响乐演奏会,首次将大理古乐与西方交响乐进行同台合奏,由昆明交响乐团与大理古乐艺人200多人联袂献艺,请名家宣科指导排练,通过古乐奏西洋乐、西洋乐奏古乐、中西合璧,充分展示大理悠久深厚的历史文化和西方高雅音乐的魅力,营造出"世界寰宇讴盛世,太平草木一般春"的磅礴乐章。

2.开幕式文艺表演《云岭风采》

民族歌舞与现代芭蕾完美结合。

4月10日上午在大理三塔公园广场专门搭建的三级立体舞台上举行开幕式大型文艺表演《云岭风采》,通过"彩霞的故乡""飘香的家园""陶醉的乐土"三个篇章和尾声多民族立体交错的歌舞艺术,尽展多姿多彩的民族文化和色彩斑斓的时代生活风貌,让云岭高原成为人人向往的"香格里拉"。

《云岭风采》突出地方民族文化与现代歌舞的完美结合,演员由上海芭蕾舞学校,大理白族自治州歌舞团、白剧团,云南艺术学院及当地业余演员共500人组成。有白族草帽舞段、蝴蝶舞段、八角鼓舞段、小三弦舞段、傈僳族辣子舞段、竹竿舞、佤族丰收舞、藏族打酥油茶舞、白族春研白舞、景颇族春碓舞等单、双、三人舞,包括民族舞、芭蕾舞等形式,还有藏、纳西、白、哈尼、傣、彝等民族的酒歌独唱、重唱及合唱。这是一部民族团结、人间美景的颂歌。

3.《欢乐在大理》游演

18辆彩车推出优美开放的大理形象。

4月10日下午举行的大理古城游演《欢乐在大理》由2 000余人、18辆彩车组成,分"金鹏展翅""大理风光""民族风情"三个篇章,突出民族风情文化、地方特色和中国烹饪王国云南游主题。18辆彩车造型包括大鹏展翅、大理三塔、风花雪月景观、漾濞岩画、剑川石宝山、南诏石窟造像、宾川鸡足山、巍山巍宝山、祥云水目山及塔林、云龙天池及虎头山等。彩车周围进行白族、彝族、傈僳族、回族等民族民间音乐舞蹈、服饰游演,同时推出大理民族特色烹饪食品、特产及工艺品牌。

4.《放歌大理》

十国歌手同台献艺。

这是本次旅游节开幕系列活动的一大亮点和高潮。十国歌手将首次聚在中国、聚在玉苍银洱，共同唱响和平发展的主旋律，一起为云南更加开放地走向世界呐喊、助威。

《放歌大理》于 4 月 10 日晚在下关民族广场明珠塔下搭建的大型立体舞台举行，邀请缅甸、老挝、越南、柬埔寨、新加坡、马来西亚、菲律宾、印度尼西亚、韩国的 18 位著名歌唱家，以及我国云南籍歌唱家宗庸卓玛、杨学进、曹新华、何纾等共十个国家的歌唱家联袂献艺，云南电视台民族团结艺术团参演。整台演唱会由联唱《大理是个好地方》、各国歌唱家《异国风采》、联唱《金花与阿鹏的歌》、尾声《友谊地久天长》组成，突出旅游节团结友谊的主题及国际性、时代性。

第×届中国昆明国际旅游节组委会

2013 年 2 月 10 日

第三节　演讲稿

演讲稿是人们在工作和社会生活中经常使用的一种文体，可以用来交流思想、感情，表达主张、见解，也可以用来介绍自己的学习、工作情况和经验收获等。

一、演讲稿的性质、特点及作用

演讲稿也称为演说词，是在较为隆重的仪式和某些公众场所上口头发表演说的文稿，带有极强的宣传鼓动性。演讲稿是进行宣传经常使用的一种应用文体。演讲既是一门学问，更是一门艺术。

演讲稿是进行演讲的依据，是对演讲内容和形式的规范和提示，体现着演讲的目的和手段、演讲的内容和形式。它具有宣传、鼓动、教育和欣赏等作用，可以把演讲者的观点、主张与思想感情传达给听众以及读者，使他们信服并在思想感情上产生共鸣。演讲稿是为演讲准备的书面文字，其特征与演讲有着密切的关系。演讲，是采取口语和态势

214

语向人们表达见解、发出号召、进行动员的一种特定的表情达意方式和宣传鼓动方式,可分为即兴演讲和文稿演讲两类。从内容来看,有学术专题演讲、政治宣传演讲、社会生活问题演讲、教学演讲、法律演讲等。学术演讲稿,包括科研报告、学术讲座等;政治演讲稿,包括竞选演说、就职演说、述职演说、政治动员、开(闭)幕词、祝酒辞等;社会生活问题演讲稿,包括演讲赛、巡回报告等;教学演讲稿,教师用的有开场白、收束语、介绍作家作品及进行思想教育的讲稿,学生用的有读书报告、问题辩论、专题演讲、论文答辩等;法律演讲稿则为律师所常用。

演讲是一种面对面的宣传、教育、鼓动和交流的好形式,演讲稿是直接为演讲提供可以凭据的文稿,"鼓天下之动者存乎辞",是演讲成功的前提和基础。演讲稿的作用:第一,理清思路,确定内容。它是底稿和依据,还可以安定和调整情绪。第二,细心推敲,表达完美。要有充分的时间来修改。第三,掌握时间,调整速度。一般广播是每分钟 280 个字,演讲要慢一些,大约 250 个字。那么,限制在 4~6 分钟的演讲就需要 1 300 字左右。

演讲稿的广义作用是指社会作用,大致有以下几个方面:第一,演讲是人类社会政治活动的重要方式,用来表达某种思想意志,演讲稿就是这种思想意志的文字载体。第二,演讲是传播真理的手段,包括社会性的思想教育和文化知识传播,能给人以巨大的启迪作用。第三,对演讲者本身来说,演讲能起到拓展思路、开发智力、提高修养的作用。演讲是对语言的积极运用,而语言对思维有反作用,因此,演讲能促进创造性思维的发展。演讲的效果是多方面的,好的演讲还能给人以美育的作用,这就要求演讲者加强自身修养,在注意仪态仪容的美之外,还要注重精神风采的美。

演讲和表演、作文有很大的区别。首先,演讲是演讲者(具有一定社会角色的现实的人,而不是演员)就人们普遍关注的某种有意义的事物或问题,通过口头语言面对一定场合(不是舞台)的听众(不是观看艺术表演的观众),直接发表意见的一种社会活动(不是艺术表演)。其次,作文是作者通过文章向读者单方面地输出信息,演讲则是演讲者在现场与听众双向交流信息。严格地讲,演讲是演讲者与听众、听众与听众的三角信息交流,演讲者不能以传达自己的思想和情感、情绪为满足,他必须能控制住自己与听众、听众与听众情绪的应和与交流。因而,为演讲准备的稿子就具有以下三个特点。

1.针对性

演讲是一种社会活动,是用于公众场合的宣传形式。它为了以思想、感情、事例和理论来晓谕听众、打动听众、"征服"听众,必须要有现实的针对性。所谓针对性,首先是作者提出的问题是听众所关心的问题,评论和论辩要有雄辩的逻辑力量,要能为听众所接受并心悦诚服,这样才能起到应有的社会效果。其次是要懂得听众有不同的对象和不同的层次,而"公众场合"也有不同的类型,如党团集会、专业性会议、服务性俱乐部、学校、社会团体、宗教团体、各类竞赛场合,写作时要根据不同场合和不同对象,为听众设计不同的演讲内容。

2.可讲性

演讲的本质在于"讲",而不在于"演",它以"讲"为主、以"演"为辅。由于演讲要诉诸口头,拟稿时必须以易说能讲为前提。如果说,有些文章和作品主要通过阅读欣赏,领略其中意义和情味,那么演讲稿的要求则是"上口入耳"。一篇好的演讲稿对演讲者来说要可讲,对听讲者来说应好听。因此,演讲稿写成之后,作者最好能通过试讲或默念加以检查,凡是讲不顺口或听不清楚之处(如句子过长),均应修改与调整。

3.鼓动性

演讲是一门艺术。好的演讲自有一种激发听众情绪、赢得好感的鼓动性。要做到这一点,首先要依靠演讲稿思想内容的丰富、深刻,见解精辟,有独到之处,发人深省,语言表达要形象、生动,富有感染力。如果演讲稿写得平淡无味,毫无新意,即使在现场"演"得再卖力,效果也不会好,甚至适得其反。

二、演讲稿的写作要求

演讲主要是诉诸听觉的,演讲稿必须考虑听觉接受的特殊要求,考虑现场听众的心理反应,因此具有特殊的写作要求。

1.内容有针对性

写稿之前,要了解听众的基本情况,如职业、文化程度、年龄层次、民族等;还要了解听众对将要演讲的问题的基本态度,如对什么问题感兴趣、有哪些疑问等。这些情况了解清楚了,准备演讲稿就能有的放矢,演讲时就能引起共鸣,收到预期的效果。

2.观点要鲜明

演讲稿观点必须鲜明,赞成什么、反对什么,都要旗帜鲜明,并且围绕一个中心展开演讲,否则听众就无法把握演讲者的思路。要有一个鲜明的主题,即一个判断句,在演讲中反复突出。提取主题,一定要从客观上考虑群众普遍关心的问题,针对问题作出自己的解答。适应受众的心理需要,使之产生亲切感、参与感和冲击力。如演讲稿《新世纪"抗战"的号角已吹响》,针对我们在经济战中处于劣势的情况,鼓舞人们像在抗日战争中一样奋发起来;如《焦书记,现代化呼唤着你!》,针对干部中的普遍现象,鼓舞干部像焦裕禄一样为人民服务;又如《谁是最可怜而又最可爱的人》,针对学生不顾父母辛劳的问题;再如《英魂兮归来》,针对腐败以及精神滑坡现象,发出"英雄回来"的号召。观点鲜明,举例典型,才能在听众心中留下深刻的印象,起到宣传鼓动的作用,引起强烈的反响。

3.感情要真挚

演讲者感情真实,待人以诚,才能以心换心,打动听众的心灵。演讲时,演讲者必须情绪饱满,善于调动观众的感情;同时,应控制好分寸、张施有度,恰当地处理"情"与"理"的关系,使二者完美地结合起来,不仅动人以情,还能引人思考。注意情感的调动,进入角色,与观众打成一片。以情为文,情不但是结构线索,而且是主要的中心内容。感情有一定的律动起伏,呈现一条向上的曲线(陡起后下落,再一节比一节高地升起,在达到最高峰时戛然而止)。

4.结构清晰完整,跌宕起伏

演讲稿在结构安排上既不能散漫随意,给人以漫无边际之感,也不能一平到底,毫无变化,让听众产生厌倦感。写作演讲稿时结构应该跌宕起伏,富有节奏感,巧妙地穿插与引申,灵活多变,这样才能吸引听众的注意力,引起其兴趣。

5.语言要通俗生动

演讲具有一次性接受的特点,不像阅读可以反复进行,不能给听众留下更多品味的余地,所以语言应该明白晓畅、简洁生动;同时,听众的文化层次各不相同,理解能力有异,语言应该注意通俗易懂、深入浅出。句子结构不能太复杂,句式不能太冗长,尽量简单明快。语言要有利于口语表达,避免因同音字的使用而引起歧义,使用文言文或外文时要作解释。此外,要运用合适的修辞手段,如运用警句、排比、引用、比喻等,并且采用幽默、悬念等表现手段,以调动听众的情绪,吸引其注意力。

三、演讲稿的写作结构

由于演讲对时间空间有特殊的要求,演讲稿的结构一定要精心安排、合理布局,这关系到演讲的成败。演讲稿的结构除了要符合一般的文章要求外,还有其特殊之处。

1.开头要开宗明义,点明演讲的主题

开场白的方式有多种,有开篇入题、借题发挥、提问设问、引用比兴等,如《新世纪抗战的号角已吹响》开头运用"同学们大家起来"的抗战歌曲。常常运用的两种方法是设问法和情境法。总的原则是切题和镇场,开场白要将演讲的内容作出勾勒,介绍梗概、层次安排等,让听众对演讲内容有一个总体把握;同时,创造一种气氛,让全场尽快进入特定的演讲氛围。切忌不着边际的题外话和故作谦虚的客套话,那样只会使听众生厌。开头可用提要式的开头、描述式的开头、提问式的开头等,视具体情况而定。

2.主体部分反复阐明中心观点

条理层次应十分清楚,并在每一个层次前或后面有语言标志。注意在高潮到来时运用排比和手势、动作等。要突出中心,反复阐明中心问题。演讲时间有个限度,不可能泛泛而谈、面面俱到,只能抓住一个中心问题,从不同角度、不同侧面反复阐明自己的观点,这样才能给人留下一个完整、深刻的印象。根据演讲内容的不同和听众情况的不同进行调整。在实际生活中,这一部分是丰富多彩的,要根据具体要求确立适当的中心问题,并展开分析和发挥。

3.结尾要总括全文,留有余味

演讲稿的结尾体现全文的完整性,又关系整个演讲的气氛和效果,因此非常重要。结尾要言简意赅,清晰明白地总括全文,强化中心观点,给人以深刻的印象。一般演讲的结尾也是整个演讲的高潮部分,演讲者往往把中心意思精练为几句鲜明扼要的话语,给人以启发,留下思考的余地。一是概括要点,揭示主题;二是抒发感情,激励人心;三是展望未来,鼓舞斗志;四是饱含哲理,发人深省。语言要简洁深刻、铿锵有力,这样才能收到极佳的演讲效果。

参考例文

讲故事的人

莫　言

我获得诺贝尔文学奖后,引发了一些争议。起初,我还以为大家争议的对象是我,渐渐的,我感到这个被争议的对象,是一个与我毫不相关的人。我如同一个看戏人,看着众人的表演。我看到那个得奖人身上落满了花朵,也被掷上了石块、泼上了污水。我生怕他被打垮,但他微笑着从花朵和石块中钻出来,擦干净身上的脏水,坦然地站在一边,对着众人说:对一个作家来说,最好的说话方式是写作。我该说的话都写进了我的作品里。用嘴说出的话随风而散,用笔写出的话永不磨灭。

我希望你们能耐心地读一下我的书,当然,我没有资格强迫你们读我的书。即便你们读了我的书,我也不期望你们能改变对我的看法,世界上还没有一个作家,能让所有的读者都喜欢他。在当今这样的时代里,更是如此。

尽管我什么都不想说,但在今天这样的场合我必须说话,那我就简单地再说几句。

我是一个讲故事的人,我还是要给你们讲故事。20世纪60年代,我上小学三年级的时候,学校里组织我们去参观一个苦难展览,我们在老师的引领下放声大哭。为了能让老师看到我的表现,我舍不得擦去脸上的泪水。我看到有几位同学悄悄地将唾沫抹到脸上冒充泪水。我还看到在一片真哭假哭的同学之间,有一位同学,脸上没有一滴泪,嘴巴里没有一点声音,也没有用手掩面。他睁着大眼看着我们,眼睛里流露出惊讶或者是困惑的神情。事后,我向老师报告了这位同学的行为。为此,学校给了这位同学一个警告处分。多年之后,当我因自己的告密向老师忏悔时,老师说,那天来找他说这件事的,有十几个同学。这位同学十几年前就已去世,每当想起他,我就深感歉疚。这件事让我悟

218

到一个道理,那就是:当众人都哭时,应该允许有的人不哭。当哭成为一种表演时,更应该允许有的人不哭。

我再讲一个故事:三十多年前,我还在部队工作。有一天晚上,我在办公室看书,有一位老长官推门进来,看了一眼我对面的位置,自言自语道:"噢,没有人?"我随即站起来,高声说:"难道我不是人吗?"那位老长官被我顶得面红耳赤,尴尬而退。为此事,我洋洋得意了许久,以为自己是个英勇的斗士,但事过多年后,我却为此深感内疚。

请允许我讲最后一个故事,这是许多年前我爷爷讲给我听过的:有八个外出打工的泥瓦匠,为避一场暴风雨,躲进了一座破庙。外边的雷声一阵紧似一阵,一个个的火球,在庙门外滚来滚去,空中似乎还有吱吱的龙叫声。众人都胆战心惊,面如土色。有一个人说:"我们八个人中,必定一个人干过伤天害理的坏事,谁干过坏事,就自己走出庙接受惩罚吧,免得让好人受到牵连。"自然没有人愿意出去。又有人提议道:"既然大家都不想出去,那我们就将自己的草帽往外抛吧,谁的草帽被刮出庙门,就说明谁干了坏事,那就请他出去接受惩罚。"于是大家就将自己的草帽往庙门外抛,七个人的草帽被刮回了庙内,只有一个人的草帽被卷了出去。大家就催这个人出去受罚,他自然不愿出去,众人便将他抬起来扔出了庙门。故事的结局我估计大家都猜到了,那个人刚被扔出庙门,那座破庙轰然坍塌。

我是一个讲故事的人。因为讲故事我获得了诺贝尔文学奖。我获奖后发生了很多精彩的故事,这些故事,让我坚信真理和正义是存在的。今后的岁月里,我将继续讲我的故事。

(选自莫言《讲故事的人》)

第四节　标语、口号

标语、口号是最为简短、凝练的宣传文书,仅由一个或几个短句组成,言简意赅,主题鲜明。

一、标语口号的概念和作用

标语、口号是为完成某项任务、发出某种号召而创作的短小精悍的宣传文字。标语、口号概括性极强，必须用短短一句或几句话传达出特定的观念及精神。标语、口号极富鼓动性，能振奋人们的精神，激起人们的斗志，号召人们为实现某个目标而奋斗。

二、标语口号的写作特点

标语口号的特点是鲜明、简短、精粹，便于记忆，富有鼓动性。标语口号文字虽然简短，但写好实不容易。标语一般是书面形式，可以张贴、悬挂在醒目的公众场合；口号往往要通过人们口头喊出，也可写成书面形式、制成条幅等。

三、写作标语口号的注意事项

①针对某件事情、某个主题发出号召，做到有的放矢。
②音节要铿锵有力，词语朗朗上口，便于记忆并给人留下深刻印象。
③要善于提炼概括，只能由一个或几个短句构成，切忌冗长平淡、言之无物。

参考例文

- 中华民族伟大复兴的中国梦，就是要实现国家富强、民族振兴、人民幸福。
- 加强法治建设，保障公民权益。
- 让学生成才，让家长放心，让社会满意，树文明新风。
- 向管理要效益。
- 责任重于泰山。
- 执法为民　立警为公。
- 改革要有新突破，发展要有新思路，工作要有新局面。
- 质量是帆，企业是船；帆落船停，帆鼓船进。
- 创优质品牌　铸一流形象。
- 我们的理念是没有最好只有更好。
- 诚信立足，创新致远。
- 最大的破产是绝望，最大的资产是希望。

- 安全就是效益,质量就是生命。
- 百年大计,质量第一。
- 高高兴兴上班来,平平安安回家去。
- 加强环境宣传教育,提高全民环境意识。
- 合理利用自然资源,有效保护生态平衡。
- 环境与人类共存,开发与保护同步。
- 人人把好防火关,有备无患保平安。

第五节　对　联

对联是我国独有而宝贵的文学艺术遗产,它充分利用了汉字的字义、字形、声韵、词性等特点,在世界文苑中可谓一枝独秀,粲然生辉。

一、对联的由来

对联,又名楹联,俗称"对子",是指写在纸上、布上或刻在竹子、木头、柱子上的对偶句。

我国古时有一种习俗,元旦那天,用两块桃木各画上"神荼""郁垒"二神像(后来只写二神名字),悬在门旁,认为这样能够镇恶压邪,称为"仙木",这就是桃符的由来。五代时,西蜀的宫廷里开始在桃符上题联语。《宋史·蜀世家》载:"孟昶命学士题桃符,以其非工,自命笔题云:'新年纳余庆,嘉节号长春。'"后称之为春联,这便是对联的由来。后蜀孟昶在位的年代是公元935—965年,《宋史》说每岁都题桃符,可见公元965年之前就有了对联。唐朝诗歌兴盛繁荣,律诗中的对仗句推动了对联的发展,成为我国独有的一种文体。

二、对联的作用

对联,有着广泛而奇妙的作用。一副对联一般着墨不多,随时可以撰写。它既能叙事写景,又能应事而作,抒情写意。对联可以题在园林亭榭、门楼店市,或者会堂馆所、名胜古迹。对联可以用于庆贺佳节良辰,讽喻人情世故;也可以用于丧娩婚寿,抒发悲哀欢悦。用对联表情达意,灵活自由。好的对联能给人以启迪、教育、勉励和鼓舞,给人以美的享受。每逢春节,家家户户贴上大红春联,抒情言志,喜庆祥和,表达除旧布新的良好愿望,已成为我国的民俗风尚,为人们所喜闻乐见,在建设精神文明活动中有着独特的作用。

三、对联的特点

对联的形式独特,似诗非诗,似词非词,自成一家。其形式的主要特点如下。

①由两个对称的句子组成,上句写在右边,称为上联,也称出句;下句在左边,称为下联,也称对句。上下联字数一定要相等,但字数多少不限,少则四五字,多的可达数十数百字,甚至上千字。我国最长的对联是钟云舫题江津临江楼长联,共 1 612 字。有的对联上面还有横批,起画龙点睛的作用。横批又称横额,俗称"题对",应精要地概括对联的内容意义。

②上下联的内容和意义相关、相联或相对。对称的各个部分结构要一致,词性相同,平仄相对,声韵和谐。上下两句,既不同于文章的对偶句,又不同于诗词中的对仗句,能够完整地表情达意。例如:"亚运燃圣火圣火出神州神州燃遍圣火;赛场响凯歌凯歌响四海四海响彻凯歌。"(上联为《中国青年报》征联出句,下联为干天全对句。)

四、对联的分类

对联的种类很多。按照使用范围分,可分为通用联、行业联等;按照修辞方法分,可分为比喻联、拟人联、叠字联、回文联、双关联、连环联、谜语联等;按照内容分,可分为格言联、自勉联、谐趣联、名胜古迹、地名联等。这些类别按照使用的时间和场合分,又可分为春联、装饰联、专用联、交际联等,下面作简单介绍。

(一)春联

春联是专用于庆祝春节的对联。可广泛使用于房门、街门、单位大门、会场、工地等地,要根据不同场合针对性地撰写。春联必须有横批。例如,"艺苑繁花沐春雨;文坛异彩赖新秀"(文联春联);"一夜连双岁岁岁如意;五更分二年年年称心"。

（二）装饰联

装饰联是用于美化环境的对联,用途十分广泛,可以装饰亭台楼阁、名胜古迹,也可以装饰书房卧室、绘画文具。装饰联的横批可有可无,有时被匾代替。它不像春联只能用于春节期间,使用的时间很长,撰写时要有概括性和哲理。例如:"兴废总关情,看落霞孤鹜,秋水长天,幸此地湖山无恙;古今才一瞬,问江上才人,阁中帝子,比当年风景如何?"（南昌滕王阁联）"声趋千骑疾;气卷万山来"。（钱塘观潮亭联）

（三）专用联

专用联是专为某一事情而撰写的对联,使用的时间很短,根据具体事情而变化,包括婚联、寿联、喜联、挽联等。喜联可用于祝贺乔迁、祝贺立功、祝贺生子等,有喜事的场合都可使用。撰写这类对联,感情要真挚,适合双方的友情和身份。专用联可用横批,也可不用。例如:"江户失丹忱,感君首赞同盟会;轩亭洒碧血,愧我今招侠女魂。"（孙中山挽秋瑾）"与有肝胆人共事;从无字句处读书。"（周恩来青年时代自勉联）"知菜根味清心寡欲笃信胸中佛祖;明万事空与世无争前往涅槃世界。"（干天全挽母亲）

（四）交际联

交际联是用于人们交际的对联。互相之间或表敬意,或诉情谊,或道离愁,赠别接风,试才斗智,都可使用。交际联一般不用横批,有时赠一横批更有意味。例如:"有关家国书常读;无益身心事莫为。"（徐特立题赠青年）"驹隙光阴聚无一载;风流云散天各一方。"（陶大钧妻赠秋瑾赴日留学）

五、对联的创作手法

①作为对联用的对偶句,应该是独立完整的意思,有实用价值。对联是两句一联,上句叫"上只",也叫"上半联";下句叫"下只",也叫"下半联"。有的联语很长,一只由十几句甚至几十句组成,两"只"字数也必须相等,并且哪只为上联,哪只为下联,要搭配好,一般不宜颠倒。

②对偶使用字数相等、句法相同或相似的句子,成双成对地排列,对仗非常工整。字同句似,两两相对,是表达两个相似、相反或相连的意思。例如:"蝉噪林愈静;鸟鸣山更幽。"（苏州拙政园联）"墙上芦苇,头重脚轻根底浅;山间竹笋,嘴尖皮厚腹中空。""效愚公挖山不止不做愚公;学智叟读书一生莫当智叟。"（干天全赠友人联）

③平仄相对,这是对声调、节奏、韵律的要求。首先,要分节奏。一般来说,四字句的

对联是一句两拍,五字句的对联是一句三拍,七字句的对联一般是一句四拍。有的对联虽然很长,也是由许多短句组成的,掌握了四言、五言、七言的节奏,也就能掌握长联的节奏。三字句的短对多用于长联,有前二字一拍,后一字一拍,也有前一字一拍,后二字一拍,三字重叠则是一字一拍。例如:"山静|水流|开|画景;鸢飞|鱼跃|悟|天机。"(桂林叠彩山联)"几层|楼、独撑东西峰……问|问|问:这半江月,谁家之物? 千年|事、屡换西川局……看|看|看:那一块云,是我的天!"(四川崇丽阁长联)

其次,要调平仄。句讲节奏,字调平仄。声调是指汉字的四声,即平声、上声、去声、入声。现代汉语分阴平、阳平、上声、去声。一声和二声为平声,三声和四声为仄声。平声读来昂扬,仄声读来短促有力,适当配合会增强艺术效果。对联中的平仄规律:"平对仄,仄对平,平仄要分清;一三五不论,二四六分明。"一句中平仄要变换,上下句对应部分平仄压迫相对。联句中奇数字要求不严,偶数字的平仄对立一定要分明。例如:"勤为摇钱树;俭是聚宝盆。"(平平平平仄,仄仄仄仄平)"旭日祥云灿;春风化雨新。"(仄仄平平仄,平平仄仄平)"喜鹊登枝盈门喜;春花烂漫大地新。"(仄仄平平平门喜,平平仄仄仄仄新)

④常用的对法有正对、反对、串对等。正对上下两句表达的内容相似或相关联;反对上下两句意思相反,对比鲜明;串对又叫"流水对",孤立地看意思不全,必须上下两联连起来看,才有完整的意思。

⑤对联中常用的修辞手法有描述、比喻、拟人、夸张、叠字、双关、连环、回文、谐音、嵌字、拆字、同旁等。例如,拆字联:"此木为柴山山出,因火成烟夕夕多。"(柴、出;烟、多)回文联:"秀山青雨青山秀;香柏古风古柏香。"

六、作对联的注意事项

①对联内容要健康,意境要高远,给人愉悦、启迪和陶冶。
②对联中用典要适当,使联语凝练精警,意蕴丰厚。
③使用对联要切合此情此景、彼时彼地,注意场合和气氛,以免闹出笑话。

参考例文

春联

除夕焰火映千家户户流光溢彩　　　　春山春水春意浓春色醉我

新年爆竹响万户人人吉祥如意*　　　　新天新地新景象新风宜人

时政联

政策顺人心有山皆绿　　　　大会小会长会短会天天泡会海

224

法制合民意无水不清 | 急事要事好事坏事件件堆成山*

生产劳动联

科学种田喜获五谷丰登 | 农林牧渔因地制宜宜用科学技术

勤劳养殖乐得六畜兴旺 | 多种经营全面发展展出繁荣景象

为人处世联

克己最严须从难处去克 | 无贪心无私心心存清白轻松快乐

为善以恒勿以小而不为 | 不惹事不怕事事留余地自由自在*

婚庆联

互敬互爱心心相印 | 志同道合结秦晋无需海誓山盟

相帮相助事事商量 | 情投意合成伴侣唯愿白头偕老

祝寿联

酒洌花香幸有丰功酬壮志 | 同甘苦建成和睦家庭同庆古稀

时合人瑞喜从盛世祝遐龄 | 共努力培育英才儿女共享天年*

哀挽联

多年教导音容笑貌永铭心上 | 瞻遗容朔风飘零红烛泪

一朝诀离言谈举止化作儿行 | 忆生平冬阳长暖后人心*

谐趣讽刺联

我本是石头塑成动弹不得 | 四菜一汤鸡鱼龟鳖燕窝羹刚够标准

你烧香难道就能升上西天(土地庙联)* | 一客九主众罗汉请观音客少主人多*

行业用联

古事比今事　要知今事通古事 | 桃仁杏仁柏子仁仁心济世

戏情即世情　欲晓世情看戏情 | 天仙凤仙威灵仙仙方救人

(剧院用联) | (药铺用联)

远客来沽只因开坛香千里 | 红日坠西行客身倦堪止步

近郊不饮原为隔壁醉三家 | 群鸦噪暮离人马疲可停驿

(酒馆用联) | (旅馆用联)

为名忙为利忙忙里偷闲吃杯清茶 | 理世上万缕青丝　虽是毫末技艺

劳心苦劳力苦苦中作乐听段评书 | 创人类头等事业　却是顶上功夫

(茶馆用联) | (理发店用联)

名胜古迹联

能攻心则反侧自消从古知兵非好战 | 佛脚清泉飘飘飘飘飘下两条玉带

---

① 注:有*符号的对联为干天全撰写。

不审势即宽严皆误后来治蜀要深思　　源头活水冒冒冒冒冒冒出一串珍珠

（武侯祠联）　　　　　　　　　　　　（济南趵突泉联）

爽气西来，云雾扫开天地憾　　　　　风声、雨声、读书声，声声入耳

大江东去，波涛洗尽古今愁　　　　　家事、国画、天下事，事事关心

[宋]苏轼题武昌黄鹤楼　　　　　　　[明]顾宪成题东林书院

同字异音联

海水朝朝朝朝朝朝朝落（读音：海水潮，朝朝潮，朝潮朝落）

浮云长长长长长长长消（读音：浮云涨，长长涨，长涨长消）

回文倒顺联

人过大佛寺　　　雪映梅花梅映雪　　　上海自来水来自海上

寺佛大过人　　　莺宜柳絮柳宜莺　　　山东落花生花落东山

顶针联

松叶竹叶叶叶翠　　　开口便笑，笑古笑今凡事付之一笑

秋声雁声声声寒　　　大肚能容，容天容地与己何所不容

叠字复字联

重重迭迭山，曲曲环环路　　　　读书好，耕田好，学好便好

丁丁冬冬泉，高高下下树　　　　创业难，守业难，知难不难

谐音双关

身居宝塔，眼望孔明，怨江围实难旅步

鸟处笼中，心思槽巢，恨关羽不得张飞

（四川内江三元塔楹联。"孔明、江围、旅步、槽巢"谐"诸葛亮、姜维、吕布、曹操"；此外还有含有人名：关羽，张飞。）

谜语联

一口能吞二泉三江四海五湖水

孤胆敢入十方百姓千家万户门

（谜底：热水瓶）

第八章 经济活动文书

经济活动文书是经济管理部门、企事业单位、社会团体或个人在经济行为中，为处理经济事务、加强经济管理、促进经济发展、传播经济信息、协调经济关系、记录经济过程而制作和使用的，有明确目的且较为固定或惯用格式的实用文体。它能够帮助、指导人们在市场经济活动中处理各种财经事务，进行经济贸易往来，发展开拓经济活动。学习掌握经济活动文书的书写，可以将知识转化为能力，提高学生应用文特别是经济应用文写作的素养和水平，更好地适应社会发展对人才实际能力的要求。

第一节 市场预测报告

市场预测是各级领导和经济管理工作者制定政策、作出决策、编制计划和进行科学管理的重要依据，在经济活动中具有非常重要的作用和意义。要想在商业活动中立于不败之地，就必须获取市场情报信息，对信息进行缜密的分析，从而对市场行情进行较为准确的定位和预测。写好市场预测分析报告不管是对国家经济决策还是对企业制订正确的经济计划，都具有很重要的作用及参考价值。

一、市场预测报告的内涵和作用

市场预测是指在调查的基础上,运用科学的理论和方法,根据翔实可靠的资料、准确无误的数据,对已掌握的各种市场经济信息加以分析、研究、评估,对未来一段时间内一定范围经济活动发展变化的趋势和走向作出判断和预测。市场预测是与未来有关的旨在减少不确定性对经济活动影响的一种经济分析,是对将来经济发展的科学认识活动。市场预测报告则是在市场预测的基础上完成的,以预测经济发展趋势为中心内容,以进行经济决策为目的的一种报告性文书。

古今中外皆有重视市场预测的案例。范蠡是春秋末期的政治家和大商人,在帮助越王打败吴王夫差之后,范蠡弃政从商,取得了很大成功,被后人封为中华第一经商之神。范蠡之所以取得成功,跟他很有预见性和前瞻性是分不开的。他随时了解各地商品价格的变动情况,认为贸易中的物质只有卖给迫切需要者才最有利可图。在他的观念里,做生意的人要有远见,在夏天就要预测皮毛的行情,在冬天要预测葛麻的行情;天旱时要预测到旱后逢雨,船只会成为特别需要的产品;水灾泛滥时,就要预测到水灾结束后,车辆将成为紧俏的商品。关于市场预测的重要性在两千多年前的范蠡时代就已经总结出来了,古人的经验提醒我们,市场预测在企业经营活动过程中所具有的重要意义。美国、日本等发达国家十分重视市场的调查和预测,并建立了庞大的市场情报系统。我国近年来也越来越重视市场预测,出现了专门化的信息咨询公司和市场调研公司。市场预测报告有助于决策者进行科学的决策、管理者制订严密可行的计划,有助于企业把握前景、调动员工积极性。对一个企业来说,市场预测报告的写作对企业科学决策、改善经营、开发产品、占领市场、提高质量、降低成本、增长效益和发展,有着直接的推动作用。其主要作用有以下三点。

（一）为经济管理决策提供科学依据

准确及时的信息参考是正确决策的前提,没有预测作为依据的决策往往是盲目的。正确的决策来源于对各种经济信息的分析研究,来源于对客观经济规律的探寻和认识。市场预测报告可以提供来自各方面、各种渠道的经济信息,政府和企业可以据此了解经济活动的情况趋势,从而作出正确的决策。

（二）为制订计划提供有力依据

对经营企业来说,经济预测报告能提供各种他们需要的经济信息,了解同本企业生产或经营活动相关的经济发展趋势,从而据此制订相应的购销计划,作出合理的经营安排。概而言之,经济预测报告,有利于企业加强生产经营计划的科学性和预见性。

（三）是提高经济效益的重要手段

市场预测报告以其科学的推断使企业的经营管理富有科学性和预见性,减少了不确定性因素,提高了企业决策的正确性、措施的可行性,发挥了潜在的生产力,提高了市场竞争力,从而获得良好的经济效益。另外,经济预测报告能对大众消费产生一种导向作用,而对一种产品的市场趋势的说明,能够引导人们按照预测的方向定向消费,从而提高经济效益。

二、市场预测报告的特点

（一）预见性

预见性即对未来市场发展趋势作出预测判断。市场预测报告是在一项经济活动开始之前,根据市场的历史和现状,对未来情况和各种因素进行分析比较,推断市场未来的走向和发展变化趋势,预测市场经济活动的前景,对将要进行的经济活动进行评估并提出对策,也为企业未来的经营管理决策提供科学依据。预见性是市场预测报告最突出的特点。

（二）时效性

时间是市场预测报告的生命和力量,时效性是对市场预测报告非常重要的一个要求。市场预测报告必须走在时代的前面,迅速反映市场活动中的新动态、新变化,以最快的速度,快速、全面把握市场信息情报,通过对历史和未来的分析,对未来的经济活动进行及时、有效的分析预测,并及时提供给决策者,否则,就会错失良机。

（三）科学性

市场预测报告是建立在客观科学地分析基础上的。这首先体现在搜集调查资料和数据时保证资料和数据的真实性和普遍性;其次体现在分析方法的科学性,即中间的论证,要求运用归纳演绎、模型建构等科学的分析推理方法;最后的结论,也离不开各种科学的调查方法和分析方法。科学地分析,才能保证对未来市场发展趋势作出的预测判断是正确的,也才能更好地发挥市场预测报告的重要作用。

（四）实践性

撰写市场经济预测报告,其目的是更好地指导经济实践活动,而预测本身也是应实践的要求而产生的。故而,市场预测报告与实践息息相关,它源于市场经济实践,又反馈、服务于市场经济实践。

（五）综合性

市场预测报告,具有非常专业的性质,同时需要众多学科作为知识背景。如企业的单项产品预测,它既是生产、分配、交换等诸多因素的综合反映,也是经济学、市场学、社会学、人口学、心理学知识渗透其中的结果。

三、市场预测的类型

按照不同的角度,市场预测报告可以有不同的分类。本书主要从以下四个方面进行市场预测报告的类型介绍。

（一）按照预测时限划分

按照预测时限分析,市场预测可分为中长期和长期市场预测报告(5年以上),中期市场预测报告(2~4年),短期市场预测报告(1年左右),近期市场预测报告(半年以内)。

（二）按照预测内容来划分

按照预测内容划分,市场预测可分为综合性市场预测报告和专题性市场预测报告。

（三）按照预测地域范围来划分

按照预测地域范围,市场预测可分为国际市场预测报告、国内市场预测报告、国内市场预测报告和区域性市场预测报告等。

（四）按照预测的技术特点划分

按照预测的技术特点,市场预测可分为定性市场预测报告和定量市场预测报告,或者称为质的市场预测报告和量的市场预测报告。定性,主要是揭示预测目标的性质,它抓住事物的主要特征,从整体上主要的或基本的方面去认定事物的性质。故定性市场预测报告一般只需对预测事物有概括性了解,描述其变化趋势,判断它出现的可能性。定量,是指注重从事物的数量特征、数量关系和经济发展过程中数量变化等方面分析事物的方法。定量市场预测报告主要通过数字来分析问题、预测未来,从一些经济指标的已知值推算另一些指标的未来值,提出解决问题的最佳方案。

四、市场预测报告写作方法介绍

（一）市场预测报告的基本结构

市场预测报告一般由标题、正文和落款三部分组成。

1.标题

市场预测报告的标题形式多样,有不同的写法,但无论哪种写法,都不能省略预测的对象。常见的形式有以下三种。

（1）全称式标题。这种标题由预测时限、预测范围、预测对象和文种四个要素构成,如《2014 年全国空调产销趋势预测》《2014 年新媒体广告预测报告》。

（2）简称式标题。这类标题一般省略了预测时限、范围,由预测对象和文种两部分构成,起到言简意赅、醒目引人的作用,如《2014 年北京市家用汽车销售趋势预测》《2014 年家电市场预测》。

（3）消息式标题。这类标题类似新闻报道中的消息标题。标题中没有“预测”字样,但能看出是预测,如《从欧洲市场看我国家电出口潜力》《国际市场商品包装发展趋势》《大屏幕彩电销售不容乐观》。

2.正文

市场预测报告的正文一般由前言、主体和结尾三部分组成。

（1）前言。前言的写法多样,一般介绍预测的对象、时间、范围、目的、基本情况、结果,也可以是指简单介绍一下预测对象的情况。前言也可以省略。

（2）主体。市场预测报告的主体部分应充分体现预测未来的特征,它一般包括三个方面的内容:历史与现状、预测、建议。

①历史与现状。历史与现状即运用市场调查中所获取的各种资料数据,说明已经发生或正在发生的市场事实,也就是说明预测对象过去和现在的有关情况、规律等,并对能够影响预测对象发展变化的有关因素进行必要的分析。这是分析预测的基础,既有文字的陈述,又需要具体数据、图表的说明,多运用叙述、说明的表达方式。

②预测。预测是在前一部分介绍情况、资料和数据的基础上,对市场情况综合分析得出的结论。预测是市场预测报告最核心、最关键的部分,是写作的重点。预测部分的内容,重在分析、作出判断。一般这部分会用到定性和定量相结合的分析方法,进行详细的分析与预测。这部分的撰写程序,大致如下:第一,收集筛选材料,分析材料;第二,选

择预测方法;第三,建立分析模型;第四,根据前面几个步骤,作出分析判断。

③建议。预测的目的是更准确地作出决策,故而"建议"是市场预测报告中必不可少的内容,它是形成正确决策的重要根据。这部分是依据预测结论提出的建设性意见,是作者的主观表述。但必须以对现状的客观分析为基础,提出切实可行的意见和建议,不能泛泛而谈,更不能脱离实际。

(3)结尾。结尾一般是对预测结论进行归纳,提出应注意的问题;也可回应前言,重申观点,以加深认识;还有的市场预测报告自然收尾,不设结尾。

3.落款

落款是作出市场预测报告的单位或个人的署名和写作日期,一般写在正文右下方,若是发表在报刊上,则应在标题的正下方署名。

(二)市场预测报告的写作要求和注意事项

①资料充分,理论依据恰当。市场预测的科学性要求资料数据翔实、准确,必须掌握大量全面系统的资料和数据,才能确保预测结果的精准可靠。同时,市场预测是关系经济发展的重要文书,理论的依据非常重要,作者一定要注意相关经济思想理论修养的培养,并熟悉党和国家相关经济方针政策。

②分析方法准确。市场预测有自己独特的分析方法,写作时要恰当地选择预测方法,应根据需要选择最适合的分析方法来分析。分析方法对了,所掌握的材料才能正确反映事实,这样才能确保分析预测的准确性。

③问题准确,推断合理。在进行市场预测时,只有真正抓住核心问题,才能作出正确的判断并采取有效的对策。同时,在预测时,要做到切合实际,进行客观、科学的分析推断。

④语言规范,层次清楚。市场预测报告是一种指导性的实用文体,涉及经济学、预测学等学科,许多专有词语有其特定的使用范围和含义。故作者在进行市场预测报告的写作时,必须具备经济学、数理统计、社会学等学科知识,注意用语的规范、明确,同时,注意文本的层次结构的清晰与连贯。

参考例文

2021—2027年LED照明行业市场研究及投资前景预测报告

1.行业发展态势

目前,全球已经初步形成以北美、欧洲、亚洲三大区域为中心的产业格局,各自在不同领域有较强优势。以美国、日本、德国为代表的具有LED照明全产业链制造能力的发达经济体在高端市场占据优势,具备先进的装备水平和较为完备的产业链体系,但受困于人工、物流、供应链成本较高的限制,并未形成规模效应。在亚洲新兴市场国家中,以印度、越南等为代表的较晚发展LED照明产业的国家虽然具备一定产品制造能力,但是其产业链配套不完善,且还面临国家政治经济形势复杂、社会效率低下等问题,短期较难形成竞争力。

中国作为全球LED照明产业的世界工厂,是全球最大的LED照明产品生产和出口国,具有LED照明产业全产业链生产制造能力,在LED照明产品生产、研发、销售上具有较强的竞争力。此外,近年来LED照明产业的产能快速扩张,造成行业集中度较低,市场竞争较为激烈。昕诺飞、欧司朗等国际一线品牌,以及欧普照明等国内一线品牌,凭借其强大的品牌、渠道、管理和技术研发优势,占据着中高端产品市场大部分的份额。部分具有自身技术特点和产品开发能力的新兴LED照明企业也抓住了行业发展机遇迅速壮大,成功切入中高端细分产品市场并占据着一定的市场份额。而众多中小型LED照明生产企业,由于其产品技术、质量、品牌和渠道方面的局限性,主要在中低端市场进行价格竞争。

2.行业特性

(1)周期性

随着LED照明技术逐渐成熟,以及世界各国对节能环保问题的重视和政策引导,LED照明产业迎来了巨大的发展机遇,因而周期性特征并不明显。

(2)区域性

当前,全球LED照明产业初步形成了以北美、欧洲、亚洲三大区域为中心的产业分布和竞争格局。中国是全球重要的LED照明产品生产基地和出口基地,北美、欧洲、亚洲是全球最主要的产品消费市场。

(3)季节性

LED照明产品应用领域比较广泛,在日常生活、商业、生产、工程、交通等各个领域均有长期稳定的应用需求,因此总体市场季节性特征不明显。但细分市场LED商业照明产品主要是面向商业客户,受传统消费习惯的影响,节假日期间往往是销售旺季,国内的"五一""十一""双十一""农历新年"期间,国外的"圣诞"期间,品牌商客户会加大对商业照明产品的推广和销售,因此下半年是商业照明行业的销售旺季;在新年假期过后的上半年,销售市场相对平淡。因此,商业照明行业存在一定的季节性特征。

3.行业利润水平变动趋势及原因

LED照明行业下游市场应用领域广泛,市场需求旺盛。LED光源面临较激烈的市场竞争,产品的盈利空间较低。通用照明是LED照明产品最大的应用市场,其细分领域发展差异较大,家居照明领域正逐步进入成熟期,市场竞争格局基本形成,同时受人工成本上升、产品竞争加剧等因素影响,盈利空间受到了一定的挤压。商业照明和工业照明等细分市场正处于快速发展阶段,随着商业照明客户个性化和定制化需求的不断丰富,以及工业照明场景对安全性、舒适性、智慧化等要求的提高,商业照明和工业照明等细分市场仍将保持快速发展,而且差异化、个性化的产品往往具有更高的产品附加值,盈利空间较大。

4.行业面临的机遇及挑战分析

(1)面临的机遇

A.世界各国推动 LED 照明产品的普及以及国家政策支持

为提高能效、保护环境、应对全球气候变化,美国、欧盟、日本等发达国家和地区政府相继出台了禁用传统白炽灯和扶持促进 LED 照明产业发展的政策。

B.LED 照明技术持续发展,价格不断下降

技术的进步决定了 LED 照明行业的快速成长,LED 照明产品替代节能灯是照明产业发展的趋势。LED 照明技术的进步主要体现在两个方面:一是光效的持续提升。根据国家半导体照明工程研发及产业联盟数据,2018 年产业化高功率白光 LED 光效超过 180 lm/W、LED 室内灯具光效超过 100 lm/W、室外灯具光效超过 130 lm/W;二是成本价格的不断下降。受上游芯片技术提升、产能增长和灯具生产流程优化等原因影响,主要原材料的成本逐步下降,降低了 LED 灯具的生产成本。根据统计数据,以一颗相当于 60 W 的 LED 灯泡价格来看,其价格在 2011 年 1 月时约 45~50 美元/颗,而到 2018 年 7 月,价格却已经下滑至不到 10 美元/颗,至 2019 年 5 月进一步下降至 7 美元/颗,LED 照明产品的价格已渐渐逼近传统节能灯的价格。

C.LED 照明产品应用领域持续扩宽

随着 LED 照明技术的迅速发展,LED 照明产品的稳定性、使用寿命、智能化、显指、光效等性能指标日趋成熟,达到满足市场需求的状态,LED 照明产品已不仅仅是满足一般照明的需求,而是根据应用场景的不同,衍生出各种应用领域,市场范围不断扩展和延伸。

在 20 世纪 90 年代以前,LED 照明产业处于发展前期,产品色系单一、价格较高,应用市场主要由信号灯、指示灯等需求拉动;90 年代中后期开始,LED 照明产业进入快速发展阶段,蓝、绿光技术的发展与产品价格的下降使得 LED 照明在商用领域得到迅速推广,并成为当时 LED 照明市场发展的主要驱动力;随着技术的不断成熟以及价格的进一步降低,近年来 LED 照明产品在家居照明、工业照明等诸多领域亦逐步渗透,形成了潜力巨大的应用市场。未来,随着景观照明、汽车照明等细分行业的发展,LED 照明市场需求仍将保持快速增长。

D.中国拥有完整的 LED 照明产业链条,行业进入发展成熟期

我国的 LED 照明产业起步于 20 世纪 60 年代末,经过近 50 年的发展,我国 LED 照明产业取得了显著的成就,已形成了包括 LED 外延片的生产、LED 芯片的制备、封装及 LED 产品应用在内的完整的产业链。

同时,中国高度重视 LED 照明技术研发,先后启动了绿色照明工程、半导体照明工程,在十大重点节能工程、高技术产业化示范工程、企业技术升级和结构调整专项、"863"计划新材料领域中先后支持 LED 照明技术的研发和产业化项目,由此具备了较好的研发基础,并在下游 LED 照明集成应用方面具有一定优势。

E.中国行业标准不断完善,规范化发展成为方向

近年来,在国家发改委、国家标准委、科技部、工信部等政府部门的引导下,在相关行业组织及机构的推动下,我国 LED 照明标准检测认证取得阶段性进展。据全国标准信息公共服务平台统计数据,截至 2021 年 5 月 31 日,我国已发布 LED 照明相关现行国家标准 187 项,行业标准 174 项,地方标准 247 项,并积极开展团体标准试点工作,积极参与国际组织 ISO/TC274 标准化工作。

此外,LED 照明产品的应用范围越来越广泛,其下游应用领域如户外场所、体育场馆等都逐步建立了相关管理规范。上述行业标准和规范的建立,将有助于促进 LED 照明行业有序和规范化发展。

(2)面临的挑战

A.核心技术相对薄弱

当前,我国 LED 照明产品很大一部分用于出口,而欧美国家和地区市场不同于国内市场,有着严格的准入门槛、发达的信任管理机制,并通过高技术法规、高安全标准等方式对 LED 照明产品设置了市场准入条件。而我国 LED 照明企业在高端材料、光学设计、电源管理、散热技术等领域的核心技术长期以来一直处于较为薄弱的状态,LED 照明企业在技术上无竞争优势,这成为我国 LED 照明产品出口欧美等发达国家和地区市场的重大障碍。

B.国内 LED 照明企业品牌影响力弱

从全球各区域发展情况来看,目前全球 LED 照明产业已形成以北美洲、欧洲、亚洲三大区域为主导的三足鼎立的产业分布与竞争格局,并呈现出以日本、美国、德国为产业龙头,中国、韩国紧随其后,中国、马来西亚等国家和地区积极跟进的梯队分布。国际上,昕诺飞、欧司朗等国际巨头在高端产品市场占据大量市场份额,在产品与市场方面各具特色,形成了 LED 照明完整的产业链,并利用其在新产品和新技术领域中的创新优势,主要从事高附加价值产品的生产,掌握着高端材料、光学设计、电源管理、散热技术等关键的核心技术。而国内 LED 照明企业品牌提升增值能力较弱,或追求销售规模而忽视品牌建设,具备国际竞争力的品牌企业较少。

C.同质化竞争现象严重

产品同质化一直是困扰我国 LED 照明企业的难题之一,由于 LED 照明市场处于高速成长阶段,行业中的一些中小型规模企业在产品、技术的研发上投入较少,主要通过以较为低廉的价格抢占市场,从而导致 LED 照明行业呈现一定的无序竞争、产品同质化现象。这些问题不仅影响着 LED 照明企业的盈利状况,更加不利于 LED 照明行业的健康和可持续发展。

(本文有删减)

第二节　市场调查报告

在市场经济体制中,谁掌握市场情报,谁就能在激烈的市场竞争中处于主动地位,赢得市场和利润。市场调查就是指为了解市场情况、搜索资料、掌握信息而进行的考察活动。控制信息就是控制了企业的命运,失去信息就会失去一切。正如毛泽东同志所说,没有调查就没有发言权。要了解市场情况,唯一的方法就是进行市场调查。市场调查报告依据市场调查结果写成,它对于产品研制、生产与营销、市场开发及企业管理的决策都有十分重要的参考作用。

一、市场调查报告的含义和作用

调查研究,是根据特定的目的,按照一定的理论依据和恰当的方法对调查对象进行全面、深入、系统的了解、分析、评判,从而揭示其规律,得到调查结论的一种认识活动或工作方法。调查报告则是根据这种活动及认识进行写作,反映调查研究成果的一种应用文体。市场调查报告是诸多调查报告中的一种,是调查者以市场为对象,通过各种不同的调查方法进行深入细致的调查研究,通过具体的市场现象,如生产、销售环节、原材料和成品价格、供求关系等的研究与分析,揭示市场运行规律和本质的报告性应用文。市场调查报告是市场调查结果的集中体现。

市场调查对于开辟市场、进行科学决策具有非常重要的作用。如美国肯德基为了进入中国市场,对中国消费者的情况作了大量的市场调查。该公司的市场调查人员首先搜集了北京人对口味、价格和快餐店布置等方面看法的重要信息,同时对北京原材料市场作了调查。最后,市场情报信息部门通过对调查的材料的分析与研究,得出了北京是个蕴涵巨大商机的市场的结论。后来,肯德基在北京市场取得了巨大成功。事实证明,肯德基在北京开店是个正确的决策。肯德基的成果说明了信息的重要性。市场调查报告可以为领导决策提供依据,为经济政府管理部门和工商企业了解市场现状、制定经济政策和企业经济决策、调整生产规模等提供依据和帮助;同时,市场报告可以起到及时传递信息、交流经验、以点指导面的作用,推动工作沿着正确的方向和轨道前行。

二、市场调查报告的特点

(一)现实针对性

市场调查报告是为了了解情况、解决问题而进行的写作。一份市场调查报告价值的大小,主要看它的选题是否具有现实针对性,是否抓住了当前迫切需要解决的问题。市场调查报告反对行文不着边际地渲染虚构,做假、大、空的文章更是有百害而无一利。我们应从现实的需要出发,根据政策的导向,针对经济活动和市场运转中的具体情况,有的放矢地进行调查和写作。只有这样,才能使决策者及时把握市场动向,作出正确判断;也才有利于有关单位和部门调整策略,适应市场。

(二)内容典型性

市场调查报告首先必须是真实的,既要做到材料数据的真实,也要坚持实事求是的写作态度。在注重真实的同时,更需要强调调查报告的典型性。市场调查报告如果只具有泛泛而谈的真实性,显然不具备说服力。必须要求所调查研究的对象在同类对象中具有较强的代表性,能集中反映某个领域中共性的问题。故在市场调查报告的写作中,必须从各种材料对象中找到最具代表性、典型性的内容和最具代表性的本质问题,这样的市场调查报告才有意义。

(三)时间的时效性

市场有其自身的运转规律,而不以人的意志为转移。企业只有及时、迅速地把握市场动向,才能获得商机,占得市场先机。为了把握市场,市场调查必须经常、及时地进行。调查的时间期限主要根据市场规律而定,而不是按照调研人员直接的工作节奏而定。市场调查报告应该对市场发展作出及时反应,以保证企业在未来发展中更主动、自由。所以说市场调查报告只有具备了时效性,才能真正发挥其在经济活动中的决策与依据作用。

(四)观点新颖性

市场活动变化快速,市场调查报告必须抓住市场活动中的新情况、新趋势、新问题,通过研究与分析得到新的发现,总结出新的观点。唯独如此,市场调查报告才能达到为相关部门提供决策的依据、指导企业展开相关经济活动的目的。

(五)表达方式的夹叙夹议

市场调查报告主要以介绍事实材料为主,故对调查来的事实、现状、经验、问题、结果等要采取叙述的方式交代清楚。而市场调查报告又不仅仅限于客观叙述,为了揭示事物的本质意义、找出规律、得出某种观点,在叙述的过程中,必然需要进行适当议论。故而,夹叙夹议是市场调查报告的又一大特点。

三、市场调查报告的类型

市场调查报告的种类很多,按照不同的角度有不同的分类,本书从以下三个层面对其进行介绍。

(一)按范围划分

市场调查报告按范围可分为综合市场调查报告和专题市场调查报告两种。综合市场调查报告是指对调查对象的总体情况进行调查研究以后所得出的具有综合内容提要的调查报告,它涉及领域较广,视角较为宏观。专题市场调查报告是指对某一研究对象的情况进行调查之后所写的具有专题性质的市场调查报告,它涉及的问题比较单一,是对某一事件、对象、问题或经验的专门反映,视角较为微观。

(二)按调查对象属性划分

市场调查报告按照调查对象属性的不同,可分为资源性市场调查报告、消费性市场调查报告、服务类市场调查报告三种。资源型市场调查报告是指对资源类物质的市场现状进行调查。每个行业根据自己的经济运转特点,调查与自己行业有关的资源市场的起伏变化,如原材料市场、与成本有关的能源市场、商品资源总量及构成等。消费型市场调查报告对经济组织的运作起着重要的牵制作用,它指对消费市场的需求,包括消费者的分布情况及经济情况、消费习惯、消费水平以及广告对消费者的影响等方面的调查报告。

随着中国进入消费社会,人们对生活质量认识的提升,消费性市场变化必将日益加速,故而做好这种调查非常必要。服务性市场调查报告主要针对日渐兴盛的服务业展开,其中包括对服务有需求的人群的特征及他们对服务品种的兴趣要求等。

（三）按功能划分

按照报告功能,市场调查报告可分为反映情况的市场调查报告、典型经验总结的市场调查报告、揭示问题的市场调查报告三种。反映情况的市场调查报告侧重于反映市场情况,往往针对人民群众比较关心和行业中比较热心的问题进行调查分析,其显著特点在于"资料性"。典型经验总结的市场调查报告主要是通过对市场中典型案例的调查分析,从中找出规律性的东西,总结出先进的成绩和经验,进行宣传和推广。揭示问题的市场调查报告主要针对市场中某些足以引以为戒的不良事件或现象进行调查与研究,提出问题和找出弊端,其目的在于引起决策层注意,从而达到调整政策、解决问题的目的。

四、市场调查报告的写作方法介绍

（一）市场调查报告的基本结构

市场调查报告没有固定的写作模式,不同目的和内容的市场调查报告可以有不同的形式,但一篇完整的市场调查报告一般应由标题、正文和落款三部分组成。

1.标题

市场调查报告的标题需要具有很强的概括力,鲜明地指明文章的主旨思想。常见的标题形式有以下两种。

（1）单标题。它的写法灵活多样,一般用"关于……调查"的形式,如《关于诺基亚手机北京市场的调查报告》;也有不用介词的,如《国内彩电市场形势分析》。这类标题的修饰成分点明调查的对象、内容、地点。有的市场调查报告标题写成一般文章标题形式,直接写出调查报告的主题,如《决策决定着企业命运》《"产蛋"正当时缘何"卖鸡蛋"》。

（2）双标题。双标题包括正标题和副标题两部分。正标题揭示调查报告的主题,副标题说明调查的范围或对象、时间、地点,如《南国佳果何以畅销全国——东莞搞活香蕉购销的调查》。市场调查报告多用双标题。

2.正文

市场调查报告的正文一般由前言、主体和结尾三部分组成。

（1）前言。即正文开头,也称为引言或导语。前言一般简明扼要地点明调查的目的、时间、地点、对象、范围、意义等,或概括介绍调查报告的主要内容、观点等。常见的开头方式有说明式、叙述式、议论式、提问式、结论式等。

（2）主体。主体是市场报告的主干部分，一般包括基本情况介绍、问题分析与结论、预测与建议这三个方面的内容。这一部分需要以确凿的数据和典型的案例反映市场调查的主要情况、问题或经验，进行分析，说明观点或结论，并针对问题提出对策建议。为把这部分写得条理分明、结构严整，应斟酌它的结构方式。市场调查报告的结构方式一般有三种。

①纵式结构。即按照调查顺序、时间顺序或事理的递进顺序来安排结构，这种结构具有简明单一、条理清晰、内容连贯的特点，适合内容比较单一的市场调查报告。

②横式结构。以事理为线索，按照事物形式，把调查内容分为相对独立或并列的几个部分，各部分之间彼此相对独立。由于其有内在逻辑关系又呈现并列关系，横式结构具有多侧面说明问题、中心突出、叙述较为全面、系统等特点，因此介绍经验的市场调查报告多用这种结构形式。

③纵横交合式。这种结构兼有纵、横式两种结构的特点，有的以纵式为主，横式为辅；有的以横式为主，纵式为辅。问题复杂、篇幅较长的调查报告一般采用这种结构。在进行纵横式结合的写作时，要把握住主线，做到合而不乱。

在正文部分，常用到的调查方法有实验调查法、问卷调查法、访问调查法、统计调查法等。

（3）结尾。市场调查报告结尾方式多样，可以写成总结性的，将问题和分析在最后进行归纳、概括，以提升认识；也可以在预测或建议的基础上表达决心、信念，以鼓舞人心；或者对未来作出展望，指出方向；或可对相关情况作出补充交代以周全说明。无论哪一种，结尾需要简练。有的市场调查报告主体写完，全文自然结束，而不必另写结尾段。

3.落款

市场调查报告一般要在正文右下方署名并写明写作日期。署名以示负责，写明日期以表示有效时期。市场调查报告若是发表在报刊上，则应在标题的正下方署名。

（二）市场调查报告写作的要求

①调查要科学全面。调查是市场调查报告的写作基础，没有调查就没有发言权，故在进行市场调查写作前，必须进行科学而全面的调查。调查的科学与全面，不仅是作者进行市场调查报告写作态度的反映，更是调查报告的写作基础，只有掌握全面、真实、准确的第一手市场资料信息，才能具备写好调查报告的前提。

②材料典型，方法恰当。调查时不仅需要最大限度地覆盖被调查的内容，而且需要选择具有代表性、典型性的材料，这样才能更好地说明问题、提出建议，最终有利于决策。同时，必须选择恰当、适合此次调查对象和调查目的的调查方法，不管是定性调查、定量

调查还是统计调查等方法,选择的唯一标准就是它是否符合调查的特定内容。

③写作要理论严密,语言平实。市场调查报告不是市场的表象反映,而是其内在规律和本质的揭示,所以要凸显其理论性。这就要求写作者自身具有一定的理论修养和政策水平,在写作时不能泛泛而谈,而要发现问题、理解原因、分析得力、解决有方,文章逻辑要严密,思路要清晰,写作要突出重点、分清主次,这些都是其理论性的体现。市场报告之所以能成为决策的依据之一,正在于它有理论的基础。同时,市场调查报告要为领导决策提供依据,要求对事件的叙述、经验的介绍、具体做法的陈述,都需要语言平实、简洁,切忌堆砌辞藻,华而不实。

④做到观点与材料的统一。写好一篇市场调查报告,不仅要有丰富典型的材料,而且要有鲜明中肯的观点。如果写作时,只有材料的堆砌,没有观点的阐释,就会失去调查报告的意义;如果只有观点的罗列,缺乏中肯的事实依据,则不具有说服力。故写作时要注意材料说明观点、观点统率材料,使观点和材料有机地结合起来。

参考例文

我国普洱茶市场与产业调查分析报告

一、普洱茶产业发展现状

(一)产量持续增加

近五年来,普洱茶产量呈持续增加的趋势,从2014年的11.4万吨增长到2018年的17.2万吨;普洱茶占比也不断提高,从2014年的34.0%提高到2018年的40.6%。普洱茶种植区域分布在云南省的11个地州、75个县、639个乡镇。普洱茶的四大产区分别是普洱茶区、西双版纳茶区、临沧茶区、保山茶区。生产普洱茶的市州包括云南省西双版纳州、临沧市、普洱市、昆明市、德宏州、大理州、保山市、红河州、楚雄州、玉溪市、文山州等。

(二)消费市场持续扩大

普洱茶需求不断攀升,消费群体逐步扩大。普洱茶消费市场经历了从出口为主到国内市场地位逐步上升的转变。为适应普洱茶市场的不同消费需求,普洱茶产品从传统向多元化转变,袋泡茶、速溶产品等新产品陆续推出,在保持产品特点基础上,增加了便利性。

(三)加工技术和流通渠道快速发展

由于普洱茶产量、销量、价格逐年攀升,加工规模不断扩大,加工能力明显提升。普洱茶龙头企业在提升加工水平上进行了探索,2018年发布了很多普洱茶加工装置研发专利,为普洱茶生产提质增效、安全性提供有效的工艺指导。流通方面,茶农是我国茶叶流通的主体,普洱茶流通渠道呈多样化特征,主要包括前店后园、茶庄、茶叶连锁店、茶馆、超市茶叶专柜、批发市场、集团购买、网上商城等。

（四）出口国别多元化

2017 年以来,我国普洱茶出口量较 2014—2016 年显著增加,并呈继续增加趋势。2017 年,我国普洱茶出口量 2 717.3 吨,2018 年我国普洱茶出口量 2 953.5 吨。我国普洱茶的出口地区主要集中在东南亚地区、欧洲部分地区、北美和大洋洲。亚洲是我国最大的普洱茶出口市场,主要集中在日本、韩国、马来西亚和新加坡等国家。

（五）价格近几年来快速上涨

近年来,普洱茶价格较快速上涨,原因有以下三点:

1.市场需求

普洱茶价格上涨主要原因是市场供不应求。普洱茶市场不断扩大,社会资金大量注入,短期内促成了对普洱茶需求的快速上升。

2.价值回归

一些资源独特,品质风格明显的普洱茶产品被挖掘出来,受到市场追捧,也进一步促进云南普洱茶原料价格的上涨。

3.市场炒作

普洱茶本身具有越陈越好的商品特性,具备投资属性,受到资本的关注。

（六）不同种类普洱茶成本收益参差不齐

以市场自然分类,普洱茶分为古树茶、野放茶和台地茶。不同种类普洱茶的成本和收益差别很大,台地茶和野放茶的成本较低,每斤十几元到几十元不等,古树茶是稀缺资源,成本基本在每斤百元以上。

二、普洱茶产业发展前景与展望

（一）产量增速将有所放缓。（略）

（二）消费将呈饮茶低龄化、空间跨度扩大化趋势。（略）

（三）加工水平有待进一步提高。（略）

（四）出口量和出口国别继续增加。（略）

三、贫困地区特色产业发展情况

茶叶产业是劳动密集型产业,贫困县发展茶叶产业能带动大批农村劳动力就业。由于普洱茶是云南省独有的茶叶品种,所以本报告将以云南省为例,分析贫困地区普洱茶产业情况。

（一）总体情况

截至2019年1月，云南省67个贫困县中，沧源县、昌宁县、凤庆县、南涧县、双江县、云县等以茶产业发展为主助推全县脱贫攻坚、实现脱贫摘帽。

（二）主要经验做法

1.抓实基地建设，开展技术培训。（略）

2.重点倾斜扶持，培育龙头企业。（略）

3.带领企业参展，拓宽销售渠道。（略）

4.弘扬推广茶文化，扎实推进茶旅融合发展。（略）

（三）典型案例分析

案例一：沧源碧丽园茶叶有限公司助力脱贫攻坚

沧源碧丽源茶叶有限公司以"公司+基地+合作社+农户"的模式在芒摆村开垦建设有机茶园，将建好的茶园承包给农户进行管理和采摘，公司支付茶农管理费和采摘费。同时，将其他农村剩余劳动力转化为茶叶生产工人，已解决1 500人就业和生计问题。公司还从当地挑选具有一定文化基础、愿意从事茶叶种植加工的贫困青年，由企业资助到临沧农校茶叶专业班学习，掌握相关专业知识后进入企业工作。

（略）

四、产业发展存在的问题与风险

茶产业是助推精准扶贫和乡村振兴的重点产业，是偏远山区精准脱贫和重点产茶区致富的重要抓手，但目前茶产业发展还存在很多制约问题以及影响产业可持续发展的风险因素。

（一）主要问题

1.基础设施薄弱，总体效益低。（略）

2.市场主体实力弱，竞争力不强。（略）

3.市场营销滞后，名牌产品少。（略）

4.茶文化建设滞后，氛围不浓。（略）

5.茶产业发展保障机制有待完善。（略）

（二）风险分析

1.资源环境约束。（略）

2.产销不平衡。（略）

3.质量安全隐患。（略）

根据普洱茶产业发展存在的问题以及面临的风险，提出以下政策措施建议：

（一）加大产业发展的扶持投入

随着国民经济形势下行，基层财力保障运转压力巨大，对产业投入力不从心，需要从国家层面采取措施,加大资金、项目扶持力度,走出中国茶产业发展困局。

（二）促进产业规模适度化、种植技术先进化

目前大多数茶叶主产地都已经形成了一定规模的优势产区,应继续发挥自身规模优势,进一步优化云南省茶产业区域布局,引导茶产业向具有规模优势和效率优势的区域集中。同时要加大科技投入和推广,不断引进和吸收国际先进茶叶种植技术和新品种,调整产品结构,走产品多元化道路。

（三）有效提升产业源头质量管控水平

建立完善茶叶质量生产控制标准、检测检验和监管体系,实现茶叶产品质量安全可追溯,加大对茶园投入品销售、使用监督检查,加强媒体及社会公众监督,从源头上把好茶园"投入品"准入关。

（四）不断推广创新发展运营模式

在新时期背景下茶产业也应利用大数据的优势,创新经营理念、提升经营能力,保证企业的核心竞争力。茶叶的推广、营销可以"互联网+"的手段,可结合先进的电子信息技术,建立新型的茶叶交易机制,构建一种以产、储、销为产业链结构的交易模式。

（五）大力传承和弘扬茶文化

从国家层面把茶产业和茶文化建设纳入国民经济和社会主义文化普及的高度,传承和弘扬我国源远流长的茶文化。

（六）实施"走出去"战略

要从农业、经贸等行业和部门,发挥好引领输出作用,要多渠道、多形式、多领域地谋划和设计,引领茶叶走出国门,下大力气,用真功夫讲好中国故事,宣传中国茶,让中国茶世界饮,让世界各地知晓和采购中国茶。

（本文有删减）

第三节　经济活动分析报告

经济活动分析报告对政府和企业展开日常工作或者作出重大决策有着非常重要的现实意义,是企业提高经济效益和经营管理水平的重要手段。各单位、各部门,通过对经

济活动过程的分析,提供情况与数据相结合调查的资料,为领导决策提供参考。一份有价值的分析活动报告则能够为决策提供可靠的依据。小至企业的经营管理,大至整个国家的经济决策,都会受到经济活动分析报告的影响。

一、经济活动分析报告的含义和作用

经济活动分析是指运用科学的经济理论和以经济政策为指导,综合运用多种分析方法,以现实和历史的经济计划指标、会计核算资料、相关的统计数据,以及有关原始记录和调查材料为依据,对某个地区、某个行业、某个单位或某个部门的经济活动状况进行科学、系统地分析与总结的一种行为。反映这种分析内容和成果的书面报告,就是经济活动分析报告。故可以说,经济活动分析报告是以国家经济政策为指导,运用经济理论和多种分析方法,根据计划指标、核算材料、统计资料和调查研究资料,对经济活动进行系统客观分析,从而形成的书面报告。

例如,蓝田股份公司于 1996 年上市,到 2001 年五年间股本扩张了 360%,创造了中国股市的神话。2001 年,中央财经大学研究所的学者刘姝威根据蓝田的公开资料进行分析。经过分析,她认为蓝田股份已经成为一个空壳,短期偿债能力很弱,完全是靠银行贷款维持生存。出于责任感,刘姝威写了一篇《应立即停止对蓝田股份发放贷款》的经济活动分析报告。此后不久,国家有关银行相继停止了对蓝田股份发放新的贷款。这个案例说明了及时对经济活动进行分析诊断的重要性。经济活动报告的主要作用是通过对经济活动的具体分析,总结有关活动的成效及经验、发现存在的问题及原因、找到经济活动的内在规律性,从而提出新的应对措施,以此达到提高经济效益的目的。

二、经济活动分析报告的特点

(一)分析性

分析性经济活动分析报告的核心特点主要是对企业的经济活动状况进行横向或纵向的分析比较,即对计划指标、业务核算和统计核算的数字、数据、百分比进行对比分析,从而对过去经济活动中的成绩和问题、经验和教训进行评估,分析其成功和失败的原因。经济活动分析要做到正确,首先需要掌握大量可靠的各种资料;其次要掌握科学的分析方法,如比较分析法、因素分析法、动态分析法等。

（二）指导性

经济活动分析报告的写作具有明显的目的性,它通过分析研究,说明经济活动的过程和内在联系,揭示其本质并对存在的问题提出具体的解决办法,了解影响经济效益提高的薄弱环节,从而进行改善和改进经营管理。故而,经济活动分析报告必须体现鲜明的指导性,对企业经营发展指出明确的方向,从而提高管理水平和经济效益。

（三）依据性

经济活动分析报告是对企业或一定区域某一特定时间内的经济活动情况所作出的分析评价,故而在企业的经营活动与决策中具有重要的参考价值,它是企业在生产、经营、管理等方面决策的重要依据。

除此之外,经济活动还具有系统性、客观性、总结性等特点。

三、经济活动分析报告的类型

根据不同的标准,经济活动分析报告可分为不同的类型。本书按照以下几个划分标准进行介绍。

（一）按照分析的范围划分

按照分析的范围划分,经济活动报告可分为宏观经济活动报告和微观经济活动报告两种。宏观经济活动分析报告涉及面广,或一个行业,或一个地区,影响较大,事关全局;微观经济活动分析报告涉及面较窄,仅关涉一个企业或一项产品,影响较小,分析偏重于某些具体问题。

（二）按照分析的时间划分

按照分析的时间划分,经济活动报告可分为定期经济活动分析报告和不定期经济活动报告两种。定期经济活动分析报告一般是在年终、季末、月尾或某项工作的完结时进行。不定期经济活动报告是根据情况随时撰写,出现问题、有了新发展和新变化等,都是分析的时机。

（三）按照分析的内容划分

按照分析的内容划分,经济活动报告可分为综合性分析报告和专题性分析报告两种。综合性分析报告又称为全面分析报告或系统分析报告,是对某一单位一定时期的经济活动的各项指标进行全面、系统、综合性的分析研究之后写成的分析报告。专题分析报告又称单项分析报告,是对某个专项问题进行深入细致的分析研究之后写成的报告,它通常用于反映亟待解决的问题,比如资金、效益、成本、供求、盈亏等的分析,如《国际投资流向分析及我国的对策》。

此外,还可以按照分析的方法将其分为因素分析、对比分析、动态分析等报告;也可按照分析的属性、分析的单位进行划分。

四、经济活动分析报告的写作方法

(一)经济活动分析报告的基本结构

经济活动分析报告的写作模式并不是固定不变的,其结构的安排也相对比较灵活,由经济活动分析报告的目的和分析对象等因素决定。但一般来说,标题、正文和落款是经济活动分析报告包括的最基本的三个部分。

1.标题

经济活动分析报告的标题一般有以下几种形式。

(1)全称式标题。这种标题一般由单位名称、时限、分析对象和文种构成,如《沃尔玛超市 2010 年 3 月份销售情况分析》《泰州市 2005 年第三季度价格形式分析报告》。

(2)简称式标题。这种标题一般省略了单位名称或时限,或两项同时省略,只由分析内容和文种构成,如《2014 年度财务状况分析报告》《2014 年上半年手机销售分析报告》。

(3)论文式标题。论文式标题如《产品库存积压的原因何在》《上半年金融运行分析及政策建议》。

2.正文

正文一般由前言、主体和结尾三部分组成。

(1)前言。前言为基本情况部分。这部分一般交代所要分析对象的基本情况,或揭示分析的目的和意义所在。基本情况部分既要全面概括,又要简明扼要、突出重点。

(2)主体。主体是分析报告的核心部分。前言部分是交代"是什么"的问题,主体部分内容要解决的则是"为什么"的问题,寻找产生问题的原因的过程。主体主要是运用资料和数据对经济活动中的各种情况进行分析、比较、说明,总结经验或教训,找出关键性的、具有分析价值的问题,进行深入客观的分析。分析时,一定要注重对比分析,即将本年各项经济指标完成的数据与本年计划或上一年同期相比,或与两者对比,以揭示其差异。然后,根据调查资料,说明产生差异的原因。这部分内容在表达上可以采用文字叙述和表格说明相结合的写法。

（3）结尾。经济活动分析报告的结尾一般是根据分析中所发现的问题,有针对性地提出改进工作、提高经济效益的建议或措施。

3.落款

经济活动分析报告一般要在正文之后右下方署名和写上写作的日期。

（二）经济活动分析报告的写作要求和注意事项

要想通过经济活动分析发现问题、找到原因,并得到改进措施,必须按照一定的规则和要求去做。一般说来,撰写经济活动分析报告的要求大致有以下几点。

①确定主题,突出重点。写作经济活动分析报告,首先应该明确分析对象,确定主题,明确分析的问题。任何形式及内容的分析报告都不可能面面俱到,故而在明确分析对象、确定主题的同时,还应该抓住重点,以便针对性地解决存在的问题。

②数据准确,事实确凿。搜集的材料不管是数据、文章材料,还是实地调查的材料,都必须准确无误。数据准确、事实确凿是分析正确的前提,否则只能造成更大的混乱,而无益于任何经济效益的提高和管理的改善。

③抓住关键,分析透彻。各种数据、指标、材料都只能看出数量上、现象上的差异,而不能抓住本质问题。故而分析问题要抓住关键点,进行深入的研究和分析,分析造成差异背后的原因,从中找出主要的原因和矛盾。

④方法正确,编报及时。用于经济活动分析的方法很多,如比较分析法、因素分析法、差额分析法等,只有掌握了这些分析方法并正确运用,才能对经济活动的运行情况作出全面、正确的分析判断。同时,经济活动分析报告应该注意编报及时,如月度简要分析报告应在下月初上报,年度报告应在下年初上报。

参考例文

2021 年 8 月宏观经济形势分析报告

一、全球经济

（一）疫情:德尔塔变种肆虐,全球经济磨顶

7月中旬以来,德尔塔病毒继续在全球范围扩散。截至8月16日,全球新增确诊七日移动平均数达61.5万,大幅高于一个月前48.6万的水平,但低于8月14日的本轮高点64万。过去7天中,新增确诊人数最多的国家分别是美国、伊朗、印度、巴西和英国。目前全球累计确诊病例已超过2.07亿,死亡人数超过436万。（略）

（二）经济:发达国家经济形势改善,通胀压力上升

主要国家经济增速全部转正。美国二季度 GDP 年化季率录得 6.5%,高于一季度 0.1 个百分点,经济复苏势头持续向好。美国 7 月 Markit 制造业 PMI 为 63.4%,创历史新高,同期服务业 PMI 为 59.9%,较前月回落 4.7 个百分点,反映服务活动扩张速度趋缓。欧元区二季度 GDP 同比增长转正至 13.7%,好于预期,创纪录新高,同期 GDP 环比录得 2%。欧元区 7 月 Markit 制造业、服务业 PMI 为 62.8%、59.8%,继续维持高景气。英国二季度 GDP 同比、环比升至 22.2%、4.8%,由负转正,前者增幅创统计新高。日本二季度 GDP 年化季率录得 1.3%,较前值加快 5.2 个百分点。英国、日本 7 月综合 PMI 分别回升 1.5、1.1 个百分点至 59.2% 和 48.8%。后续,疫苗接种率将续推主要经济体稳步复苏。（略）

（三）政策:美联储酝酿 Taper,新兴经济体继续加息

美联储 7 月议息会议为缩减购债规模(Taper)吹风。北京时间 7 月 29 日,美联储举行议息会议,票委一致同意维持联邦基金利率目标区间在 0%~0.25% 不变,同时继续维持每月 1 200 亿美元的 QE 规模。与会官员普遍认为就业和通胀指标持续走强,但经济尚未完全恢复。（略）

二、国内经济

7 月以来,受全球疫情持续演变、国内疫情多点散发以及自然灾害影响,经济下行压力骤然加大,绝大多数指标均弱于市场预期且较上月增速明显回落。具体来看,洪涝灾害对基建投资、房地产开发投资和工业生产都造成了明显扰动,散发疫情则对消费、服务业生产和就业造成了较大冲击,再加上大宗商品价格反弹对中下游企业的拖累,国际经济变化对进出口和资本流动的影响,当前经济运行面临不小挑战,不少机构已对下半年经济预测作了下调。（略）

（一）生产:工业服务业双双大幅回落(略)

（二）需求:三大动力均出现边际衰减(略)

1.投资:基建超预期回落,制造业房地产韧性仍存(略)

2.消费:汽车和餐饮成主要拖累(略)

3.外贸:进出口增速均出现回落(略)

（三）物价:PPI 向 CPI 传导效应显现(略)

（四）金融:实体经济融资需求趋缓(略)

（五）市场:人民币汇率窄幅震荡,国债收益率持续下行(略)

1.人民币汇率窄幅震荡(略)

2.国债收益率持续下行(略)

三、政策动态

(一)政治局会议:着眼"跨周期调节"

会议对下半年的经济工作进行了全面部署,以下几项值得重点关注:

一是挖掘国内市场潜力。(略)

二是强化科技创新和产业链供应链韧性。(略)

三是统筹有序做好"双碳"工作。(略)

四是防范化解重点领域风险。(略)

五是促进房地产市场平稳健康发展。(略)

(二)货币政策:搞好跨周期政策设计

7月以来,货币政策继续"稳字当头",除月末等个别时点外,央行基本上保持了每天100亿元逆回购的小额高频操作,保持流动性合理充裕,同时继续发挥好结构性货币政策工具牵引带动作用,把握好内部均衡和外部均衡的平衡。(略)

(三)财政政策:提升政策效能

(略)7月30日召开的中共中央政治局会议对下阶段财政工作提出了四点要求。

一是财政政策要保持连续性、稳定性和可持续性。(略)

二是做好跨周期调节,既综合考虑财政空间和财政风险,未雨绸缪式稳增长。(略)

三是提升政策效能。(略)。

四是保障重大国家战略落实,保障和改善基本民生。(略)

四、几个值得关注的动向

(一)提高生育率成为当务之急

在七普数据公布之后,5月31日政治局曾召开专门会议,听取"十四五"时期积极应对人口老龄化重大政策举措汇报,审议《关于优化生育政策促进人口长期均衡发展的决定》。近期相关的配套政策已经相继落地。(略)

近期相关政策的集中出台,从短期来看,其有助于降低居民的生育、教育和住房支出,使居民有更多收入可用于消费,这是实现以内循环为主体的双循环的根本所在,也是实现经济高质量发展的根基所在。从中长期来看,目标则是通过降低婚嫁、生育、养育、教育成本,进而提高总和生育率,使其提升至持续可更替水平。毕竟,人口问题才是影响经济社会发展的基础性、全局性和战略性问题。

这些政策反映出高层的发展逻辑已经改变,其对相关行业的影响将是深远甚至颠覆性的,比如教培行业未来可能会急剧萎缩,房地产市场也将面临更大的监管约束,而养老、医疗保健等将会更具前景,银行业需在规避风险的同时拓展新的业务机会。

(二)差异化疫情防控的经济影响

近段时间,德尔塔病毒在国内加速传播,目前已有多个省份报告现有本土确诊病例或无症状感染者,国内中高风险地区数量不断刷新疫情防控常态化以来的新高。疫情威胁之下,不少地区重新收紧社交隔离措施。

与此同时,西方国家却采取了不一样的策略,即"放松管制+加强接种"。虽然德尔塔病毒的传播速度更快,但只要打过疫苗,即便感染也大多是无症状或者轻微症状,致死率很低。高盛研究表明,随着疫苗接种率的抬升,各个年龄组尤其是老年人的住院率显著下降。因此,西方国家在启动第三针注射以加强保护力的同时,选择了开放社会。(略)

(三)房地产调控转向土地端

作为楼市调控"三稳"目标之首,"稳地价"一直被看作从面粉(地价)端抑制面包价格(房价)上涨的重要举措。其中,尤以今年实施的土地供应"两集中"政策为最。年内第二批集中供地在即,但部分城市(包括深圳、惠州、天津、青岛、上海等)近期却相继叫停或延期土地拍卖。其原因在于,地方政府的土地供给机制正在酝酿调整。在这一消息的刺激之下,近期房地产股票一扫多年颓势,呈现反弹迹象。(略)

(课题组成员:王静文　孙莹　伊楠　程斌琪)

(资料来源:民银研究,本文有删减)

第四节　可行性报告

可行性研究是确定建设项目前具有决定性意义的工作,是在投资决策之前,对拟建项目进行全面技术经济分析的科学论证。在投资管理中,可行性研究是指对拟建项目有关的自然、社会、经济、技术等内容,进行调研、分析、比较,以及预测建成后的社会经济效益。在此基础上,综合论证项目建设的必要性、财务的盈利性、经济上的合理性、技术上的先进性和适应性以及建设条件的可能性和可行性,从而为投资决策提供科学依据。

一、可行性报告的内涵和作用

可行性报告又称为可行性分析报告,是对所欲决策事项如经济投资,制订生产、基建、科研计划等拟实施项目的可行性、合理性、成功的可能性及存在的风险性,从技术上、经济上进行系统和学科的分析、预测、评估和论证,写出实施该决策的可行性、计划性、风险性,并交予相关方面参考的一种综合性分析应用文。

比尔·盖茨成立微软软件公司并成为世界首富的事件让无数从事软件开发的年轻人心中萌生了同样的梦想,那就是成为中国的比尔·盖茨。于是各式各样、规模各异的软件公司在中国遍地开花,但是,并不是每个人都取得了成果。其中失败的一个原因便是没有进行可行性分析。如浙江大学国家重点实验室的一名博士,获得过大学生软件大赛展示第一名,被评为浙江省青年英才。他意气风发、雄心勃勃地要振兴民族软件产业,成立了自己的软件开发公司,但不到一年公司便夭折倒闭。这位博士总结自己失败的经验教训,其中一点便是没有进行可行性分析,既没有对经济与技术进行可行性分析,也没有对市场前景进行可行性分析。这个案例让我们看到了可行性分析的重要性。可行性研究是决策的重要前提,最大限度地避免行为可能带来的失效、失利和失误,减少经济损失甚至事故的发生。不管是投资项目还是创办公司,除了具备基本必要的财力、人力与管理条件外,还要事先进行可行性分析,从而获得是否应该执行该决策的依据。

二、可行性研究报告的特点

（一）客观性和科学性

真实、客观是所有应用文的基本特征,可行性研究报告也不例外。可行性研究报告反映的是对拟实施项目的分析、评判,这种分析和评判应该是建立在客观基础上的科学结论。在可行性研究报告中,不仅要确保各种分析资料和数据的真实客观,也需要写作者坚持客观、实事求是的原则,对项目各种有利因素和弊端,用客观科学的态度予以论证。

（二）内容的翔实性

可行性研究报告是决策的前提,其内容越翔实越好。如关于一个项目的可行性报告,一般要通过对项目的主要内容和配套条件,如市场需求、资源供应、建设规模、设备造型、环境分析等,从技术、经济,员工素质等诸多方面,进行必要性、可靠性、先进性等多层面的研究,将每一种可能展示出来,进行比较、权衡、评价,以及对项目建成以后可能取得的财务、经济效益及社会影响进行预测,从而提出该项目是否值得实施的咨询意见。只有详尽、完整地研究论证之后,其可行性和不可行性才能充分显示出来。

（三）严密的论证性

可行性研究报告是在投资决策之前,对拟建项目进行全面技术经济分析的科学论证,在投资管理中,可行性研究是指对拟建项目有关的自然、社会、经济、技术等内容,进行调研、分析、比较以及预测建成后的社会经济效益,以及对拟实施项目从政策、法律、环境、环境保护、社会效益等方面作出科学的论证和评估。因此,可行性报告的论证必须严密、充分、透彻,实事求是、合情合理。

（四）学科交叉性

要完成一份高质量的可行性分析报告,需要各个专业的专家和对将要进行的项目进行宏观、微观环境上的分析,对其面临的财力、人力资源等方面进行评估,对市场前景进行分析,还要对技术、水文地理,其至风土人情等方面进行了解。必须具备多学科的知识,才能顺利完成一篇高质量的可行性研究报告。

三、可行性研究报告写作方法介绍

可行性报告的种类繁多,从内容上可分为企业融资、投资项目、合资经营、新产品研发、高新技术引进、基础建设、增设生产机构、增设生产设备等。这里就各类可行性报告的基本写作方法进行介绍。

（一）可行性研究报告的基本结构

可行性研究报告的内容偏多,篇幅较长,不同类型的可行性研究报告,其构成内容和写法各有不同。重大内容的可行性研究报告,正文之外还设有封面、目录、研究人员名单等。从结构形式来看,可行性研究报告一般由标题、正文、附件、落款四个部分组成。

1.标题

可行性研究报告的标题一般由“单位名称+项目名称+文种”三要素组成,如《重庆生态物流园区项目可行性研究报告》。与其他文种的标题一样,可行性研究报告的标题也可以省略某些要素,如《合作开发沿江景区的可行性研究报告》。无论哪一种标题,都要明确是对哪一事项的什么问题或什么方面的可行性研究。

2.正文

正文是可行性研究报告的主要内容。不同内容的可行性研究报告有不同的侧重面,如果正文内容过多,可分章分节地详细描写,小型简单的研究报告则不必细分。但无论简繁,总体说来,正文主要由以下内容构成。

（1）总论。这部分主要交代缘起,说明背景情况和研究的理论及政策依据。可简要分析项目的历史和现状,提出实施项目的目的和意义。

（2）分论。这部分是可行性研究的核心内容,要求以大量的数据、材料和依据,以经济效益和社会效益为中心,对项目的必要性、可行性与合理性展开论证和分析。这部分基本程序应该是提出具体问题,随后通过对各种利弊因素的分析,引用各种数据和理论来研究并证明将实施的决策的可行性或存在的风险。这部分主要可以从以下几个方面展开:项目基本情况调研;项目实施方案,包括时间、地点、项目步骤等;投资估算和资金筹措,具体情况和数据分项细说,包括有利因素和风险因素;后果分析预测,利用具体数据来预测项目在经济或社会效益方面成功的可能性;不确定分析,对可能发生的非主观因素问题作充分的实事求是的预测,分析其可能带来的危害。

（3）结论。可行性研究报告的结论是非常重要的部分。我们需要通过主体部分的分析论证,对项目建设的必要性、可行性与合理性作出明确的判断,提出可行性结论,或者提出存在的问题风险等。结论应对所述事项作出观点鲜明、语言恰当的总结陈述,表现出作者对整个项目的明确意见。

3.附件

为了表达分析过程和研究结果,可行性研究报告一般附有统计数据表、设计图标或其他说明性材料。这些附件一般放在可行性研究报告的后面,并在正文的左下角注明附件的名称及数量。

4.落款

有些可行性研究报告还要在正文的右下方署名并写明写作日期。如果标题中已有单位名称,则此处可省略不写。

（二）可行性研究报告的写作要求和注意事项

①准备充分,内容真实。可行性研究报告是为科学决策提供依据的,它的前提是客观、真实。故而在撰写可行性报告前,必须严肃、认真地调查、搜集大量翔实的材料。同时,必须保证所运用的材料、数据的真实性,把客观事实作为唯一的依据,本着对事实尊重、对工作负责的严谨态度从事研究和写作。

②设计方案,论证严密。可行性研究报告的主要任务是对预先设计的方案进行论证,所以必须设计研究方案,才能明确研究对象。论证性是可行性研究报告的一个显著特点,因此,写作者在撰写可行性研究报告时,要做到运用系统的分析论证方法,围绕与项目有关的各种因素进行全面、系统的论证。

③方法恰当,预测准确。可行性研究报告可以为决策者提供决策依据,提高决策的科学性。故而要确保预测的准确性,必须充分占有资料,运用切合实际的分析方法,科学地预测项目的前景。

参考例文

<h1 style="text-align:center">储能行业市场分析项目可行性研究报告</h1>

目前我国储能行业刚起步。随着下游需求的爆发式增长，储能的商业化应用也愈加迫切。2015年之前，项目以示范应用为主，集中在可再生能源并网、调频辅助服务、电力输配、分布式发及微电网、电动汽车光储式充电站；2015—2020年，开始出现若干初具商业化但还不备规模的项目，逐步向商业化迈进；2020年之后，储能将逐步在各个领域实现商业化发展。

电力虽然是一种商品，但其生产、运输、消费几乎在同一时间完成，故经营上和一般商品也不一样。电力储存是近百年的难题，影响着电力的商品属性，可以改变能源的使用方式，是未来能源产业发展变革的重要支撑。2016年2月29日，国家发改委、能源局、工信部联合发布了《关于推进"互联网+"智慧能源发展的指导意见》(发改能源〔2016〕392号，简称"指导意见")，指导意见多处提及推动储能产业发展，并对储能产业进行了新的定义。

指导意见提出了集中式和分布式储能应用，赋予了能源更丰富的应用方式。其中，集中式储能电站主要配套传统电网和新能源发电，实现传统电网的调频、调峰、削峰填谷等功能优化，或者解决新能源间歇性发电限制、并网限电等问题。

对铅炭电池、锂离子电池、液流电池、钠硫电池、锂离子超级电容进行了比较，未来在储能应用环境下，更关心全周期使用过程中的系统度电成本，其综合了循环寿命和系统成本两个影响因素，就当前指标而言，我们认为：①铅炭电池最具成本优势，最有可能大规模应用到当前储能市场；②锂电未来成本下降空间大，也将是主流技术路线；③液流、钠流电池本身存在一些难以克服的问题，应用范围有限；④锂离子超级电容初始投资太大，虽然循环性能很好，但投资回报期很长，一般资金进入；故未来五年仍然以铅炭和锂电路线为主。

<h3 style="text-align:center">主流储能电池性能指标比较</h3>

随着铅炭储能度电成本的下降，工商业企业用电的削峰填谷应用逐渐具有商业价值，一般情况下，用电尖峰时段约占用电全时段的5%，对应尖峰用电量约占总用电量的20%，这一部分电量存在储能的商用价值。特别是部分工商业发达的大型城市，统计了国内大型城市的峰谷电价差，根据目前铅炭储能最低0.5元左右的度电成本，电价差大于0.8元/kW·h的地区都有经济性，这些地区对应的2015年用电量合计约为3 972.54亿kW·h，若其中10%的用电量通过储能来进行削峰填谷，大约需要1.2亿kW·h的储能

设备(其容量对应日充放电量),若按铅炭储能每 kW·h 约 1 250 元的投资额计算,则对应累计市场规模 1 500 亿元;若按锂电储能每 kW·h 约 2 000 元(考虑未来五年成本有望明显下降)的投资额计算,则对应累计市场规模 2 400 亿元。

部分地区电价差及用电量统计

统计数据显示,广东省、江苏省、浙江省、安徽省为用电大省,且电价差大多高于 0.8 元/kW·h,已具备储能经济性,这四大省 2015 年工业用电量分别为 3 437.46 亿 kW·h、3 873.35 亿 kW·h、2 652.53 亿 kW·h、1 132.8 亿 kW·h,合计超过 10 000 亿 kW·h,若按 10%配套储能,将对应约 4 500 亿元规模的铅炭储能市场。

随着电改的推进,售电侧将逐步放开,存在更多的商业化储能市场,且锂电梯次利用在未来也将具有应用前景。我国风电、光伏消纳困难的"三北"地区,主要为集中式风光电站,储能应用于这一领域主要的作用是调峰调频、平滑出力、跟踪计划出力、辅助电网安全稳定运行等。对大型风光电站储能项目情况进行了统计,目前锂电、铅酸(铅炭)、全钒液流、超级电容技术路线应用较多。其中,2011 年由财政部、科技部和国家电网共同启动的国家风光储输示范项目可谓是行业的风向标,项目一期工程位于河北省张北县,建设风电 100 MW、光伏发电 40 MW、储能 20 MW,从某种程度上也代表了国网对储能电池的技术偏好。

国家能源局最新发布的《电力发展"十三五"规划(2016—2020 年)》中提到,"十三五"期间,风电新增投产 79 GW·h 以上,太阳能发电新增投产 68 GW·h 以上,即到 2020 年全国风电装机达到 210 GW·h,其中海上风电 5 GW·h 左右;太阳能发电装机达到 110 GW·h,其中分布式光伏 60 GW·h 以上、光热发电 5 GW·h。预计以风光发电中新增装机量的 20%为基数,按 10%的功率比例配置储能系统,则储能装机量将达到 2.94 GW,若每天存放 2 小时即对应 5.88 GW·h 新能源发电储能规模。另据 CNESA 发布的《储能产业研究白皮书 2016》显示,2015 年国内化学储能项目(不含抽水蓄能、压缩空气和储热)累计装机规模 105.5 MW,以锂离子电池、铅蓄电池、液流电池及超级电容为主,占比分别为 66%、15%、13%、6%。预计未来受益于铅蓄电池(铅炭为主)储能成本优势,其装机量占比将有所提高,如表 5 所示,参照上述测算的"十三五"期间新能源发电配套储能规模约为 5.88 GW·h,则对应配套储能投资规模约 255 亿元。

新能源发电配套储能市场测算

受益于 3G、4G 网络建设的刺激因素,电信固定资产投资规模增速明显上升,未来在 5G 建设的带动下将继续保持平稳增长。按一般通信基站的配置要求,后备电源需求大约占总投资的 2%~3%,预计"十三五"期间后备电源市场规模有望超过 500 亿元,一方面,通过改造后备电源系统增加其储能功能,盘活存量市场;另一方面,通过设计一体化集成方案,开拓新增市场,更大程度地为客户实现节能套利。

国内电信固定资产投资额统计及预测

受互联网和云计算技术的发展,过去 8 年中国 IDC 市场复合增长率达到 42.3%,预计 2015 年以后增速都会在 30% 以上,将明显拉动 UPS 的需求。2015 年国内 UPS 销售额为 47.6 亿元,若"十三五"期间按 10% 的复合增速,预计 UPS 整体市场规模将达到 300 亿元。2016—2018 年交通基础设施重大工程投入约 3.6 万亿元,其电源设备需求也将有 200~300 亿元市场规模。

依据当前全国充电桩建设进度中性预测,2016 年充电桩新增市场规模约 78 亿元(含充电站基建投入),若以《发展指南》中的"十三五"期间建设目标为准,直流充电桩新增 50 万个、交流充电桩新增 430 万个、充电站新增 1.2 万座,对应投资规模分别为 450 亿元、344 亿元、360 亿元,即"十三五"期间新增市场规模约 1 154 亿元,保守也有 1 047 亿元,对应充电设备中的储能模块市场不到 100 亿元。

新能源汽车充电市场规模预测

目前最具市场经济性的是传统电网削峰填谷,已经可以实现无补贴的商业化推广,若"十三五"期间在大型工业城市投资储能项目,则市场规模有望达到 1 500 亿~2 400 亿元,此外,未来若在大型工业省份全面推广储能,则市场规模更可观;后备电源及 UPS 储能也不需要补贴,市场规模约为 1 000 亿元;新能源发电可按一定比例配套储能,市场规模约为 255 亿元,但尚需补贴;另外,户用储能和充储放一体化充电站等市场规模不到 100 亿元,且需要补贴才能推广。综上所述,传统电网削峰填谷将是未来五年最大的储能市场。

我国储能应用商业化前景及"十三五"期间市场规模预测

目前储能应用最大的空间在于风光电厂的应用。受制于火电拉闸局限以及西部地区有限的消纳能力,2015 年的弃风、弃光现象突出。光伏方面,2015 年全国弃光电量 40 亿,弃光率约 10%。甘肃弃光率达 31%;新疆维吾尔自治区弃光率达 26%。风电方面,2015 年弃风电量 339 亿 kW·h,同比增加 213 亿 kW·h,平均弃风率达到 15%,同比增加 7 个百分点,同样是西北地区问题最突出。

储能的引入可以将多余电能储存起来,待需要时释放,加装在风光电场可以弥补风、光发电存在的间歇性和不稳定特点,也更有利于能灵活调节,提高发电系统效率。此外,风电和光伏对电网接入的友好性也得到改善。

其次,传统电厂往往需要配备备用电源,投资非常大,储能设施的引将有利于电厂降低成本,提高效率。储能设备在负荷低谷的时候储存多余电量,符合峰值时将负荷谷底存储的多余电量发送给电网,从而减少发电公司的不必要投资,提高设备利用率。在商业化推广方面,利用各省市的峰谷电价差发挥储能的成本优势,进行削峰填谷的电力调节,再与客户分享收益。随着微电网的逐步推进,储能在家庭电网中也将发挥重要作用。

应用格局

目前,国内的储能市场主要分为两类,一类是用户端分布式发电及微电网中储能的应用,占比大约为56%;另一类是集中式风光电站(可再生能源并网)储能应用,占比约为35%。目前,两者累计装机规模已超过国内市场的90%,电力输配和调频辅助服务占到9%左右的市场份额。

由于储能在国内不具有市场主体地位、补偿机制不明确、调度经验缺乏等,目前仍处于产业化初期,并未形成成熟的商业模式,主要以功能性示范项目为主。

随着储能示范项目积累的运行经验以及技术提升带来的成本下降,目前储能已经在分布式发电与微网、电力辅助服务、用户侧需求响应和电动汽车车电互联等四个领域出现市场机会和商业化模式。

(资料来源:上海电力设计院有限公司,本文图例有删减)

第九章　企划文书

　　企划是企业为适应市场环境、搞好经营管理和赢得目标市场,而对企业文化、产品开发与营销、市场竞争应对以及公共关系等领域进行的创新性活动。企划书是企划的书面呈现形式,也称企划案。

　　和普通计划一样,企划对企业管理具有以下重要作用:有效管理和控制、降低风险、掌握主动及减少浪费和提高效益等。此外,由于要在激烈的竞争中赢得目标市场,企划活动必须具有创新性特征——独特的企业文化策略、高效的市场应对策略、深远的发展策略等。

　　按照企划层次,可以将企划分为总体企划和专项企划;按照企划时间长短,可以将企划分为一年内的短期企划、一年至三年的中期企划和三年以上的长期企划;按照企划内容,又可以将企划分为市场调研企划、市场营销企划、产品开发企划、广告企划、市场竞争企划、公共关系活动企划、服务企划、CIS 企划等。

　　不同种类、类别的企划书的具体结构不同,但其基本构成是一致的,都分为封面、正文和附录三大部分,具体格式可以分为企划导入、背景分析、目标定位、策略实施、设计效果评估和参考资料与附录六个部分。具体要求见下表。

企划书格式设计

格式名称	包含内容	内容及格式要求
企划导入	封面	企划书的名称位于页面中央,右下角注明企划者姓名或名称、企划单位以及企划完成日期
	前言	阐明企划动机、意义以及主要的创新特色
	目录	本企划书的章节标题、页码

续表

格式名称	包含内容	内容及格式要求
企划背景分析	背景介绍和现状分析	本部分相当于前面所述调查报告部分,主要对本企划基本情况、企划对象现状、企划组织部门、企划活动开展原因及社会影响进行说明,并对企划对象进行分析,阐明企划现在具有的优势、劣势、机会、威胁等
企划目标定位	目的和目标设定	确定企划目的和目标定位,阐明企划意义、核心构成、创新点,以及由此产生的重大影响和意义
企划策略实施	确定实施策略结构	明确实施的策略结构和组织保证,提高本企划的效果;策略构成分为策略名称、策略方案以及策略实施办法
	具体实施企划	利用文字、图表等方式细化实施步骤,分部门、分阶段、分目标、分任务,通过尽可能量化的标准进行过程和结果控制
企划效果评估	确定实施策略效果	实施企划需要的时间、费用和其他资源;预测企划可能获得的效果,制定效果评定标准
参考资料与附录	参考资料与附录	附加的与企划相关的资料

第一节　CIS 企划与写作

CIS 是英文 Corporate Identity System 的缩写,意为"企业识别系统""企业形象策略系统",是企业经营管理的综合性工具,主要包括企业的经营理念——理念识别系统(Mind Identity System,MIS)、行为规范——行为识别系统(Behavior Identity System,BIS)和视觉传达——视觉识别系统(Visual Identity System,VIS)三个子系统。在 CIS 系统的三个要素中,理念识别系统是核心和灵魂,由之衍生出企业行为规范,并最终形成受众所看到的视觉识别系统。如果没有科学的理念识别系统,行为识别系统和视觉识别系统就会缺乏深度内涵和核心力量;如果行为识别系统与其余两个系统脱节,就会给受众造成表里不一、不诚实、不诚信的印象;如果视觉识别系统和其余两者脱节,企业形象塑造必然大打折扣,事倍而功半。

一、CIS 的特征

CIS 具有独创性、统一性、社会性、客观性、长期一贯性等重要特征。

独创性特征是 CIS 最重要的特征,是体现企业形象识别度的根本保证。一个极具独创性的 CIS 企划能给企业带来多重和长久的效益。优秀的企业必定有优秀的管理理念、行为理念以及视觉识别理念,这些是企业在激烈的竞争中能够生存发展的根本。这就需要通过 CIS 企划来赢得企业内外广泛的认可,并随着认可程度的不断加深与推广赢得目标市场,最终求得企业的生存、发展和壮大。反之,如果 CIS 没有独创性,或者仅靠模仿甚至仿冒、假冒著名 CIS 来求得一时利益,就只能被迅速湮没,或者触犯法律,受到法律制裁。例如,混淆视觉识别系统的"康帅傅""雷碧"等,消费者深受其害。

统一性特征首先表现在 CIS 三个组成部分的统一,即以企业理念为灵魂、精髓、核心,向行为规范、视觉传达设计扩展,形成一个相互支撑、密切联系、协调一致的 CIS 系统。其次是企业内外活动的统一性。据统计,全球企业的生命周期平均均为 25 年,企业在发展过程中必须对企业形象进行调整和再创造,以期应对市场竞争以及由此引起的内部矛盾。这种调整和再创造必然引起企业内化,并有秩序地从企业理念以及行为和视觉识别系统等构成部分表现出来。这必须取得企业内部成员的理解、支持和合作,并积极向社会传播,在取得社会公众的广泛理解、支持和认可的基础上,使企业以统一的整体形象展现在公众面前、留在心目之中。一个优秀的企业总是表现为从内到外的一致性:一致的企业文化、经营理念、管理制度、企业形象、产品标准、服务标准等,甚至员工和公众的认可程度都具有极大的一致性。因此,CIS 企划必须是一个整体的企划,必须考虑到各组成要素的要求、传播战略要求、生存发展要求等。总之,要对社会公众做统一的传达,以便获得社会共同的认同、信赖和支持。

CIS 的社会性特征要求企业树立两个理念,一是企业永远不能凌驾于社会和公众之上,永远是社会的一个有机组成部分,绝不能和社会对立、对抗。公众消费需要引领,但不能对抗。社会也不是用以改造的客体,而是企业发展需要仰仗的资源和根基。二是企业永远要有强烈的使命感和社会责任感,要把社会效益和公众利益放在企业目标首位。CIS 企划必须建立在企业的目标与社会需求的完美结合上,企业形象塑造的最终目的也是在促进企业与社会的和谐共处。良好的企业 CIS 是企业长久存在和良性发展必不可少的外部环境,其对企业形成的潜在影响是无法估量的。例如,邵逸夫的企业几乎为我国所有高等学校捐助过教学大楼、实验大楼或活动中心等,农夫山泉打造的"你每喝一瓶农夫山泉,就为贫困山区孩子捐出一分钱"广告策略也为该企业树立了良好的形象,为企业的市场占有提供了强大的社会支持。

CIS 的客观性体现在其企划的实施和效果上。CIS 企划虽然是一项智力劳动，但是必须建立在对企业、市场、公众和社会环境全面深入的调查研究的基础之上，必须建立在对企业实事求是的认识之上。同时，CIS 的效果也应和企业长期以来在公众和社会上形成的客观影响相一致，不能脱离客观实际，不能凭空想象和任意拔高，否则其所形成的空中楼阁只能引起公众和社会的反感，与企划初衷背道而驰。

CIS 的实施是一项长期性的工作，要尽可能保持 CIS 的长期一贯性，朝令夕改的 CIS 是不可能赢得公众的认可的。这不仅因为任何企业的 CIS 都需要一个长期的过程才能被公众了解、认识和认可，还因为朝令夕改的 CIS 表现出一个企业没有值得信赖的恒定的理念和高瞻远瞩的发展眼光。"老字号"是影响公众对品牌信赖度的一个重要因素，因此追溯品牌历史成为 CIS 企划的一个重要途径，也说明了长期一贯性对 CIS 企划的重要性。当然，时代在变，目标市场更是瞬息万变，CIS 系统的导入只能处于一个稳中求变的动态过程之中。如何在"变"与"稳"中求得一个平衡点，是 CIS 企划与设计的一项重要任务。

二、CIS 企划的目标要求

CIS 企划主要是用于应对企业内部发展需要和市场经营压力。商场如战场，市场信息瞬息万变，各种商业活动运行周期都呈变速或加速运动。要有效赢得目标市场，必须通过 CIS 企划来应对人才竞争、科技竞争、资本挑战、信息挑战，必须不断加强企业内部管理，不断提高企业竞争力和发展潜力。因此，CIS 企划首先要考虑以下原则。

——是否能够反映企业的战略意图？

——是否能够反映行业特色并体现企业个性？

——是否能够反映企业的价值取向？

——是否能够反映企业的精神诉求？

——是否能够反映企业的主导文化？

——是否能够反映主导产品特色？

——是否实现经济效益和社会效益的一致？

——是否能够反映消费者需要？

——是否有竞争对手识别？

——是否正确地高度概括、简明扼要、通俗易懂？

——是否具有可操作性？

——是否最优化？

——是否具有统一性、独创性以及相对稳定性？

在具体地满足内部需要和应对外部竞争时,也应考虑以下问题。

——是否能够吸引人才,确保生产力?

——是否能够激励员工士气,改造组织气候?

——是否能够增强金融机构、股东的好感与信心?

——是否能够提升关联企业向心力?

——是否能够提高广告效果?

——是否能够增进公司经济效益和社会效益?

——是否能够节省操作成本?

——是否能够方便内部管理?

——是否能够应对成本的挑战?

——是否能够有效应对市场竞争?

——是否有利于企业形象的传播?

由于企业性质不同,CIS 企划会随着市场环境和行业竞争等的变化而适时改变,根据客观实际采取有效的企划。

三、CIS 企划的步骤与方法

如前所述,CIS 系统具有客观性特征。因此,CIS 企划必须建立在对客观存在进行调研和分析的基础上,并据此进行规划和设计。然后,形成书面结果——CIS 企划书。

CIS 调研和分析主要是针对企业的外部环境和内部环境进行调查研究,以便对企业原有识别系统总体评价方面和企业期望的新识别系统的具体作业方式、步骤以及定位依据等进行了解。

外部环境调研对象分为两个部分:一是企业涉及的人力方面,包括现有和潜在的消费者、交易对象、竞争对手、合作伙伴、管理和流通渠道人员、传播渠道人员等。二是企业涉及的人力方面,包括营销场所和渠道、行业动态、社会需求、政策倾向等。

内部环境调研对象则涉及企业内部人事管理、组织建设、生产生活环境、过程控制与调整、企业标准等人力物力调查研究。

CIS 调研结束后,以报告的形式对调研结果进行整理,主要内容包括调研的目的、方法、对象、时间、结论或要素、基本形象、企业认知度、品牌认知度、企业标识情况等。CIS 调查报告可以独立形成,也可以作为背景成为 CIS 整体企划的一部分。

对 CIS 进行规划和设计是一个群策群力的工作,需要调动企业内外、业界内外最广大的力量来完成。比如面向社会征集广告语、图标、广告创意等。下面列举几种方法,可供在具体操作中参考使用。

（1）集思广益。提出要求，面向社会广泛征集企划方案并不少见。也可以在一定范围内利用头脑风暴、逆头脑风暴等方法搜集意见和建议，然后整理完善，形成企划草案。

（2）"635"。邀请对企业或者行业熟悉并具有一定创新能力的六个人，在明示课题目的和要求后，让每个人在五分钟内写出三个想法，并将写有三个想法的卡片依次传递给下一个人。在第二个五分钟内，每个人根据新拿到的卡片内容再写三个想法。依次类推，进行半个小时或者更多时间，这样至少可以获得 108 个想法。在一定的层面上多次使用这种方法，可以在有效控制的范围内对 CIS 企划进行高效拓展。

（3）匿名咨询法。圈定一些专家征询意见，然后将各位专家意见不记名地相互交换，指出问题并提出修改意见。多次进行，直到每位专家都得到了其余专家的意见并进行了相应次数的修改和完善。

（4）检核表法。对企划所列举的问题一一核对，然后整理改进，形成最终企划。例如，改变——哪些要素可以变化？能变化到什么程度？能变化成什么样子？加大或减少——增添或减少什么？制度？程序？人力？物力？时间？范围？程度？替代——替代什么？材料？人员？渠道？排列组合——重新排列顺序？时间？成分？颠倒？还是合并？结盟？共担？

（5）观念法。CIS 企划不可能面面俱到，总会以一种理念为核心，带动其他元素共同塑造企业形象，尤其因为行业不同，就有可能形成顾客至上理念、人文关怀理念、特色理念以及危机意识、竞争意识等不同的企业核心观念。比如美国福特公司以人为本的"认识力量的源泉"的理念，美国运通公司的服务至上的"不惜一切为顾客服务"的理念，日本索尼公司服务生活的"享受有益于公众的技术进步、技术应用和技术革新带来的真正乐趣"的理念，我国海尔集团爱国敬业的"敬业报国，追求卓越"的理念等。

四、CIS 企划书的写作

CIS 企划书可以根据 CIS 构成的三个元素 MIS、BIS 和 BIS 分别进行，独立成篇，也可以将三个要素合并为一个整体的 CIS 企划。无论作为单个的企划还是整体企划，企划书的写作结构都可以分为封面、正文和附录三个部分，具体结构可以参见前表。根据不同的企划要求，可以对企划书组成部分进行调整，突出重点和特色。

参考例文

吉林市旅游形象的推广

一、吉林市旅游存在的问题

近几年吉林市大力发展旅游业,通过市场不断地整合旅游资源,推出旅游线路,组织大型活动,开展各种展会,大力宣传吉林市,取得了一定的成绩。但是吉林市旅游业起步较晚、基础较差,旅游产业整体发展水平不高,旅游在国民经济中的比重还太小,对吉林经济的拉动不大,旅游业存在的问题还很多,与旅游业发达城市相比差距很大。

(一)旅游经济总量不足,产业规模小

2004年吉林市旅游收入占地区生产总值比重的5.83%,虽高于全国水平,但与吉林市旅游大市10%这一目标的标准有一定差距。在全国34个重点城市中,吉林市旅游总收入占地区生产总值的比重位次为26位,居下游水平。2004年吉林市经济总量在全国34个重点城市中位次为25位,旅游收入是第28位,旅游收入指标还没超过经济总量的发展水平位次。吉林省某市的旅游收入占地区生产总值的比重已达24%。全国34个重点城市有20个城市的旅游收入占地区生产总值的比重已超过9.5%,南宁、贵阳、乌鲁木齐市的经济总量都低于吉林市,可旅游对经济的贡献率都在10%以上。因此,旅游对吉林市经济总体拉动不大。

(二)旅游收入少,在全省中的份额下降(略)

(三)旅游饭店结构不合理(略)

(四)缺乏强吸引力的旅游精品(略)

(五)旅行社发展得不快,内容单调(略)

(六)旅游人才匮乏(略)

(七)城市文化环境差(略)

(八)劳动力和专业人员素质差(略)

二、吉林市旅游的发展对策

(一)建立生态旅游、农业旅游、工业旅游相结合的旅游产业体系

吉林市旅游业要培植优势竞争力,还应壮大规模。吉林市是一座工业大市,丰满发电厂(亚洲第一座水电站)、吉林化纤厂、吉林化工集团、轻型车厂等工业资源丰富。大力开发工业旅游资源,开辟参观通道和参观区点,可以在发展工业强市的同时,带动旅游业的发展。生态旅游和农村旅游市场规模大、潜力足。目前,农村旅游只是起步,如果旅游企业能正确引导开发农村市场,就能在新一轮竞争中抢占先机。应建立农村旅游示范

区,特别是"东北三宝",指导农业旅游示范点按国家标准完善旅游基础设施,增强旅游功能,增加旅游者参与性项目,完善其吃、住、行、游、购、娱等要素。

（二）旅游资源的开发要有特点

旅游资源的开发既要考虑所处大区域的共性,又要突出吉林市的个性,找出自己的比较优势。可以打响"滑雪天堂"的牌子,使吉林市成为全国滑雪娱乐的主要目的地。在滑雪资源的开发建设上,把吉林市的六大滑雪场建成与国际接轨的集娱乐、观光、休闲于一体的多功能滑雪旅游基地。规划开发雾凇林带,开辟新的雾凇观赏区,创造一个闻名全国、具有国际影响力的雾凇观赏景区。在景区景点的开发与建设上,要找到吉林市旅游特有的文化资源和地域特色资源,融进旅游当中,并不只关注景区的特色,还要把区域的发展、民族文化、饮食、服饰、民居等均纳入旅游当中,把其作为景区的补充甚至是开发规划的主要对象,如此才能凸显吉林市旅游的特色。旅游产品向多元化、科技化、绿色化、精品化发展,优化旅游产品结构,提高吉林市旅游产品的市场竞争力。

（三）建立旅游人才机制,采取多种措施吸引和盘活旅游人才

加强旅游就业培训,建立良好的用人机制,为旅游人才发挥才能提供和创造施展的空间和舞台。加快人才资源的开发,建立旅游人才集聚机制,采取多种措施吸引和盘活旅游人才,尽快建立起政治素质良好、业务能力强、职业道德水平高的旅游人才队伍。

三、吉林市城市旅游形象推广计划的主要内容

城市旅游形象的设计不仅是形象战略的起步,更为大量在城市旅游形象确定之后的对外推广工作起到了引导作用。

（一）根据吉林市城市旅游业发展的现状,当前我们旅游形象推广计划的主要内容

强化城市内部管理、拓展旅游招商引资的渠道。形象推广计划的主要任务是设置城市旅游形象推广办公室,由专职人员负责与推广密切联系的各项工作。

（二）吉林市城市旅游形象推广策略的选择

推广策略是指旅游城市在进行形象推广时,为了取得最好的效果而运用的手段和方法。几个好的旅游城市形象营销的关键在于策划,只有经过精心策划的推广活动,才能取得良好的效果。

1.推广媒体选择的策略

在实施形象推广活动时,可以使用一个推广媒体,也可以多个媒体综合运用。总体选择一般要考虑性质、推广对象习惯、推广目标定位、推广费用预算等因素。从吉林市目前在旅游市场的认知度和受青睐程度上分析,我们建议在条件允许的情况下选择覆盖率较高的媒体进行推广,以便迅速地占有目标市场更大的份额。

2.确定推广目标和对象的策略

从吉林市城市旅游形象推广目标的区域分布上看,推广目标市场应选择在长江三角

洲地区、珠江三角洲地区、东南沿海经济开发区这两区一线。因为一方面,这三个地区自然气候、景观地貌、生活习俗与吉林市存在明显差别;另一方面,这三个地区的人均生产总值均超过 3000 美元,具备较高的旅游支付能力。从吉林市旅游形象推广的目标、年龄、层次上看,冬季旅游项目应以中、青年人为主,因为这部分人员抵抗寒冷气候的能力和素质较强,来访可能性较大;而在夏季避暑项目的推广上,则以中、老年人为主。

3.推广活动的差别化策略

形象推广的差别化策略就是以发现差别和突出差别为手段,充分显示旅游城市特色的一种宣传策略。例如,云南丽江应突出古镇之美,突出人与自然的和谐共存;而西安要向人们展现数千年的历史文化古都的内涵;深圳则突出现代化新都市的形象。总之,只有抓住城市旅游产品最突出的特点并加以放大,突出自身的与众不同,才能达到最佳宣传效果。所以,吉林市在进行这一方面工作时,要注意在活动内容、形式的选择上突出自己的与众不同。

4.推广时间安排的策略

时间安排策略是指推广活动发布的时间和频率合理安排的策略。一般在时间运用上有集中时间策略、均衡时间策略等;在频度上有固定频度和变动频度等形式。根据不同时期的不同特点,采取不同的推广时间策略,不失为决策者的明智之举。如旅游热点地区普遍在"黄金周"这一旅游高峰期,抓住时机吸引大批旅游者;旅游城市可以到客源地举办新闻发布会,及时在目标市场各大媒体集中时间加以宣传,集中叠加式宣传常能达到强化的效果,从而吸引大批旅游者。收入高、支付能力强的区域,宜采用均衡时间策略来推广城市旅游形象,因为这样的消费群体往往是时间的矮子,就是说是否有时间是决定他们能否出游的首要因素。用电视、电台做广告,要考虑时段的变化。旅游城市形象推广时要变换时段,方便旅游形象在更广的范围内传播。而吉林市的气候特点决定我们的旅游旺季是在每年的冬季和夏季,那么在选择大力推广旅游活动时要注意与这两个旅游旺季相配合,否则容易导致事倍功半的后果。

总之,吉林市在进行旅游形象推广时,高层管理人员要投入大量精力去指挥实施,中层管理人员应深入贯彻城市旅游形象精神,投入大量时间进行管理沟通,使城市旅游精神真正深入人心,而不是停留于一般形象的"粉刷"上。那些认为既然为导入形象已付出高额的费用来聘请专业公司设计,专业公司当然要负责到底的观念是错误的。实行形象策划推广策划,既要请富有经验的专家或有实绩的顾问公司提供积极的协助,又要知道主角是自己,而非聘请的专家。确立内部形象推广的主体性和城市自我推广形象,充分借鉴其他城市的做法,以城市自身努力为主,是推广城市旅游形象的正确观念。

(资料来源:李森的《企业形象策划》,清华大学出版社,2009 年 9 月版)

第二节　市场营销企划与写作

　　市场营销企划是市场营销管理的核心,是指企业为了改变现状、完成营销目标,借助科学方法与创新思维,立足于企业现有营销状况和市场环境,对将要发生的营销行为进行超前的规划和设计,以提供一套系统的有关企业营销的未来方案。

　　市场营销企划必须以对市场环境的分析和充分占有市场的信息为基础,综合考虑外界的机会与威胁、自身的资源条件及优势劣势、竞争对手的谋略和市场变化趋势等因素,编制出规范化、程序化的行动方案,从而提高产品销售,获取利润。

　　按照市场营销企划主体,市场营销企划可分为企业自主型企划和外部参与型企划两种。按照企划客体,其可以分为市场营销战略企划和市场营销战术企划两种,前者事关企业战略发展方向、战略发展目标、战略重点与核心竞争能力;后者则是具体的市场营销策略和战术。

一、市场营销企划的依据和要素

　　(1)市场营销企划要回答以下几个问题,并据此进行相关工作。

　　①营销方案的依据是什么? 企业领导的盲目要求和策划部门的闭门造车是导致企业营销策划失败的主要原因,成功的市场营销必须建立在对市场分析、对企业分析、对竞争对手分析和对目标人群分析的基础之上。在很大程度上,市场营销企划正是这些科学的分析自然导出的结果。

　　②企业或产品的最大优势是什么? 市场营销的本质是赢得市场竞争,占有目标市场。要竞争,就必须知己知彼:向对手学习,扬长避短,放大自己的优势,获取消费者认可。但必须强调的是,策划者对企业的研究不仅要以企业活动参与者的身份进行,还要从消费者的角度来科学认识企业。

　　③顾客的需求在哪里? 市场营销策划的最终目的是占有目标市场,其途径是通过策划取得消费者认同,并由此产生消费欲望。了解不同消费群体的消费心理、消费趋势、消费特点,是做好市场营销策划工作的重要前提。

④如何才能满足顾客需求并做得更好？"顾客就是上帝"的理念必须贯穿市场营销策划的全过程。从前沿产品的研发到售后服务的提高，都是营销策划应该重点考虑的方面。

⑤营销方案中是否有建立完整的营销体系，以便于顾客更加方便地知道并及时消费。尽管随着现代信息网络的建立，消费者了解产品的形式更加多样化，但是由于信息公路过分拥堵以及消费者习惯的信息接收途径不同，策划案一定要慎重考虑消费者了解、购买和反馈产品信息的途径，没有完整科学的营销体系，营销目标的实现将功亏一篑。

(2)市场营销企划包含营销目标、市场定位、市场营销策略三个要素。

①营销目标是指在市场营销企划规定的时间内所要达到的目标，是营销企划的核心部分，对营销策略和行动方案的拟订具有指导作用。营销目标是在分析营销现状并预测未来的机会和威胁的基础上确定的，一般包括财务目标和营销目标两类。其中财务目标由利润额、销售额、市场占有率、投资收益率等指标组成；市场营销目标由销售额、市场占有率、分销网覆盖面、价格水平等指标组成。

②市场定位建立在对市场环境分析的基础之上，是指企业根据竞争者现有产品在市场上所处的位置，针对消费者的消费心理、消费习惯以及对该类产品某些特征或属性的重视程度，为本企业产品塑造与众不同、印象鲜明的形象，进而确定该产品在市场上的适当位置。市场定位的实质是将本企业产品和同类其他企业产品区别开来，并通过这种差别使本企业的产品尽可能在消费者心中占据一个相对稳定、长久和重要的位置。市场定位是市场营销的关键，定位不准，全盘皆输。

③市场营销策略是市场营销企划的核心。只有通过市场营销策略企划，才能挖掘各种产品的发展潜力，提高营销效率，以最节省的成本赢得最多数量的消费者。市场营销策略包括价格策略、产品策略、营销渠道策略、促销策略及宣传策略等。价格策略主要是指产品的定价根据经济学规律，在市场价格与价值波动的规律上考虑成本、市场、竞争等影响因素，通过制订科学的产品价格促进产品销售的一种策略。企业之间不断爆发、不断升级的价格战就是市场营销策划中价格策略的突出表现。产品策略主要是指产品特色设计策略，通过这一策略让产品在消费者心中留下深刻的印象，赢得消费者认同，进而赢得一定的市场份额。营销渠道策略是指企业通过何种渠道使产品流通到顾客手中，比如直销、分销、经销、代理，或者实体销售和网络销售等。促销策略是指企业采用一定的手段来达到销售产品、增加销售额的目的，常见的手段有折扣、返现、抽奖、免费体验等多种方式。宣传策略是指企业产品形象通过媒体新闻报道的形式，借助各种网络进行宣传，以扩大企业的正面影响力，提升品牌影响力、信任度、美誉度及业绩效果。

二、市场营销企划的步骤

市场信息瞬息万变,市场营销企划就显得非常复杂,必须追随市场信息超前预测、及时调整。同时,因为市场营销企划还具有创新性和灵活性等特征,所以市场营销企划没有固定的模式和程序。但是,还是有些规律可以遵循。

1.确定企划主题

尽可能掌握全面信息——企业想要做什么,为什么要做,正在做什么,为什么这样做等。

2.资料搜集和分析整理

这是市场营销企划最关键的一步,是企划活动的基础。要尽可能利用各种渠道全面深入地搜集资料,然后将各种资料进行整理和分析,归纳提炼,找出存在问题的关键,并据此对市场环境的未来发展趋势进行预测。

3.确定各级目标和方案设计

市场营销企划的核心内容是营销目标的确定和方案设计。目标的确定要符合企业的客观实际,过低,无法调动员工的积极性;过高,无法保证顺利实现,而且会挫伤企业员工的自信心。除了总体目标,还应当按照时间、部门设计子目标,并确保子目标共同指向总体目标。在方案的设计上,既要有创新性,又要有具体的保障措施,人、事、物紧密结合。还需要指出的是,方案设计不能只有一套,要有备选方案,还应该考虑到方案实施过程中因市场环境变化而进行的控制方案。

4.企划方案的确定

市场营销企划方案经由设计者向企业决策层汇报,并由决策层从中选取最优方案。

5.企划方案的实施与控制

市场营销企划方案确定后,由企业的相关部门执行,企划人员要及时沟通跟进,以便进行过程控制。虽然企划具有超前性,但是由于市场环境变化太快必须通过过程控制进行及时的调整,以便保证营销目标的最终实现。因此,在市场营销设计中,永远不可能有一成不变的完美设计。

三、市场营销企划的特征

成功的市场营销企划属于管理学科的计划环节,不仅要能够通过过程控制来实现计划目标,还要能够在企划中体现以下特点。

1.创新性

创新性是市场营销企划最重要的特征。营销的实质是在同行业众多产品的营销手段中独树一帜,引起消费者注意、关注,并引导消费者产生消费欲望,从而达到占有目标市场的目的。营销企划必须借助这种创造性将各种市场营销要素进行独特的组合,形成最优化的模式,带来最高的投入产出之比。

2.超前性

这是营销企划最根本的特征。营销策划是建立在原有经验系统(包括本企业和同行业其他企业的经验)基础之上的,但是,本质是根据经验系统对未来市场环境和企业环境作出的预测和战略规划。经验系统保证营销企划不致无的放矢,超前性特征保证企业营销策划不致因市场环境变化而难以实现既定目标。

3.主客观相统一

首先,企业营销要实现的目标是企业效益最大化——社会效益最大化和经济效益最大化,并且是二者的最优结合。但是限于企业自身条件和市场环境不断变化的因素,营销策划总是只能在主观追求和客观限制之间实现平衡。其次,由于每个人(组织机构)对来自企业内外的信息的认识和处理不同,往往形成营销策划设计的不同意见。但是这些意见归根到底要尽可能符合市场和企业的客观实际,并需要通过在实施过程中不断反馈、修正来实现最终目标。

4.系统性

营销策划是一项综合性工作,不仅需要策划者具有广博的知识和灵活的运用能力,更需要各部门在信息传递上的紧密协作,营销企划实施的过程监控也需要部门配合。同时,营销策划往往不是一个单一策划,通常是一系列前后紧密衔接的活动,这就需要策划者在策划的过程中注意每个环节的前后衔接关系,避免一环脱节导致的整个系统瘫痪的现象。

5.可控性

和一切计划一样,市场营销企划也一定要考虑到过程控制。这要求市场营销策划在制订时必须考虑到市场环境和企业发展变化的因素,尽可能提供可以量化的控制标准以及在实施过程中可采取的有效性评价和控制手段,以保证营销方案顺利实施。

四、市场营销企划书写作

市场营销企划书结构可以分为封面、前言、目录、正文和附录五个部分,也可以如前所述归为封面、正文、附录三个大部分。

（一）封面

企划书的封面要包含如下要素：市场营销策划活动名称、企划单位（企划人）名称、企划完成日期以及企划书编号。

（二）前言

前言主要说明本营销企划所要达到的目标、企划宗旨、策略、作用、意义以及企划的创新点。

（三）目录

目录按照企划书内容列出章节标题和页码，章节页码清晰。

（四）正文部分

1.市场调研分析

这部分是市场营销策划的依据，只有对市场的调研分析是全面、深刻的，营销企划才能卓而有效。市场调研分析主要包括市场形势调研分析、产品情况调研分析、行业竞争形势调研分析、消费群体调查分析、分销情况调研分析以及宏观环境调研分析。通过本部分的调查分析，要能够清晰回答以下问题：

——本企业产品的市场空间还有多大？

——本企业产品还有多大加强和改进的空间？

——本行业竞争对手的优势和劣势是哪些？对方未来可能占有的市场空间有哪些？有多大？

——本企业产品消费群体的年龄、性别、职业、消费习惯、文化层次、消费趋势、经济能力如何？

——不同地域间本企业产品分销状况有何差别？造成这些差别的主要原因是什么？

——国家和各地方正在和将要出台哪些影响本企业产品销售的政策措施？哪些是有利的？哪些会产生什么样的阻碍？

2.现状分析

现状分析的主要内容之一是将企业自身条件和竞争对手作比较，找出企业存在的优势和劣势，尽可能在营销企划中做到扬长避短、突出优势、消除差距。其次，是对机会和风险的评估，并对可能遇到的风险进行防范和采取规避措施，减少可能出现的损失。最后，是对既往经验教训的归纳与总结。对现状的分析一定要有理论和客观实施依据，并且要能够集思广益。

3.确定营销策划的目标

和管理学中的任何策划一样,企业营销企划也是一个总目标和子目标相结合的系统。企划的总目标要体现企业的经济效益和社会效益相结合,体现短期目标和长远规划相结合,体现企业效益和员工效益相结合。子目标是各部门要求达到的目标,要和总目标保持一致的向心力。

目标的制订要基于现实条件,目标标准能够量化尽量量化,以保证后期控制有据可依。目标的制订要既能体现挑战性,又要具有实现目标后对员工的鼓舞性。

4.营销组合策略

如前所述,市场营销企划是一个系统工程,需要在目标市场战略和市场营销策略上体现系统性组合特征。随着市场环境的发展,市场营销策略组合也从传统的“4P”组合发展为现代的“6P”组合和当下的“10P”组合:产品(production)、价格(price)、分销(place)、促销(promotion)→产品(production)、价格(price)、分销(place)、促销(promotion)、政治力量(political power)/公共关系(public relations)→产品(production)、价格(price)、分销(place)、促销(promotion)、政治力量(political power)、公共关系(public relations)、市场研究(probleming)、市场细分(partitioning)、目标优选(prioritizing)、市场定位(positioning)。

产品策略包括对产品的品种、质量、式样、商标、特色、品牌以及服务措施等各种因素进行组合运用。价格策略是指在价值规律的制约下对定价技巧和定价方法进行的组合运用策略。分销策略主要是指企业以合理地选择分销渠道和组织商品实体流通的方式来实现营销目标的策略。促销策略主要是指利用各种信息传播手段刺激消费群体的购买欲望、促进销售,以实现营销目标的策略。这是传统的营销组合策略要素。

随着市场经济体制的逐渐发展和完善,营销策划者发现,传统营销组合策略只考虑到营销自身因素,而忽略了政治环境和公共关系对市场营销的影响,因此,又将政治力量和公共关系纳入市场营销企划的要素。政治力量不仅包括对市场营销产生影响的政权力量,还包括民间商业和非商业行会、协会等力量。公共关系则指企业为改善与社会公众的关系,促进公众对企业的认识、理解及支持,达到树立良好企业形象、促进商品销售目的的一系列公共活动。公共关系因素越来越成为市场销售企划的重要因素。

当下的“10P”是在现代大市场的“6P”要素上添加了市场研究、市场细分、目标优选、市场定位。市场研究是指企业为实现信息目的将相应问题所需的信息具体化、设计信息收集的方法、管理并实施数据搜集过程、分析研究结果、得出结论并确定其含义等的过程,主要是为市场营销企划提供全面、科学的依据。市场细分是按照消费者欲望与需求,把因规模过大导致企业难以服务的总体市场划分成若干具有共同特征的子市场的划分和研究,目的是使企业产品和服务更具有针对性。如酒类食品的分区配方销售策划就基于市场细分的基础之上。目标优选是指在市场细分的基础上,选取企业要进入的那部分市场,或要优先最大限度地满足的那部分消费者的策略。其目的是集中企业优势资源,占领对企业未来发展具有重要战略意义的消费区域或群体,为企业发展奠定基础。市场定位就是企业针对顾客对该类产品某些特征或属性的重视程度,为本企业产品塑造与众不同、印象鲜明的形象,并将这种形象生动地传递给顾客,从而使该产品在市场上确定适当的位置的策略。

5.市场营销预算

市场营销预算的原则是追求最大的投入产出比,其内容包括执行各种市场营销战略、政策所需的最适量的预算以及在各个市场营销环节、各种市场营销手段之间的预算分配等。费用又可以细化为总费用、阶段费用和项目费用等。

6.制订活动实施方案

制订活动实施方案通常是以目标时间划分的一个活动方案,内容应以目标时间为单元,明确实施目标、组织形式、实施主体、完成时间、保障措施等具体内容。实施方案也可以有备用方案,以供决策者论证选择。

7.设计控制和应急措施

过程控制是保证在市场环境变化的情况下顺利实现营销目标的重要环节。典型的做法是在活动方案中将目标、任务和预算细化,保持控制信息反馈渠道畅通,及时反馈信息,对企划实施过程中出现的问题及时纠正。也可以在重要环节设置备选办法,在首选方案的重要环节出现问题时启用。

（五）附录部分

附录部分提供计量标准、参考文献、证明材料等支撑企划案,也便于论证和组织实施。

参考例文

稻香村差异化营销策划书

一、前言

随着消费水平的发展,人们的消费观也有了很大的变化。越来越多的人在追求品质的同时更重视传统的食品,更重视老字号的品牌。

中国的消费者市场成长很快,接受能力越来越强,这是现代化的一个必经过程,是文化传播和价值观念的建立。稻香村这种传统的老字号糕点食品,要在经典的同时寻求创新,再配合适当的宣传才能让中华老字号的稻香村食品文化为更多人所熟知。

二、市场研究

食品行业是中国发展最快的一个行业,随着经济和文化的发展,一些国外引进的食品业占据了大量的消费市场,中国的传统食品行业也受到了挑战。

(一)稻香村概述

稻香村是北京的老品牌,说起稻香村会勾起人们很多的回忆。民以食为天。提起"稻香村",居家过日子的北京人可谓再熟悉不过了,有道是:"酱菜六必居,绸缎瑞蚨祥,中药同仁堂,糕饼稻香村。"每逢春节、元宵、端午和中秋节,许多老北京都会到稻香村买点儿年糕、元宵、粽子或月饼,稻香村门店前蜿蜒排起的长龙,向来是京城节日一景。作为食品行业标杆品牌,已跨越3个世纪的北京稻香村,历久弥新,素有"糕点泰斗、饼艺至尊"之称。

(二)糕点消费市场概述

2013年末,我国糕点、糕点制造工业企业达430家,行业总资产达274.3亿元,同比增长31.02%。2013年,我国规模以上糕点、糕点制造工业企业实现主营业务收入达526亿元,同比增长41.20%;实现利润总额达46.89亿元,同比增长50.21%。从这组数据我们可以看出,糕点行业在我国是有很好的发展空间的。

三、稻香村SWOT分析

(一)稻香村在市场的优势

产品差异可以从产品的外形和品质两方面进行分析:一是稻香村其独特的产品外形。稻香村在产品外形上的设计是其他糕点商家所没有的,这可以为其吸引大量的追求时尚潮流的青年一代。二是其产品品质的差异。稻香村是新加坡品牌,无论在哪里开设门店,它都会带着新加坡的口味,通过实际调查发现,稻香村的糕点口味有咸的、甜的、红豆的、芝麻的等。这里面有些是其他糕点商不能提供的。因为其独特的口味特点,吸引了大批的忠诚客户。稻香村其独特的口味可以吸引很多的顾客。

(二)稻香村在市场上的劣势

1.产品同质化严重

随着市场的发展,越来越多的人会注意到糕点市场所能创造的利益,而模仿市场领先者是商家第一能想到的。稻香村作为糕点市场的领头者,它的产品被模仿是不可避免的。产品的同质化会对其顾客进行分流,从而影响它的发展。

2.经营成本高

稻香村对其自身的定位是高端市场。这就要求其选店铺选址只能在困境市区内。这里的高房价会提高其经营成本,从而降低利润率。而且在经营高端产品时,对产品的要求也会随之提高,不可避免,在生产产品时,所采用的物料必须是高质量的,这也成为其经营成本较高的原因之一。

(三)稻香村市场的机会

1.糕点行业高端市场无竞争对手

稻香村以价格为基础,对客户市场进行细分,而相对的,目前大多数商家的市场是针对中低端客户的,高端市场成为糕点市场上的一个盲点,由于无竞争对手,稻香村可以在最短的时间内占据糕点行业的高端市场,并在占据高端市场的同时,确立其品牌优势。

2.高质量的产品为其竞争者提高了进入市场的门槛

由于其产品的高质量,这在一定程度上为其模仿者提高了进入高端糕点市场的难度。它独特的口味和外形,由于其模仿者不能够在最短的时间内对其进行模仿,这在一定程度为其争取了占据高端糕点市场的时间。在这段时间内,稻香村完全可以让自己的品牌深入顾客心中。

(四)稻香村在市场可能面临的威胁

1.竞争对手的进入

稻香村独占糕点高端市场,其盈利是令人瞩目的。这会吸引更多的商家进入糕点行业的高端市场。竞争对手的进入会对其顾客量进行分流,并会在营销的过程中增加其营销成本。这会对其发展造成不利的影响。

2.人员的素质问题

由于社会大众对服务行业的误解,现在参与餐饮服务行业的人员数量愈加紧张了,稻香村也面临着这种问题。如果不能有效地解决这种问题,稻香村在企业文化的传承上会受到极大的阻碍。就目前来说,由于稻香村迅速的发展速度,餐厅相关人员的素质跟不上本企业发展的速度,这对于稻香村传承"体验营销"的文化是不利的。

四、消费者研究

(一)稻香村的消费者特点

1.25—45岁;

2.月收入¥3 000元以上;

3.集中于发达程度偏中上的城市,特别是我国东南沿海等地区;

4.不会被高昂的价格吓走。

(二)有关稻香村的产品和定位的建议

1.潜在市场:49%的年轻消费者称他们父母喜欢稻香村的糕点。

2.产品:由于稻香村属于传统糕点小吃,在其种类和口味方面要加以改进。

3.便利性和品牌:消费者希望能方便地购买到产品,但也常常愿意特意上专业商店购买他们最喜爱的品牌。稻香村应该增加加盟店或者连锁店的数量,使消费者更加方便。

4.价格:50%的消费者都可以接受稻香村的糕点价格,但还应将散装的糕点价格做适当调整,可通过包装的精美程度来区分价格标准。

5.推广:稻香村属于中华老字号,为一般消费者所熟知,可以适当在大学校园中进行推广,做一些特价活动等,以此让更多的青年消费者熟知。

五、差异化营销策略与创意

(一)广告策划

随着经济的发展,稻香村在包装上也有了创新。2008年,北京稻香村推出了"稻香村里找年味,原生态中忆民俗"活动,在稻香村的包装上加入了"年味"的元素,出现了购买"年味礼盒"长长的队伍不曾间断的场面。在2009年新春之际,北京稻香村又发起了"征春联"的活动,旨在通过征集下联的方式,进一步唤起人们对中国文化的兴趣。在这新"年味"的带动下,同时推出了以六大系列11款包装礼盒的新阵容、过硬的产品质量、精美的制作工艺、对传统元素的挖掘和应用,再登春节舞台。

本次设计通过加入一些传统的色彩元素,更突出稻香村食品的历史悠久,还通过一些西方文化的深入,使中国的传统食品更好地走出中国,走向世界的消费市场,使世界对中国的传统食品有了更深的认识。

稻香村是中华老字号的传统小吃,在我国发展历史悠久,在稻香村的品牌传播方面不能采用一些世俗的铺天盖地的广告传播,要在将积累的口碑宣传到各个角落。店面就是最好的广告,糕点的味道就是稻香村的品牌。此次的广告宣传旨在让更多的青年消费者了解稻香村传统食品的特点,可以利用一些广播广告进行宣传,另外在一些畅销的杂志刊登彩图也能起到吸引消费者的作用。

(二)传播过程

在传统的包装设计上,稻香村的包装一直是简易的盒装,虽然很结实但是却不太美观。而稻香村追求浓郁的民族风格以及地域特色,确定了在包装上"老北京,老字号,老百姓"这三个原则,并以中国红为主,明黄色为辅的色彩定位。稻香村糕点盒一般细分为传统型、婚庆型和京味型三种。传统型一般多采用老店铺、四合院以及一些吉祥的传统图案作为设计元素。婚庆型设计一般是一个蒙着盖头的新娘,两支红烛以及一条结花的红绸带。京味型用长城、故宫角楼和老房檐这些形象。还有一款完全参照老式点心匣子的尺寸和方式,用原浆色纸印上剪纸,上边盖大红门票、纸绳捆扎。这些设计虽然在色彩以及图形上有一些创新,但是总归和现在的潮流有些不搭,消费者的满意度也不大,这也就直接影响了稻香村食品的宣传。

以北京、天津、上海、深圳等一些一线城市为主,开设稻香村实体店铺,每个点要在继承传统的基础上加以创新,使之与周围的建筑相协调。此次的宣传从2012年的8月到2022年的3月,要根据中秋、春节、元宵节等不同节日进行不一样的宣传。最重要的还是要坚持食品的品质,使消费者满意,引发一传十、十传百的效应。

（三）广告表现

1.平面广告的表现

（1）主标题：稻香村糕点，马蹄糕、莲蓉酥

（2）副标题：中国老字号传统美食

2.在店面的设计上，稻香村强调每个店面在本质上都要有自己的风格，在中国传统老字号美食这一基础上进行创新，要融入建筑中而不是破坏建筑物原来的设计。

3.企划意图：表现稻香村的文化底蕴和独特的品牌魅力，提升企业形象。

（四）媒体策略

1.广告费、制作费 200 万元。

2.杂志平面广告，在《食品与健康》等一些杂志上刊登彩图。

六、预算分配

6 个月广告总预算费有 500 万元，其中 200 万元为制作费。杂志广告：刊播费为 100 万元，占总广告费的 60%。

开设各种试吃以及赠送礼品预算费用为 100 万元，经营费用每月预算为 10 万元。

七、广告效果评定

在广告刊播后，定期以小问卷的形式做广告效果测定，以随时修正广告策划案。

（1）杂志广告每周测定一次。

（2）可以对经常来的消费者办理会员卡，留下消费者的电话，一旦推出新的优惠活动或者是对老客户的回馈都可以通过手机短信的方式告知，还可以领取免费试吃券、优惠券，这样一些老客户就会将这样的信息传达给其他朋友，引发一传十、十传百的效应。

八、方案调整

以上所制订的差异化营销策略会根据实地销售情况适时作出合理调整，一切从实际出发。

（资料来源：薛小盈，《环球市场》2016 年第 18 期）

第三节　新产品开发企划与写作

新产品开发是指从研究选择适应市场需要的产品开始，到产品设计、工艺制造设计，

直到投入正常生产的一系列决策过程。新产品开发计划是指根据新产品开发的理念和要求,有目的、有计划、有步骤地发展新产品的计划。它包括新产品开发的各项实施步骤、各项资源和时间的利用分配等要素。新产品开发企划书是新产品开发企划的书面成果,广义的新产品开发企划不仅包括上面提到的产品开发的诸环节,还包括新产品的可行性分析、定位设计,以及新产品的品牌策略、促销策略、营销渠道策略、广告方式、风险预测控制和产品定价等要素。

新产品开发几乎是每个企业发展中必须面对的问题。社会生活节奏的加快,使得新产品的更新换代必须更快,以便超前引领和满足消费,电子产品、汽车等产品的更新换代就是明证。因此,新产品开发和企划是企业增强企业优势、有效整合资源、树立企业形象、应对激烈的市场竞争、满足不断变化的消费群体和争取目标市场的重要举措。

一、新产品开发的类型

新产品开发类型分类大致有如下标准。

一是按照产品开发的创新程序,其可以划分为开发具有全新功能的新产品、开发现有功能上进行改进的产品、开发具有新用途的现有产品、开发具有附属功能的新产品、开发改进式样的新产品、开发新市场的现有产品、通过降低成本招揽更多客户的产品、通过现有产品的一体化形成新产品及高档产品。

二是按照新产品所在地的特征,其可以分为地区或企业新产品——在国内其他地区或企业已经生产但该地区或该企业初次生产和销售的产品;国内新产品——在国外已经试制成功但国内尚属首次生产和销售的产品;国际新产品——在世界范围内首次研制成功并投入生产和销售的产品。

三是按新产品的开发方式,其可以分为技术引进新产品——直接引进市场上已有的成熟技术制造的产品;独立开发新产品——从用户所需要的产品功能出发,探索能够满足功能需求的原理和结构,结合新技术、新材料的研究独立开发制造的产品;混合开发的产品——在新产品的开发过程中,既有直接引进的部分,又有独立开发的部分,将两者有机结合在一起而制造出的新产品。

企业在不同的发展阶段,根据市场发展需要会开发出不同的新产品,新产品企划就是对新产品开发的论证和实施计划方案。

二、新产品开发企划的前期准备

新产品开发企划必须建立在对市场调研和分析的基础之上。

新产品开发对市场的调研首先是行业竞争情况。新产品开发的重要原因之一是应对市场竞争,即必须在性价比上超越同行业竞争对手,并由此赢得市场。因此,市场调研必须能够回答如下问题:

——本企业现有产品占有的市场比例如何?

——与同类产品相比,本企业现有产品的优势和劣势是什么?

——本企业现有产品的功能、质量、包装等方面还可以进行哪些改进?

——竞争企业有无新产品开发计划?

——如何通过资源整合在价格上赢得市场?

——消费者对本企业现有产品的意见和建议有哪些?

——消费者对同类产品的意见和建议有哪些?

——消费者希望现有产品能做哪些改进?

——消费者对新产品的功能、质量以及价格等有何要求?

——同类产品的更新换代时间为多久?

——企业品牌、产品和消费者之间关系如何?

——不同地域、不同阶层的消费者对现有产品的评价如何?

——经销商和代理商对现有产品的建议和意见是什么?

——政治力量对现有产品的影响如何?

——新产品的开发在技术和材料上有何要求?

——新产品开发在资源整合上有何要求?

——新产品开发未来有何风险?如何减小或规避风险?

对以上问题的调研是新产品开发企划的前提和基础,信息采集渠道既包括对竞争对手产品的直接分析,也包括来自市场的调查材料、来自消费者的问卷调查以及企业员工和行业专家的意见与建议。

三、新产品开发企划书的结构和内容

新产品开发企划书的结构可以分为封面、正文和附录三个部分,也可以根据企划要求细分为封面、前言、目录、正文、附录等部分。

(一)封面

封面部分应当包括企业名称、产品名称(能体现产品主要性能)、开发期限、企划人(组织)、企划完成时间等内容。

（二）前言和目录部分

前言部分主要介绍开发要求、开发环境和开发主体等，然后根据企划书内容分章节标注页码，提供清晰的目录。

（三）正文部分

1.新产品概述

新产品概述要对所开发产品的名称、商标、包装、用途、功能等内容进行简要说明，以便起到让阅读者对其产品有一个感性认识的作用。同时，对产品的消费群体、市场预测、特性、成本预估及销售价格预估等作出条理清晰的说明。

2.市场调研分析

本部分除了要回答前面的问题，还要对新产品的上市规模、销售量预估、主要营销渠道和方式等作出分析，通过市场分析来完成目标市场的确立。这是新产品开发的出发点，也是企划的必要前提和基础。

3.新产品的外在因素分析

新产品的外在因素分析是指企划者对新产品与消费者、竞争者等之间的关系进行的专项分析，这有利于新产品市场竞争力的提升。

4.新产品的市场定位企划

新产品的市场定位企划在很大程度上决定了新产品开发的成功与否，正确的市场定位是新产品开发成功的序曲。

5.新产品的基本内涵企划

新产品的基本内涵企划是指对新产品概念、品牌、周期等因素进行企划，这是新产品开发的指导性理念，是新产品开发创新性的重要体现。

6.新产品的开发策略企划

这是新产品开发企划的重点部分，包括新产品开发的种类、制作过程分析、制作过程控制、质量管理、技术引进、机器设备之改善、配料技术之改善与回收应用等。还要包括产品开发后的其他问题，如新产品的专利申请、学术研究、产品改善以及其他的未来发展研究。

7.新产品的价格企划

新产品的定价必须考虑真实成本和利润、产品或服务的顾客认知价值、细分市场差别定价、可能的竞争性反应、市场营销目标五个基本因素，并且要在遵循价值规律的基础上进行。价格的制定除了受到成本因素、市场差异、竞争环境、营销目标等影响，也与技术战略、消费趋势、消费心理等有着密切关系。

8.新产品开发的组织机构企划

组织机构企划应当包括组织机构设置、岗位职责说明、项目经理资质、研发人员特长等,以便以最精简的机构和人员取长补短,达到最高的工作效率。

9.条件保证与财务计划

条件保证不仅包括物质条件保证,还要包括软件保证,如人才引进、时间保证、政策保证等。在财务计划方面,要根据新产品开发技术难度、硬件建设难度、环境制约、时间制约和未来市场前景进行财务预算决策,依照预测将整体财务预算分配到开发计划的各个阶段。有时候要针对资金的来源、预计损益情况等制订计划。

10.市场导入策略企划

市场导入针对新产品开发的策略企划和市场营销计划大同小异,同样要考虑销售渠道、导入手段、销售促进策略、广告策略、公共关系等因素。不同的是,新产品开发企划要在"新"字上做文章,必须体现新产品与原产品的区别、新产品与同类产品的区别和优势。

11.新产品的开发推进

新产品的开发推进是企业具有前瞻性战略的一个重要表现。在产品开发方面,企业通常是市场销售一代产品,试制二代产品,研发三代产品,构想四代产品。只有这样,才能使企业产品长久占据行业领跑地位。

(四)附录部分

这部分是产品参数计量标准、市场调研材料以及其他需要提供的支撑材料。

参考例文

基于移动 GIS 的智能养老定位系统开发与市场分析

一、开发背景

如今,中国人口老龄化进程非常迅速,预计到 21 世纪中叶,中国将有三分之一的人口超过 60 岁。据统计,上海老年人已超 400 万,老龄化程度居全国之首。专家表示,中国即将迎来史上最严峻的老龄化时代。从 1999 年正式步入老龄化社会,我国人口老龄化逐年加剧,如何妥善处理因老年人的健康、安全、精神生活等需求而引起的社会问题,已经成了政府和全社会急需解决的重要课题。

为了解目前老年人的生活状况,我们团队曾走访江苏省乐颐园养老院及夕阳红爱心护理院。由实地走访调研我们发现,这些机构仅在老人居住的房间墙壁下方装有红外设备,用来感应老人何时起床或回到房间,屋外没有任何可以记录老年人行动路线的设备,并且整个养老院也没有针对老年人走失的系统化管理,这都极大地加重了老年人晚年安全的问题。养老院已是如此,更不用说普通家庭的空巢老人。

正是由于老年人晚年行动路线的不确定性以及养老院安全设施不够完善等因素,社会上出现了太多老人走失、跌倒没人扶的问题。为此,我们设计了这款基于移动 GIS 的智能养老定位系统。本系统很好地将安全养老这一传统问题与现代 GIS 技术结合起来,使用科学的手段对老年人的健康安全实行全面的、细致的、实用的监控,在大大地减少由缺乏监控而引起的老年人安全事故的同时,有效加强了社会大众对老年人安全监控观念的了解,使老年人能够真正意义上享受健康安全的老年生活。

二、相关技术

1.移动 GIS 的应用

移动 GIS 是以移动互联网为支撑,以智能手机或平板电脑为终端,结合北斗、GPS 或基站为定位手段的 GIS 系统。由于移动 GIS 多方面的优良性能,其在打车、购物、保险、旅游等大众应用领域也有极其广泛的应用。正是由于移动 GIS 有以下几大特点,我们的系统才具有极大的优越性。

移动性:移动 GIS 摆脱了有线网络的限制和束缚,通过无线网络与服务器连接进行信息的交互。

实时性:移动 GIS 最大的特点就是数据的实时性。在移动过程中,把带有定位功能的 GPS 设备采集的位置信息,通过无线网络提交给服务器处理,也可以及时接收服务器下发的数据。

频繁断接性:移动 GIS 终端经常会主动接入或被动断开,从而形成与网络间断性接入与断开。这就要求移动 GIS 在不同的情况下能随时重建连接,并且可以独立运行。

2.技术架构

本系统针对老年人安全监控系统的具体特点和问题,利用 GIS 技术辅助老年人的安全监控。为了整个系统的运行及管理方便,系统的使用分为管理员、老年人、监护人员三种不同的角色。不同的角色在此系统中使用不同的子系统以及相应的功能模块。因此,为了各个角色的用户能及时方便地访问系统数据和自动提交新数据,系统总体分为桌面模块(C/S)、网络模块(B/S)和移动模块(MobileGIS),系统也应包含数据库技术、C/S 和 B/S 等相关技术。

三、市场分析

1.国内市场供应商现状

目前我国市场上为老人特制定位系统的供应商主要分为两种:其一是代理销售国外产品的公司,这些公司进口国外的先进产品在国内进行交易,从中获取贸易差价;其二是自主研发、生产、销售的公司,其主要是模仿国外产品进行大规模生产销售。第一种公司在国内主要占据高端市场,产品技术领先,系统完善,市场需求量相对较少,产品价格高昂。第二种公司其产品主要占据国内的低端市场,厂家主要依靠大批量采购获利,其产品研发费用较少,产品技术上缺乏独创性、专利权,系统存在些许漏洞,但其低价为其在市场中赢得了较大的市场份额。

2.国内市场空缺

结合上述市场现状可发现:第一,国内市场上缺少自主研发的专利型智能养老定位系统,没有掌握核心技术,无法在现有的基础上增加或删改技术内容,从而失去主动权。第二,国内高端智能养老定位产品主要依赖于国外专利,其产品的各项税收无疑增加了产品的价格,其高昂的价格让很多消费者望而却步。第三,国内为老年人购买智能养老设备的大多为个体家庭,大型的养老院反而并不注重,因此国内的各大养老院和护理院便成为最大的可能消费群体,当大批智能养老设备购入时,价格便成为至关重要的因素。

3.市场前景

移动GIS是继桌面GIS、WEBGIS之后又一新的技术热点,有广阔的市场前景。目前国内的智能养老定位系统一方面不足以满足庞大的市场需求,另一方面技术不够先进。因而就需要一批针对新型技术智能定位的设计团队以及开发商,针对国内市场对中高端市场的需求来进行产品研发设计。

四、市场开发

在对市场供给和需求研究的基础上,本文采取"STP"市场营销,即采取市场细分(Segmenting)、目标市场选择(Targeting)和市场定位(Positioning)。市场目标定位是企业营销战略的核心,也是决定营销成功的关键。

市场细分(Segmenting):根据产品的使用者行为,其市场可划分为个体用户及养老院群体用户两类。

目标市场(Targeting):基于移动GIS的智能养老定位系统主要目标人群便是"空巢"老人,他们拥有一定的行动能力,但缺乏对自身周围环境的感知能力。而养老院便是老年人的聚集地,也是我们的目标市场。

市场定位(Positioning):当今社会呈现老龄化趋势,老年人的安全问题越来越受到重视,而国内智能养老定位系统主要依赖国外技术,国内供应商技术不足以满足老年人的需求。国内市场上的空白给我们提供了契机,基于移动GIS的智能养老定位系统打入市场,致力于以合理的价格、优质的品质服务于国内各大养老院及护理院。

五、基于SWOT分析的新进企业成长战略

SWOT分析从优势(Strength)、劣势(Weakness)、机会(Opportunity)和威胁(Threats)四个方面来分析企业。因此,SWOT分析实际上是将对企业内外部条件各方面内容进行综合和概括,进而分析组织的优劣势、面临的机会和威胁的一种方法。SWOT分析法是一种最常用的企业内外部环境条件战略因素综合分析方法。

1.Strength——优势

本系统基于移动 GIS 实现对老人的精确定位,Ionic 跨平台技术开发兼容现如今两大手机系统 Android 和 iOS。并且智能养老定位系统属于科技产品,进入这一行业的商家是有一定科技骨干的,企业拥有的研发团队或技术产权相比其他企业而言具有更广阔的发展前景,甚至有机会成为行业领导者。

2.Weakness——劣势

新进企业在市场中的知名度低,打入市场需要一个前期的市场推广阶段。前期为占有一定市场投入的人力、物力、财力等各项资源较多,在利润、投资回报等方面与老牌企业相比处于劣势。同时,产品针对老年人定位相对其他综合型老年服务企业而言呈现单一化,产品的销售范围相对比较局限。

3.Opportunity——机遇

智能养老行业蓬勃发展,在未来潜力巨大,随着老年人人数的日益增加,市场上对养老产品的需求量也在逐步上升,然而国内的企业尚不能满足市场需求量,尤其是缺乏针对老年人定位这一市场的生产商。这一市场空缺对专营智能养老定位的企业而言,无疑是一个巨大的市场商机。同时,国家政策对科技产品的鼓励、技术创新的支持,都是新进企业的机遇。

4.Threats——威胁

在市场经济下,任何产品都存在一定的风险。移动 GIS 定位逐步被其他新型定位方式所取代,其市场的使用量下降带来的"多米诺骨牌"效应。同时,市场上现有的智能养老定位系统已存在使用该技术的产品,它们已占据了一定的市场份额,新产品迅速更换老产品的难度系数较大。已购买了其他智能定位产品的用户在其未被完全淘汰的情况下,采购新的技术产品的意愿未必高。在抢占现有的市场占有率上,旧产品的存在具有一定的威胁。

六、总结与反思

本系统从软件系统设计、开发的角度来研究老人人身安全与 GIS 技术相结合的可行性,并实际运用三大技术体系(由客户机/服务器、浏览器/服务器、Mobile/服务器)以及数据库存储技术协同合作开发出相应的子系统。

将 GIS 技术应用到老年人的安全监控问题上是一个大胆的尝试,我们从系统的需求分析着手,将用户需求、功能需求等层层剖析,使得以上几种技术与相应的需求结合起来,凸显功能设计的科学性以及实用性。

本文围绕移动 GIS 技术和智能养老平台展开研究工作,取得了以下成功:

采用移动 GIS 技术、GPS 技术以及缜密的系统逻辑设计思路,提高了系统开发效率、运行性能；

设计了由客户机/服务器、浏览器/服务器、Mobile/服务器三大技术体系组成的安全监控管理平台，使得整个系统能够在用户权限合理分配的框架下，使用这三个平台参与到整个老年人安全系统的正常运行中；

实现了空间数据库在三大平台中的共享技术；

展示了基于移动 GIS 的智能养老定位系统三大子系统的具体设计与功能实现，即实现了后台监控与管理子系统、移动 GIS 子系统、Web 信息发布子系统所有的各自相关功能的开发工作。

（资料来源：李海燕等，《科学与信息化》2017 年第 8 期）

第四节　市场竞争企划与写作

市场竞争是指在市场经济环境下，企业从各自的利益出发，为取得较好的产销条件、获得更多的市场资源的竞争。市场竞争的结果通常表现为企业的优胜劣汰和市场资源的重新整合。在健全的经济体制和自由的市场环境下，市场竞争有利于节省资源、提高产品和服务质量，较好地满足消费者需求。

一、市场竞争的类型

市场竞争贯穿着市场行为的各个方面，因此有多种分类方式。

从商品制造和市场行为过程看，市场竞争可以分为商品（产品）竞争、服务竞争、营销竞争、价格竞争、技术竞争等。

从竞争的程度看，竞争可分为完全竞争和不完全竞争。完全竞争又称纯粹竞争，是一种理想的市场形态，是不受任何阻碍和干扰的市场结构——商品质量相同、生产资料自由流通、生产者无法干预和控制市场等，它不存在于现代市场。不完全竞争是指在外力影响下的市场环境中竞争，通常包括三种类型：完全垄断——在某个范围内某个行业只有一家企业供应某种产品或者服务；垄断竞争——许多厂商在市场上销售近似但不完全相同的产品;寡头垄断市场竞争——只有少数几家企业供给该行业全部或大部分产品的市场环境下的竞争。

从竞争主体上看,市场竞争可分为潜在的竞争和现实存在的竞争。前者是指即将进入行业的新生竞争企业,后者是指已经存在的竞争力量。

二、市场竞争基本策略

"竞争战略之父"美国人迈克尔·波特提出三种市场竞争策略:总成本领先策略、差别化策略、专一化策略。

1.总成本领先策略

成本领先要求通过一切手段控制生产成本,因为降低生产成本意味着降低产品价格或者增大利润空间,更意味着当别的企业在竞争过程中已失去利润时,该企业依然可以获得利润。但是前提是保证质量、服务的标准不受到影响。这就要求企业必须建立起高效的生产设施,竭力控制生产成本与管理费用,并最大限度地减小研究开发、服务、推销、广告等方面的成本。降低成本,赢得总成本最低的有利地位通常要求具备较高的相对市场份额或其他优势,诸如与原材料供应方面的良好联系、技术更新带来的原材料替代、产品更容易制造并易于保持一个较宽的相关产品线以分散固定成本,以及为建立起批量生产而对所有主要顾客群进行服务等。

2.差别化策略

差别化策略是将产品或企业提供的服务差别化,树立起一些全行业范围中具有独特性的元素,例如通过 CIS 策划树立企业品牌形象,凸显产品技术上的独特和性能特点,强调独特的售后服务、全面的商业网络及其他方面的独特性等。例如格力空调的"掌握核心科技",修正药业的"修元正本,祛邪扶正"理念等。差别化策略的最大特征是使企业从众多行业中凸显出来,获得消费群体的认可。但是这种战略的背后往往需要较高的成本投入做支撑,如 CIS 企划、公关、技术研发等,这些最终将会被附加到产品成本上,结果是消费者虽然认可产品,但是不愿或没有能力去购买较高价格的产品。

3.专一化策略

专一化策略又称为集中化策略,指的是主攻某个特殊的顾客群、某产品线的一个细分区段或某一地区市场,例如产品线重点集中、用户重点集中和地区重点集中等。专一化战略的核心是围绕着很好地为某一特殊目标服务,即在特殊目标的竞争上集中力量获得成功,这一中心思想成为每一项职能化方针建立的前提。专一化的优势是集中力量,整合资源做专业、做精深,只要特殊的服务目标被占领,市场竞争就取得优势。典型的案例如美国的 AFG 玻璃公司,企业策略不被市场牵引,只做强化玻璃和彩色玻璃,其中强化玻璃只做三种,分别被用于微波炉门、淋浴室门和天井顶部镶板玻璃。正是这样的专一化策略,使这三种玻璃分别占据美国市场的70%、75%和75%。但是是否走专一化道路,还要看企业在本产业中的发展潜力。如果企业通过技术进步来降低生产成本的潜力还很大,通过产品创新还能带来高收益,适合走专一化道路;否则,专一化的道路将越走越窄。

三、市场竞争企划

市场竞争企划不仅要明白企业竞争策划要解决的核心问题在哪里、竞争的基本策略如何,更要对企业在市场竞争中的地位有清醒的认识,对竞争对手有科学的分析以及对市场竞争有可操作性的规划。

(一)企业在市场竞争中的地位

就市场竞争中的地位而言,企业可以分为两大阵营和四个层次。两大阵营中的第一个阵营包括市场领导者和市场挑战者,这是强势企业。市场领导者是指在市场上占有绝对竞争优势的企业,市场营销份额大,市场行为(价格影响力、新产品和技术开发、分销网络覆盖以及促销力度等)影响大。市场挑战者指市场上仅次于领导者的企业,它们具有较强的潜力,可能对市场领导者、同类企业甚至弱小企业虎视眈眈、伺机挑战,并有可能通过挑战击败市场领导者和同类企业,吞并弱小企业,从而不断发展和壮大。两大阵营中的第二个阵营包括市场追随者和市场补缺者,属于弱势企业。市场追随者无法和强势阵营匹敌,只能跟随强势阵营开展市场经营活动。市场补缺者追随市场强者开展经营活动,而且是在市场强者阵营不愿意进入或者忽略的领域开展经营活动。

每个市场竞争企划者都必须清醒地认识到本企业在市场竞争中所处的准确位置,并据此进行市场竞争企划。

(二)对竞争者的分析和定位

对竞争者的研究主要包括以下主要内容。

1.竞争者的竞争目标

要调研清楚本企业和竞争者竞争的关键是什么,是价格？质量？服务？还是产品技术？

2.竞争者的策略

每个企业都有自己的优势和劣势,竞争者企图通过何种手段扬长避短开展竞争？

3.竞争双方优势和劣势

所谓知己知彼,百战不殆。只有明白双方的长处和短板,才能制定出有效的竞争策略。

4.竞争者的反应类型

是慢慢蚕食的渐进型竞争者?是针对性极强的选择型竞争者?是鲸吞一切全面开展的进攻型竞争者?还是根据企业承受力进行进攻的随机型竞争者?

(三)市场竞争企划策略

根据企业在市场竞争中的位置,可以分别作出如下策略企划。

(1)市场领导型企业竞争策略:一是通过扩大消费群体、开辟新产品的用途或者刺激原有消费者产品使用量来扩大市场需求总量,通过这一措施使企业牢牢占据市场。二是通过稳扎稳打的方式进行战略防御,保持市场份额。由于市场领导型企业占据市场最大份额,市场影响力大,在不出现重大失误的情况下很难撼动它的地位,因此,这一措施是较为稳妥的一个战略。但是防御并非消极防御,有时候也可以通过主动进攻和防守反击的方式巩固已有市场。三是抢占市场。企业通过竞争,淘汰挑战者、吞并跟随者等方式进一步占领市场。

(2)市场挑战者的挑战是根据企业自身特点和对挑战对象的分析来进行有目的的市场竞争。通常情况下,市场挑战者会采用扬长避短的方式对市场领导者的弱点发起进攻,也有对其强项发动挑战的。这种对领导者的强项进行的挑战是风险与成功并存——一方面,如果挑战成功,将会从根本上解决对手,获取最大的竞争利益;另一方面,挑战强项需要强大的软件和硬件支持,一旦失败,就会遭受重创甚至被淘汰出局。

(3)作为市场追随者,其市场竞争核心不是挑战,而是在市场强势集团的荫蔽下充实和壮大自己,以赢利而不是占有市场为核心目标,通过不断的自我发展逐渐提升企业竞争力。

(4)市场补缺者通常避开与主导企业的竞争,把企业的发展定位在精心服务于细分市场上,以求得发展。

四、市场竞争企划书的写作

(一)封面

封面部分包括企业名称、市场竞争企划名称、企划人(机构)以及企划完成日期等。

（二）前言和目录

前言概括说明企划的主要内容、目标和企划背景，目录部分根据企划章节页码进行明确标识。

（三）正文

1.企划背景分析

企划背景分析具体阐述市场竞争企划产生的背景，主要包括市场经济大环境和企业所在行业环境分析。经济大环境可广泛包括国际经济危机的辐射和影响，也可以涉及政府和地方组织对经济环境的影响因素，这部分的分析必须有强大的论据做支撑。行业环境的分析既要着眼于行业全局，又要能够分区域、分市场进行，做到点面结合。

2.竞品维度分析

竞品维度分析主要是对竞争内容和目标进行定位，这部分需要提出具体的竞争目标和竞争内容。竞争目标必须是可以量化的，包括利润空间、市场份额、产品策略、广告公关等。竞争企划内容可以是全方位的，也可以是某一具体方面的，如市场份额竞争、价格竞争、营销竞争等。

3.态势分析

态势分析即 SWOT 分析法，它包括对企业竞争中的优势和劣势以及机会和威胁等进行科学的分析，其中 S（Strengths）、W（Weaknesses）是内部因素，O（Opportunities）、T（Threats）是外部因素。

如前所述，SWOT 分析对企业自身的市场竞争定位要准确，对竞争对手的市场定位和竞争态势要有清晰的认识，对企业竞争的战略和策略要有科学的论证，对未来竞争的机遇和威胁也要有充分的认识。

4.市场竞争实施方案

市场竞争实施方案是在前三项的基础之上制订的可行性计划，是在总的市场竞争目标的指导下，按照竞品维度确定具体的实施步骤、实施方法、保障措施、财政预算以及过程控制措施。这部分是企业市场竞争原则和策略的细化。

5.市场竞争执行机构

建立健全市场竞争企划的执行机构，分步骤、按目标进行职能、职责划分，保证市场竞争企划尽可能按照既定安排实施。

6.市场竞争推进规划

市场竞争推进规划属于市场竞争企划的后续发展规划。市场竞争是一个长期存在的市场活动，任何一次竞争企划都只能在一定的时间内发挥作用。随着竞争对手的反应和市场环境的变化,市场竞争必须是一个连续不断的过程,因此,在现有市场竞争企划基础上的进一步规划和建议也是必需的。

(四)附录

这部分是参数计量标准、市场调研材料、SWOT 分析资料以及其他需要提供的支撑材料。

参考例文

老年人玩具市场竞争企划书

我国正朝老龄化社会发展,老年市场的消费需求是无限增长的,开发老年市场商机无限。纵观当今老年玩具市场的状况,老年玩具市场需求巨大却存在空白,基于市场调研,特提出开发老年玩具市场的企划。

一、市场调研

1.市场实地调研

走访北京、上海等各大城市的商场、店铺,发现儿童玩具几乎占据整个玩具市场,老年玩具却难觅踪影。同时,也发现虽存在一部分老年玩具,但大多数都是木质、塑料棋类、积木、小玩偶等。

2.网上查阅

网上多方数据显示,目前全国 8 000 多家玩具制造商,99% 在生产儿童玩具。中国的玩具厂家虽有意进军老年玩具市场,但苦于缺乏创意。在西方发达国家,针对老年人的玩具早已成为市场热点,如美国的玩具企业就有 40% 的产品是专门为老人设计的。

基于以上市场调研,××集团率先开发出一款益智、动手性强、排解孤独的老年玩具。因为在目前的社会状况下,老年人随着年龄的增长,人体机能退化,反应越发迟钝,注意力和认知能力进一步下降。通过游戏的手脑并用,能够延缓大脑衰老,排解其孤独烦闷,增加其生活乐趣。这一款玩具虽然没有西方国家开发的老年玩具科技含量高,但在国内市场是首例,能在国内老年玩具市场起到抛砖引玉的作用。

二、产品介绍

这是一款定制玩具,是一种电动的高仿小动物模型(小狗、小猫等),外形逼真形象,里面放置音频档,顾客在定制时需要测定要放入的人的声音的声线特征(一般是老人的儿女、亲人等),然后我们会根据声线特征设计音频内容,主要是和老人聊聊家常、时常发出祝福等内容。可以同时选择录入几个人的声音,玩具外形上有相应的按钮,按下不同按键可发出不同声音。玩具的主要意图在于为老人排解孤独、烦闷,使老人感觉亲人、儿女都在身边,有可以说话的人。

三、竞争分析

(一)竞争对手分析

1.国内

(1)确立竞争对手

从行业方面看,玩具生产厂家不计其数,但行业内大多企业都只生产儿童玩具,不过也都有进军老年玩具市场的可能。从市场方面看,存在宠物市场、健身体育器材、手工制品市场等方面的竞争。

(2)竞争对手情况分析

中国十大玩具品牌统计表

序 号	名 称	省、市	主要生产品种
1	利顺	浙江温州	动物玩具
2	天绘	浙江义乌	动漫玩具
3	北江	浙江东阳	动物玩具
4	卡特龙	广东深圳	塑胶玩具
5	邦得利	浙江海宁	动物玩具
6	好孩子	浙江江苏	模型玩具
7	静春园	浙江平湖	模型玩具
8	圣鹿	浙江舟山	电子玩具
9	喜上喜	浙江宁波	动物玩具
10	帆船	浙江云和	木质玩具

说明:截至2004年7月底,我国规模以上玩具制造企业有1 128家,累计产品销售收入2 618 845.7万元,比上年同期增长19.78%;实现利润总额38 808.3万元,比上年同期增长6.37%,利润增长速度下降,中国行业集中程度较低。2003年,前十位企业的销售总额仅占全国销售份额的15%,没有一家企业市场份额超过10%。2004年,这种情况仍没有改善。

中国自行生产的玩具大多数停留在中低档水平,以制造为主,技术水平较低。因此在中低档市场有很强的竞争力,基本垄断了一般的批发市场和小商贩销售渠道。前十位企业仅占全国15%的销售份额,且没有一家企业市场份额超过10%。大多数采用传统的OEM(即贴牌生产或定牌生产)经营模式,品牌制作性差、缺乏竞争力且多集中在儿童玩具生产领域。虽然这些企业对老年玩具市场觊觎已久,但苦于缺乏技术和创意,因此老年玩具市场竞争力较小。

但从市场方面的竞争对手来看,宠物市场的竞争力较大,发展迅速,潜在需求巨大,且很大一部分市场是老年人。但该市场开发力度不够,经营规模一直较小。其次,体育健身器材市场对于老年人而言,市场需求很大。老年人越来越关注身体健康,健身器材不仅可以锻炼身体,也是一种打发时间、增加生活乐趣的方式。但由于价格比较昂贵,健身器材在老年人市场所占的份额较低。

(3)分析竞争对手目标

通过对竞争对手的情况分析,可以看出,不管行业内的竞争对手还是市场上的其他竞争对手,他们大多处于开发老年人市场的阶段,主要目标在于打开市场、增加市场占有率。

(4)确认竞争对手策略

行业内的竞争对手大多数采用成本领先的战略,在技术水平相差不大的环境里,唯有降低成本,在价格上取得优势作为他们的生存方式。然而,对宠物市场、健身器材市场,他们大多采用集中化战略,缩小目标范围,集中于某一特定的细分市场。

2.国外

国外玩具统计表

玩具生产大国	玩具生产强国
(OEM)来料加工、贴牌生产	自主开发生产
加工贸易比重过大;自主开发能力不足;核心竞争力弱 自有品牌缺乏;企业生存环境差;名牌少;利润空间缩小	加工贸易比重过小;创新开发能力强;核心竞争力明显;自有品牌多;企业生存环境好;名牌多;利润空间扩大

国内玩具消费列表

全国玩具年产 500 亿人民币,84%为出口,内销仅为 16%
全国玩具销售市场 100 亿元人民币,进口仅占 1/6,大部分为国内自产自销的玩具

西方国家掌握着高端的生产技术,玩具行业所生产的玩具技术含量高,智能化程度高,其价格也相对较高;中国玩具市场出口远远大于进口。因此,国外的高端产品对国内的市场冲击较小。

(二)竞争战略分析

综合以上分析,我们将这一产品定位于国内的老年人市场。××集团采用差异化战略,作为玩具生产企业在儿童玩具市场接近饱和的情况下,推出一系列与众不同的玩具——老年玩具。这一鲜明的产品特色,将成为其独特的卖点,可以使企业在行业中获得较高的利润。同时,作为国内首个进军老年人玩具市场的企业,××集团占领了市场领导者的地位,在保护原来市场份额的前提下,采取阵地防御的策略,不断开发新技术新产品,从单人玩具到集体用的玩具,采用较大的分销覆盖面,使老人玩具普及到家庭,甚至老年公寓、养老院等老人聚集的地方。(略)

(资料来源:百度文库,本文内容有删减)

第五节　公共关系活动企划与写作

公共关系是指某一组织为改善其与社会公众的关系,促进公众对组织的认识、理解及支持,达到树立良好组织形象、促进组织活动开展的目的而进行的一系列公共活动。企业公共关系活动企划是指公共关系人员根据企业形象的现状和目标要求,分析现有条件,企划、设计最佳行动方案的过程。

公共关系企划对企业具有极其重要的作用。首先,树立企业形象。通过公共关系活动策划,帮助企业建立起良好的内部和外部形象,让公众认识企业了解企业、增强企业美誉度,赢得公众的理解、信任、合作与支持。其次,通过公共关系活动策划建立信息网络。信息是企业存在和发展的重要因素,通过公共活动策划,使企业及时搜集信息,对环境的变化保持高度的敏感性,为企业决策提供可靠的依据。再次,处理公共关系。在现代社会环境中,企业不可能孤立存在,通过公共关系活动策划可以处理职工、社会、行业等方方面面出现的问题。最后,通过公共关系活动策划促进产品销售,为企业赢得更加广泛的市场。

一、公共关系活动企划的特征

1.创新性

公共关系活动是公关策划人员的创造性劳动,而不是常规性动作。公共关系活动涉及的领域方方面面,涉的人物形形色色,因此,公共关系活动策划必须集知识、智慧、谋划于一身。策划人员还必须能够根据公关客体的变化及时调整公共关系活动的内容和形式,必须针对竞争对手而使自己的策划显示出独特的魅力。例如,尽管公益事业是企业公共关系活动的常规动作,但是不同的企业可以通过选取与众不同的公益活动来体现公共关系活动的独创性。

2.目标性

公共关系活动的总体目标是树立企业的良好形象,但是,在具体的实施过程中,总目标的实现是通过子目标来完成的。目标越明晰,公共关系活动策划越有效。

3.长期性

企业的公共关系活动必须是长期坚持的一项活动,公共关系企划也是一项长期工作。公共关系活动不同于危机处理,不能一次性解决,而是长期的点滴积累。

4.有效性

公共关系活动企划的有效性是指企业亟需的目标和企划所需的条件一致才能保证公共关系活动企划的有效性;同时,公共关系活动企划的投入与产出也必须有一个科学的量化标准才能作出有效性评价。虽然公关互动策划是软实力建设,但是其效果依然可以通过企业有形效益衡量,如产品销量、市场份额、利润涨落等。

5.整体性

整体性是指公共关系活动保持的统一性和连续性,其宗旨是使公众全面地了解自己,从而建立起自己的整体声誉和知名度,而不是单纯地宣传自己的地位和社会威望。

6.灵活性

任何组织的活动都要受到各种因素和环境条件的影响,公共关系活动是一项非常复杂的活动,包含的要素多、变化性大。公共关系活动策划本身也就具有一定的弹性和灵活性,因地制宜、因时制宜。

二、公共关系活动企划的步骤

(一)搜集公关信息

根据公共关系活动目标搜集公关信息,公关信息可以分为产品信息、组织形象信息和其他社会信息等。产品信息不仅包括有形的产品,也包括无形的服务、制度等。组织形象信息主要包括公众对企业组织机构、管理能力、人员素质、服务水平的看法和态度等。其他社会信息主要指具体的公共关系活动策划的环境信息,包括政治的、经济的、自然的各方面可能对活动产生影响的信息。这些信息的搜集和分析是公共关系活动策划的前提和基础。

（二）策划公关目标

公共关系活动策划基于公共关系调查，公共关系调查基于企业对某种问题的认识。例如，企业调查结果显示的公共关系状态与企业期望状态或应有状态存在较大差距，或者某些问题必须通过公共关系活动解决，公关目标就诞生了。有时候，企业从自身发展需要出发，对企业公共关系作出设想，并付诸具体策划，公共关系活动目标也可由此产生。

（三）确定公关对象

公共关系活动的对象是由具体的公关目标来决定的。公关对象可以是企业内部员工，也可以是消费群体（潜在的消费群体）或者泛指的公众；可以是具体的组织单位，也可以是特定的人群。由于公共关系活动的目标是具体的，其公共关系活动的对象也常常是具体的、有针对性的。

（四）确定公关模式

1.宣传型公关

宣传型公关主要利用各种传播渠道对公关对象宣传自己，以求最迅速地将组织信息传输出去，形成有利于企业的社会舆论。宣传型公关模式如果能采取一定的措施对宣传效果进行信息反馈，则效果更好。

2.交际型公关

交际型公关以关系交往为主，目的是通过企业与公关对象接触，建立起广泛的社会关系网络，创造良好的发展环境。

3.服务型公关

服务型公关以提供各种服务工作为主，目的是以实际行动获得社会公众的好评，树立组织的良好形象。

4.公益型公关

公益型公关以各种社会性、赞助性、公益性的活动为主，通过公益性活动和宣传相结合，提升企业知名度、信誉度和美誉度，实现社会效益和经济效益双丰收。

5.征询型公关

征询型公关以采集信息、调查舆论、收集民意为主，目的是通过掌握信息和舆论，为组织的管理和决策提供参谋。

（五）抓住公关时机

由于公共关系活动具有灵活性的特点，公关策划也讲究时机，公关策划的时机可以选取重大国家活动、传统节日，也可以根据企业实际情况选择恰当时机，如国家方针、政策变化的时机，新闻公众人物的特殊活动，具有新闻价值的突发事件，危机事件，消费时尚变化，季节变化，组织内部的重要变化等。

（六）评估公关效果

公关效果评估主要包括覆盖率、有效率、千人成本、准确性、传播力度、传阅率、公关指数提升、销售提升等方面。通过这些评判标准对公共关系活动进行评估，最终完成公共关系活动的策划和实施。

三、公共关系活动企划书的写作

公共关系活动企划是一个动态的过程，因此，公共关系活动企划书写作总是从信息分析开始的，按照目标确定、类型选择、主题设计、媒介选择、经费预算、方案审定、企划书撰写等程序来展开的。

（一）封面

封面内容包括企划书名称、企划人（机构）名称、企划完成日期以及企划书编号等。

（二）前言

前言部分包括公共关系活动的目的、目标、创意、媒体选择、策划对象等，主要作用是让企业快速了解公共关系活动企划的主旨。

（三）目录

目录部分根据企划章节页码进行明确标识。

（四）正文

1.信息分析

任何企划都必须建立在对信息分析的基础上，企业公共关系企划也必须对公共关系主客体情况、竞争对手情况、行业动态等有一个客观的分析和清醒的认识，必须对 SWOT 各项因素进行深入调研和分析，为企划制订科学的目标、战略和措施奠定基础。

2.确定企划目标

公共关系企划目标是企业通过公共关系活动的实施,希望达到的形象状态和理想标准。企划目标的确定科学与否,要看是否符合企业发展战略,是否符合企业形象的定位要求,是否符合企划对象的需要,是否符合社会文化及其发展需要,以及是否能够有针对性地解决企业存在的问题。

3.公共关系活动的主题设计及实施细则

公共关系活动的主题是对公共关系活动的高度概括,是整个活动的灵魂。公共关系活动的主题要清晰明了、诚实中肯、凝练醒目、易于记忆。

主题确定以后,可以制订活动实施细则,包括详细的步骤、部门职责和阶段计划、组成人员、实施保障、过程控制和效果评价等。

4.媒介的选择

公共关系活动过程应该是一个信息双向传播的过程,只有这样才能达到互动,在公众中产生影响。现代社会信息交互传播渠道很多,如何在企划对象和企业之间建立畅通的渠道是必须慎重考虑的。纸质媒体传播速度较慢,但是可以反复阅读、慢慢体味,传播信息更为深入;电子网络媒体传播信息较快,但是信息量大,容易被迅速掩盖;电视网络权威、接受方便、普及性强,但是互动性较差。从公众的角度看,接受什么样的传播媒介还要受到媒体是否权威、态度是否客观、品质是否公正、节目形式好坏等的影响,公众的接受习惯也在一定程度上影响着公关活动媒介的选择。

5.编制经费预算

公共关系活动企划的经费预算不仅包括财力预算,也包括物力预算。财力预算方面包含的内容有工作人员薪酬、宣传费用、管理费用、项目开支(赞助费、调查费、咨询费、交通费等)。物力预算则包含活动所需物资部分。经费预算一定要全面、合理,并且留有余地。

（五）附录

这部分提供企划客观性的证明资料。

参考例文

澳优乳业企业社会责任年度公关策划案

一、项目背景

澳优乳业(中国)有限公司中国主体市场主营产品包括能立多系列和佳贝艾特(羊

乳)系列,市场销售额占澳优旗下所有产品全年销售额的 50% 以上。澳优乳业属于已具有不弱的盈利能力且拥有良好的品牌形象的企业。澳优乳业通过"澳优 U 基金"可以整合各界资源,让更多人参与到公益慈善事业中,更为重要的是"澳优 U 基金"可以更好地统筹澳优乳业旗下各事业部的公益活动。

现行的企业社会责任策划内容正向着"用务实和创新攻克脱贫攻坚这一'难啃的硬骨头'"的方向靠拢。农村留守儿童几乎都会有缺乏家庭关爱的问题,他们和外出工作的父母不仅联系非常少,甚至关系也十分生疏,这些孩子在成长过程中在最需要父母疼爱的年龄没有得到父母的关爱;而对外出务工的家长而言,他们同样缺乏与自己子女的联系,在孩子最天真烂漫的时刻却不能见证他们的成长。

为了平衡经济发展与社会发展,作为行业知名领军企业的澳优乳业更需充分考虑到企业的利益相关者,勇敢地承担起自己应承担的那一份社会责任。

二、项目调研

为充分进行企业社会责任项目策划,我们先对市场及企业自身进行了分析与调研。

(一)行业分析

进入 21 世纪,我国液态奶、乳制品加工企业数量不断增加,产量快速增加,少数大型企业发展迅速,在整个食品工业中成为高速发展的热点行业之一。由于我国乳制品行业起步比较晚,整体发展水平不高,目前市场集中度较低,市场竞争中尤其以价格竞争为主且竞争激烈。

随着乳制品行业的产业整合,淘汰落后企业,新企业通过产品研发,推出更加安全、营养、健康、品种多样的产品,提高了企业竞争力,行业利润率有所上升。

(二)媒体分析

现阶段新媒体备受宠爱,最重要的一点就是改变传统模式,使每个人都有自我话语权,将自己的言论分享给其他人,同时增加自己的知名度。这种蔓延方式的草根文化,对人们接受信息的思想观念、生活方式以及方式方法上都有改变作用。与此同时,自媒体的应用对以往陈旧的社会组织结构和信息传递的方式也有所改变,让每个人都能够参与到问题诉求以及社会发展中。在我国社会发展的过程中,新媒体起到了非常关键和重要的作用。

(三)政策分析

全面两孩政策为奶粉行业提供人口红利。虽然面临出生率下降的问题,但全面两孩政策依旧能为婴幼儿奶粉行业提供巨大契机。奶粉注册新政为国产奶粉带来巨大突破。2018 年 1 月 1 日起,我国正式全面实行《婴幼儿配方乳粉产品配方注册管理办法》,奶粉注册制新政在 2018 年正式实行后,贴牌、代加工和假洋品牌将全部被清出市场,品牌数量从 2 000 个配方缩减到几百个。到目前为止获得配方注册的奶粉品牌多是国产品牌,这使得国产奶粉占据相对优势,二、三、四线城市的奶粉市场需求将继续加大。

三、项目策划

(一)项目目标

首先,我们将通过"澳优杯"家庭萌娃短视频大赛活动以短视频的形式,在短视频平台传播正向积极的价值观念,矫正净化当前短视频发展泛娱乐化的风气,引导大家进行有深度、有价值的短视频创作从而促进短视频的发展。

其次,利用短视频大赛所获收益,澳优 U 基金将发起"留守家庭、异地联情"公益项目,致力于通过照片和视频的形式,替留守儿童的父母赶赴子女生活地,将子女成长的特殊时刻记录下来。

然后,在后续公益行动持续八个月的时间里,我们将持续为留守儿童的父母提供无偿记录子女成长瞬间的服务。只要有需要的父母递交申请,并获得子女及其所在单位的同意,公益团队将可以用专业的摄影器材和技术为父母记录下孩子的生活。

最后,澳优 U 基金将动员各事业部共同参与到"留守家庭、异地联情"的项目之中,一方面,事业部将在部门内组织团建,为目标留守儿童及其他所在地的其他留守儿童制作精美的礼物和食物;另一方面,事业部将依次派出代表,参与到实地的拍摄活动之中。在公益行动结束后,所有记录的影像将成为素材,制作成公益纪录片。

在这个过程中,我们将在整个公益项目中融入一些澳优的元素,比如 logo、宣传语等,宣传澳优的品牌产品,提高澳优的知名度,加深公众对于澳优的了解,塑造良好的承担社会责任的企业形象。

(二)项目信息

1."澳优杯"家庭萌娃短视频大赛(略)

2."留守家庭、异地联情"公益行动

澳优 U 基金将动员各个事业部,用举办"澳优杯"家庭萌娃短视频大赛所获收益及自行出资,为留守家庭中身处两地的孩子与父母捐赠亲手制作的物资、拍摄照片和录制影像,并利用影像后期制成公益纪录片,通过版权交易,在电视台发布宣传,让社会各界知晓。

(三)报名推广

2019 年 9 月 24 日起,在线上线下宣传公益行动开始,并给出报名方式。截止时间为 2020 年 5 月 5 日中午 12 点整。

(四)报名要求及途径

报名要求:父母双方常年在外工作,已超过半年未归家见过孩子。由于家中条件限制,孩子无法通过智能手机等设备与家长进行沟通交流的。孩子年龄在 0—10 岁。在拍摄前会事先与拍摄家庭及有关单位协商,例如留守儿童所在学校,部分拍摄内容会涉及有关单位。

报名途径:微信公众号——符合要求的家长可以向"澳优大家庭"官网微信公众号发私信进行报名,在后台发送"报名"即可获得报名表链接;微博——符合要求的家长可以私信"澳优官方微博",发送"报名"即可获得报名表链接;邮箱——在澳优官网自行下载报名表,填写完毕后发送到澳优官网指定邮箱。

(五)团建活动

澳优 U 基金将从 9 月 23 日开始,每两个星期组织事业部(包括能立多、美纳多、海普诺凯、佳贝艾特、奶福、欧选、牛奶客、美优高)轮流举办公益爱心团建活动。利用澳优乳业的产品制作甜点等食品,用于送给留守家庭的家人及周边居民;并将团建活动过程摄录下来,同样作为公益纪录片的素材。活动具体时间:周五早上 9 点半。集合地点:公司 1 楼大厅。返回时间:下午 5 点。

(六)实地拍摄

拍摄团队将跟至实地进行拍摄,后期制作团队则留在公司总部。实际工作时间安排可按实际情况酌情考虑,最多为两周。

拍摄内容具体为:首先对父母的必要采访,了解家庭基本情况,以便后期拍摄工作的安排。

在拍摄结束最后会对每个家庭拍摄一个总结片段,来评估两个星期内的拍摄状况以及带给家庭的帮助。在此期间所有视频将作为后续公益纪录片的素材保留。

(七)纪录片后期

在公益纪录片的后期制作中,需要在右上方添加澳优 logo 水印;其中,公益纪录片具体内容由实地拍摄所保留的素材剪辑组成。发布推广将通过将版权卖给电视台来进行放映推广。

四、经费预算(略)

五、项目评估

"澳优杯"宝宝视频大赛利用新媒体的优势,在网络平台和线下渠道吸引受众的关注,实现高效传播。活动期间利用新颖的短视频成为社会热点话题,与最热短视频门户"抖音"合作更是让澳优扩大知名度,完成跨界传播和互动,实现成功的品牌公益营销。一系列活动,包括短视频大赛、表情包征集和后期的"留守家庭、异地联情"留守家庭关爱公益行动等,预计至少能够获得 60~80 篇的新闻报道,被主流媒体转载 200 余次,预计获得百万阅读量。根据比赛报名数以及活动相关推文的阅读量,来评估公关项目所涉及的受众数量以及受众参与度。通过微信公众号、微博账号等社交媒体官方账号的粉丝数增长趋势,来检测公关活动对目标受众的影响力。通过调查百度、搜狗等搜索引擎和淘宝、京东等电子商务平台对"澳优奶粉"关键词搜索次数变化趋势,来检测目标受众对澳优及澳优 U 基金的知晓度和信任度。本次项目采用了短视频和其他众多新媒体的传播媒介，宣传了澳优品牌的知名度，促进了三、四线城市等地区市场的扩展开发。人群对澳优的关注度也有提高，对澳优众多自有品牌形成一个整体的认知，进而有利于市场的进一步扩大。同时，澳优产品在公益项目中的代入宣传，传达出澳优勇于承担社会责任的企业公民形象，提升了澳优乳业品牌美誉度。消费者比之前更加愿意尝试澳优的产品，改善了与客户消费者之间的关系，从长远来看有利于市场需求的稳定增长。

（资料来自：陈燕依，《国际公关》2020 年第 8 期；本文内容有删减）

第十章　广告文书

　　广告文书即广告的文本形式,也称广告文案。广告文书的写作同一般书面写作相比,其功能性和目的性更为明确。它不仅是传播信息的文字载体,也是使商品形象在传受双方的互动中得以重建的视听语言表达系统。值得注意的是,当代的广告文书写作不再只是对所指商品本身形态的描述,而是以符号形式展现产品的一切功能,让商品从一件普通产品上升为人们观念上的必需品。它一般都是在言语表意的基础上增加适当的情景模拟,使广告话语趋向于消费者的兴趣并达成共识;再借助符号表征激发受众的内在需求,完成从心理满足到产品满意的过程,进而实现商品的最大价值。若想系统地学习广告文书,从而为宣传服务,提升商品在市场中的创意竞争力,首先要从认识广告开始。

第一节　广告文书概述

一、广告文书的概念

　　广告,传统解释是广而告之,即向广大群众告知某件事情。不过,从语义学上分析,广告也可以解释为向部分人告知一件重大的事情,这种文体在古代也叫作"榜",是东方民族中组织传播的最早形式。自古以来,释义的学派很多,而认识往往取决于认知者所处的环境。例如,在《现代汉语词典》中,广告的释义是向公众介绍商品、服务内容或文娱体育节目的一种宣传方式;而《韦伯斯特词典》则认为广告是指通过直接或间接的方式强化销售商品、传播某种主义或信息、召集参加各种聚会和集会等意图下开展的所有告之性活动的形式;另外,《简明大不列颠百科全书》将广告定义为:"传播信息的一种方式,其目的在于推销商品、劳务服务、取得政治支持、推进一种事业或引起刊登广告者所希望的其他的反映。"追根溯源,广告最早源于拉丁语(Advertere),包含"注意""诱导""传播"等意思。1300—1475年,该词演变成为中古英语时代的"广告"(Advertise);17世纪末在英国商业活动中逐渐兴起,18世纪初通行于欧美市场。目前,据史料记载,"广告"一词是明治五年(1873年)出现于日本,并于明治二十年(1887年)传入中国,所以国内外大致认同汉语中的"广告"一词来源于日本。当然,这些说法理由是否充分值得商榷,但也不能因此否定中国古代的"广告",毕竟在上海博物馆内至今还保存着北宋时期(960—1127年)济南刘家针铺的广告铜版,它在一定程度上证明了中国广告的存在,并且足以标榜于世界广告史。如今,随着时代发展,广告已经从过去酒旗、牌坊等传统的物质招引上升为激发深层欲望的精神消费。广告这一特殊的事物除了固有的物质属性被人们关注,还被贴上的各种理念标签影响着人们,乃至塑造良好的社会形象成了今天科学技术、社会信息、经济传播的重要手段及工具。

通常来说,广告有广义和狭义之分。广义的广告由以盈利为目的的商业广告和非盈利性的公益广告组成,其中公益广告包括政策推广、观念指导、民风教化、寻人/物启事以及具有一定范围的告示等。狭义的广告则专门指以盈利为目的的商业性广告,它一方面是企业、盈利性单位向大众传递商品和服务信息的宣传手段,另一方面也是大众需求的客观反映。在本章中,研究的主要对象是狭义的广告。

广告种类繁多,一般根据其性质和传播途径进行区分,如按照传播内容的不同,可分为产品介绍广告、劳务广告、旅游广告、形象广告、文娱广告、服务广告、医药广告等;按照传播媒介的区别,可以分为报纸广告、户外广告、流动广告、公交广告、广播广告、影视广告、杂志广告等;按照其传播目的的差异,可分为招聘广告、公关广告、订货广告、展销广告、开业广告、招生广告、促销广告、营销广告、城市广告等。不仅如此,现代广告除了传承了老少咸宜的大众传播模式,还开拓了具有针对性的小众传播,如根据受众年龄大小分为少儿广告、老人广告等;根据团体的不同分为情侣广告、家庭广告、企业广告等;根据个性风格分为中国风广告、欧美风广告、日韩广告、后现代广告、非主流广告等。

处于信息时代的今天,广告已然成为一种普遍的宣传形式和商业活动,不仅是特殊的实用文书,也是大众了解商品属性的重要途径。在实践中我们看到,无论是何种广告,都是以文字表达为基础,加之一定形式的文本框架。它的创意本身源自文字的描述角度,影响力则是商品流通中由大众话语所构建的反馈文本。在形式万千的广告中,除了专门通过意象反映主体的悬念性广告,以及借助画面、声音和文字组合表达为主的形象性广告,绝大多数广告都是以文字叙述为主,可以说几乎所有的广告都离不开文字的诠释和广告词的解说。因此,广告文书是广告这种宣传形式的主体,如果想要做好广告,那就必须重视广告文书的写作。

广告文书就其意图而言,是一种告知性、诱惑性、促使性相结合的,目的非常明确的应用文书。从创意策划来说,其是集合创新突破、交流互动、前卫语言的现代游戏;从文化视角来说,其是大众文化的演绎,是文明进程中人类精神的集中反映。它一方面是企业为了推销产品、提供服务、介绍单位情况等,通过各种传播媒介进行宣传,以引起公众注意并调动其兴趣和需求动机的实用文体,另一方面也是创造价值,触动心弦,表征社会主流价值的文学创作,能够唤醒人们对特定年代的回忆,或者说成功的广告往往让商品记忆与生活记忆融为一体。

二、常见广告文书的种类

此处,我们主要根据广告的内容和目的的不同,通过受众心理分析对常见广告文书的种类予以简要的介绍。

(一)产品介绍广告

产品介绍广告是通过各种媒介和方法,把产品的性能、特点、功能和使用方法等用文字介绍给消费者的常见广告文体。它的内容一般应包括产品的性能、特点、功能、使用方法、广告词、经销单位、销售时间等。此类广告的作用无非是突出商品的价值诉求,直接激发有需要的用户购买。写作时要求实事求是,切忌夸大渲染、脱离实际,以免误导消费者。

(二)医药广告

医药广告是专为推销药品、提供医药服务、向广大消费者介绍药厂等情况而制作的实用广告文体。因为这类广告的准确与否直接关系到大众的身心健康,所以内容必须真实、合法。它一般附有医药说明书,不仅要介绍药品的品名、特点、功能、用法用量、医治范围、注意事项,同时,应介绍药品的生产时间、有效时间、生产厂家、主要原料、批准文号等。此类广告因为包含较多的医学专业知识,所以在接受宣传时常让普通消费者无从下手。故而,较为成功的医药广告是以病人为主体,突出医药对于患者病情的改善情况,达到使受众感同身受的效果。

(三)服务广告

服务广告是企事业单位向公众介绍服务宗旨、服务项目以及服务内容的实用广告文体。它的诉求明确,要求受众及时反映获知渠道、突出对服务的切身感受和满意程度。写法上可以自由发挥,大致应包括服务内容、服务单位、服务对象、联系方式、回访周期等。此类广告需要根据服务性质构建新的价值体系,即服务本身不止是工作的关系,同时带有精神文化的属性,如按摩可以上升为养身,运动可以转化为休闲。现实生活中平凡的事物随着服务等级的提高,价值会上升。

(四)劳务广告

传统劳务广告,又称技术服务广告,指企业为宣传其所能向用户承担的修理、修缮、安装、运输、建筑、加工、承揽等业务的广告文书。现代劳务广告还包括求职广告等劳务广告。求职广告要求提供劳动者的性别、年龄、体质、家庭背景、知识水平和技能水平。此类广告要求技能与工作相适应,故招工时常见附加工作经验、实践成果等。有远见的企业,一般不会局限于从业人员在某个领域做过多久,而是观察其在其他相关领域取得的成绩,触类旁通的技术加管理人才将会成为未来用人单位的新宠。

(五)形象广告

形象广告是企事业单位向大众宣传正面形象的一种实用文体广告,主要宣传部门工作精神、综合实力、工作宗旨、社会责任感、使命感等。它又称"印象广告",通过与消费者和受众的深入沟通,提高彼此间的信任程度,传递企业的文化精神,随文一般包括监督电话、服务内容、服务人群等。此类广告的基本手法是通过人们熟知的传统观念树立自身的公司形象,不过随着普适性的传统价值遍地开花,企业的特质难以得到表述,因而某些公司采用梦幻的构造手法打造企业广告。所谓梦幻法,其实就是把企业的过去、现在放在一起,留下一个开放式的结尾,让消费者在了解企业的发展历程中仁者见仁、智者见智地展望企业未来。

(六)文娱广告

文娱广告指用宣传板、海报张贴、置挂标识等形式在文艺、体育活动场所使用的,用以宣传某项文体活动的广告。其所推介的活动一般属于区域内的集体活动,受众需要符合相关条件才能参与。内容包括活动项目、时间、地点、形式、主办单位等。此类广告在宣传前最好先了解受众的年龄、职业以及区域内人流的集中点,这样有利于把握正确的传播方向,适应被传群体,提高受众的兴趣。

（七）促销广告

促销广告是企业为吸引消费者注意、刺激其消费欲望的实用广告,常见的形式有馈赠型促销、直接型促销、集中型促销、示范型促销等。内容主要包括商品的种类、性能、特点、功能、经销单位、活动时间、促销方式等。此类广告多以小利诱之,实力雄厚的大公司可以通过价格战轻而易举地压倒中小企业。如果想要逆转局势,促销机构需要采取视线转移的方式将公司具有一定影响力的传统产品附赠新产品促销,只有新产品领先占领市场,后续的销售才能稳步推进。

（八）招生广告

招生广告即招生启事,指各类办学、培训单位为了招收学生,通过各种传播媒介进行宣传,以引起人们踊跃报名的广告文体。内容包括办学单位、性质、办学名称、宗旨、目的及条件、培训对象、培训方式、开学时间、报名时间、地点、报名要求、学费、联系方式等。此类广告简单的形式是告知,高明一点的是激励,如"某学校在当地的招生名额有限,报名火热进行"。

（九）征订广告

征订广告即征订启事,它是指企事业单位向大众推销具有周期性、专业性、服务性的出版物所做的广告文书。其内容包括报刊书籍的性质、类别、名称、影响力、出版单位、出版时间、价格、发行范围、刊号、邮政代号、联系方式、开本版式等。此类广告通常为读者提供最新最快的专业信息,让读者在工作领域始终保持前卫的状态。当然,好的征订广告不是因为广告而闻名,大多源于广告方的权威性。

（十）公关广告

公关广告全称是公共关系广告,是指企业为了提高知名度和赢得社会赞誉,借助媒体宣传自身形象的广告文体。根据形式不同,其可以分为新闻式公关广告和服务式公关广告。新闻式公关广告包括实力广告、公益广告、媒体广告、信誉广告、祝贺广告、解释广告等。服务式公关广告包括倡议广告、致歉广告、致谢广告、观念广告、创意广告等。它们的内容囊括了企业的名称、主张、宗旨、理念、企业文化和精神、企业的实力和成就、广告用意和倡导观念以及广告词。此类广告讲究互动性和娱乐性,即广告传播是双向服务的,一方面是对企业自身的宣传,另一方面是让受众来拟建企业形象。成功的公关广告总是寓教于乐,毕竟人都是在快乐的联想中留下好印象。

（十一）招聘广告

招聘广告即招聘启事，是指企事业单位为了招聘相关专业人才，通过大众传播向社会发出的广告文体。内容包括单位介绍（性质、发展形势、经营范围）、招聘说明（应聘条件、工作职责、工作环境）、招聘范围（地域、时间、人群）、申请方式（邮箱、电话、服务点）等。此类广告过去常以招工须知的形式出现，现在随着人们对职业的社会地位要求提高，逐渐成为隐喻式的招聘。虽然所招职位的工作形式基本没有改变，但是对各种职业自身前景以及独特性有了新的认识和比喻，如管道工被誉为城市脉搏的医生，清洁工被称为城市的美容师。

（十二）展销广告

展销广告即展销会广告，是指企业通过举办展销会的方式向大众推销商品。它的主要内容有产品信息（名称、特点、功能、用途、使用方法）、参会商家、展销时间、展销地点、展销单位、优惠活动、特别邀请等信息。此类广告的关键在于选址和时间，选址涉及区域内的购买力和购买需求，时间则关系到展销地点周围的参与人是否能及时参与。需要注意的是，展销周期太长，消费者赶场的积极性会下降，时间太短则容易造成宣传与交流的不到位，必须做好前期的市场调研。

（十三）订货广告

订货广告即订货会广告，是指在先有市场需求、后有计划生产的销售模式中，企业通过订货会的形式向大众宣传产品，同时采取相关优惠活动吸引消费者下订单的广告文书。其内容除了产品介绍（名称、功能、产地、特点、联系方式），还有会议须知，主要包括主办单位、会期、会址、报到须知、产品类别、联系方式、常设批发业务机构、售后服务等。此类广告目前较少出现，它的运营方式是以"看得见、摸得着"为输出理念，然而在大众消费转向个性化服务的今天，这种批量制作的广告多用于纪念活动，保存或使用周期长是该类广告的优势。

（十四）营销广告

营销广告是企业为了树立产品或服务的正面形象，扩大产品销售渠道，提高企业的信誉度、影响力、美誉度的实用广告文体。营销广告注重心理攻势，强调在价值、情感、身份、品位等方面突出产品个性，让消费者享有专属服务。其内容包括企业简介（企业的名称、性质、宗旨、理念、业务范围）和产品或服务宣传（商品的性能、特点、功能、使用方法、广告词、经销单位、销售时间）。此类广告从心理层面上可涉及群体心理和个人感受。群体心理指营销人员以消费者为脉络向周边人士进行铺网式宣传,使得受众周围充满了使用同一产品的人,彼此相互暗示形成消费习惯;个人感受指营销机构向消费者送礼品或用其他品牌的较差商品作对比,令消费者在情感交流中认同相关产品。

(十五)开业广告

开业广告是商店、公司等营利机构向社会大众告知正式营业的广告文体,通常会介绍公司或商店特色,以及向消费者承诺某些事项。其内容主要包括开业单位名称、开业时间、服务宗旨、开业酬宾方式、经营理念、服务范围、联系方式、地址等。此类广告重点是突出店面服务特色,将自身与已有的营业铺面区分开来。首先,因为它是建立在"新"的基础上,所以无论是服务项目或经营形式都要别具一格。其次,它有别于异类崛起,每个新开的门面与人们当前的工作生活总是密切相关,毕竟开业仪式只是让消费者了解到有新的人员经营,而不是颠覆行业的规范。再次,开业广告讲究"讨喜",凡是新开的经营机构都会得到同行或者当地名人的祝贺,这种形式实质是对外宣传自身企业的实力。最后,杰出的开业广告不是建立在人们的想象之上,而是来源于社会呼声,因而伴之以慈善等公益活动是此类广告最有效的形式。

(十六)旅游广告

旅游广告是通过介绍旅游胜地的美食、人文、自然景观等来吸引游客的一种广告文体。它应包括对游览胜地的名称、景点、游览项目和内容、交通、餐饮住宿等情况的介绍和宣传。大多数旅游广告写法类似软文,故事发生地往往是旅游胜地。此类广告以奇制胜,在人们熟悉的地方讲述不平凡的事。如今随着人文自然景观的开发建设,地方政府把旅游视为带动相关产业的主要途径,继而旅游广告借助官方威信给消费者一种非去不可的印象。正是由于这种心理的影响,很多消费者才有了旅游的遐想。

(十七)游戏广告

游戏广告是介绍游戏玩法、新意、特点、群体的一种广告文体。它一般借助网络、手机、电视等新媒体间接进入大众的数据库中,并且采取开户送礼的活动吸引玩家。它的内容包括游戏名称、活动时间、游戏收益、明星代言、特色玩法等几个方面。此类广告的受众相对年轻,行为上较之特立独行,因而其传播呈现出多元化趋势。不过总体来看,游戏广告侧重于人际传播,如某个明星带领他的粉丝一起游戏,一个朋友带动一群朋友参与游戏。由此可见,受众之间的关系会直接影响游戏推广。游戏内容的趣味性以及代言人是广告的核心。

(十八)生活广告

生活广告又称购物广告,一般通过优惠价、送货上门、市场对比、团购惊喜等手段促使观众购买。除此之外,还有软文式的生活广告,它通过讲述一段故事,让主角证明产品改善了生活质量,具有很强的暗示性。生活广告的内容应包括产品名称、产品功能、适用范围、优惠时间、销售厂家、明星代言、联系电话、活动积分等。此类广告回头客比较多,在对外传播时也极力表现出对老顾客的优待,使得广大消费者在电视购物时买出一种优越感,似乎购物的数量等变量因素是提升购物品质的标尺,以至于此类广告大多是为了暗示而传播。

(十九)财富广告

财富广告,顾名思义就是理财广告,是介绍相关赚钱途径使民众致富的广告文书。其内容有的侧重于实体炒作,如珠宝玉石、货币、纪念品等;有的则讲究销售快捷,如食品、艺术品、文化标识等。它的主体应包括财富机构、加盟热线、加盟收益、厂内直销、经验指导、增值保富等。

(二十)专业广告

专业广告是指导消费者选择购买专业化商品的实用性广告文书。因为主体部分侧重于专业知识,所以内容形式相对单一,往往是专业领域内的知名人士为大众讲述为什么选择的理由,或者是工作人员在人们的熟悉场景里演示专业操作。它包括专业术语、专业人员、品牌名称、销售热线、顾问指导、社会评价、生产地址等。此类广告无非从"人性"和"知性"两方面进行宣传,所谓"人性"就是作为人,你需要什么;所谓"知性"也就是知道了,你该做什么。撰写专业广告文本切忌花言巧语,专家语录往往掷地有声。

三、广告文书的格式、内容及写作要求

尽管不同媒介的广告和不同形式的广告在内容上对广告文书的写作要求是不尽相同的,但是从广告文书的文本格式和行文内容上看,一般广告文书都应包括标题、正文和随文三个部分。

(一)标题

广告标题的功能是反映产品的性质、特点、价值、功能等,因为直接关系到消费者是否能记住品牌,所以往往成为文书的点睛之笔,一般称其为广告词。在写法上,常见的有

概括和提示广告的内容,利用名人倡议、流行语言以及社会时评引起公众的兴趣和注意力;另外,生动的版面设计和视听组合也会提升整体美感。在撰拟广告标题时,应注意突出其刺激性、诱导性和可接受性,尽量做到文辞简洁、匠心独运。它的表现方式多种多样,最为常见的有如下十种。

1.记事式

● 沃尔沃汽车已来到中国

● 芬芳柔润的力士香皂,是国际著名影星每日美容护肤的必需品

2.新闻式

● 1.02 美元 1 磅——一辆崭新的大众轿车值 1 595 美元

● 观澜国际花园京城 首例融合型水景宅邸

3.设问式

● 联想——人类失去联想,世界将会怎样?

● 明基笔记本——魔鬼的外在,天使的内涵,还犹豫什么呢?

4.祈使式

● 微软鼠标——按捺不住,就快滚

● 人人都想要的,诺基亚 2100

5.评价式

● 雀巢咖啡——味道好极了!

● 美肌精——名门闺秀充满魅力的女人

6.悬念式

● 不要告诉我做什么才是对的(马汀大夫鞋)

● 出人头地的代价(凯迪拉克汽车)

7.歌曲式

● 洗呀洗呀洗澡澡,宝宝金水少不了,滴一滴呀,泡一泡,没有蚊子没虫咬

● 今年过节不收礼啊,收礼还收脑白金

8.告知式

● 江苏盐业——养盐驻容,天天健康靓丽!

● 女人更年要静心,太太静心口服液

9.采访式

● 成龙:"中药世家——霸王。"

● 李冰冰:"保持肌肤年轻,我选巴黎欧莱雅。"

10.反复式

● 恒源祥——羊羊羊

● 泻立停,泻立停,立治拉肚,请用泻立停

（二）正文

正文作为广告文书的主体部分,主要用来介绍产品和企业,或者表明广告的具体内容。一般情况下,正文就是标题意义的延伸,它不仅使得产品概念更加生动、具体,而且让受众在连续受传的频段中被动接受特定解释。大多数成功的广告文书都是递进式阐述标题的核心内容,或者通过文学、艺术等手法营造某种氛围让标题深入人心。

正文部分的写作虽然可以天马行空、标新立异,但是基本上是以开头、中心段落和结尾三大部分组成。开头主要用于解释和说明标题,一般作为标题到正文的过渡。中心段落根据实际需求,提出有说服力的证据来证实产品的优点、企业的优势或者对广告公众作出承诺和发出召唤等。在撰拟广告的中心段落时,应注重具体明确,实事求是,特别要突出产品的特点,如企业的与众不同或者广告所要表达的主题。结尾部分主要表达对广告受众的敦促或诱导,一般是一些促使性的较为固定的句子。

因为广告宣传的目的是诱导公众或者消费者响应号召、采取行动,所以首尾呼应在文书写作中就不容小觑。标题意义往往在结尾处会被再次提及,反复的强化暗示有助于打破消费者之前的质疑,有经验的广告文稿的撰写者都很重视广告正文结尾部分的写作。

结尾应注意简短、有力、鲜明、恳切。常见的表达方式有:

（1）许诺式。即再次强调产品的优点或者企业的优势,或者表明广告受众做出某种行为后会享受到的益处,劝说消费者立即响应。如"不含有食品添加剂,真正的健康食品"。又如"选择某某品牌,意味着你的人生从此改变"。

（2）利诱式。即在结尾处公布本商品的推销方法以及给消费者的实惠,以此吸引消费者的注意力并促使其采取购买行动。如"如果你在本时段打来电话,还有赠品噢!"又如"清仓处理了,价格折扣全场最低,欲购从速"。

（3）强调式。即在前面的基础上将有关重要内容或诉求点给予再次强调,以加深消费者对商品或企业的印象。如"你的风采来自我的精彩";"注意,不要错过噢!"又如"假一罚十,三年品质保证"。

（4）警告式。即强调所处环境、状态、心情、位置等不佳,并采用类似科学方法告诉你现在很危险。如"水质不好滋生疾病,为了您和家人的健康,请用××净水器"。又如"远离甲醛,××安全漆"。

（5）觉悟式。即交代过去种种错误原因,试图说明错误的无可避免,然后以过来人的姿态向消费者说明自己现在为什么成功。如"过去孩子不爱学习,自从买了××学习机,好像变了个人"。又如"小儿感冒、发烧、头痛,就用××感冒药"。

(6)分享式。即以分享经验、收获、喜悦等感受介绍某件商品的功能、效果、厂家,通过名人推广赢取广大群众的信任。如"三全凌汤圆,味美香甜甜"。又如"薯片我要可比克"。

(三)随文

1.传统广告随文

随文也称要约诱导,是广告文书中不可或缺的一部分。当广告对消费者作出诱导时,人们就会迫切想知道如何与商家取得联系,此时随文就为消费者提供了沟通和了解的渠道。过去的传统广告随文包括厂家或商家名称、地址、电话号码、电报挂号、开户银行、银行账号等;现在广告随文内容大致为厂家名称、销售地址、促销活动、代言人口号等。

2.现代广告随文

现代文明社会讲求诚信,广告随文的亮点自然在于消费者的真实反馈。比较俗套的随文有使用过产品的消费者出镜说产品好,然后鼓动大家一起买。相对有创意的广告则营造一种氛围,这种整体性的暗示旨在表现要想日子甜蜜,广告所宣传的商品就一件都不能少。

3.创意广告随文

它又称象征性随文,一般要求突出商品标志。这种广告要求商品本身具有可靠的质量保证和公认的历史传统,可以说此类广告不仅是在做广告,而且是在反映大众对商品的认可度。事实上,此类广告已经不再是为了销售而宣传,而是出于维护固定消费人群而刻意制造的一种商品记忆,人们欣赏此类广告的目的是接受消费者的选择是正确的观念。

第二节 说明体广告

一、说明体广告的概念

说明体广告又称阐释性广告、理由广告等,主要通过陈述商品的特点、作用,向广大消费者比较全面地介绍有关该产品的价值和功能,从而达到刺激和调动消费者购买欲望和行为的目的。这种广告文书在市场经济活动中使用得最为普遍,被广泛地运用于产品介绍广告、医药广告、服务广告、劳务广告、文娱广告、旅游广告、开业广告、营销广告、订货广告、展销广告、促销广告、招聘广告、招生广告、征订广告、招商广告等广告之中。

二、说明体广告的特点及写作要求

此类广告在表达上以说明为主,辅之以叙述和祈使,令消费者心动,故而它讲究主题上的鲜明正确性,语言上的准确明白性和内容上的真实合法性。所谓主题鲜明正确,即广告所陈述的情况是真实可靠的,绝不可进行虚假宣传或恶意误导;同时,广告所涉及的内容和所宣传的主题不能违背国家的有关法律、法规以及道德规范。所谓语言准确明白,即在用词、造句方面要求精确,准确地反映客观实际;同时,要浅显易懂,便于消费者领会,不至于发生误解。切忌用一些抽象空洞、华而不实的词语自卖自夸或对产品作出不切实际的评价。所谓内容真实合法与主题鲜明正确一脉相承。

当今,说明体广告与时俱进地延伸出前提说明、体验说明和后续说明三种。前提说明是比较知名的老牌商品对自己形象的阐述,这种说明侧重于反映商品的历史价值,如北京烤鸭、云南过桥米线等反复提到自身的历史沿革,让消费者在文化印记中陷入从众心理。体验说明是奢侈品和时装广告的特殊说明,这类广告文书专门为名人量身打造,商品的使用价值没有改变,却因为明星使用的形象打动人心,所以消费者会购买相同产品以求获得相似体验。后续说明属于家庭式说明,在中、老年人群中占有很大的受众比例。这类广告不会在产品上大加渲染,而是通过大众的使用情况向消费者说明产品的价值。

在撰写此类广告时,无论是对企业的资信商誉、经营品种、业务范围的介绍,还是对商品的质量、用途、功能、使用方法的陈述,都要求准确如实、言简意赅。不能做没有依据的宣传,也不能漫无边际地夸大。在实际运用中应该保持文不离题、意不悖理,只有绘声绘色且真实可靠的描述、形容才会让消费者产生良好的消费印象,只有商品的功能性、实用性在人类可以接受的范围内才容易打开消费市场。所以,说明体广告要做的不仅是广告的说明,而且包括对每一个生产过程认真负责的说明。在撰拟这类广告文书时,还应注意由于各种广告介绍的内容不同或宣传目的不同,其强调的方面和行文的格式也就不尽相同。比如,产品介绍广告与招聘广告在内容形式上就大不相同。

三、说明体广告的分类介绍

说明体广告大体上是对产品的功能、性质、状态、价格、用处等的解说,考虑到消费者的购买目的不同,宣传中往往会把产品卖点写成人们的真实需要,通过类似科学的说教让人们选择购买。常见的形式有六种。

(一)提醒式说明体

提醒式说明体,即提醒消费者进行购买的广告。这类说明体广告都是在更新观念中植入产品信息,适用于追求时尚的年轻人,主要包括发现疑点、提出问题、找到答案、产品介绍、诉求口号等,如《还在用这种方法提神?》:

都新世纪了,还在用这一杯苦咖啡来提神? 你知道吗? 还有更好的方式来帮助你唤起精神:全新上市的强化型红牛功能饮料富含氨基酸、维生素等多种营养成分,更添加了8倍牛磺酸,能有效激活脑细胞、缓解视觉疲劳。不仅可以提神醒脑,更能加倍呵护你的身体,令你随时拥有敏锐的判断力,从而提高工作效率。

又如经典广告语:

● 怕上火,喝加多宝!(加多宝品牌广告)

● 得了灰指甲,马上用亮甲。(指甲护理广告)

(二)回顾式说明体

回顾式说明体,即讲述某件商品的历史渊源以及为什么要不惜一切拥有它的理由。过去一般用于鼓动消费者进行收藏,现在也适用于高档奢侈品的品牌塑造。一般包括历史回顾、名人赞誉、独特工艺、不菲价值、身份象征等。如《"舒味思"的人来到此地》:

[引见从英国伦敦"舒味思"厂所派出的特使,制造师爱德华·惠特海]。"舒味思"厂自1874年起即为伦敦的一大企业。制造师惠特海来到美国各州,是确查在此地所煮的每一滴"舒味思"奎宁柠檬水是否都具有本地厂所独具的口味。这种口味是长久以来由"舒味思"厂所制的全世界唯一的杜松子酒及滋补品的混合物。

他进口了"舒味思"所独创的虔修醇剂,而"舒味思"碳化的秘方就锁在他的小公事提箱里。这位制造师说:"从头至尾具有毫厘不差道道地地的'舒味思'制法。""舒味思"历经了百余年之经验,才让它的奎宁柠檬水到了现在这种半苦半甜的完美境地。但你把它和杜松子酒及冰块混合在高脚杯中却只需30秒的时间。

（三）比较式说明体

比较式说明体，即将两件产品进行对比，突出商品的价值、优势，从而让消费者放弃手中拥有的，去抢购性价比更高的产品。它以前多用于表现大企业的产业优势，如国家准字号、国家龙头企业等。现在，为了维护中小企业的稳步发展，多用于同一公司产品的新品与旧款的比较。其主要内容一般包括过去产品情况、产业革新、现在产品情况、大众认可度、选择理由等。如《吉百利巧克力》：

肃穆的寺院里，僧人们盘膝而坐念经。

突然一个小和尚跳起来去抓紫色的气球，几个僧人看到后也随之疯狂。

小和尚拿到气球后，把气球献给了主持老和尚。

老和尚把气球的气放了后，模拟机器人说了几句话，便疯狂地跳起现代舞，其他僧人见到后也一起跳起了机械舞，寺院外一群紫色的气球飘过，画画给予特写，原来是吉百利巧克力。

又如经典广告语：

- 白天服白片不瞌睡，晚上服黑片睡得香！（感冒药广告）
- 黑白配，男生女生配！（旺旺食品广告）
- 爱尚非蛋糕。（福马食品广告）

（四）诠释式说明体

诠释式说明广告，又名科技广告。因为它从科学角度出发，且几乎不带任何表演性质，所以受到中、老年人的喜爱。它的主要内容包括商品的性能、性质、特点、作用、效果、适用人群等，随文处可以根据实际需要标注企业地址、联系电话、认证证书、注意事项等。如《乐百氏纯净水27层净化》：

第一层石英粗型沙过滤悬浮杂质，第二层石英粗型沙过滤泥沙杂质，第三层石英粗型沙过滤铁锈杂质，第四层石英粗型沙过滤胶体杂质，第五层石英粗型沙过滤有机物杂质，第六层石英中型沙过滤悬浮杂质，第七层石英中型沙过滤泥沙杂质，第八层石英中型沙过滤铁锈杂质，第九层石英中型沙过滤胶体杂质，第十层石英中型沙过滤有机物杂质，第十一层石英细型沙过滤悬浮杂质，第十二层石英细型沙过滤泥沙杂质，第十三层石英细型沙过滤铁锈杂质，第十四层石英细型沙过滤胶体杂质，第十五层石英细型沙过滤有机物杂质，第十六层活性炭过滤去除颜色，第十七层活性炭过滤去除余氯，第十八层活性炭过滤去除气味，第十九层保安过滤器过滤颗粒杂质，第二十层反渗透膜过滤热源，第二十一层反渗透膜过滤细菌，第二十二层反渗透膜过滤病毒，第二十三层反渗透膜残留病毒，第二十四层反渗透膜过滤金属离子，第二十五层反渗透膜过滤钙、镁、锰等离子，第二十六层终端过滤杂离子 $0.2~\mu\mathrm{m}$,第二十七层紫外线杀菌。

又如经典广告语:

- 电脑记事,一枝独秀,八国语言,尽在其中。(文曲星电子词典广告)
- 洗护二合一,让头发飘逸柔顺。(飘柔洗发水)
- 千禾头道原香酱油,不加味精的好酱油。(千禾头道酱油)

(五)分类式说明体

分类式说明体是区别商品间不同款式或不同效用的销售说明,一般较少在电视、广播或新媒体上进行传播,绝大多数是以宣传单形式为消费者提供导购。它的主要内容包括产品概述、系列说明、使用介绍、性质评估等。如《张裕葡萄酒》:

张裕高级解百纳干红葡萄酒

张裕高级解百纳干红葡萄酒以世界著名的解百纳品系中的品丽珠、蛇龙珠、赤霞珠等葡萄品种为原料,经低温发酵精酿而成,为中国之首创。酒体丰满,具有葡萄的典型性、口感纯正,酒香悦怡,酒质典雅独特。

张裕干白葡萄酒

张裕干白葡萄酒是选用优良玫瑰香型葡萄为主要原料,经低温发酵工艺酿制而成的一种干型葡萄酒。饮用最佳品温 $10\sim14~\mathrm{℃}$。干白葡萄酒佐餐海鲜,具有特异风味。

张裕高级雷司令干白葡萄酒

张裕高级雷司令干白葡萄酒是选用世界著名的雷司令葡萄品种,采用先进工艺技术酿造而成的一种干型葡萄酒。本品果香浓郁、风格高雅,具有微酸爽口悦怡的特色,有效地保存了雷司令葡萄的营养成分。

张裕天然红葡萄酒

本品系选用优良红葡萄品种,以科学的酿造方法酿造而成。色泽优美、清亮透明、果香新鲜、酒香浓郁、营养丰富,是家庭和宴会的饮用佳品。

张裕天然白葡萄酒

本品选用优良白葡萄品种,以科学酿造方法酿制而成。酒液晶亮透明,具新鲜悦怡的果香,酸甜适中、气味清爽、入口舒适,含有葡萄糖、有机酸和多种维生素,营养丰富,为宴会和家庭饮用之佳品。

张裕玫瑰红葡萄酒

选用优良玫瑰香红葡萄为主要原料,经科学的酿造方法酿造而成。

(六)数字式说明体

顾名思义,数字式说明体是以数据形式反映产品的相关信息,值得注意的是它主要依靠于服务领域内的专家推荐,如以专家的口吻提到某个数字传达给人们某些有价值的信息。它的主要内容有产品名称、普遍成分、独特成分、效果展示、前后对比等。如《幸福家园地产》:

幸福家园,您可以信任的家园!

3大广场、7大公园、15家国际购物店,24小时热忱为您服务。

如果您想孩子读书方便,幸福家园紧邻我市3所重点中学,地铁直达最高学府。

如果您想生意蒸蒸日上,幸福家园4所科技园将是您的首选。

如果您想爱情甜蜜,幸福家园12景谁与争锋?

快来预订吧! 前面128位客户将有礼品相送。

又如经典广告语:

- 1：1：1! (金龙鱼食用调和油)
- 100%纯正果汁。(汇源果汁)
- 8 000万像素,专业属于你! (某相机广告)

第三节　标语体广告

一、标语体广告的概念

标语体广告也称广告词,是一种印象式的宣传商品和企业或者广告主题的文字广告。这样的标语(口号)或广告词在相应的媒介上不断重复,就能给消费者以强烈的印象,从而直接或间接地引导消费者的行动。它可以是一条独立的标语,也可以作为一则广告的标题,还可以用在广告正文的结尾处。一条好的标语体广告应当起到引起读者注意,然后在众多的读者中引出预期的消费者,接着把消费者引入广告正文,最终促使消费者采取行动的作用。

从历史沿革和语言风格上区分,标语体广告大致有两类。

1.传统标语体广告

传统标语体广告形似大字报宣传,往往是把当前大众关注的话题转化成企业形象或商品诉求。如 20 世纪 70 年代的"抓效率,重生产"等广告形象,时至今日依然是脑白金保健品"年轻态,健康品"、统一冰红茶的"年轻无极限"等广告的创意源头。或许采用口号式宣传的产品本身平淡无奇,但是在社会集体无意识的追捧下就可能成为一种象征,早期的"太阳神"口服液的"当太阳升起的时候,我们的爱天长地久"便是成功的传统标语体广告案例。

2.现代标语体广告

现代标语体广告别称新语言广告,通常采用过去人们不常用或者具有代表性的方言作为广告的代言词。如某运动品牌的"just do it",湖南火宫殿臭豆腐的"闻起来臭,恰起来香"等,就是利用了人们对新语言的好奇心来推广产品。需要注意的是,新语言广告虽然讲究语言上新奇有趣,不过推广过程中必须慎重考虑当地消费者的感受(包括礼仪禁忌、文化传统、民俗习惯等),切忌使用一些有损民族形象或不吉祥发音的广告,这样可能会阻碍销售,而且造成不必要的纠纷。

二、标语体广告的特点及写作要求

标语体广告一般只有一两句话,看似简单,但要写好实属不易。它应该以有限的文字,极大地满足消费者的好奇心,向他们传递新信息,告诉他们将会得到什么利益。因此,这种广告文体必须体现出主体的高度集中、创意的高度新颖、语言的高度凝练、传播的高度有效。

所谓传播的高度有效,即广告涉及信息不仅直接左右消费者的选择,还能够间接波及人们的生活,长此以往,形成一种社会性广告。如"鹤舞白沙,我心飞翔"(白沙香烟广告)。前阙巧妙镶入商品名称,后阙借事说事把自由表现得淋漓尽致,一语双关中既道出产品的精神,又反映出人性的渴望。同时,标语体广告的高度有效还源自常识的转化,如"人靠衣装,美靠靓妆"(广州靓妆化妆品广告),就善于抓住人们爱美的心理,使得产品成为美的代言。

对标语体广告的撰写,有很多问题值得探讨,一般要求把握如下几个要领。

①句子简短而含义明确,最好是一句响亮的口号。如:"Think Pad 让思想更有力!"(笔记本电脑广告)

②句子组合要新奇而得当,使人感到既熟悉而又独特。如:"以产业报国、以民族昌盛为己任。"(长虹企业广告)

③句子富有创意而有趣,充满创造性思维和幽默感。如"看我,还在看我,再看我就把你喝掉! 真的很好喝噢!"(旺仔牛奶广告)

④朗朗上口且易于记忆,尽可能地做到句子口语化、均衡、押韵。如"好吃点,好吃你

就多吃点!"（好吃点食品广告）

三、标语体广告的分类介绍

（一）口号式

口号式广告是最常见的广告语,它的目的在于打造一种品牌精神,通过人们易于记忆的品牌代替产品原有的陌生名称。口号式广告有时用反问、设问、感叹、祈使等句型表达,突出其产品特点;有时用悬念、象征、比拟、借代等手法旁敲侧击地表现其独特功能;有时也晓之以理、动之以情地用劝诫的形式反映其产品性质。如经典广告语:

- GE 带来美好生活。（通用电器广告）
- 海尔,中国造。（海尔广告）
- 科技让你更轻松。（商务通广告）
- 一旦拥有,别无选择。（飞亚达广告）
- 好吃看得见。（康师傅广告）
- 黑头发,中国货。（奥妮洗发水广告）

（二）名言式

顾名思义,名言式标语体广告就是借用名人名言、名人话语或者成语等妇孺皆知的话语来宣传商品。其中,名人名言多用于旅游、传统工艺、文化消费等;名人话语则是聘请名人对商品进行代言;而成语一般用在新兴产品的介绍上,主要是为了让大众能够从传统的释义中找寻新商品的印象概括。如经典广告语:

- 不到长城非好汉!（长城旅游广告）
- 人间天堂!（九寨沟旅游广告）
- 爱生活,爱拉芳!（拉芳护理品广告）
- 中药世家。（霸王洗发水广告）
- 把你捧在手心。（香飘飘奶茶广告）
- 一箭钟情/一见钟情（箭牌口香糖）

（三）方言式

方言式标语体广告,即采用方言招揽顾客的个性广告,一般用于地方生活、美食、旅游等介绍,有时也出奇制胜面向全国推广。此类广告因为具有极强的地域性、种群性、社会性,所以容易催生异地游子的思乡之情,而且会让外地人格外好奇。现在多见于地方菜品的宣传,以及为了进军地方市场的商业广告。

如:

——哥们儿,咋的(怎么)啦?叫人煮啦?

——嗯,烧得厉害。

——那就整(喝)点儿"易服芬"吧。

(东北话——退烧药"易服芬"广告)

又如:

- 好巴适!(四川餐饮店广告)

- 阿里巴巴羊肉串。(新疆羊肉串广告)

- 平安!(平安保险用不同的方言演绎了各个地域的中国人对"平安"相同的祈愿)

- 不要鸡头掰脸!——不要生气吵架。(吉林某火车站广告语)

- 金威啤酒。(广告中以三种方言表达老金威的深圳味道、深圳情怀)

(四)计量式

简而言之,计量式就是通过数量上的提醒来突出商品的价值,绝大多数用于技术含量较高的现代产品或制作原材料较好的食品。这类广告的特点是从科学配方上强调自身产品的优越性,或从基本材料的选用上反映出产品的与众不同,由此表现商品的独一无二,让消费者义无反顾地选择"理性"消费。如:

- 经常用脑,多喝六个核桃。(河北养元智汇饮料广告)

- 水溶 C100,5 个半柠檬,满足每天所需维生素 C。(农夫山泉水溶 C100 饮料广告)

- 惠普 Vectra VL2 微机,质高价低,位居前列。(惠普电脑广告)

(五)诱导式

诱导式标语体广告,在民间又称叫卖广告。它的特点是首先开门见山地说出产品的特点、性质、功能、价值等,让消费者有些心动;然后立刻转入降价处理、促销特卖、买一送一的话题,使消费者激动;最后说明产品精神,促使消费者立即下手。这类广告通常施以小利让消费者感觉买得实惠,继而口耳相传掀起抢购的热潮。实际生活中,诱导式广告经常用于批量生产销售或者出于场地原因需要迅速撤离的卖场而加以使用。

如《鲜菜果蔬食品有限公司》:

在你品尝过各种零食之后……

甜的、咸的、酸的东西。

想必你吃过不少很容易腻的,是不是?

现在,我们把苹果、菠萝、香蕉啦,还有刀豆、黄瓜、胡萝卜、土豆什么的制成原色原味、香脆可口的新款小零食。

这就是来自阳光下的贝尔脆——天然果蔬脆片。

25克贝尔脆就有250克新鲜果蔬的营养。

对不喜欢吃蔬菜的孩子来说是最好的补充。

从今天起,还有一周的免费品尝活动。

在各大食品店举行呢! 注意,不要错过噢!

第四节　对联体广告

一、对联体广告的概念

对联体广告一般有广义与狭义之分。

广义对联体广告也称文化联,其特色是夹叙夹议、寓情于景,融哲学、艺术、人文、事理于一体,多用于书院、牌坊、楼阁等地方宣传。如寺庙中弥勒殿常见的"大肚能容天下难容之事,开口便笑天下可笑之人",此联一语双关,既道出了世间因缘,又反映出殿堂存在的意义。

狭义对联体广告别名推广联,因为过去多数用于文化层次较低的小商小贩叫卖,所以音律、词性、叙事、用典等相形见绌,难登大雅之堂,只能成为商贩们唤醒固定客户的一种暗号。如武大郎的"香酥的烧饼,出炉的烧饼",虽然在字数上相等,但是往往容易犯下重复字、无音律等低级错误,给人留下庸俗的印象。

二、对联体广告的特点及写作要求

对联体广告,由于文辞简洁、布局协调、立意独特、朗朗上口,继而成为现代网络广告的宠儿。一般对称着悬浮在视频的两端或上下,当消费者对浏览主体感到厌倦时,这种清晰的对联标志便映入眼帘,一举俘获消费者的芳心。它的优点在于占用面积较小,无须完整板块,可以见缝插针地置于任何角落;缺点是在阅读某些重要资料时,频繁闪现会使受众感到不适。目前来看,此类广告适用于调查问卷、有奖活动、服务咨询等。

(一)形式上的词语相对与内容上的广告宣传有机结合

1.上下句字数相等

对联体广告要求上下联之间字数相同、音律相合、情景相融,并且从排列的字词上反映出欲说还休之势,可谓言有尽而意无穷。心理学研究表明,人对事物的专注时间只有30秒左右,所以在工作节奏紧张、日常事务繁忙的现代社会,广告对联的推广上限应为十字联,即一副对联广告不宜超过 20 字。如:

日月灯,江海油,风雷鼓板,天地间一番戏场;

尧舜旦,文武末,莽操丑净,古今来许多角色。

　　　　(清代北京光合戏楼对联广告)

又如:

东西南北中,

好酒在张弓。

　　　　(张弓酒对联广告)

相比清代北京光合戏楼的文化联,后者有些下里巴人。虽然其以中国传统的五位学说试图表明世界的好酒在张弓,但是五字联强调格律的特点几乎全无,因而导致张弓酒广告不能成为典雅之作,最终成为世俗之好。

2.对称词语的词性相同

对联体广告讲究处于句子相同次序位置的词语其词性相同,动词对动词、名词对名词、形容词对形容词、副词对副词,包括数量词、方位词都要相对。如:

六书传四海,

一刻值千金。

　　　　(刻字店对联广告)

以上对联体广告中,“传”对“值”,都是动词;“四海”对“千金”都是名词,分别在上下句中相同的位置充当宾语;“六书”与“一刻”都是数量词。此联巧妙地把刻字与书道结合在一起,让消费者在享受“书中自有黄金屋”这一“良辰美景”的同时,拥有一枚自己的印章。

又如:

穿金猴皮鞋,

走金光大道。

　　　　(金猴皮鞋对联广告)

这副对联体广告词性相同、对仗工整,相比前者更加豪迈,孙悟空大闹天宫的气势被表现得淋漓尽致。美中不足的是对联不够含蓄,如皮鞋和大道放在一起给人的印象是极其现代化的生活,而《西游记》这部小说的主题则偏向于神仙传奇,最后展现给观众的就是不伦不类的古今混装。

3.句子结构对称一致

在上下两联之间,句子形式应相同。为了方便记忆,在处理一些相对较长的广告联时,应该从句读入手,将长句变分句,保持整体结构的一致。如:

品尝幸福果吃在口里甜在心里,

再夺丰收年着眼今天放眼明天。

(水果店广告联)

现在比较多的两段式广告,也称"骈体文",因其常用四字、六字句,故也称"四六文"或"骈四俪六",讲究对仗工整,形式相同。如:

情不知所起,一往而深;

爱不畏所困,至死不渝。

(婚介所广告联)

4.对联体广告一般不苛求音韵平仄

由于在中国诗词中绝大多数情况下是两个字组成一个双音节词,而每一个双音节词的重音往往落在第二个字上,因此,仅以七字句的对联广告为例,在协调平仄时,其一般原则是一、三、五字自由,二、四、六字严格。

同时,有时为了确切地表达思想,对于音韵平仄的要求也不是绝对的,在选择使用词语时,略微放宽对平仄的要求也是允许的。如:

人生大舞台

戏剧小天地

(CCTV 戏曲频道广告联)

这副对联虽然音律欠佳,但是把频道的主要内容镶嵌其中,如人生舞台、戏剧天地,故而突出了栏目特色,让观众对节目主题一目了然。

(二)上下句的意义相连而广告的主题相贯通

对联体广告中上下句的意义相连主要是指其广告内容的相对,即不论是通过写景状物来概括商品的特点,还是通过记人叙事来体现一种人性关怀,抑或通过抒情来表达对商品或服务的赞扬,上下联的意思都要紧密相关,具有内在联系。从意义上来分析,对联广告的上下联之间一般以如下形式来连接。

1.正对

正对又称真对、的对。其要求上下两句的意义相近,对仗工整。其是从两个不同的

角度和侧面来突出同一商品的特点或表达相同的赞美之情,广告中上下联在意义上是一种互相补充和相互映衬的关系。如:

大波轮新水流去污涤垢

全自动高功效节电省时

（洗衣机广告联）

此联上下两句不仅在形式相对,而且在意义上互为补充,集中概括了这种洗衣机的性能、特点,从而突出了广告主题,可谓字字珠玑、无一多余。

2.反对

反对即上下联之间是一种相反相成、对立统一的对应关系。作为对联体广告而言,就是要从事物矛盾对立的两个方面来表达广告主题,实现吸引顾客、推销产品、树立公众形象的目的。一般情况下,对联体广告较少采用反对的形式,只是在用比较方式做广告时才运用这样的联句形式。如:

旧店铺,旧作风,短斤少两。

新门面,新气象,货真价实。

（某商店广告）

此联虽算不上工对,但在意义上是可取的。上联对旧社会的奸商做法给予针砭,下联则在与上联意义的对比中鲜明地表达了广告的主题及该商店服务的宗旨和特点。

3.流水对

流水对又被称为串对,广告的上下联之间意思相关,具有一种层层递进或互为因果的关系。如:

技术革新头头是道

容光焕发面面俱春

（某理发店广告）

这则理发店对联体广告利用双关的修辞手法,表达了表里两重含义:一方面从理发行业的角度来阐释理发的规律和窍门,从而赞扬理发技艺的高超;另一方面又从顾客的角度来表明对理发技术和服务态度的肯定。同时,还从特定的历史时期出发,歌颂了因为全国开展的技术革新运动给祖国带来的崭新面貌。上下联之间明显地包含因果关系,即正是因为有了技术革新,掌握了理发技术的规律和窍门,才有了顾客容光焕发的外表和春风得意的心情。又如:

磨砺以须,问天下头颅几许?

及锋而试,看老夫手段如何!

（剃头师招贴）

这副剃头师招贴对联相传为石达开所题,以自问自答的形式阐述了理发店的特点。

上联给人以征战沙场的果敢,下联直奔主题表现出剃头师的跃跃欲试。较之前面理发店的对联,其更能体现出理发师一刀在手,立无须发的气势。

第五节　诗歌体广告

一、诗歌体广告的概念

诗歌体广告即以诗歌为载体的广告。诗歌是一种通过有节奏、韵律的文学语言来反映生活、抒发情感的文学体裁。由于诗歌历来是一种高雅的文学样式,因此,商业化的诗作是不多见的。但随着我国市场经济的建立,将高雅的诗歌作为广告的情形也出现了。诗歌体广告将诗歌的形式和广告的内容有机地结合在一起,构成一种独特的广告样式,往往与相应的媒介和符号相配合,共同传达企业所倡导的理念或商品销售的特点。

二、诗歌体广告的特点及写作要求

诗歌体广告以诗歌为体裁、以广告为目的,讲究用含蓄、抒情的手法表达出产品特点。诗歌体广告之所以称为诗,是因为它有别于说明体广告那样开门见山,对每个细节的把握以及对事物的刻画都建立在心识之上,也即诗歌体广告不一定是全面客观地描述某个事物,而是主观心灵的再现,时而虚实相生、时而天马行空,时而放眼千里、时而尽在眼前。当然,诗歌体广告不是单纯的写诗,在营造诗意的同时应该尽可能考虑到受众的想象力。毕竟诗歌的无限性是唤醒大众的想象乃至引起社会关注,而其有限性在于任何因势利导的诗歌体广告都必须存在于人们可知的思维之中,超越了理性范畴的赞誉往往不被世人所接受。如飞利浦电灯泡广告:

> 子夜,灯一盏一盏熄了
> 浓密的夜色淹没了初歇的灯火
> 万物俱眠
> 怎舍得未归的人

> 独自在黑夜赶路
>
> 且点上一盏灯
>
> 点上家的温暖与期待
>
> 让晚归的人儿
>
> 不觉孤独
>
> 飞利浦真柔灯泡
>
> 为晚归的人点上一盏温馨的灯

　　这则诗歌广告选择从"家"的话题入手,使得灯泡的光明不只照亮了众人前行的路,也让静谧夜色中家人的牵挂变得有迹可循。没有直接夸耀自己产品的优势,却用"灯一盏一盏熄了"与"且点上一盏灯"对比出飞利浦真柔灯泡的与众不同。随后,以"万物俱眠,怎舍得未归的人"化用"闲敲棋子落灯花"的百无聊赖,给人一种"雁字回时,月满西楼"的将归未归意境。最后,采用起兴的手法,"点上家的温暖与期待,让晚归的人儿,不觉孤独",令全诗充满爱的气息。从诗歌创作来说,此诗把握了灯的期待与寂寞,恰到好处地突出了产品的特点,让人不觉造作。从广告宣传来说,诗歌极好地利用了心理原型,使得等待如同宋词般雅致,让消费者感觉到自己是在美丽地等待;再次,"孤独"一词为点睛之笔,与夜的黑暗与昼的光明相映成趣,无形中令人感觉孤独是缺少温暖所致,这种温馨也许就是一盏灯的点亮。

三、诗歌体广告的分类介绍

(一)古体诗广告

　　在诗的国度里,无论是帝王将相,还是平民百姓,对于诗歌总有异乎寻常的喜好。市场交易中的诗歌无疑为商品积淀了文化价值,使得产品瞬间身价数倍。诗歌是精练的语言,是动人的音乐,是熟知的生活,是蓦然回首的觉悟。如苏轼的"纤手搓来玉色匀,碧油煎出嫩黄深。夜来春睡知轻重,压扁佳人缠臂金",让环饼店门庭若市。又如李白"兰陵美酒郁金香,玉碗盛来琥珀光。但使主人能醉客,不知何处是他乡",令兰陵酒名传千古。还如秦观的"郴江幸自绕郴山,为谁流下潇湘去",使苏仙岭蓬荜生辉。无论是古风、绝句,还是五言、七言,那种浅吟低唱的婉约,那种狂傲不羁的豪放,都足以余音绕梁,使人三月不知肉味。如青岛啤酒的藏头诗广告:

> 青翠纷披景物芳,岛环万顷海天长。
>
> 啤花泉水成佳酿,酒自清清味自芳。

（二）现代诗广告

现代诗相对古体诗而言,不拘谨于格律、平仄,追求自然表达、平实易懂。现代诗广告讲究主题鲜明、语言生动,有时可以长篇抒情,有时也可以怡情小作,在写法上没有固定的格式。此类广告通常是先朗诵全诗,然后选用其中一两句直指主题的话作为全诗的中心。如铁达时表的广告诗:

> 一厢情愿
> 爱在世界的边缘
> 梦难圆
> 咫尺天涯
> 不再回首
> 此生隐没在无爱的忧愁
> 不在乎天长地久　只在乎曾经拥有

又如宝来汽车的广告诗:

> 他,他们,
> 天生的运动者。
> 以奔跑为生以奔跑为乐,
> 以奔跑为表情以奔跑为语言,
> 以奔跑为态度以奔跑为价值。
> 不以物喜,不以己悲;
> 平凡态度,超越平凡。
> 宝来,超越平凡。

第六节　散文体广告

一、散文体广告的概念

散文体广告,顾名思义,就是以散文的形式写成的广告。散文体广告可以是叙事性的,比如通过写景、状物来宣传某种商品;也可以是抒情性的,比如通过抒发激情、感受和意愿来表达对某种商品的赞美;散文体广告还可以是议论性的,比如通过阐释生活哲理来倡导某种观念,从而达到推销商品的目的。然而,在大多数情况下,散文体广告是将叙事、抒情、议论等表达方式结合起来,从而揭示广告的主题。

二、散文体广告的特点及写作要求

散文体广告,追求用散文写法灵活、形式自由的笔调来传达企业理念和商品销售的特点。

所谓写法灵活,即可以灵活地运用包括记叙、描写、抒情、议论、说明、象征等在内的多种表达方式和表现手法,以及包括比喻、拟人、借代等在内的各种修辞手段,收放自如地表达思想情感和对某种商品的青睐。如兰葳儿春夏睡衣广告:

长夜如诗、衣裳如梦,兰葳儿陪伴你,在夜的温柔里!

月色淡柔,灯影相偎,夜的绮思悄悄升起……在这属于你的季节里,兰葳儿轻飘飘的质感,高雅精致的刺绣,更见纤巧慧心,尤其清丽脱俗的设计,让你一眼就喜欢! 今夜起,穿上兰葳儿,让夜的温柔轻拥你甜蜜入梦!

这是一种紧扣广告主题而又挥洒自如的写法,有描写、抒情,还有议论。多种修辞手法的运用,把睡衣的美与夜色的美糅合在一起,营造出一种清丽动人的独特意境。当这一则广告语与一个身着该品牌睡衣的美丽少女悠闲自得地俯卧在床上翻阅画报的电视画面相配合,更是充满了诗情画意,很好地突出了该品牌睡衣的美的质感。

所谓形式自由,即可以根据广告内容的需要随意调整其结构形式和文章体裁。从结构上看,可以有一条明显的线索来贯穿,也可以撷取某一个细节或片段来展开。如散文体广告祁门红茶:

十九世纪的伦敦,一个接一个的下午茶会

来自中国的祁门红茶,总是扮演着优雅自在的主角

在英国人眼里,这种下午茶文化足以与莎翁比肩

独有祁门茶香

融砂糖香、苹果香及兰花香为一体

世界三大高香茶之一

自公元一八七五年问世以来,荣极国际,独享尊誉

乃英国皇族贵胄一时之选,收藏珍品

广告语:茶给了时间味道

走道尽头,休息间,通往上上世纪的闲情;浅啜红色古典

心情的长句,在红茶的逗点下,生动起来

生活把情趣灌装了起来,慢慢品尝

转动手中的红茶,寂寞失去支点

沿逆时针转三圈,时间并没能回去原点;只剩下记忆在红茶里踱步

一八七五年远渡英伦,现已回来。

这则红茶广告给人的第一印象是经典,这是由于前三句说明了祁门红茶在英国人眼中的地位,第四到第八句采用标语"荣极国际,独享尊誉"表现它的珍贵,从第九句开始作者情绪渐长,极力渲染"茶给了时间味道",抒情短句成了广告打动人心的部分。这是一则灵活多变的散文广告,因为它在形式上不拘一格;这是一则联想丰富的散文广告,因为它在叙事上穿越古今;这是一则意象深远的散文广告,因为红茶在特定的历史环境,在独有的感悟心境,在唯一的口感质地上获得了赞赏,这种无以复加的歌颂无形中建立了历史品牌。从广告宣传来看,祁门红茶绝对是出色的广告散文,无论是绅士贵族还是平民百姓对它的记忆都被写入了大众文化,抑或是那些不为人知的故事,也在文中出入得当,给人留下了深刻的印象。

三、散文体广告的写作注意事项

纵观当下散文体广告的写作态势,我们在撰写散文体广告时应该注意以下几点:

①必须把握文章为事而作的原则,也就是说,它是为做广告而写,因而它应该为广告锦上添花,而不应将其纯粹写成一篇脱离该广告而存在的散文。

②必须紧扣广告的主题来展开构思和行文,无论写法有多么灵活、形式有多么自由、联想有多么丰富,一切都必须服从于广告的主题。

③应注意不要写得过于虚无缥缈、不着边际,尤其是那些抒情性较强的散文体广告,更是要注意它的立足点不是作者心情的随心所欲的表达,而是对广大消费者对商品的价值取向的诱导。

以下这则凯迪拉克汽车广告就注意了以上几点,成为成功之作。

在人类活动的每一个领域,得到第一的人必须长期生活在世人公正无私的裁判之中。无论是一个人还是一种产品,当它被授予了先进称号之后,赶超和妒忌便会接踵而至。在艺术界、文学界、音乐界和工业界,酬劳和惩罚总是相同的。酬劳就是得到公认,而惩罚则是遭到反对和疯狂的诋毁。……这一切都没有什么新鲜,如同世界和人类的感情——嫉妒、恐惧、贪婪、野心以及赶超的欲望一样,历来就是如此,一切都徒劳无益。如果杰出人物确实有其先进之处,他终究是一个杰出者。杰出的诗人、著名的画家、优秀工作者,每个人都会遭到攻击,但每个人最终也会拥有荣誉。不论反对的叫喊如何喧嚣,美好的或伟大的,总会流传于世,该存在的总是存在。

第七节　故事体广告

一、故事体广告的概念

故事是流传于民间的一种口头文学,具有情节引人入胜的特点,因而是广大群众喜闻乐见的一种文学形式。利用故事做广告,是我国改革开放以来广告人的一大创造。故事体广告是将宣传企业或商品的广告放到故事中,让受众在听故事的同时接受广告的宣传。故事体广告中的故事可以是一个完整的故事,也可以是一个故事片段,还可以是一个故事小品。

二、故事体广告的特点及写作要求

故事体广告流传深远,亲切、自然,在民间口耳相传;生动、有趣,遍布教坊书院。其相比标语体广告,更具形象化;相比说明体广告,更具细节化;相比诗歌体广告,更具口语化;相比散文体,更具新鲜化。

1.形象化

一方面,形象化指故事体广告刻画的人物具有一对多的指称功能,并且背后的意义高于先前讨论的这个人,其精神的连续性将成为当前社会需要的价值;另一方面,宣传机构也可采用意义填补的方式嵌入商品,使得产品符号成为人们生活中不可缺少的部分。

2.细节化

细节化指故事的起因、经过、高潮、结尾层层递进,引人入胜,各个环节间都有出彩的细节。不过,此处的细节不单是故事的细节,而且是整个产品的推出,给消费者一种"千呼万唤始出来"的感觉。如雨中情侣间的漫步定格在某个器物上,这个器物就被赋予了故事性。

3.口语化

口语化指故事叙述不宜华而不实,因为在有限的时间里,人们记忆最深的莫过于直白、简短的语言,那些空洞、绚烂的描述会让人不知所云,街坊邻居的一两句口碑夸耀反而痛快淋漓。

4.新鲜化

新鲜化指广告故事要给人耳目一新的感觉。因为陈词滥调固然妇孺皆知,然而,大众思维对于过去是惋惜,而对于未来总是充满期待。所以,故事体广告要让人有尝试的兴趣,越是新颖独特的故事,越能激发观众对商品的热情。

比如,流传最为深远、最为感人的"德芙"巧克力的故事。

德芙巧克力的故事

1919 年的春天,卢森堡王室迎来了夏洛特公主继承王位,同时她又嫁给了波旁家庭的后裔费利克斯王子。作为王室后厨一个帮厨,莱昂忙坏了,整天都在清理碗筷和盘子,双手裂开了好多口子。当他正在用盐水擦洗伤口时,一个女孩走了过来,对他说:"这样一定很疼吧?"这个女孩就是后来影响莱昂一生的芭莎公主。

两个年轻人就这样相遇了。莱昂每到晚上就悄悄溜进厨房,为芭莎做冰淇淋,两个人总是一边品尝着冰淇淋一边谈着往事。在那个尊卑分明的年代,他们只是默默地将这份感情埋在心底。

不久后,芭莎公主被选中和盟国比利时联姻。一连几天,莱昂都看不到芭莎,他心急如焚。终于在一个月后,芭莎出现在餐桌上,然而她已经瘦了一大圈,整个人看起来很憔悴。莱昂在准备甜点的时候,在芭莎的冰淇淋上用热巧克力写了几个英文字母"DOVE",这是"DO YOU LOVE ME"的英文缩写。

几天之后,芭莎出嫁了。一年后,忍受不了相思的折磨,莱昂离开了王室后厨。

结婚、生子,平静的生活都不能抚平莱昂心灵深处的创伤,他始终不能忘记芭莎,他的妻子也因此伤心地离开了。

莱昂此后一直单身带着儿子,经营他的糖果店。1946 年的一天,莱昂看到儿子在追一辆贩卖冰淇淋的车,记忆的门顿时被撞开,莱昂决定继续过去没有为芭莎完成的研究。

经过几个月的精心研制,一款被巧克力包裹的冰淇淋问世了,并刻上了四个字母:"DOVE"(德芙)。

德芙冰淇淋一推出就大受好评。而正在此时,莱昂收到了一封来自卢森堡的信,莱昂得知,芭莎公主曾派人回国四处打听他的消息,希望他能够去探望她,但却得知他离开了王室。由于第二次世界大战的影响,这封信到莱昂的手里时,已经整整迟到了一年零三天。

莱昂历经千辛万苦终于找到芭莎。芭莎虚弱地躺在床上,曾经如清波荡漾的眼睛变得灰蒙蒙的。莱昂半跪在她的床边,眼泪无法抑制地滴落在她苍白的手背上。芭莎伸出手来轻轻地抚摸莱昂的头发,用微弱到近乎听不清的声音叫着莱昂的名字。

芭莎回忆,她曾以绝食拒绝联姻。她被看守一个月,她深知自己绝不可能逃脱联姻的命运,何况莱昂从未说过爱她,更没有任何承诺。她最终只能向命运妥协,但条件是,希望离开卢森堡前能回王宫喝一次下午茶,因为她想在那里与莱昂作最后的告别。悲伤的芭莎吃了他送给她的巧克力冰淇淋,却没有看到那些融化的字母。

听到这里,莱昂泣不成声,过去的误解终于有了答案。但一切都来得太晚了,三天之后,芭莎离开了人世。

莱昂无限悲伤,如果当年那热巧克力不融化,那么她一定会知道他的心意。如果那巧克力是固定的,那些字就永远不会融化。莱昂决定制造一种固体巧克力,使其可以保存更久。

经过苦心研制,香醇独特的德芙巧克力终于制成了,每一块巧克力上都被牢牢地刻上"DOVE",莱昂以此来纪念他和芭莎的爱情。

如今,德芙巧克力已经有了数十种口味,全世界越来越多的人爱上因爱而生,从冰淇淋演变而来的德芙。当情人们送出了德芙,就意味着送出了那轻声的爱情之问:"Do You Love Me?"那也是创始人在提醒天下有情人,如果你爱他(她),请及时让你所爱的人知道,并记得深深地爱,不要放弃!

虽然故事有些冗长,但是并不妨碍它在消费者心中的美好印象。因为故事中的男女之情、别离之惜是我们每个人都会经历且关注的事情,所以如何在平凡中演绎真情成为千古不变的话题。需要注意的是,德芙巧克力的广告故事并不是首创,制造商把自己的姓名注册为品牌在中国也屡见不鲜,如古代卓文君的"文君"酒,现代贵州陶华碧的"老干妈"。而把自己的想法隐藏在短句中,也是典型的中国式爱情故事中常见的浪漫手法,如《西厢记》中恋人之间的中药单,实际就是寓意的情书。言归正传,故事广告要在短时间里向消费者说清楚一个故事确实不易,不过这种故事广告因为结构上具有相似性,一旦记住就难以忘怀,不知不觉会成为人类言行的潜意识。所以,真正有内涵、有价值的故事广告不一定要经常播出,人们只要被打动过一次就会终身受用。当然,要写出精彩绝伦的故事也并不容易,大多是"文章本天成,妙手偶得之"。

三、故事体广告的分类介绍

（一）童话故事广告

顾名思义,童话故事广告就是儿童话语的故事型广告,它想象奇特、富于童趣,善于把握少儿心理。在写法上,讲究直白、奇丽、诱人。通常会有一个儿童主角遇上装束怪异的人,然后儿童对奇怪的人说出自己的心愿或被对方欺负,最后要不是发现宝藏似的恍然大悟,就是得到了某产品的帮助战胜了坏人。这类广告的主要受众是儿童,因此告知的对象不能接受过于复杂的信息,只能用象征式的手法突出商品的卖点。如喜乐饮料广告:

富丽堂皇的"好吃国"王宫,一个小国王在宝座上喝着饮料,几个侍臣端着各种饮料。

小国王:这是本王最爱喝的乳酸饮料,谁能找到更好的乳酸饮料,我就把王位让给他。

小国王:这个不对,这个也不是。

一老神仙,手持喜乐饮料,飘飘然从天而降至王宫。

老神仙:"喜乐"具有丰富的营养和帮助消化的功能,就连天上的神仙也难喝到呢。

小国王:"喜乐!"没想到吧。

（二）传说故事广告

传说是历史中未知事件的诠释,是人们为了纪念某件事情或物品共同创立的信仰体系。传说故事广告起源于商代,《诗经》有"天命玄鸟,降而生商"的形象宣传。它发展于汉代,有司马相如《大人赋》的称赞为证,鼎盛于宋明时期,《柳毅传》《白蛇传》等全面地介绍了地方文化。这类广告分为借用型和自编型,前者直接引用古人留下的生活传说点缀自己的商品,后者则以无厘头的形式打造新新人类的传说。它基本上是通过人们的口耳相传成为一种潮流,借以文化之旅或异域体验为名吸引观众。如云南过桥米线广告:

相传,清朝时滇南蒙自市城外有一座湖心小岛,一个秀才在岛上读书。秀才贤惠勤劳的娘子常常弄了他爱吃的米线送去给他当饭,但等出门到了岛上时,米线已不热了。后来一次偶然送鸡汤的时候,秀才娘子发现鸡汤上覆盖着厚厚的那层鸡油有如锅盖一样,可以让汤保持温度,如果把佐料和米线在吃时再放,还能更加爽口。于是她先用肥鸡、筒子骨等煮好清汤,上覆厚厚鸡油;米线在家烫好,而不少配料切得薄薄地到岛上后用滚油烫熟,之后加入米线,鲜香滑爽。此法一经传开,人们纷纷仿效,因为到岛上要过一座桥,也为纪念这位贤妻,后世就把它叫作"过桥米线"。

（三）身边故事广告

这类广告是比较常见的故事广告,通常采用类似新闻报道的模式讲述身边正在发生或已经发生过的事情。值得注意的是,身边故事广告最好是建立在新近发生的大众熟知的故事上,切忌无事生非编造谣言。如德国大众汽车广告:

1994 年 10 月 15 日,星期六,凌晨两点。

车子由高志勇驾着,他今年 17 岁,血气方刚。车上另有一名前座乘客及一名后座乘客,他们都是志勇常聚在一起玩乐的好朋友。

车子是志勇向妈妈借来的,妈妈从来都没拒绝过他,只是每一次总是再三嘱咐志勇要小心驾驶,毕竟志勇还是个"新手"。车子正朝牛顿小贩中心奔驰,大伙肚子都饿急了,准备到那儿大吃一顿。一个左转来到杜尼安路时,意外发生了。经过一轮猛烈的冲撞之后,车子惨不忍睹,在那一刹那之间,志勇以为一切都完了。幸好,那是福士伟根。

是吉人天相也好,是大难不死也好,奇迹般的,志勇等三人皆平安无事,毫发无损。自行打开车门后,他们面面相觑,目瞪口呆。志勇这时最担心的是如何向妈妈交代。闯了大祸,妈妈一定不会原谅他,毕竟那是她心爱的车。

听妈妈怎么说:"当志勇来电通知我时,知道孩子们都没事,也就放心了,以为只是小意外。后来,看到心爱的车子时,我简直不敢相信自己的眼睛。我一点也不生气,谢谢福士伟根,救了孩子们一命。"

福士伟根,安全上路生命可贵,岂可儿戏。德产福士伟根深明此理,因此在设计及制作每一部车子时皆以您的安全为首。超过 30 种不同的冲撞测试,以确保万无一失。车身结构的加强措施,前后左右的安全护撞区与防撞杆给予更大的保障,驾驶座安全气袋在紧要关头能让人化险为夷。事实证明,福士伟根的安全措施绝非纸上谈兵。其高度驾驶乐趣更为同行津津乐道,一经驾驶,必有所悟。

（四）情感故事广告

情感故事广告又称言情广告,即广告反映一件曾经打动过讲述人的故事。此类广告的写作步骤是:立足当下、回望从前、心路历程、心语心愿。它以事说情,以情动人,以人传人,从而实现情感交流的广告诉求。如三菱汽车全省 164 个家广告:

（现在）女生:爸,这个礼拜我可能没办法回家了。

（回忆小时候）女生:爸爸的背是我回家路上最深刻的记忆,每次回家路上一定会经历的那个糖果福利社,我记得那里冰棒的味道和父亲背的味道。他总是要接我回家,后来我在台北念书放假回家,他也一定要接我回家。

（现在）女生:爸,我明天想回家啊,不用了,我买车了。

我第一次开车回家,快到家前,我还是看到爸爸坚持来接我。

我想他是怕我忘记回家的路吧。

(五)励志故事广告

励志故事广告即鼓励人们努力工作、实践梦想的广告。这类广告侧重于品牌精神的传达,强调企业发展潜力,经常用年轻人的创业或走向成功的经历向大家表现平凡的生活因梦想而改变,只要你使用了广告所推广的产品,那么你就可以和主角一样自信。其主要内容包括:阻碍自身发展的原因,得不到人认可的现状,改变现实的可能,选择所带来的美好。如2012年聚美优品广告:

你只闻到我的香水,却没看到我的汗水;你有你的规则,我有我的选择;你否定我的现在,我决定我的未来;你嘲笑我一无所有,不配去爱,我可怜你总是等待;你可以轻视我们的年轻,我们会证明这是谁的时代;梦想注定是孤独的旅行;路上少不了质疑和嘲笑;但那又怎样,就算遍体鳞伤,也要活得漂亮!

我是陈欧,聚美优品创始人,蜗居、裸婚都让我们撞上了。别担心!奋斗才刚刚开始,"80后"的我们一直在路上,不管压力有多大,也要活出自己的色彩,做最漂亮的自己。相信我们,相信聚美,我是陈欧,我为自己代言!

第八节　重文体广告

一、重文体广告的概念

顾名思义,重文体广告就是重复性的文体广告,又称反复广告、印象广告。它的灵感源于民歌:"敕勒川,阴山下。天似穹庐,笼盖四野。天苍苍,野茫茫。风吹草低见牛羊。"概括起来就是从不同的角度对同一事物的形象特点以及气质进行全方位的观察,有时故意重复到令人厌烦,有时层层递进、深入分析,有时采用不同广告文体演绎同一产品。重文体广告注重产品的多样性宣传,对于展示产品功能、发掘潜在市场具有不可估量的价值。它善于制造新鲜感,使消费者对于产品的认识耳目一新;同时,根据市场需要,经常变化系列广告的播放次序,适时满足观众喜新厌旧的心理。

二、重文体广告的特点及写作要求

重文体广告是广告家族中较为特别的一支,不太讲究独立广告的新颖、独特,而注重彼此之间的联系程度。若广告间的意义不明显,那么多则广告的出现就显得画蛇添足;若广告间的联系十分紧密,那么连续性的广告会给人层出不穷的感觉。因此,重文体广告实际就是在人们的心理上建立一种完形模式,前者铺垫好通往商品的思想道路,后者继续开拓靠近商品的思维领域,最后全体精神元素都围绕在商品周围形成一个标志环,使得所有记住的、没记住的都被商品这个形象所唤醒。而我们自以为存在的记忆,此时已经完全被商品原型所取代,认知功能无形中变成了回顾的系统。

如锐步运动鞋的广告,语言上虽然没有特别的修饰,但是传播中给人留下的印象却很深刻。

那是在我 12 岁生日的时候,父亲让我选择:是要一双锐步足球鞋,还是一套新的玩具火车。我选择了玩具火车,对此我从没后悔过。

丹尼斯·博格坎普 乳酪包装工 阿姆斯特丹 荷兰

有别的鞋,但是也有别的职业。锐步

大约 15 岁的时候,妈妈给我钱,叫我买一双新的锐步足球鞋。但在去体育用品商店的路上,我决定买一双便宜的鞋,这样我可以带一个女孩子去看电影。

瑞安·吉格斯 花贩 加的夫 威尔士

有别的鞋,但是也有别的职业。锐步

我有时候在想,如果我买了高质量的锐步训练器材,而不是那些便宜的尼龙玩意儿,我能取得多大的成就。

彼得·舒梅切尔 足球门将 格莱萨克瑟 丹麦

有别的鞋,但是也有别的职业。锐步

从以上广告文案中,我们可以总结出重文体广告的基本写作特征:

①开篇有个总领全文的段落,将产品的价值、意义、性质、功能等进行大体交代,或者说出自己亲身经历的某件苦恼的事,让大家帮助解决,由此展开话题。

②中间部分主要是分析事件,有时也采用多角度的描述法去表现产品。

③首尾呼应,通过广告词突出产品特点,或者优惠促销吸引大家注意。

简而言之,重文体广告关键在于层层递进,深入分析事物,如果不能保证意义相近并形成排比关系的段落之间的逻辑性,那么就可能弄巧成拙,影响商品的推广。

三、重文体广告的分类

(一)反复式重文体广告

反复式重文体广告即最为传统的重文体广告,源于诗歌、散文创作中复沓这种修辞手法的运用,能产生一唱三和,让人过目不忘的艺术效果。优点是篇幅较小,广告成本低;缺点是不合时宜的反复会导致观众对广告的厌恶。典型的例子如恒源祥绒线广告:

恒源祥,羊羊羊!

恒源祥,羊羊羊!

恒源祥,羊羊羊!

又如保健品脑白金广告:

今年过节不收礼啊,不收礼啊不收礼!

收礼就收脑白金,脑白金!

(二)比较式重文体广告

比较式重文体广告是现代广告中运用最多的广告文体,一般采用正反两面对比、议论评价对比、新旧观念对比等方式对产品的主题进行宣传。其中正反对比侧重于产品的科学使用,议论评价侧重于大众口碑,新旧观念对比常用于奢侈品的观念宣传。这类重文体的优点是产品的使用方法和价值一目了然,缺点是过于大白话,几乎没有什么艺术感染力。

如东胜制药"白加黑"感冒药广告:

感冒了,犯困怎么办?

服白加黑啊!

白天服白片,缓解症状不瞌睡。

晚上服黑片,巩固疗效睡得香。

又如尼桑汽车系列广告:

"这么大,小一点更好"——墨罕哈森(洗车工人)

"这么多安全设备干吗"——林源顺(源顺车厂)

"它害得我很惨"——欧福美(福美加油站)

"它令我很不舒服"——薛达盛(敌对车行)

"太快了,我不喜欢"——叶小倩(87岁)

（三）角度式重文体广告

此类重文体特别重视形象塑造和跳跃思维，就像墨染华年的变化万千，往往由此及彼，生生不息。它们之间的联系就是广告所要表达的核心诉求，通过出乎意料的想象给人别样记忆。其优点是视野开阔，服务人群面较广；缺点是容易使消费者觉得大材小用，日常生活中不值得消费这样的产品。如台湾地区黑松企业黑松天霖水广告：

挑逗的水（画面为香水）

游戏的水（画面为游泳池中的水）

补充的水（画面为输液的药水）

冒险的水（画面为托起小船的海水）

享乐的水（画面为酒）

成长的水（画面为奶瓶中的乳汁）

发现一瓶好水——黑松天霖水。

又如保健品黄金搭档广告：

黄金搭档送爷爷！黄金搭档送阿姨！黄金搭档送老师！

黄金搭档送小弟！黄金搭档送同事！

中秋送礼　黄金搭档！

（四）系列式重文体广告

此类重文体富于变化，长于解说。写法上不仅包括说明体、诗歌体、散文体、故事体等，表现上还有纪录片、动漫、电影、电视等形式，让人看后意犹未尽。其优点是满足各种广告爱好者的需要，全面推广产品；缺点是制作成本太高。如以下几则 S&W 罐头平面广告文案：

第一则　我们添加的唯一的东西就是盐

（画面为一条大鲑鱼，身上套着 S&W 罐头标签）我们公司的鲑鱼没有必要添加油料以增其汁味。因为它们都是特别肥大的鲑鱼。这些健康的鲑鱼，每年溯游到菩提山之北的长长河川。如果我们在蓝碧河选不出理想的鲑鱼怎么办呢？我们会耐心地等到明年。为什么？因为如果不是完美的，不会被 S&W 装入罐头。

第二则　从 50 颗大粒的桃子里，S&W 精选出 5 颗

（画面为一堆平铺开的桃子，中间有 5 个空白）光是最好的还不行。S&W 挑选桃子的条件是：全熟，又圆又肥大，多汁而甘甜是理所当然的。以此标准挑选出来的桃子，自然不多，而能贴上 S&W 标签的，更是经过精选后的少数。我们坚守此要求：S&W 不会把不完美的东西装入罐头。

第三则 一颗 S&W 豆子的际遇

（画面为一颗豆子经过重重检查进入罐头，正文的每一句话，对应一个检查程序）

这是叫作"完美"的特别品种

在西部广阔丰沃的土壤中育成

在它非常鲜嫩时就要采摘

它外皮的柔软度要经过测试

它的成熟度要用我们的圆熟度计来证明

它如砂糖般的甜美要由我们的老手亲尝

当它在这些方面都无懈可击，这粒豆子才能获得 S&W 的标签。

（这是无上的责任）

但是，如果它是不完美的，就不会被 S&W 装入罐头。

第四则 这些番茄仅供饮用

（画面为一只大的饮料杯中装着几只番茄）我们把炖菜用的番茄和饮用番茄区分开来。不少优秀的罐头业者，从收获的番茄里，选出较好的做菜用番茄，剩下的才拿去制番茄汁。这是很实际的做法。我们的做法就不太讲究实际。我们把加州番茄当作制汁用番茄来种植，一直等番茄长到柔软甜美、汁液饱满。这是旷日持久、耗费金钱的做法。但这也是 S&W 的方针。我们认为，这是把完美的制汁用番茄制成完美的番茄汁的唯一做法。它若非完美，就不会被 S&W 装入罐头。

第五则 我们把大鱼放生

（画面为一位渔夫惋惜地看着一条被吊起来即将放生的大鱼）小金枪鱼，简直就像小羊、小豆子、嫩玉米粒一样柔嫩。因此，S&W 绝不用大金枪鱼制作罐头。您把 S&W 的罐头打开，一定会发现里面是多汁的小金枪鱼。那如果捕到的都是大鱼呢？很简单，S&W 就不把它装罐。为什么？因为，如果是不完美的，就不会被 S&W 装入罐头。

第十一章　专用书信

　　专用书信是相对于私人书信而言的,主要指为某项工作或事务而专门使用的书信。私人书信主要用于亲人、朋友等之间的交流沟通,内容比较自由,字里行间流露出个人情感,较具个人化色彩;而专用书信一般涉及公务,内容相对单一,有较严格的写作规范与要求。专用书信的类型十分丰富,常用的有求职书、推荐书、辞职信、慰问信、感谢信、聘书、倡议书、表扬信、决心书、介绍信、证明信等。每种专用书信因适用范围的区别,写作要求均有所不同。

第一节　求职书

一、求职书的概念

　　求职书又称求职信、自荐信、应聘信,是求职者向有关用人单位申请某个工作职位而投送的专用书信。其内容主要包括求职的原因、目标与条件,从而向用人单位进行自我推荐。这是毕业生社会职业之门的第一块敲门砖,也是求职者给用人单位的第一份"见面礼"。求职书的好坏将直接影响求职者能否在众多求职者中脱颖而出,并获得面试的机会。

二、求职书的特征

（一）自荐性

用人单位与求职者之间从未谋面,其对求职者的了解全部来自"纸上"。因而,求职者要善于自我推销,把自己能够胜任工作的条件与优势阐明,以期获得用人单位的认同。

（二）针对性

俗话说:"知己知彼,百战不殆。"不同的职位对求职者的能力与要求均有所不同,如秘书职位强调求职者具有较好的写作与沟通协调能力,外贸相关职位强调求职者具有较强的英语交流与业务能力。求职者需要对应聘职位的要求有所了解,在求职书中有针对性地强调自己与所聘职位的适配度,以投其所好。

（三）真实性

诚实,是用人单位对每位求职者最基本的品质要求。求职书中推销自己的信息应实事求是,准确客观,不弄虚作假,不夸大其词。

（四）竞争性

求职是一场看不到硝烟的"战争",求职者身边的很多同学、朋友等都是自己的竞争对手。因而,求职书一定要将自己的优势展现出来。

三、求职书的结构

求职书与普通书信的写法大体相同,其格式一般分为标题、称呼、正文、附件和落款五部分。

（一）标题

一般在纸张第一行居中书写"求职书""求职信""自荐信""应聘信"等字样。

（二）称呼

这是对主送单位或收件人的称呼语。第二行顶格书写用人单位名称或用人单位负责人的姓名和职务全称。前面可用"尊敬的"加以修饰,如"尊敬的招聘主管""尊敬的××单位领导"等。如果收件人的个人信息不明确,切忌使用"尊敬的先生"等称呼,因为收件人或许是位女士。

(三)正文

求职书的正文是求职书的核心,包括开头、主体、结语三部分。

开头部分应首先表达对对方的问候与致意,多用"您好"之类的词汇。接下来简单阐明自己的求职意向与原因,求职者想获得哪个职位以及为什么希望获得这个职位,譬如出于对企业的仰慕、向往,或者出于兴趣爱好、发挥特长,或者为家乡效力,或者简要阐明信息的来源,如"近日阅《羊城晚报》,敬悉贵公司征聘秘书一名……"或"昨日从招聘网站得知贵公司急聘会计一名,十分欣喜……"等。总之,尽量在开头部分引起阅读者的注意。

主体部分一般包括求职者的基本情况、条件综述、希望与要求等。

求职者的基本情况,包括求职者的姓名、性别、民族、年龄、籍贯、政治面貌、文化程度、校系专业、任职资格等有关情况。求职者无需把以上所有要素逐一介绍,主要针对职位的要求作相应的介绍,表明自己具备该岗位需要的外在条件,简明扼要即可,无需冗长烦琐。

条件综述是求职书的关键内容。如果是应聘某一职位,则是针对这一职位的特点和要求,展示自己胜任职位的才华与特长,即与其他竞争者相比具有的优势条件。一般来说,其主要包括个人的专业特长与实践经验。个人的专业特长包括专业知识背景与取得的成绩、所学的与岗位相关的主要课程,以及成绩情况、是否获得奖学金等,还包括与岗位相关的其他技能,如外语、计算机水平,以及是否具备岗位相关的各类技能证书,如会计职位所要求的会计资格证之类。实践经验也是用人单位比较重视的部分,反映求职者能否在今后的实践中较好地开展工作。对应届毕业生而言,这一部分主要包括了学校工作实践与社会工作实践两部分:学校工作实践主要指求职者参与学生工作、管理的情况,社会工作实践包括各类暑期实习、毕业实习等。同时应写明在各类实践经历中取得的成绩,如参加各类国家、省、市、校等各级竞赛与评比中的获奖情况等。求职者应实事求是、不卑不亢地介绍这些内容,给用人单位留下一个客观、诚实的印象,切忌刻板罗列、自吹自擂。

希望与要求部分主要表达求职者希望成为用人单位一员的热切心情,强调自己的求职愿望,期望得到用人单位认可和接纳并获得面试的机会。语气应尽量自然恳切,鲜明表明自己的态度,例如"如果我有幸得到了这个机会,我将倍加珍惜,绝不会半途而废。我相信,我一定不会让您失望",或者"我自信能胜任贵公司征聘的职务,故自荐应聘"等类似表达。

结语一般在正文之后另起一行空两格写上祝语,如"祝贺贵单位……""此致,敬礼""恭候佳音"之类惯用语句。

（四）附件

有些求职书需要附带有关证明材料。遇到这种情况,应在结尾处另起一行空两格注明"附件"二字,并依次列出附件的名称和件数。附件包括个人简历、身份证、毕业证书、职称证书、获奖证书等。

（五）落款

落款处要写上求职者的姓名。可以直接写姓名或写成"自荐人：×××"的字样,并标注完整的年、月、日。

四、写求职书需要注意的几个问题

（一）书写规范

确保求职书中不出现错别字、不规范的缩写及语法错误等。例如,有些同学容易按口语表达习惯书写求职书,滥用缩写,如将"中山大学"写成"中大",将"四川大学"简称为"川大"等,都是不规范的做法。在求职信中,除非众所周知、常用的缩写,其他尽量不要缩写。这不仅体现了求职者的水平,同时也是其求职的态度。用人单位难免质疑一个连遣词造句都存在问题的求职者,进而质疑其专业能力。因此,作为一名求职者,准确、规范地书写求职信是最基本的要求。写完求职信后,应反复推敲语句,认真检查是否存在书写规范问题,可以请同学帮忙阅读,以求万无一失。另外,如果求职书是打印件,在落款签名时,最好用手写签名,以示对对方的尊重。

（二）言之有物

打动招聘者最有效的手段是求职书中言之有物的内容。有的同学将求职信当成一个展现文采的平台,绞尽脑汁寻求语句的精彩脱俗,堆砌华丽的辞藻,用各种言语宣示着自己昂扬的斗志。殊不知,这给用人单位留下的印象恰恰相反,会让人觉得这位求职者并没有任何实际的能力。相反,有的求职书没有艳丽夸张的辞藻,没有夸夸其谈的豪言壮语,却能在对事实的朴实介绍中赢得用人单位的青睐。

（三）独一无二

很多招聘者都有这样的经历，打开求职书时常看到一些如出一辙的内容。当然，这样千篇一律的求职书不会获得用人单位的欣赏。网络技术的普及给人们的生活带来了很多便利，许多招聘网站都有求职书的范本，有的网站还根据各种专业的特点提供了针对该专业的求职书样板，这确实为求职者制作求职书提供了很大的帮助。但是，毫无特色的求职书也日渐增多，一份独一无二的求职书更能吸引用人单位的眼球。每位求职者的经历都是独一无二的，因此，最好写一份独一无二的求职书。

（四）言简意明

简明的语言风格会给对方留下精明干练的好印象。繁忙的用人单位招聘人员往往没有太多时间阅读长篇累牍的文字，更希望通过简洁的文字获得更有效的信息。因此，求职书应尽量直截了当，避免冗长累赘，篇幅尽量控制在一张纸以内，最好不超过1 000字。一封言简意明的求职书反而更容易抓住招聘者的眼球。

（五）善于自我推销

自我推销与自我介绍的区别在于，自我介绍是无目的地全面介绍自己，而自我推销是有针对性地介绍自己的优势条件。部分求职者混淆了二者的区别，在求职书中面面俱到、不分主次地介绍自己，唯恐漏掉任何信息，而实际上，求职书的很多信息与所求职位毫无关系甚至是南辕北辙，这必将导致求职的失败。尽可能根据职位的要求介绍自己，有选择地突出自己的专长，有针对性地展示自己的优势条件与强项，是获得用人单位认同的关键因素。

参考例文

求职信

××市××商贸公司：

很感谢您抽空垂阅我的求职信！贵公司良好的形象和员工素质吸引着我，因从贵单位了解到需要招聘一名外销员，故特意准备求职材料，郑重地向您介绍自己。我叫陈月，是××大学商学院国际贸易系四年级学生，××市区人，将于今年7月份毕业。我希望毕业后到贵单位工作，为家乡的商贸事业贡献一份力量。

在校期间，我认真学习，学习了国际贸易实务和国际结算、报关流程、国际贸易跟单流程、国际商务函电及国际商务谈判等专业课,较好地掌握了专业技能,学习成绩一直名列前茅,连续四年获得学校奖学金,连续三年被评为"三好学生",获得"学校先进个人""优秀青年志愿者""优秀毕业生"等称号。作为一名国际贸易的学生,我深知英语的重要性,因此在英语学习方面我一直以高标准要求自己。通过自己的努力,我以580分的成绩通过了六级考试。在英语口语方面我也一直在锻炼自己,并达到了一定水平。除此之外,我还自学了韩语、日语等语言,具备简单的听说读写能力。另外,利用课余时间,我获得了报关员资格证。

在学好文化课程的同时,我十分注重理论与实践相结合。课余时间,我担任校学生会主席,组织开展学生会各项工作,积极与各方面协调沟通,培养了自己管理能力、组织协调能力、社会交际能力等。在××××年,我在××电子股份有限公司驻深圳办事处担任销售工作,业绩较为突出,获得了公司领导的好评。××××年,我还兼职××市场咨询公司调查员,对国内市场现状有了更深刻的了解,同时培养了自己吃苦耐劳的品格。这些经验为我走入社会、参与商业经营运作奠定了良好的基础。

贵单位优秀的企业文化和广阔的发展前景让我憧憬,希望有机会加入贵公司,尽自己所能,贡献自己的力量,与公司共同发展。我有足够的勇气和信心面对挑战,完成贵公司交给我的各项工作。

期待能有一次与您见面的机会。谢谢!

此致

敬礼!

张××
2023 年 4 月 6 日

第二节　推荐书

一、推荐书的概念

推荐书也称荐书、推荐信,是向某个单位或个人推荐人才时使用的专用书信。推荐书既可以单位的名义,也可以个人的名义。其主要用于人才的引进、学校的招生、人才的对外介绍等领域。

二、推荐书的特点

(一)介绍性

推荐书是对方了解被推荐人情况的重要渠道,因此,它要求把被推荐者的基本情况、背景和值得推荐的理由写充分。

(二)客观性

推荐书应实事求是,真实可信。为了对接收单位和被推荐者负责,其应以客观叙述为主,不作溢美之词,也不要故意隐瞒某些缺点和不足。对被推荐者的评价只能建立在事实的基础上,作出恰当的评述,切忌空泛。

(三)请求性

通过推荐书的介绍、推荐,被推荐人能获得被接受或录用的机会,因此,写推荐书带有请求性,结尾处往往需要把推荐请求写清楚。

三、推荐书的书写结构

(一)标题

在第一行正中写明"推荐书""推荐信""荐书"字样,有时也可不写标题。

(二)称呼

写明接受推荐书的具体单位名称或个人姓名。如果不知道对方的姓名,或无法断定究竟哪一个人甚至哪几个人会读这封信,可以统称为先生/女士(Dear Sir/Madam),或者称"致有关人士"(To whom it may concern),这也是国际上流行的称呼方法。

(三)正文

首先,说明与被推荐者的关系,如师生关系、上下级领导关系等。写给国外的推荐书,推荐人要作自我介绍,写明自己的姓名、工作单位、通信地址、职称、主要著作、与被推荐人的关系等。其次,介绍被推荐者的基本情况,如姓名、性别、年龄等,以及相关的社会情况,如政治面貌、学历、学位、职称、工作经历、现任职务等,重点介绍被推荐人的业务专长、工作业绩、科研成果等,以供对方参考。最后,写明推荐意见,表示郑重的态度和希望被对方接纳的愿望。

（四）结语

结尾致以问候,如"此致,敬礼""谨致以诚挚的谢忱"之类。

（五）落款

落款可以是单位,也可以是个人。为表示郑重、负责的态度,单位出具的推荐信一般要加盖公章。注明完整的日期。

四、撰写推荐书的注意事项

（一）一致性

"一致性"称得上是撰写推荐书的最高指导原则。推荐书最重要的功能就是与其他申请资料相互呼应,给予评审委员前后一致的印象。因此在撰写推荐书时,要注意与其他资料间的关联性,不要过分吹嘘。例如,被推荐人履历资料中吹嘘自己在某大型企业的任职经历,但推荐书中却只提到申请者在该企业短期打零工,评审委员不得不质疑被推荐者的诚信,进而影响评审委员的最终决定。

（二）态度诚恳

写推荐书的人往往都具有一定的社会地位,通常是某一领域的专家,容易忽略推荐书的请求性特点。写推荐书需要注意写作的语气,不要使用凌驾于对方之上的命令语气,应根据与收信人的辈分、年龄、地位、亲密程度等不同,选择合适的用语。

（三）明确性与具体性

这是推荐书写作最基本的要求。推荐人需要把参与事件的人物、时间、地点、事件等说明清楚,而非仅以形容词取代。例如教授替学生写推荐信时,不要只写"他是一个很用功、很认真的学生",最好能具体地描述为什么这个学生会给教授留下"很用功"或"很认真"的印象。例如,是因为在某次大部分学生都去狂欢的日子,教授看到这个学生仍在图书馆认真学习,或这个学生每次都会充分地利用时间去向教授请教课业上的问题,或这个学生做过几份内容充实、有原创性、令教授印象十分深刻的报告等。

又如，主管替部属写推荐书时，不要只说这个部属"很有创意"或"有领导潜力"。应透过推荐书告诉收信方，这名被推荐者在处理一种状况时运用了怎样的能力，以及有怎样的工作成就。

(四)合理性

合理性是推荐书写作时必须考虑的。依常理判断，一个跨国大公司的总裁为一个从事短期工作的工读生写推荐信，或一个物理系教授为一个从未上过相关课程的中文系学生写推荐信，这样的状况虽然可能发生，但并不常见。

若有这种状况，推荐信中要能很明确地描述推荐人与被推荐人的关系，以及从这样的关系中，推荐人观察到被推荐人拥有怎样杰出的专业能力与人格特质，能对未来学习或工作生涯有所助益。只有在描述细节够明确、清楚的状况下，收信方才有理由相信推荐人与被推荐人确实有密切的接触，进而认为这封推荐书值得被采信。

参考例文

推荐信

××大学××学院××教授：

曾×是我的学生，她于2010—2014年在××大学就读汉语言文学专业。我曾担任该同学文学写作、现当代文学等专业课程的授课教师，并担任该同学的学年论文、毕业论文指导教师，对该同学的思想品格、专业能力较为了解。

曾×同学品行端正，刻苦好学，追求进步，尊重师长，团结同学，乐于帮助他人，深受各位老师和同学喜欢与好评。

该同学在校期间，遵守课堂纪律，认真做听课笔记，经常与我沟通交流学习心得，善于思考，课后认真做读书笔记。她还大量阅读了国内外各类有关书籍，积累了扎实的专业知识，开阔了自己的视野。同时，她还阅读了一些学术杂志，使自己的知识体系较为系统，提升专业理论素养。并且她不断撰写专业论文，曾在核心刊物《文艺争鸣》《当代文坛》等发表了自己的论文，显示了该同学较强的科研能力和写作水平。该同学平时还热爱文学创作，将生活中的点滴感受写成了散文、诗歌等作品，发表在全国多个杂志期刊上，在教育部组织的"我的中国梦"主题征文比赛中获得二等奖，具有较强的文学创作能力。

曾×同学希望在贵校××专业继续深造，您在这个领域是资历颇深的专家，我十分乐意向您推荐该生，希望她能进入您的门下学习，恳请您为该同学的入学提供指导。

谨致以诚挚的问候!

×× 大学文学院 ××× 教授

2018 年 6 月 7 日

第三节　辞职信

一、辞职信的概念

　　辞职信又称辞职书或辞呈,是以个人名义向上级领导提出辞去现职并请求批准的一种专用书信。现实生活中,人们时常会遇到种种情况需要辞去现职,比如另外择业、出国深造等。员工在离开原单位前,应该按照相关制度,提前向上级领导提出辞职申请或递交辞职信,以便单位能提前做好各项安排工作。因此,写辞职信是辞职者辞去现职时的一个必要程序。

二、辞职信的结构

　　(一)标题

　　第一行居中用"辞职信"三个字作为标题。标题应醒目,注意美观。

　　(二)称谓

　　在标题下一行顶格处写明接受辞职信的单位组织或领导人的姓名和职务,如"某某单位人事部""某某经理""某某主任"等,或笼统地称"尊敬的领导",并在称呼后加冒号。

　　(三)正文

　　正文是辞职信的主要部分,需要写清要求辞职的理由,对单位的帮助表示感谢。一般来说,正文内容包括以下三部分。

首先,在称谓后另起一行空两格写:"您好!"然后简要说明辞职的理由与表示要提出辞职的决定,开门见山,言简意赅,如"因家中变故,我很遗憾地打算辞去现在的工作"。

其次,具体说明递交辞职信的理由与请求辞职的愿望。尽量把理由写得详细些,注意语气委婉真切。例如:"由于我所学的专业与目前从事的工作不对口,我不能发挥自己的特长,也不能为公司做出应有的贡献。另外,我女友在武汉工作,我希望能在武汉发展。为此,我提出辞职,正式辞去我在 A 公司的职位。"

最后,要写清楚离开单位的时间,以及配合工作交接的态度,对单位和同事予以真诚的感谢并表达自己的歉意。

(四)结尾

通常用表示敬意的话作结语,如"此致,敬礼"。

(五)落款

亲笔签署辞职人姓名,并注明日期。

三、写作辞职信的注意事项

(一)不可先斩后奏

切不可先离开工作岗位再递交辞职信,这必然给单位工作的正常开展带来各种麻烦。

(二)措辞温和,言辞恳切

员工离开原工作单位的理由各不相同,无论是客观原因还是主观原因,都需要辞职者保持良好的心态,以真诚恳切的语气请求辞职。如果是对单位或某些领导的强烈不满、与同事相处不融洽等不愉快因素离职,也要注意措辞的语气。语气应避免过分强硬或过于冷漠,这既是对别人基本的尊重,也体现了自己良好的文化修养。

(三)语言简洁,内容扼要

辞职书不需要长篇大论,篇幅不宜过长。简明扼要地表达自己离职的原因与请求等内容即可。

参考例文一

辞职书

尊敬的公司领导：

　　您好！

　　由于个人出国深造，不能继续为公司服务，我很遗憾向您提交辞职书。

　　在工作的过程中，我觉得自己的理论知识与业务能力还很欠缺，个人发展遭遇瓶颈。我希望自己能在年轻的时候积累更多的知识，拓展自己的专业视野。此次出国机会正能解决我的燃眉之急，能更好地提升自己的专业素质。

　　在三年的工作时间里，公司为我的进步与发展提供了机会，同事们给了我无私的帮助。在公司蒸蒸日上的阶段离开，实在是深感歉意。本人将在××××年×月×日离职，我希望公司领导在百忙之中抽出时间商量一下工作交接问题。最后再次感谢诸位在我在公司期间给予我的支持与厚爱，并祝公司规模越来越大，生意兴隆！祝所有同事在工作和生活中取得更大的成绩和收益！

　　此致

敬礼！

辞职人：张××

2021 年 9 月 20 日

参考例文二

辞职书

尊敬的李经理：

　　您好！

　　出于个人的一些原因不能继续为公司贡献自己的力量，我深表歉意！

　　我于 2017 年来到公司，公司的领导和同事都给了我极大的关心和帮助，我在公司的大家庭里感受到了和谐与温情，我也真诚地希望为公司出力，尽职尽责地完成各项工作任务。但俗话说："男大当婚，女大当嫁。"父母也急切地希望我先把个人问题解决掉。我和相恋五年的女友从大学毕业后，出于工作原因一直分隔两地，我在上海，她在成都，这成了我们感情中很难逾越的障碍。因此，我决定去成都发展，结束异地恋情。怀着依依不舍的心情,我遗憾地向公司提出辞职。我将在 2022 年 11 月 15 日正式离职,在此之前我会顺利完成好工作交接。

很抱歉,我不得不辞职,感谢各位领导与同事的包容与友好! 祝您事业更上一层楼,公司蒸蒸日上!

张×

2022 年 11 月 7 日

第四节　倡议书

一、倡议书的概念

倡议书是机关单位、社会团体或个人针对某个问题、某件事情或某项工作,公开提出建议或意见的一种专用书信。一般通过张贴、散发、公开发表等方式传播。

倡议书是发动群众开展活动的手段,具有较强的鼓动性。其范围可以是对一个部门、一个地区,甚至是向全国发出倡议,调动群众的参与热情。

二、倡议书的写作结构

(一)标题

标题可以由发起"单位名称+倡议内容+文种"构成,可以由"倡议内容+文种"组成,也可以只写文种"倡议书"三个字。

(二)称呼

根据倡议对象,顶格书写其称谓,如"市民朋友们""全校师生们"等。有时,也可不写称呼。

（三）正文

正文是倡议书最核心的内容,包括开头、主体、结尾三部分。开头部分简要写明发倡议书的背景、依据、原因或目的,并常以过渡句承上启下,如"为……我们提出如下倡议"之类的话。主体部分逐条写清倡议内容,可以采用条款式结构,显得层次清楚。结尾部分通常写号召语或祝愿语,用以鼓励大家努力完成倡议的内容。

（四）落款

在正文的右下角写明发倡议的单位名称或个人姓名,并且注明年、月、日。

三、倡议书的写作要求

（一）具有可操作性

倡议事项应该条理清晰,明确好懂,便于操作。既要让人知晓应该做什么,也要让人知道怎么样去做。

（二）有情有理,富有感染力

一封优秀的倡议书,既具有道理上的说服力,又具有情感上的感染力,使人深受触动,从而遵守倡议事项。

（三）不违背国家法律和社会道德

这是倡议书应该遵守的最基本前提。否则,容易适得其反。

参考例文一

团结奋战 为国履职 为民尽责 坚决打赢疫情防控的人民战争
——致全国各级××××的倡议书

在千家万户欢度春节的美好时刻,一场突如其来的新冠疫情,从武汉蔓延、波及全国,牵动着海内外中华儿女和各界人士的心。生命重于泰山! 以习近平同志为核心的党中央对疫情防控工作高度重视,习近平总书记亲自指挥、亲自部署、亲临一线,多次作出重要指示,充分体现了把人民群众生命安全和身体健康放在第一位的深厚情怀。疫情就是命令,防控就是责任。广大政协委员认真落实中共中央的决策部署,按照全国政协要求,迅速行动起来,与各界群众携手并肩,积极投身这场没有硝烟的战争。

当前疫情防控工作取得积极进展,但形势仍然十分严峻,正处于胶着对垒状态,容不得丝毫松懈。作为战斗在抗击疫情一线的全国政协医卫界委员,在此我们向全国各级政协委员发出如下倡议:

扛起为国履职、为民尽责的政治责任。全国各级政协委员要自觉提高政治站位,把思想和行动统一到习近平总书记重要指示精神和中共中央重大决策部署上来,事不避难,义不逃责,以战"疫"降"魔"的实际行动报效国家、服务人民、奉献社会,展现责任委员的担当作为。

在本职岗位上发挥示范表率作用。全国各级政协委员要发扬关键时刻站得出来、顶得上去的斗争精神,立足工作实际,作出积极贡献。医卫界委员要身先士卒冲到抗击疫情第一线,全力以赴救助患者;科技界委员要争分夺秒、加紧攻关,把科研成果写在抗击疫情的战场上;经济界委员要统筹好企业复工和疫情防控,做到抗疫与生产两手抓、双胜利;其他各界别委员都要各展所长、各尽其能,积极支援、做好保障,在全民战"疫"中展现大爱无疆的真情义举。

广泛汇聚抗击疫情的智慧和力量。全国各级政协委员要发挥智力密集、联系广泛的优势,深入界别群众听取意见建议,积极为党和政府疫情防控建可行之言、管用之计、务实之策;要坚持双向发力,加强思想政治引领,积极正面发声,做好强信心、暖人心、聚民心的工作,凝聚起众志成城、共克时艰的强大正能量。借此机会,我们也呼吁全社会给予医护人员及所有奋战在一线的抗疫勇士更多支持理解、更多关心关爱。

齐心所向,无坚不摧;勇毅笃定,战无不胜。我们坚信,有以习近平同志为核心的党中央的坚强领导,有中国特色社会主义的制度优势,有"一方有难,八方支援"的中华传统美德,有全国上下勠力同心战胜历次重大灾害的宝贵经验,就没有翻不过的山、跨不过的坎,战疫情、斗病魔的胜利一定属于伟大的中国人民!

战斗在抗击疫情一线的全国政协医卫界委员
2020 年 2 月 11 日

参考例文二

动员全社会力量共同参与消费扶贫的倡议

消费扶贫是社会各界通过消费来自贫困地区和贫困群众的产品与服务,帮助他们增收脱贫的重要方式,是社会力量广泛参与扶贫、助力打赢脱贫攻坚战的重要途径和举措。

为深入贯彻习近平总书记在解决"两不愁三保障"突出问题座谈会上关于"组织消费扶贫"的重要指示精神，响应党中央和国务院关于深入开展消费扶贫助力打赢脱贫攻坚战的号召，推动社会各界积极履行社会责任，促进贫困群众稳定增收，我们共同发出如下倡议：

　　各级党政机关、国有企事业单位、群团组织、金融机构、大专院校、医疗单位等，是消费扶贫的关键力量，在消费扶贫中起着重要的引领带动作用，要进一步提高政治站位，切实加强组织领导，深入挖掘自身潜力，不断创新政策举措，将消费扶贫纳入中央单位定点扶贫和地方各级结对帮扶工作重要内容，在同等条件下持续扩大对贫困地区产品和服务消费。有关部队特别是驻贫困地区部队，要结合军队帮扶工作，积极主动参与消费扶贫。

　　东部等发达省市是消费最旺盛、最活跃的地区，是推动消费扶贫工作的重要力量，要进一步发挥好东西部扶贫协作和对口支援等政策机制作用。东部等帮扶省市要利用技术、产业、资本、市场等优势，引导企业到贫困地区建设生产基地、兴办农产品深加工企业，积极购买受援地产品和服务，组织到受援地旅游，与受援地建立长期稳定的产销衔接关系和劳务对接机制。受援地要加快调整优化农业产业结构，提升农产品质量、扩大供给规模、提升品牌效应，满足高品质、个性化、多样化需求。

　　广大民营企业、社会组织和个人是消费扶贫的重要支撑，对扩大消费扶贫规模、确保消费扶贫可持续具有重要作用。广大民营企业应切实履行社会责任，依托"万企帮万村"精准扶贫行动，帮助贫困地区做大做强特色优势产业，持续扩大对贫困地区产品和服务的采购规模。社会组织应发挥在各自领域的影响力，组织动员各类力量参与消费扶贫，积极为贫困地区出谋划策。作为中华民族大家庭中的一员，每位公民都应大力传承发扬扶贫济困的传统美德，为购买来自贫困地区的农产品贡献一份力量，为帮助贫困群众稳定脱贫奉献一片真情。

　　涓涓细流，足以汇成江河；绵力齐聚，定能众志成城。我们坚信，在全社会的积极参与下，消费扶贫一定能够在助力打赢脱贫攻坚战中发挥更加重要的作用，广大贫困群众也一定能够早日稳定脱贫、增收致富，与全国人民一道迈入小康社会，一起共享国家改革发展成果。

国家发展改革　委国务院扶贫办　中央和国家机关工委　教育部

财政部　农业农村部　商务部　文化和旅游部

国务院国资委　中央军委政治工作部　全国总工会　共青团中央

全国妇联　全国工商联　中华全国供销合作总社

2019 年 11 月 8 日

第五节　慰问信

一、慰问信的概念

慰问信是一种以组织或个人的名义对他人表示慰藉、问候、鼓励、关切的专用书信。根据慰问对象不同,其可分为两类:一是颂扬式慰问信,一般用于某些节日与特殊场合,慰问在某方面做出突出贡献的集体或个人,表示赞扬与鼓励,具有鼓舞斗志,激励人心的作用;一是安慰式慰问信,对出于某种原因暂时遭受困难的集体或个人表示同情和慰勉。

二、慰问信的结构

慰问信一般由标题、称谓、正文、结语、落款五个部分构成。

（一）标题

通常居中用"慰问信"三字做标题,也可在三字前加上慰问对象的称谓、节日名称等,如"××致××的慰问信"等。

（二）称谓

使用慰问对象的群体称谓或个人姓名,如"广大的市民朋友们""××同志"等。

（三）正文

正文部分一般包括开头、主体和结尾三个方面的内容。开头部分简明扼要地阐述慰问的背景和原因,如某新春慰问信的开头写道:"值此新春佳节来临之际,我代表国家人力资源和社会保障部并以我个人的名义向你们——远在异国他乡的留学人员朋友们,致以最诚挚的问候和衷心的祝福。"一句话便将慰问的背景与原因交代清楚了。主体部分概括性地叙述慰问对象的事迹和贡献、遭遇的困难及战胜困难的精神与勇气,向对方表示慰问。结尾部分提出希望与建议、鼓励与决心。

（四）结语

写表示祝愿的话语。

（五）落款

署明单位名称、领导姓名或个人姓名，注明日期。

三、写作慰问信的注意事项

（一）因"人"而异

由于慰问信对象的区别，其写作内容也有所区别。我们要根据慰问的情况和对象来确定写法，如慰问灾区人民，在表达难过或哀痛的心情之后，要着重鼓励对方战胜灾害的勇气；慰问节假日坚持生产的工农群众，则着重称颂他们的贡献等。

（二）语气亲切自然

慰问信往往是上级单位或个人写给下级单位或个人的，应避免居高临下的态度，做到语气亲切、自然，让对方真正感到温暖，受到鼓舞。

（三）情感真挚感人

感情要真挚、热切，真诚地表达对慰问对象的祝福与鼓励。

参考例文

致全市人民的新春慰问信

全市广大干部群众、驻长部队指战员、武警官兵、公安干警和离退休老同志：

天地春晖近，日月开新元。值此辞旧迎新之际，谨向你们和长期以来关心支持长沙经济社会发展的各界朋友，致以新春的问候和美好的祝愿！向节日期间坚守工作岗位的同志们，表示亲切的慰问！

过去的一年，是长沙发展征程上具有里程碑意义的一年。我们认真学习贯彻习近平新时代中国特色社会主义思想，坚决落实党中央、国务院决策部署和省委、省政府工作要

358

求,以强烈的省会担当奋力推进高质量发展和现代化建设,向全市人民群众交上了一份合格答卷。

这是"智造长沙"产业格局构筑成型的一年。全面推进"产业项目建设年"和"营商环境优化年"活动,紧紧扭住制造业高质量发展这个"牛鼻子",深入实施推动制造业高质量发展若干意见及七大工程、20条举措,开工建设了一批战略性、引领型项目,"三智一自主"产业战略布局基本形成,"智能制造"成为长沙闪亮名片:5家世界500强企业首次落户长沙,上市公司数量达到68家,高新技术企业突破3 000家,市场主体破百万大关,长沙获评中国国际化营商环境建设标杆城市、全国万家民企评价营商环境十佳城市。

这是"开放长沙"城市品牌全面打响的一年。认真贯彻落实省委、省政府长株潭城市群一体化战略部署,"三干两轨四连线"建设步伐加快,20项合作实事高质量完成:大力推进"半小时城际圈""四小时航空圈"建设,轨道交通运营里程突破100公里,进出口总额保持40%以上增长,增速走在全国省会城市前列,成功跻身首批陆港型国家物流枢纽;首届中非经贸博览会、国际工程机械展等一系列国际国内重大活动成功举办,城市的美誉度、影响力不断提升。

这是"宜居长沙"独特魅力充分彰显的一年。以宜居宜业宜游为目标,精心开展城市体检、城市"双修"、有机更新、电网建设"630攻坚""一圈两场三道"建设等工作,城市发展更加精细化、人性化:全面抓好集体经济"薄弱村"清零、农村"五治"等工作,乡村人居环境质量、经济发展水平、社会治理能力显著提升:坚决打赢污染防治攻坚战,蓝天、碧水、净土保卫战深度发力,"一江六河"水质创有监测记录以来最好水平。

这是"幸福长沙"民生红利加快释放的一年。举全市之力打好精准脱贫攻坚战,脱贫攻坚、对口帮扶完成年度目标,城市特殊困难群体帮扶全面启动:省、市重点民生实事项目全面完成,教育、医疗、文化、体育等公共服务提质提档,城乡居民收入增速高于经济增速,群众有了更多实实在在的安全感、幸福感和获得感。一年来,长沙民生改善的方方面面广受关注,老百姓的生活水平节节攀高,连续12年获评"中国最具幸福感城市"。

这些来之不易的成绩,离不开社会各界的全力支持,得益于全市干部群众的团结奋斗,浸透着每一位新老长沙人的辛勤汗水。市委、市政府向你们致以衷心的感谢和崇高的敬意!

潮头登高再击桨,无边胜景在前头。迎来充满希望的2020年,长沙要全面建成小康社会和实现"十三五"规划圆满收官,使命光荣,前景美好。踏上新征程,我们将深入学习贯彻习近平新时代中国特色社会主义思想,以省委"全面小康决胜年"为引领,以"推动制造业高质量发展"为抓手,坚决打赢三大攻坚战,持续推进产业项目建设、营商环境优化,在推动高质量发展和现代化建设中书写壮丽篇章,为建设富饶美丽幸福新湖南彰显更大担当。

衷心祝愿全市人民新春愉快、阖家幸福、万事如意!

中共长沙市委

长沙市人民政府

2020 年 1 月 24 日

第十二章　启事文书

启事是国家机关、人民团体、企事业单位以致个人有事需要向公众说明,或者请求社会有关方面帮助时所用的一种说明事项的实用文书。

启事种类繁多,按发文名义可分为单位启事、个人启事和联合启事,按缓急程度可分为常规启事和紧急启事,通常我们按启事的内容分成以下种类。

①寻访类:如寻人启事、寻物启事等。

②招领类:如招领失物、招领走失儿童启事等。

③招聘类:如招工、招干启事等。

④征求类:如征文、征订、征婚启事等。

⑤声明类:遗失证件或其他物品,登启事告知社会有关方面,声明作废。

⑥迁移类:机关团体、厂家、店铺等迁移新址时,也常采用登启事的方式告知相关人群。

⑦更正类:对已公布事项的错误作更改或勘误说明。

⑧其他类:开业或停业启事等。

启事的适用范围很广,无论是单位还是个人都可以用。涉的内容也很广泛,单位的招聘、征地、迁址、更名,以致业务范围的增减变化,学校的招生,商店的开业、停业、收购、代销,报社的征文、征稿,乃至单位和个人的房产和设备的租赁,个人的寻物、寻人、征婚等,都可以用启事。

启事是属于公告性质的应用文体,登启事的目的是希望引起公众关注并得到支持和帮助。通常一则启事只说明一个内容,也有一启两事和相关多事的用法。启事的行文简洁明确,能通过传播媒介把所要传达的事情迅速传达给公众。启事不具备法令性、政策性,因而也没有强制性和约束性。

各类启事的写作应注意以下几点。

①要有醒目的标题。题目可用"××启事",如"更名启事""招生启事";也可把登启事单位的名称写在题目上,如"××公司迁址启事";对于内容不便在题目上概括的,还可以直接写成"启事"。

②启事的内容要清楚明白。如寻人寻物的启事就要把人或物的特征写清楚;对于不宜写明特征的,可用模糊语言表述,如"招领启事"就不宜将招领之物的特征写出,以免冒领。

③要写明登启事者的名称、地址和联系方式,签署日期,必要时要盖章。

第一节 招聘启事

招聘启事是用人单位面向社会公开招聘有关人员时使用的一种应用文。招聘启事撰写的质量会影响招聘的效果和招聘单位的形象。其写作格式及内容如下。

一、标题

标题一般由"招聘单位名称+文种"构成,如"××公司招聘启事";也可以由"招聘单位名称+招聘对象"构成,如"××公司诚聘优秀管理人才";还可以直接用"招聘启事"做标题。

二、正文

招聘启事的正文需着重交代下列事项。

(一)招聘方的情况

招聘方的情况包括招聘方的业务范围、地理位置、发展状态等情况。这是招聘启事的一个重要内容,一方面,有利于树立招聘方的良好形象,增加吸引力;另一方面,是应聘者了解招聘方的一个主要途径。

（二）招聘对象的具体要求

招聘对象的具体要求包括招聘对象的工作性质、业务类型，以及应聘人员的年龄、性别、文化程度、工作经历、技术特长等。

（三）聘用待遇

薪资待遇是应聘者最关心的内容。待遇的主要内容是工资，除此之外，五险一金、绩效奖等也应交代清楚。待遇还有一项容易被忽视的内容就是员工的受训、发展、提升空间，这是让一个公司具有强大吸引力的重要因素。

（四）其他情况

应聘人员应交验的证件和应办理的手续，以及应聘的具体时间、联系地点、联系人、联系方式等。

三、落款

落款要求在正文右下角署上发表启事单位名称和启事的发文时间。

四、招聘启事拟写的注意事项

招聘启事要遵循实事求是的原则，其各项内容可标项分条列出，也可用不同的字体列出，使之醒目。

参考例文

××公司 2021 届招聘启事

××公司是全球领先的 ICT（信息与通信）基础设施和智能终端捉供商，致力于把数字世界带给每个人，每个家庭、每个组织，构建万物互联的智能世界。我们围绕客户的需求持续创新，与合作伙伴开放合作，在电信网络、企业网络、消费者和云计算等领域构筑了端到端的解读方案优势。我们致力于为电信运营、企业和消费者等提供有竞争力的 ICT 解决方案和服务，持续提升客户体验，为客户创造最大价值，我们服务全球 140 多个国家，约占全球人口的三分之一。

　　××公司在美国、德国、瑞典、俄罗斯、印度,以及中国的北京、上海和南京等地设立了多个研究所,近一半的员工从事着产品与解决方案的研发工作。××公司研发投入排名全球前十。

　　公司勇于开拓、不断进取,为取得新的进步而不懈努力,我们期待着优秀的你加入我们的团队,一起奔赴明日的星辰大海。

招聘对象:2020年1月1日—2021年12月31日期间毕业的国内及海外硕士、博士。

岗位名称:研发工程师。

岗位要求:立足国际视野,有攻克技术瓶颈的勇气和决心。

我们为你提供:

挑战——世界性课题

绝对领先的科研环境,参与芯片、5G、车我业务、智能终端、AI等全球最新研究课题。

成功——基础研究和商业成功并重

有机会见证自己的研究成为产品,推动世界繁荣促进社会发展。

成长——像在另一所大学

大牛导师,全球平台,成就自己。

回报——优厚的薪酬福利

差异化定级、定薪,能者多得,全方位福利保障。

地址:深圳市××区××路××号

简历投递邮箱:××××××××

邮件标题命名为:招聘—姓名—学校

扫描下方二维码,关注公众号,了解更多信息

××科技有限公司

2021年4月15日

第二节　活动启事

　　活动启事是邀请有关人员参加某项活动的一种应用文,一篇好的活动启事具有强烈

的号召力和感染力。其写作格式及内容如下。

一、标题

活动启事的标题比较灵活,既可以由"活动内容+文种"构成,也可以直接用活动内容做标题。

二、正文

活动启事的正文应交代清楚以下情况。

（一）举办单位

介绍举办单位情况有利于增加活动的可信度和吸引力。介绍内容应包括举办单位的全称、举办单位的综合情况简介等。

（二）活动宗旨

介绍举办该项活动的目的、意义,激发参与者的积极性。在我们的身边,每天都会有繁多的活动在进行着,有的是公益性的,有的是娱乐性的,还有更多的是营利性的。一个积极向上具有崇高意义的活动往往能激发参与者的极大热情。

（三）活动内容

活动内容是活动启事的核心部分,也是参与者最关心的部分。在这个部分中一定要详细清楚地交代活动日程、活动计划、活动内容,让参考者对活动开展有比较清楚详细的了解。

（四）活动时间、地点

启事中明确活动开展的时间、地点,方便参与者协调处理相关事宜,为活动留出时间。

（五）活动费用

活动费用也是参与者关注的一个重点。合理的费用收取,清楚的费用使用计划往往能获得参与者的信任和支持。

（六）活动招募对象

在启事中应明确交代对活动招募对象的要求，如年龄、性别、身份、学历等。不同的要求划分出不同的群体。参与人员的选择是否恰当，会对活动取得的效果产生很大影响。

（七）报名方式

在启事中应介绍清楚报名方式、联系人、联系地址、联系电话等，保证参与者与活动主办方进行有效的联系和沟通。

三、落款

落款需要注明举行活动的单位、个人的名称及登启事的日期等，如正文已经注明联系人和联系方式的，则落款中可省去该内容。

参考例文

××国学馆 2019 年夏令营活动启事

传统国学是中华民族的精神家园，两千年的深厚积淀使得传统国学对海内外炎黄子孙具有特殊的文化凝聚力和感召力。青少年接受良好的传统文化教育能够增强民族自信、文化自信，为未来的发展注入巨大的文化原动力。为了弘扬传统文化，引领青少年学习传统文化，××国学馆将主办 2019 年度国学夏令营公益活动。这一活动得到了市委、市政府的大力支持和协助，相信这次夏令营活动在各方的支持协同下一定会取得圆满成功！

一、主办单位：××国学馆

二、协办单位：××市委宣传部，××市教育局，××市电视台

三、赞助单位：××公司

四、活动主题

半国学六艺，做儒雅少年

五、活动目的

贯彻落实《关于实施中华优秀传统文化传承发展的意见》，通过广泛开展国学教育和特色文化体验，让广大青少年了解国学、认识国学，增强自立、自信、自强精神，树立正确

的世界观、人生观、价值观,实现传统文化教育与德育教育的有机结合。一个孩子的健康成长是一个家庭的希望,千百个孩子的成长是国家民族的希望。此次公益活动旨在为孩子们的成长营造良好社会氛围,吸引全社会都来助力未成年人成长。

六、活动内容

1.研习传统国学,筑牢文化底蕴。采用讲授、演讲、朗诵等多种方式,激发孩子们的学习积极性。

2.组织观看大型古乐舞表演——《孔子》。孔子为了传播儒家文化四处奔走,虽经几十年的风雨辗转,诸侯国之间依然战乱频发,孔子最终退而著书,为中华民族留下了珍贵的文化宝藏。

3.游历本市名胜古迹,鉴古知今,增强历史使命感。

七、营员要求

1.热爱祖国、热爱人民,热爱中国传统文化。

2.遵守纪律,遵守国家的法律法规。

3.友爱互助,健康交往。

4.年龄:9~18岁在校生。

5.人数:30人。

八、活动时间

2019年暑假期间(7月5日—8月20日),共8期,每期5天。

九、活动地点

××市××国学馆。

十、活动费用

此次活动由××公司独家赞助,参加活动的学员只需缴纳基本食宿费用1 500元。

十一、活动保障措施

1.专设夏令营安全管理小组,专人负责照顾学生生活。

2.严格落实安全责任制度,精心策划所有活动,保障活动安全。

3.做好夏季防暑降温工作。

十二、注意事项

1.带齐换洗衣服和生活必需品。

2.不提倡带零食。

3.自带的贵重物品必须自行保管好,或交由生活老师代管。

报名电话:×××××××

联系人:王老师

电子邮箱:×××××××

××市××国学馆

2019 年 5 月 10 日

第三节　招生启事

招生启事是用于学校招收新生,以使考生了解学校的办学宗旨和报考细节的应用文。招生启事是招生简章的浓缩形式,但不论启事内容如何浓缩,开设专业及学习内容、学制或学习时间等要点都是不可或缺的。其写作格式及内容如下。

一、标题

标题通常由"招生学校名称+招生时间+文种"构成,也可由"招生学校名称+文种"构成。

二、正文

正文的表述方法有两种,一种是文字说明式,一种是表格式。文字说明式可以容纳丰富的内容,比较周详;表格式简单明了,比较直观。但无论采用哪一种表述方法,都要写明以下内容。

（一）招生单位简介

招生单位简介包括招生单位全称、招生单位性质、历史沿革、发展状况、地理位置、师资条件、就业情况等。招生单位简介是招生启事中比较重要的内容,其作用有两个方面:一是为招生单位树立良好的形象,取得考生信任;二是增加考生对招生单位的了解,增强就读信心。

（二）办学宗旨

随着社会的进步和人们观念的改变，各种教育培训机构和办学单位如雨后春笋般发展起来。如何在众多同类机构中脱颖而出？办学宗旨、办学理念是一个不可小觑的内容。

（三）专业设置

专业设置是招生单位办学理念、办学宗旨、办学实力的综合体现。合理的专业设置往往能引起招生对象的兴趣。

（四）招生对象

明确招收的具体对象，对招收对象的年龄、性别、学历层次等做出具体规定。

（五）录取办法

根据公平公正的原则制定相应的录取办法，保证优秀生源不漏录、差生源没有钻空子的机会。

（六）其他相关情况

在正文中没有涉及但又必须交代的其他情况，如学习时间、授课方式、收费标准、报名方法、毕业待遇等。

三、落款

落款写明招生单位名称、发文时间、联系人及联系方式等，正文中已注明联系人和联系方式的可省略。

参考例文

××大学 2021 年招聘启事

××大学是一所由社会力量举办、国家重点支持的非营利性的新型高等学校。学校按照高起点、小而精、研究型的办学定位，坚持发展有限学科的理念，紧紧围绕自然科学、生命与健康、前沿技术方向，力求在基础研究和前沿技术原始创新方面有所突破，××大学采取突出个性、多学科交叉的培养方式，以博士研究生培养为起点，着重培养拔尖创新人才。

一、招生专业及选拔方式

目前，××大学建有生命科学学院、理学院、工学院，按一级学科招生，招生专业主要有数学（0701）、物理学（0702）、化学（0703）、生物学（0710）、材料学与工程（0805）、电子科学与技术（0809）、计算机科学与技术（0812）、环境科学与工程（0830）。

本项目以"申请-考核"制进行选拔，欢迎具有相关专业学术背景或者对相关专业有浓厚兴趣的优秀应届本科、硕士毕业生或者已获学士硕士学位人员申请。

二、学制及招生规模

本科起点博士研究生学制为5年，硕士起点博士研究生为4年。

2021年拟招收博士研究生240人，实际招生人数以教育部下达的计划为准。

三、申请时间及方式

2021年××大学普通招考博士研究生将于2020年10月下旬和2021年3月分两批进行。2020年10月份批次的具体申请时间详见报名通知；2021年3月份批次的具体申请时间详见后续报名通知。

申请××大学普通招考博士研究生，请登录××大学招生系统：graduateepply.××××××.edu.cn，选择"普博生招生申请系统"。在线填报并提交相关申请材料。

四、申请条件

1.中华人民共和国公民。

2.拥护中国共产党的领导，具有正确的政治方向，热爱祖国，愿意为社会主义现代化建设服务，遵纪守法，品行端正。

3.国家承认学历的2021届应届本科毕业生（最迟在入学前毕业）或2021届应届硕士毕业生（最迟须在入学前毕业或取得硕士学位），以及已获学士、硕士学位人员。

申请者如持在国（境）外获得学位证书，须提交教育部留学服务中心出具的《国（境）外学历学位认证书》。

4.身心健康，符合国家和学校规定的体检要求。

5.具有浓厚的学术研究兴趣，有较强的创新意识、创新能力和专业能力。

6.在读博士研究生、硕士研究生（除2021年应届硕士毕业生）报名前须征得所在培养单位同意，提交材料时须提交所在培养单位的同意报考证明。

7.有至少两名所报考学科专业领域内的教授（或相当专业技术职称的专家）的书面推荐意见。

8.外语水平原则上须符合以下其中一项：

①国家大学英语六级成绩460分及以上(其中计算机科学与技术专业要求480分及以上);

②托福成绩达到90分及以上;

③雅思成绩达到90分及以上;

④入学前在英语国家或地区获得过学士或硕士学位且取得教育部留学服务中心提供的学位认证报告。

五、申请材料

申请者应提交能证明本人科研能力和综合素质的相关材料,正确命名后上传至系统,申请完成后请务必牢记本人报名序号。

1.申请登记表。

2.个人陈述。内容须包括申请者学术科研经历和博士研究计划两部分。

3.成绩单。高等教育阶段历年在校学习成绩单扫描件,并加盖学校教育管理部门或档案管理部门、院系公章。

4.成绩排名(仅针对应届本科生)。提供学校教育管理部门或院系出具的前三年成绩排名扫描件,须加盖公章。

5.英语成绩。英语六级证书、托福或雅思等成绩单的相关英语水平证明文件的扫描件。

6.学术成果。

7.获奖证明。

8.专家推荐信。

六、考核与录取

1.资格审查和初选。面试通知和具体要求各学院将以电子邮件形式发出,未进入面试者不另行通知。

2.面试考核。

3.录取。本着"择优录取、宁缺毋滥"的原则确定拟录取名单,报招生工作领导小组审定后公示。调档审查合格后,发放录取通知书。

七、其他说明

1.申请提交后无法再进行修改,申请者可以在"状态查询"栏目中查看本人申请进程。

2.申请者报名前应先了解拟申请导师的招生学科及专业,拟申请导师为外籍教师的须提交全英文申请材料。

3.申请者须保证系统填写信息以及上传申请材料的真实性,无论何时一经查证为不属实者,即取消报名和录取资格。

4.学费将根据国家和学校相关规定缴纳,学校已经构建了完善的奖助体系,让每一位博士研究生都能够专注学业、潜心科研。

八、信息查询和联系方式

地址:××省××市××区××大学招生办公室

邮编:×××××××

电话:××××××××

网址:××××××××

邮箱:×××××××

××大学招生办公室

2020 年 5 月 15 日

第四节　征订启事

征订启事是出版社、报刊杂志及其他各种出版物为扩大发行量,向全社会征求订阅者所采用的应用文体。其写作格式及内容如下。

一、标题

标题可以由"征订报刊、杂志的名称+时间+文种"构成,如"《作家报》2013 年征订启事",也可以直接由文种构成。

二、正文

（一）出版物的性质

具体涉及出版物的名称、批准单位、主办单位或出版单位、所属类型、发行方式等。

（二）出版物的编撰宗旨

健康向上是所有出版物的底线。明确刊物的编撰宗旨既有利于刊物本身的定位，也能使相应的受众关注、了解刊物。

（三）出版物的主要特色

鲜明的特色是出版物的生存之本，是在同类出版物中立于不败之地的基石，也是吸引读者订阅的重要因素。

（四）所设栏目

刊物开设的栏目是刊物具体内容和特色的体现，通过对所开设栏目的介绍，吸引读者的关注。

（五）出版物的形式和价格

出版物形式多样。在启事中应明确本出版物是报纸、杂志，还是图书、电子音像制品。对出版物的价格也应做出明确的说明。

（六）订阅办法

订阅办法通常有邮订、网购、自主发行等。在启事中应明确告知订阅的具体办法。

三、落款

落款写明登启事的单位名称、登启事的时间、联系人、联系方式，如有必要，还可告知开户行及账号等。

参考例文

2020 年《人民日报》征订启事

《人民日报》于 1948 年在河北省邯郸市创刊。是由《晋察冀日报》和《人民日报》合并而成，为华北中央局机关报，同时担负党中央机关报职能。毛泽东同志亲笔题写报名。

《人民日报》是党和政府的喉舌，是中国对外文化交流的重要窗口，是展现蓬勃发展社会主义新中国的舞台。《人民日报》积极宣传党和政府的政策主张，记录中国社会的变化,报道中国正在发生的变革。

《人民日报》的新闻信息采集渠道遍布国内外。目前人民日报社在国内设有 33 个分社,国外设有 39 个分社。近年来,在保持原有风格和传统、保持指导性和权威性的基础上,认真落实"三贴近"要求,努力办出特色、办出水平,进一步增强了新闻性、可读性、群众性和服务性,使报纸宣传更加贴近生活,贴近实际,贴近群众。

订阅价格:374.4 元/年

刊期:日报

全国统一刊号:CN11-0065

2020 年订阅通道:×××××××

《人民日报》编辑部

2019 年 11 月 28 日

第五节　招商启事

招商启事是用于招徕投资者、合资者、经营者、贸易伙伴等的广告性应用文。招商启事与租赁启事所不同的不仅是角度,还在于二者范畴不同。招商启事重在招引客户从事商贸活动,而租赁启事既租赁场地也租赁物品;招商启事是"引进来",而租赁启事是"租出去"。其写作格式及内容如下。

一、标题

标题一般由"招商单位名称+文种"构成,也可以采取文章式标题。

二、正文

(一)招商地区和单位的基本情况

该部分重点介绍招商方的地理位置、建筑面积、场所用途、配套设施等情况。

（二）招商目的

招商启事一般要求言简意赅地交代招商的原因或者目的,给有意者一个可信性,避免有疑问。

（三）招商对象

招商对象指招商面向何种对象,是个人还是单位,并对经营范畴做出规定。

（四）招商方式

招商办法要写清楚,使客商明白该做什么和怎样去做。

三、落款

落款要写明招商单位名称、联系人、联系方式、地址、时间等,正文已有说明的可省略。

参考例文

2022 年第 104 届全国春季糖酒会招商启事

有着中国食品行业"晴雨表"之称的全国糖酒商品交易会,始于 1955 年,是历史悠久的大型专业展会之一。

全国糖酒会由中国糖业酒类集团公司主办,一年两届,分春秋两季举行。目前,每届糖酒会的展览面积均在 10 万平方米以上,参展企业 3 000 家左右,专业买购商达 15 万人,成交总额 200 亿元左右,是中国食品酒类行业历史悠久、规模宏大、影响深远的展览会,被业内人士称为"天下第一会"。

为行业发展服务、为国家经济建设和社会发展服务是糖酒会不变的宗旨;糖酒会努力打造产销对接平台、营销体系构建平台、信息发布与交流平台、品牌宣传和传播平台、投资贸易与合作平台;不仅提供一流的展览硬件设施,而且积极打造与国际接轨的配套服务;不仅是商品交易、展览展示的场所,更是交流信息、增进友谊、推动技术进步与产品创新的重要舞台。

糖酒会见证、参与和记录了中国食品饮料和酒类行业的发展史,陪伴了一代代业内厂商和从业者的成长,它的历久弥新、长盛不衰,既源于行业与市场的兴旺与繁荣,更受益于举办城市和行业人士的支持与喜爱。为了感谢大家长期以来的支持和厚爱,第 104

届糖酒会将举办一系列丰富多彩的配套活动和优惠促销活动,诚邀全国各地的业内厂商及采购商参展!

主办单位:中国糖业酒类集团/成都市人民政府

组展单位:××公关策划有限公司

时间:2022/03/24—2022/03/26

地址:中国西部国际博览城(成都市天府新区福州路东段88号)

参展范围:凡从事各种酒类、食品、饮料、调味品、食品添加剂、食品包装、食品机械的生产或销售、科研及技术开发等单位均可报名参展。

展区规划:本届糖酒会展区按葡萄酒及国际烈酒、酒类、食品饮料、食品、调味品、食品机械、包装等类别进行专业分馆、分区规划。另设连锁加盟专区、金融服务专区、农产品专区、火锅专区等特色专区。

参展联系方式:

第104届全国糖酒商品交易会组委会××展览有限公司

电话:×××××××

项目负责人:×××

QQ:××××××××××

网址:×××××××

第104届全国糖酒商品交易会组委会

2021年××月××日

第六节　展销启事

展销启事是商家用于商品的宣传、促销的一种应用文体。其写作格式及内容如下。

一、标题

标题可以由"展销商家名称、展销商品名称+文种"构成,也可以由"展销地名、展销次数、展销产品+文种"构成,如"大众系列汽车展销启事""成都第三届国际汽车展销会"。

二、正文

正文应包括以下内容:举办单位、参展商家、展销商品、展销时间、地点等内容。

展销的目的是达到良好的展销效果,正文部分应将展销商品名称、类型、特点等基本情况作出介绍,以便消费者了解商品的基本情况。展销会的规模大小不一,展销的商品也有多少之分,但无论是哪种情况,启事正文都应包括举办单位、参展商家、展销商品、展销时间、地点等要素。

三、落款

落款写明联系人、联系方式、登启事商家的名称及登启事的时间,正文中已介绍的可省略。

参考例文

2022年成都电子展——中国(西部)电子展

举办时间:2022年7月14日—16日

举办地点:成都世纪城新国际会展中心

展会规模:面积3万平方米,展商将近1000家,观众近3万人次

中国电子展(CEF)——中国电子第一大展

权威的综合性专业电子展。中国电子展始于1964年,是中国历史最悠久、最权威的电子行业。中国电子展以领先的基础电子技术促进中国电子产业自主创新,与中国电子产业共同成长。

完善的战略布局,中国电子展春夏秋三季配合,布局华南—中西部—华东,全年展览规模15万平方米,服务于3C、工业和国防等应用行业,助你全面拓展中国市场赢得更多商机。

深远的国际影响,中国电子展是亚洲电子展览联盟(AEECC)五大成员之一,与日本电子展(CEATECJAPAN)、韩国电子展(KES)等并称为亚洲五大电子展。成员之间的相互协作极大地提高了CEF在国际上的影响力。

展示产品：

电子元器件、光电器件、LED 显示、集成电路、电源模块、新型传感器、嵌入式系统、电子材料、电子生产设备、电子工具、电子测量仪器及工控自动化系统。

应用领域：

消费电子、IT/通信技术、新型显示技术、汽车电子、绿色照明、安防电子、医疗电子、节能技术、环保技术、绿色制造技术、工控自动化技术等。

支持单位：中华人民共和国工业和信息化部、中华人民共和国商务部

主办单位：中国电子器材总公司、中电会展有限公司

组委会电话：×××××

商务 QQ：××××××××

成都电子展览组委会

2021 年 8 月 20 日

第七节　征文启事

征文启事是报纸、刊物或其他机构向社会广泛征集文稿时使用的一种应用文体。其写作格式及内容如下。

一、标题

征文启事的标题一般由"征文单位+征文主题+文种"构成，也可以直接由文种构成。

二、正文

正文多由以下四个部分组成。

（一）征文的意义

写明征文举办的意义，激发参与者的积极性。

（二）征文的具体要求

（1）征文对象。

（2）征文的题材、体裁、字数。

（3）说明有关事项，如起止时间、投寄办法、评奖办法等。

（4）征文单位地址、联系人。

（三）评选办法

写明本次征文的评委组成、评选标准、评选流程等。

（四）投递稿件的具体要求及方法

写明参选征文的投递要求、投递方法等。

三、落款

落款写明征文单位名称、联系人、联系方式、发文时间等。

参考例文

2021年第二届××文学奖征稿启事

《××》创办于1995年，是广东省教育厅主管、广东省作家协会《作品》杂志社指导的全国校园文学"九十九佳"社刊之一。

2020年首届××文学奖的举办获得了巨大成功。为了继续发掘和扶持校园文学新人，培养更多具有独立思想和创新精神的未来作家，助推中国校园文学的繁荣发展，××文学奖组委会举办的第二届文学奖征文活动在今年初夏正式启动。

一、征稿对象

面向在校就读大学生（含高职生）、中学生（含中专生）征集原创文学作品。

二、征稿时间

即日起至2021年9月30日。

三、征稿体裁

小说、散文和现代诗歌。

四、投稿要求

1.主题鲜明,内容健康;文责自负,严禁抄袭。参赛作品必须未在公开刊物发表过,且未曾获得任何奖项。

2.小说类参赛作品 5 000 字以内;散文类参赛作品 3 000 字以内;现代诗歌类参赛作品 50 行以内。

3.此次大赛指定投稿邮箱:××prize@163.com

五、奖项设置

1.本次大赛分为大学组(含高职)和中学组(含中专)。

2.评委会对所有作品进行分组分类初评和复评,每组分别评选出小说、散文、现代诗歌类一等奖各一名、优秀奖各两名。所有获奖者均领发奖金、奖品和荣誉证书。

3.优秀文学作品将在《××》文学杂志开设专版刊登。

六、注意事项

1.请在邮件主题注明"第二届××文学奖"征稿字样,并在 Word 文稿里附上作者学校、班级、真实姓名、个人简介、通信地址、联系电话、邮政编码、电子邮箱。

2.作品一经投递即视为授权组委会公开发布,组委会拥有作品的编辑权、发表权、出版权等。

3.获奖名单预计 12 月公布,参赛学生敬请留意××文学奖公众微信号相关信息。

××文学奖组委会

2021 年 4 月 20 日

第十三章　礼仪文书

中国是"礼仪之邦"，人们在社会生活中，总免不了礼尚往来和应酬交际。礼仪文书是人们在人际交往和礼仪活动中，为传递信息、密切联系、沟通交流、增进情感而使用的文书。它是融洽关系、相互联络、沟通信息、深化友情的重要传播媒介，是一种必不可少的社交工具，因而也成了应用写作中最基本、用途广泛的一类文体。礼仪文书的种类繁多，大概分为邀请类、迎送类、喜庆类、慰唁类、公关类五类。

礼仪文书有以下四个特点。

1.交际性

它注重"以礼相待"，主要用来表达交际双方（有时可能是多方）的愿望、喜好、情感，反映的是一种"双边"或"多边"关系。比如，重大礼仪活动（如婚嫁礼仪、生辰寿诞礼仪、节日庆典礼仪）表达的是对人生的美好祝愿；在日常交际应酬（如迎来送往、寻求访见、宴请聚会、答谢辞行、问候抚慰、致谢道歉）中，加上礼仪行为，可以充分展示丰富的人际交流内容。

2.针对性

礼仪文书针对比较具体明确的阅读对象，因而在写作中要注重对象的性别、年龄、职业、身份、学识、爱好、辈分、双方的关系等，根据不同情况采用不同的语言。有时，甚至要充分了解对方的详细情况，使措辞贴切、准确、亲切，起到应有的效果。

3.情感性

由于礼仪文书频繁、广泛地运用在人们的交际过程中，互致礼仪、互通情感，因此具有较强烈的情感色彩。比如贺信、贺电、讣告、祝酒词、答谢词等，都要体现出某种强烈的感情，要做到文理结合、情理交融、文情并茂，字里行间透露出沟通、交流、理解、诚挚的气息。

4.规范性

与其他应用文书一样,礼仪文书也有规范性的特点。不同的礼仪文书有自己固定的格式和规范,在写作中必须严格按要求撰写,严守特定的用语规范和格式,否则会引起麻烦和不必要的误会。从总体上看,语言要准确得体、简明流畅、委婉庄雅,可使用叙述、说明、议论等,根据不同的场合和需要,选择不同的用语。

但也正是由于它的这些特点,写作者就需要掌握一定的社会交际礼仪知识、基本的语言运用和体式写作常识;又由于它的情感性,写作者还应具有较高的人文素质,使情感得以适当的抒发。

以下,简要介绍常用的几种礼仪文书:欢迎、欢送词,答谢词,祝酒词,贺词,讣告,悼词,司仪文案。

第一节 欢迎、欢送词

一、欢迎、欢送词的概念

在欢迎、欢送的礼节性社交活动场合,主人时常需要表达欢迎、欢送之情。在一些特别隆重的场合,要先拟写书面文本,再辅以一定的礼仪行为,表达真挚的感情,为未来的交流打下基础。

欢迎词(也可作"欢迎辞")是在接待或迎接宾客的场合中,主人对宾客发表的表示热情的讲话。宾客来访、领导视察、同仁参观、新生入学、新同事就职等,都会致以欢迎词。

欢送词(也可作"欢送辞")是在送走宾客、朋友、同事的告别仪式上,主人对其离去表示真诚欢送的讲话。会议闭幕、宾客结束访问、欢送学生毕业、欢送同事调离或退休等,都会表达热烈的欢送和美好的祝愿之意。

二、写作格式

（一）标题

欢迎词可用"欢迎词"三个字或"××活动（会议）欢迎词""在欢迎××会上的致辞（讲话）"。欢送词可用"欢送词"三个字或"××活动（会议）欢送词""在××欢送会上的致辞（讲话）"。

根据需要，在标题下一行正中处可打上讲话人的姓名。

（二）称呼

称呼要讲究礼仪，要用尊称；对方是重要领导和来宾时，要依其职务、年龄、资历等，遵循重要的程度先后排序，依次点明对方并点明其职务。可根据主客人之间的关系在姓名前面加上表示亲切的修饰词语，如"尊敬的""亲爱的"。特别要注意：在点明重点、主要人物的前提下，还要兼顾所有在场者。

（三）正文

1.开头

开头要点题。欢迎词要表示对客人的热烈欢迎、诚挚的问候，欢送词要表示对客人的热烈的欢送。

2.阐述

欢迎词一般要阐述来宾来访的意义，同时向来宾简要介绍主人的情况，对客人的成就表示赞扬，有时还要回顾双方交往的友谊和成果。欢送词一般要对宾客这一阶段取得的成绩作出评价，肯定对方的成就，深化双方的交流与友谊。

3.结尾

欢迎词和欢送词都要表示对对方的希望、勉励，表达双方合作、交流、进一步联络的热烈期盼。欢送词特别要以生动感人的语言表达对客人的依依惜别之情。

参考例文一

在三江平原湿地生态文化季开幕式上的欢迎辞

富锦市委书记　李源波

（2020年8月6日）

各位领导、嘉宾，各界朋友：

这草木葱茏、生机勃发的美好时节，我们相聚在"生态天堂""北国粮都"富锦，共同迎来"三江平原湿地生态文化季"的举行。在此，我代表富锦市委、市政府和46万富锦人民，向莅临本次节会的各位领导、嘉宾及各界朋友表示热烈的欢迎！向长期以来，一直关心、支持富锦发展的各级领导、各位朋友、各界人士表示衷心的感谢！

富锦是"醉美"生态天堂。作为大美龙江、生态龙江、富饶龙江的一分子，生态系统保持完整，天蓝水碧，地绿景美，拥有湿地面积103万亩，包含了三江平原沼泽湿地生态系统的所有类型，是具有国际意义的温带湿地代表。4A级富锦国家湿地公园（3.3万亩）有芦苇、香蒲、水葱等草本植物290种，脊椎动物270种，鸟类177种，是全国湿地公园"四颗明珠"之一，被评为龙江"十大最美湿地"之首。

富锦是绿色"北国粮都"。所处的三江平原是世界上仅有的三大黑土平原之一，水稻种植面积全国第一、绿色食品原料基地面积全国第一、粮食总产量连续多年位居全省第一。富锦市象屿金谷农产有限责任公司，仓储能力达到500万吨，是亚洲最大的、最现代化的单体粮库，为保障国家粮食安全，为"中国饭碗"装满"中国粮食"作出了突出贡献。

绿色是大自然的底色，生态是富锦的名片。近年来，我市深入践行习近平总书记"绿水青山就是金山银山"的发展理念，按照省委、省政府建设"三江平原湿地观光体验带"和佳木斯市委、市政府建设中国湿地管理保护和利用"龙江样本"的要求，通过打造"生态+农业+文化+旅游"发展模式，全力推动旅游及相关产业融合发展，把资源优势转化为经济优势、产业优势，富锦大湿地、大平原、大农业、大粮仓、大产业的知名度和影响力持续扩大。

"喜看醉美大湿地，北国粮都稻花香。"这次三江平原湿地生态文化季的成功举办，为展示、宣传、推介富锦独领风骚的大农业、独具魅力的大生态、独树一帜的大产业，叫响"大美富锦"品牌，搭建了交流、学习、合作的平台。我们一定以这次活动为契机，坚持保护为先、互联互通、互学互鉴，为携手把龙江东部打造成环境最优的旅游胜地，推动形成区域一体化大旅游格局贡献富锦力量。

最后,祝三江湿地生态文化季圆满成功!祝各位领导、各位嘉宾、各位朋友身体健康、工作顺利、万事如意!

谢谢大家。

(资料来源:人民网 2020 年 8 月 6 日)

参考例文二

在省委驻灌南帮扶工作队队员欢送晚会上的致辞

江苏省灌南县委书记　李振峰

(2018 年 1 月 18 日)

同志们:

光阴似箭,总让我们来不及感叹"时间都去哪儿了"。两年前与各位队员初见时的情景,依然历历在目、仿佛就在昨天,今天却要依依惜别、说声再见,心中确有太多的感动、太多的不舍。借此机会,我代表县四套班子和全县 80 万人民,对两年来辛勤奋战在精准扶贫一线的踊泓队长和各位队员表示最诚挚的感谢!向省委办公厅、省交通控股公司、太仓市政府等后方单位,向你们的家人朋友给予灌南发展的鼎力支持和无私帮助表示最崇高的敬意!

同志们,奋斗的时光令人难忘,让我们一起去回味。岁月不居,天道酬勤。刚刚过去的 2017 年,对灌南来说,是极其不平凡的一年,是我县经济社会发展延续良好势头、取得全面更大突破的一年,也是广大群众受益得实惠更多的一年。主要经济指标平稳较快增长,尤其是提质增效指标持续保持高速增长、领先全市,工业转型升级步伐加快,创建省级文明城市、卫生县城高水平通过验收,三农工作实现质效同升,改革创新力度持续加大,各项事业协调共进,干部群众精神面貌昂扬向上。成绩的取得来之不易,离不开全县广大干群的奋力拼搏,更饱含着省委驻灌南帮扶工作队的心血和汗水。两年来,踊泓队长与全体队员一道,不忘初心、牢记使命,远离繁华城市,远离家庭亲人,深入贫困乡镇,倾情服务第二故乡,你们的足迹踏遍田间地头、走进千家万户,充分调研摸清了致贫原因,找到了加快增收致富的有效路径,迅速成为群众脱贫奔小康的知心人、引路人;两年来,你们不断强化精准扶贫、精准脱贫理念,探索出"四跟四走""五个两手抓""六个结合"等一系列可复制、可推广、可持续的新机制;两年来,你们密切联系后方单位,积极争取各方支持,累计投入各类帮扶资金 1.5 亿元,强力推进 4 大类 150 个帮扶项目落地生

385

根、开花结果,使22个省定经济薄弱村达到了新"八有",让3.6万多低收入人口摘掉了贫困帽子;两年来,你们心系老区的高尚品质、无私奉献的博大胸怀、敬业忘我的干事激情、务实高效的工作作风,为灌南广大干群树立了榜样、确立了标杆,也以"用心用情用力"扶贫的实际成果赢得了大家的一致好评、广泛尊重和高度赞誉。你们为灌南留下的一笔笔宝贵的物质财富和精神财富,灌南人民将永远铭记、心存感激!灌南的奋斗史、发展史上将永远有你们浓墨重彩的一页!

同志们,灌南的明天将更加美好,让我们共同期待。党的十九大为中国的未来勾勒出了广阔的蓝图,更为灌南的发展指明了前进方向。新的一年,我们将全面贯彻十九大精神,深入推进"强富美高"新灌南建设,奋力推动工业发展、城市提升、农村发展、人民生活、生态建设、社风民风等六个方面实现根本变化。这些目标的实现仍然需要各位敬终如始的关心和支持,因为无论你们身在何处,灌南永远是你们的第二故乡。我们真诚地希望大家在今后的工作中,记着我是"灌南人"的身份;充分发挥信息资源渠道多、对上联系路子宽、政策法规掌握快等优势,一如既往地"热爱灌南、奉献家乡",在项目引进、资金争取、政策落实等方面取得新的突破,为全县经济社会跨越发展注入新的力量、赢得更大空间。同时,我们也真诚地期盼各位能够在未来的日子里,带着你们的赤子之情,带着你们的亲朋好友,常回来走走,常回家看看,亲身体验灌南发展的变化,积极当好灌南发展的顾问,再次感受浓浓的乡情友情,共同畅想更加美好的未来。

同志们,前行的道路充满光明,让我们道一声祝福。相见时难别亦难。两年前,是我把帮扶工作队的同志们接进灌南的大门;两年来,你们和全县干群一起工作生活,共同扶贫创业,结下了深厚的感情和友谊;然而天下没有不散的宴席,你们很快就要和曾经激情奋斗过的这片热土,和曾经朝夕相处的父老乡亲,和曾经并肩战斗的同志兄弟分别,各自踏上新的征途。两年帮扶路、一生灌南情,在即将挥手告别之际,难舍难分之情溢于言表,让我们不说再见,让我们互道珍重,让我们真诚祝福!前进的道路上仍会有风霜雪雨,但终究会看到绚丽彩虹,我们坚信,在习近平新时代中国特色社会主义思想的指引下,在省市党委政府的正确领导下,只要我们勇于担当历史使命,坚持不懈共同奋斗,扶贫开发的步伐一定会越迈越坚实,跨越发展的路子一定会越走越宽广,人民群众的生活一定会越来越幸福。让我们不忘初心、不辱使命、不负韶华,共同迎接打赢脱贫攻坚战、高水平全面建成小康社会的那一刻!

美好梦想在前方,一路好歌伴君行。同志们,亲爱的战友们,灌南人民感谢你们!80万父老乡亲时刻欢迎你们!心中有太多的话想说,千言万语化作成一句祝福,衷心祝愿帮扶工作队的全体队员们、后方单位的各位领导和同志们,身体健康、工作顺利、家庭幸福、万事如意!

(资料来源:《灌南日报》2018年1月20日第一版)

第二节 答谢词

一、答谢词的概念

答谢词指宾客对主人的盛情款待,或者对别人给予自己的帮助、招待表示感谢的礼节性致辞,常常用在招待会、酒宴上。答谢词的适用范围:当主人发表开场白后,客人作礼节性的答谢;或在专门举行的答谢宴会、活动上发表。答谢词一般都在主人致了欢迎词之后,因此要针对主人的欢迎词,有的放矢地讲答谢词,特别是要结合对方的款待、帮助等,与之呼应并形成对照。语言应真挚、充满感情,要简短有力,不宜冗长拖沓;用词上要尊重对方。

二、写作格式

(一)标题

用"答谢词"三个字或"××活动(会议、仪式)答谢词",或"在答谢××活动(会议、仪式)上的致辞",也可不写标题。

(二)称呼

具体写法可参考欢迎词和欢送词。注意答谢的对象既要突出重点,也要兼顾对方所有在场人员。

(三)正文

写明致辞人代表谁,向谁表示感谢。正文可分成几个层次来写:一是回顾欢聚的美好时光,或表述所受到的接待、帮助、支持;二是真诚地向对方表示感谢;三是再一次表达感谢,并表达美好祝愿与希望。

参考例文一

答谢词

尊敬的××董事长,女士们、先生们:

　　中国××公司代表团自今年5月踏上贵国后,受到了你们的热情款待。今天,××董事长又在这里举行了盛大的宴会,我们再次感觉到亲人一般的温暖,感觉到浓浓的深情厚意。在此,请允许我代表中国××公司全体成员,向董事长先生,向在座的女士们、先生们表示衷心的感谢!

　　这段日子以来,我们中国××公司与贵公司就有关经济贸易问题开展了深入的学习交流,贵公司不吝赐教,让我们学习到了很多宝贵的管理经验,收获很大、成效很大。在此,我衷心地希望,贵公司能一如既往地帮助我们;我也衷心地希望,通过我们双方的共同努力,我们的合作之花能长久绽放,越开越鲜艳!

　　最后,再次致以真挚的感谢!

参考例文二

答谢词

莫　言

尊敬的国王、王后和王室成员,女士们、先生们:

　　我的讲稿忘在旅馆了,但是我记在脑子里了。

　　我获奖以来发生了很多有趣的事情,由此也可以见证到,诺贝尔奖确实是一个影响巨大的奖项,它在全世界的地位无法动摇。我是一个来自中国山东高密东北乡的一个农民的儿子,能在这样一个殿堂中领取这样一个巨大的奖项,很像一个童话,但它毫无疑问是一个事实。

　　我想借这个机会,向诺奖基金会,向支持了诺贝尔奖的瑞典人民,表示崇高的敬意。向瑞典皇家学院坚守自己信念的院士表示崇高的敬意和真挚的感谢。

　　我还要感谢那些把我的作品翻译成了世界很多语言的翻译家们。没有他们的创造性的劳动,文学只是各种语言的文学。正是因为有了他们的劳动,文学才可以变为世界的文学。

　　当然我还要感谢我的亲人,我的朋友们。他们的友谊,他们的智慧,都在我的作品里闪耀光芒。

文学和科学相比较的确是没有什么用处。但是文学的最大的用处,也许就是它没有用处。

谢谢大家!

(资料来源:新华网,2012 年 12 月 11 日)

第三节　祝酒词

一、祝酒词的概念

祝酒词是在宴会上发表的讲话。一般而言,主人在举行的宴会上,要发表祝酒词,体现对来宾的欢迎;宾客发表祝酒词,表示对主人的感谢。祝酒词以酒为媒介,用热烈的语言,为宴会添加喜庆的气氛;同时,可以强化双方的互动,增进双方的情感与友谊。祝酒词的主要特点和用途是祝愿、点明主题和烘托气氛。因是在宴会上,故篇幅不宜过长,语言应简洁明快,充满热情。

二、写作格式

(一)标题

第一行正中写标题,字体略大;标题可以是"祝酒词"或"在××(宴会)上的祝酒词"。也可不要标题。

(二)称呼

具体写法可参考欢迎词和欢送词。称呼部分既要突出重点,也要兼顾所有在场人员。

（三）正文

正文主体部分可以适当根据宴会的性质,简单地表述主人的想法、观点、立场,追述双方合作的友谊;也可以畅叙友情发展的历史,展望美好的未来。

（四）结尾

结尾部分用"让我们为……干杯",或者"让我们为了……,干杯"等带有深厚感情色彩、表示礼节的语句,推动宴会气氛进入高潮。

参考例文

在第二届"一带一路"国际合作高峰论坛欢迎宴会上的祝酒辞

（2019 年 4 月 26 日,北京）

中华人民共和国主席　习近平

各位国家元首,政府首脑,

各位高级代表,

各位国际组织负责人,

各位来宾,

女士们,先生们,朋友们:

晚上好!中国古语说,时在中春,阳和方起。在这个孕育希望的季节,第二届"一带一路"国际合作高峰论坛如约而至。首先,我谨代表中国政府和中国人民,代表我的夫人,并以我个人的名义,对各位嘉宾表示热烈的欢迎!

此刻的人民大会堂,高朋满座,胜友如云。看着这么多老友新朋,我内心充盈着喜悦,也满怀感慨。我们在座的很多人为了各自国家人民幸福安康,为了世界繁荣稳定,在全球各地奔波忙碌。走四方固然辛苦,但收获是"朋友圈"越来越大。今天,我们跨越万里,相会北京,更要珍惜这次难得的聚会。

——今天的聚会,让我们再次拾起心中美好的记忆。虽然我们相距遥远,但对和平与发展的共同追求,对人民美好生活的共同渴望,让我们心灵相近、结成伙伴。从北京到莫斯科,从雅加达到努尔苏丹,从开罗到圣地亚哥,曾经的促膝相谈还余音在耳,当时的深入交流恍如昨天,历史记载下我们真诚交往的一个个瞬间。不论国际风云如何变幻,这份真挚的友谊必将长存心间,合作共赢将是我们心中永恒的旋律。

——今天的聚会,让我们在思想碰撞中得到启迪。世界文明的魅力在于多姿多彩,人类进步的要义在于互学互鉴。千百年来,古丝绸之路见证了沿线国家在互通有无中实现发展繁荣,在取长补短中绽放灿烂文明。面对当今世界的各种挑战,我们应该从丝绸之路的历史中汲取智慧,从当今时代的合作共赢中发掘力量,发展全球伙伴关系,开创共同发展的光明未来。

——今天的聚会,让我们牢记肩头沉甸甸的责任。世界在发展,时代在进步。新工业革命风起云涌,充满机遇和挑战。在当今世界行走,恰似逆水行舟,不进则退。作为各国领导人,我们没有退却的理由,只有前进的选项。唯有风雨兼程,才能无愧于人民重托,才能让我们的人民过上幸福生活。站在世界百年未有之大变局的当口,愿我们都能不负使命、不负时代。

"与君远相知,不道云海深。"2013 年,我提出了共建"一带一路"倡议。如今,经过各方共同努力,共建"一带一路"蓝图初步绘就,成果逐渐呈现。在这一过程中,来自不同国家的朋友相识相知,结成了紧密的合作伙伴。当然,共建"一带一路"正在发展之中,肯定会遇到一些困难和曲折。无论是顺境还是逆境,无论前方是坦途还是荆棘,我们都要弘扬伙伴精神,不忘合作初心,坚定不移前进。我们都应该抱有这样一个信念:各国人民都应该拥有一个更加美好的未来,共建"一带一路"一定会迎来一个更加美好的世界。

最后,我提议,大家共同举杯,

为各国人民的幸福生活,

为世界和平、稳定、繁荣,

为这次高峰论坛圆满成功,

为各位国家元首、政府首脑、嘉宾和家人健康,

干杯!

(资料来源:中国政府网,2019 年 4 月 26 日)

第四节　贺　词

一、贺词的概念

贺词又称祝词,是对人或事表示良好祝愿的言辞、讲话、文章、信函等。贺词特别要

注意,针对祝贺对象,要在了解对象的基础上表示祝贺,避免张冠李戴、牛头不对马嘴;语言要慎重,要有感情的流感,既要有礼节性的肯定和赞美,又要准确、简洁,不能为了祝贺而祝贺,一味拔高对方。总之,根据不同的对象有的放矢。比如祝贺结婚和寿辰,要热情洋溢、感情真挚,还要注重一定的人伦礼仪;祝贺事业升迁、节日来临,要热情明快、充满希望;祝贺某项工作圆满完成,要充分肯定成绩,寄予厚望。

二、写作格式

(一)标题

第一行正中写标题,字体略大;应使用“贺词”两个字或“×××活动(会议、仪式)贺词”。

(二)称呼

要点明祝贺的对象;或者不点明,但要在内容中让读者、听者明白哪些是祝贺的对象。

(三)正文

正文主体部分首先要说明祝贺的事由,表示祝贺、祝愿等;回顾过去,放眼未来,简要概括祝贺对象取得的业绩,赞颂其贡献或意义。结尾部分再次表示祝愿,并表以鼓励或希望的话语。

参考例文

中共中央　国务院　中央军委对长征五号 B 运载火箭首次飞行任务圆满成功的贺电

载人航天工程空间站阶段飞行任务总指挥部并参加长征五号 B 运载火箭首次飞行任务的各参研参试单位和全体同志:

长征五号 B 运载火箭首次飞行任务展开以来,各参研参试单位和全体同志团结拼搏、同舟共济,成功克服新冠肺炎疫情影响等重重困难,夺取了首次飞行任务圆满成功的重大胜利,中共中央、国务院、中央军委向你们表示热烈祝贺和亲切慰问!

长征五号 B 运载火箭首次飞行任务的圆满成功,标志着空间站阶段飞行任务首战告捷,为全面实现我国载人航天工程第三步发展战略奠定了坚实基础。这是工程全线在习近平新时代中国特色社会主义思想指引下,坚定不移走中国特色自主创新道路,努力建设航天强国和世界科技强国取得的最新成就,必将激励全党全军全国各族人民进一步增强"四个意识"、坚定"四个自信"、做到"两个维护",努力为实现中国梦和强军梦而不懈奋斗,不断开创新时代中国特色社会主义事业新局面。你们为党和国家事业发展作出了卓越贡献,祖国和人民感谢你们!

探索浩瀚太空永无止境,攀登科技高峰任重道远。载人航天工程后续任务艰巨繁重,面临的困难和考验严峻复杂。希望你们更加紧密地团结在以习近平同志为核心的党中央周围,以习近平新时代中国特色社会主义思想为指导,全面贯彻党的十九大和十九届二中、三中、四中全会精神,大力弘扬"两弹一星"精神和载人航天精神,在航天报国和科技强国的伟大实践中,不忘初心、牢记使命,奋发有为、再立新功,为实现"两个一百年"奋斗目标、实现中华民族伟大复兴的中国梦作出新的更大贡献!

中共中央
国务院
中央军委
2020 年 5 月 5 日

(资料来源:人民网,2020 年 5 月 6 日)

第五节　讣　告

一、讣告的概念

"讣"意为报丧。讣告是一种用于报丧的实用文书,又称讣文、讣闻。讣告一般由逝者的亲属、朋友、生前所在单位或专门成立的治丧委员会发出,以向逝者的生前好友、有关团体、社会公众报丧,使之知晓此事。它可以张贴,也可以发送,某些重要人物逝世的讣告还要通过报纸、广播、电视等大众传播媒体向社会公众发布。

讣告是非常庄严的一种文书，用语要准确、简练、庄重，在写到"死"时一般要用"逝世""永别"等同义挽词，以体现对死者的敬重和哀悼。讣告在用纸上，应用白纸，上书黑字。

讣告可分为一般式讣告、新闻报道式讣告、公告式讣告三种。一般式讣告是最常用的一种，主要用于通知逝者的亲戚朋友或单位同事等，告知的范围不太大，一般张贴于逝者单位的门口或某些公众场合，或是直接发给有关人士和单位。新闻报道式讣告，是以新闻消息的形式，通过大众传播媒体报道某人逝世的消息。公告式讣告，一般用于比较重要的人物，不由个人发出，而是根据逝者的职务、身份，由党和国家或相关级别的机关、团体作出决定发布，是讣告中最为庄重和隆重的形式。有时，公告式讣告还随文一同发布治丧委员会公告和治丧委员会名单，说明对逝者丧事的安排及具体要求。

二、写作格式

（一）标题

讣告最常用的就是"讣告"两字，第一行居中位置，字体醒目。有时标题在"讣告"前加上逝者的姓名，如"××同志讣告"。

（二）正文

正文可分成三个段落写作。第一段是正文开头部分，用郑重、严肃的文字写明逝者的姓名、身份、职务、逝世的时间和地点、逝世原因、终年岁数。第二段介绍逝者的生平，对逝者的一生作一个简要的总结。讣告要具体、概括、突出重点，特别是对逝者生前具有代表性的经历作一个简单介绍，并对逝者的为人处世、高贵品质、思想作风、工作业绩等作出一个肯定的评价。第三段说明吊唁、开追悼会的时间、地点等。

（三）落款

讣告的右下方要签署发讣告的个人或团体的名称、讣告发布时间。新闻报道式讣告有时也没有落款，只有标题和正文部分。

参考例文

<h1 style="text-align:center">讣 告</h1>

中国共产党优秀党员,我国著名地基基础工程专家,中国工程院院士,国家有突出贡献专家,享受国务院政府特殊津贴专家,中国建筑科学研究院有限公司顾问总工程师,研究员,博士生导师黄熙龄同志,因病医治无效,于 2021 年 6 月 16 日 9 时 55 分在北京逝世,享年 94 岁。

黄熙龄院士 1927 年 4 月 24 日出生于湖北省武汉市,1945 年至 1949 年就读于南京中央大学土木工程系,1955 年至 1959 年于莫斯科建筑工程学院深造,获副博士学位。历任中国建筑科学研究院地基基础研究所所长,中国建筑科学研究院副总工程师,中国建筑科学研究院顾问总工程师,中国建筑学会理事,中国建筑学会地基基础学术委员会主任委员,中国土木工程学会土力学与基础工程分会副理事长,建设部科学技术委员会委员等。1995 年当选为中国工程院院士。

黄熙龄院士一生身怀科学报国理想,致力于建筑地基基础工程研究,刻苦勤奋,矢志不渝,在地基基础设计与计算、原位测试、地下洞室压力、软土地基、山区地基、膨胀土地基、地基抗震和震害调查等领域取得了杰出成就。黄熙龄院士治学严谨,注重工程实践,重视理论与实践相结合,为行业培养出了一批高水平的研究团队,在建筑地基基础建设领域发挥着引领我国行业技术发展方向的重要作用。黄熙龄院士的逝世是我国建筑地基基础领域的重大损失。

黄熙龄院士遗体告别仪式定于 2021 年 6 月 20 日上午 10 点在八宝山殡仪馆东礼堂举行。

特此讣告!

黄熙龄院士治丧委员会
二零二一年六月十七日

(资料来源:人民资讯,2021 年 6 月 17 日)

第六节 悼 词

一、悼词的概念

悼词是在追悼大会上对逝者表示哀悼、敬意和缅怀的讲话。悼词的主要内容是追忆逝者生平,总结逝者的主要业绩和作出的贡献,表达对逝者的哀思。它的内容一般是在追悼大会上宣读。悼词的语言应平实,情感真挚、自然,强调化悲痛为力量,激励后人积极面对生活。

二、写作格式

(一)标题

最常用的标题就是"悼词"两字,第一行居中位置,字体醒目。有时标题为"××同志悼词""悼××同志""在××同志追悼会上的悼词"。有些记叙性或抒情性的悼词常常取一个别致的标题,形式多样,不拘一格,有些还具有相当的艺术性。比如,有一篇悼念著名作家秦牧的悼词标题为"心香一瓣祭秦牧"。

(二)正文

正文可分成几个层次。首先点明以什么样的心情、身份去悼念逝者;其次介绍逝者的姓名、身份、职务、逝世时间和地点、逝世原因、终年岁数;再次介绍逝者的生平,对逝者的一生作恰如其分的评价;最后,指出逝者的离去给国家、社会、单位、行业、亲属带来的损失和哀痛。

(三)结尾

结尾表达对逝者的怀念和哀悼,并决心要化悲痛为力量,学习逝者的优秀作风和高尚品质。最后常以"××同志千古""××同志永垂不朽""××同志安息"等作为结语,也可以根据实际情况用其他慰问语作为结束语。

这些是悼词常见的写法,有些悼词也往往不拘格式,甚至会以抒情式散文或诗词的形式出现,全篇以"情"为主线进行写作,抒发对逝者强烈的悼念和追思。

参考例文

李成环悼词

三江鸣咽、昆仑垂首、天公垂泪、日月垂光,今天我们在这里怀着无比悲痛的心情,沉重悼念青海省红十字优秀志愿者、兰州市城关区原代课教师李成环同志,因为无私的大爱,她将自己25岁的青春年华在青海画上了完美而感人的句号。因为无私的大爱,她感动着她的亲人、朋友,相识的和素不相识的人汇聚一堂,为她送行短暂人生中最凄美的行程。

李成环的一生平凡得不能再平凡,在父母眼中,她是一位孝女;在丈夫眼中,她是一位贤妻;在同事眼中,她是一个快乐的天使;在学生眼中,她是一个和蔼可亲又严肃认真的大姐姐老师;而在玉树灾区孤儿孩子的眼中,她又是一位大爱无私、慈爱无畏的可爱"妈妈"。但她却走了走得那样匆忙,那样壮美。

她和她的丈夫并不富裕,但是却舍得将积蓄全部拿出来为玉树灾区的孩子们、孤儿们送去崭新的棉鞋,生活虽然清贫,但他们却以善为美、以善为乐;在精神上他们却又是如此富裕、如此充实,她的慈爱感动着玉树孤儿的心;她的无私感动着玉树人民的心;她的真爱感动着甘、青两省人民的心;她的大爱更会感动着这个世界上每个人的心。从她受伤到去世,牵动着所有关心她的人的心,从省委书记到分管领导,从朋友同事到陌生路人,从好人司机到抢救医生,大家在接力传递爱、传播爱、赞美爱、弘扬爱,在甘、青两省汇集成爱的江河、爱的世界。

人生还有什么比爱更美丽的字,李成环用自己的生命完美地诠释了她的大爱大慈、大善大美和人道奉献,她的精神将勉励我们大家心存善念,感恩社会;她的精神将激励我们大家无私奉献、热爱生活;她的精神将鼓舞我们传递大爱、助人至善;她的精神,将助力我们完善人生,以爱育爱。你走了,但你的精神永远留在三江源头、留在大美青海、永远留在我们的心中。玉树孤儿不会忘记你,玉树人民不会忘记你,西宁人民不会忘记你,甘、青两省的人民不会忘记你,这个世界上一切有爱心的人都不会忘记你。

优秀的红十字志愿者,玉树孤儿的美丽妈妈李成环永远活在我们心中,安息吧,成环女士!

（资料来源：青海省红十字会网站，2012 年 12 月 7 日）

第七节　司仪文案

一、司仪文案的概念

司仪即"主持"，或者说司仪就是主持人。社会是一个人们共同生活、共同工作、相互之间赖以生存并相互发生联系的共同体。为了保障人们正常的工作秩序和生活秩序，需要各种形式的社会活动以交换信息、交流感情。而这些社会活动就需要有人穿针引线、组织协调，来充当主导人物。从广义上讲，这就是司仪。

司仪的业务范围很大，大到一个国家的政治、军事、文化，社会的领导组织和管理协调，甚至国家之间的相互协调，都需要司仪；小到民间的一些庆祝活动，如婚礼、祝寿、开业等活动的主持人，民间都称其为司仪。可见，司仪早已涉及我们日常生活的方方面面。按司仪的工作分工不同，广义的司仪可分为报幕式司仪和角色式司仪两种。报幕式司仪也称为报幕式的主持，多见于各类重要活动，如会议、座谈、竞赛等，担任此类主持的必须是职能部门的主要领导；角色式司仪也称为角色式的主持，多见于民间活动，如婚礼、祝寿、开业等。按司仪主持活动的不同，角色式司仪又可分为婚礼司仪、祝寿司仪、开业司仪等。狭义的司仪就是指角色式司仪，本书所讲的司仪也主要指角色式司仪。

因此，司仪文案就是指各类会议、活动主持人为做好主持工作，组织开展好一系列议程所撰写的文字性方案，其中概括了整个活动的全部议程，对活动的目的、意义作出说明，并按流程串起全部活动，对每一个环节作出具体的安排。

二、写作要求

语言要灵活生动，引人入胜。由于司仪主持的目的是维护活动的有效秩序，使每一项议程完整,最终实现活动的圆满,因此,特别要注意文案中对每一个环节的衔接、过渡,使之自然而不突兀地进入下一个环节,让活动庄重;同时,使在场者兴致盎然,使活动圆满完成。

参考例文

××小姐与××先生婚礼司仪文案

各位来宾、亲朋好友,大家好!

今天是 2021 年的 1 月 22 日,农历腊月初十。在这春光明媚、天地之合的喜庆之日,我们欢聚在这鲜花簇拥、喜庆浓郁的××宾馆,共同为××先生和××女士举行新婚庆典。我十分荣幸地接受新郎新娘的重托,担任今天庆典的司仪。我首先代表两位新人向参加今天婚礼的来宾和亲朋好友表示真诚的欢迎和衷心的谢意。现在,我宣布:××先生和××女士的结婚仪式正式开始,有请今天的王子和公主,我们的新郎和新娘入场。(示意鼓掌)

新人入场进行时:音乐在大厅回响,礼花在空中绽放,在欢快的婚礼进行曲中,新郎和新娘肩并着肩、手牵着手、心连着心,带着幸福的微笑、踏着红地毯,向我们缓缓走来。执子之手,与子偕老。这一刻,意味着两颗相恋已久的心,终于走到了一起;这一刻,意味着两个相爱的人步入了神圣的婚姻殿堂;这一刻,意味着在今后日子里,无论是风是雨都要一起度过;这一刻,意味着一对新人将在人生的旅途中相濡以沫、携手一生。

介绍新人(男女在台前站好,男右女左)下面请允许我向各位介绍一下这对新人:这位亭亭玉立、婀娜多姿的漂亮妹妹,就是今天的公主×女士,她是一位来自古城保定的才女;而站在新娘旁边的这位喜滋滋、美盈盈、英俊潇洒、儒雅挺拔的帅小伙,就是咱们今天的新郎×先生,他现在在古都西安读书,是一位硕士研究生。他们相识于赵国京城邯郸,相恋于学步桥,牵手于丛台。相信我们在场的每一人都会和我一样有这样的感觉,他们俩在一起,那真是天生的一对、地造的一双。诗云:"窈窕淑女,君子好逑。"我不禁诗兴大发:"范家有女海上生,月华如水伴涛声。大鹏展翅千万里,飞上青云天路行。"

各位年轻的帅哥美女,你们是否从新郎新娘身上取得了一点经验呢?其实我们在场就有很多帅哥美女,有很多优秀的对象,大家一定要把握住今天这个良辰美景哦,有一句话说得好:"握着佳人的手,后悔当初没下手!"希望这句话不要成为我们在座嘉宾日后的感叹语。

互动:一对新人握握手,你有我有全都有;一对新人抱一抱,看我青春永不老;一对新人亲一亲,鸳鸯双栖蝶双飞。

(证婚人上台)

好,接下来,我们将要请出一位德高望重的领导来为一对新人证婚。

现在有请×身份——×先生作证婚词,大家欢迎。

司仪:感谢证婚人的证词,从现在开始,你们就是合法夫妻了,就可以一个锅里吃饭、一个被窝里睡觉了。让我们一起祝愿两位新人心心相印,长相知,长相守。结婚证政府发,谁先抢到谁当家。结婚证真好看,谁先抢到谁做饭。

司仪:请问新郎,您是否愿意娶你身边的新娘×女士为妻,无论今后疾病健康、贫穷富贵,一生一世直到永远吗——新郎答:我非常愿意。

请问新娘,你愿意嫁给你身边的这位英俊的小伙子×先生为夫,无论今后疾病健康、贫穷富贵,一生一世直到永远吗——新娘答:我愿意。

(交换结婚戒指)

司仪:心与心的交换,爱与爱的交融,交织出今天这么一个美好的誓言,为了永远记住这一天,铭记这一刻,爱情花朵绽放的这一刻,我们两位新人将互换婚戒,以表示他们对爱情的忠贞不渝。好,请伴娘端上婚戒。

司仪:婚戒是有情人之间示爱的信物,这两颗小小的同心圆将两颗为爱燃烧的心紧紧地联系在一起,从此无名指不再无名,请二位新人共同展示这爱的信物。朋友们,让我们由衷地祝愿两位新人,爱情恒久远,两心永相伴。

(行新婚大礼)

司仪:此时此刻,我想还有两对夫妻此时此刻是最激动、最高兴的,那就是对新郎、新娘有着养育之恩的父母。让我们以热烈的掌声有请我们新郎(新娘)的父亲(母亲)上台,那么接下来有请我们的二位新人行新婚大礼。一拜天地,一鞠躬,感谢天,终于等到这一天;二鞠躬,感谢地,终于踏上红地毯;三鞠躬,感谢天为媒地为妁,成就人间好姻缘!

常言道:"谁言寸草心,报得三春晖。"水有源,树有根,儿女不忘养育恩,今朝结婚成家日,尊老敬贤孝双亲。接下来是二拜高堂,父母双亲请坐好,一鞠躬,感谢养育之恩;再鞠躬,感谢抚养成人;三鞠躬,永远孝敬老人!

好,接下来是夫妻对拜,请二位新人分别向左向右转,你问我爱你有几分,就看谁鞠躬鞠得深。一鞠躬,互敬互爱;再鞠躬,白头偕老;三鞠躬,永结同心!

经过三拜、九鞠躬之后,新娘新郎改口的时刻到了。

(新郎新娘改口词)

新娘:分别用家乡话、普通话、英语叫爸爸妈妈,公公婆婆答应并发红包。

新郎:岳父、岳母在上,请受小婿一拜。

岳父、岳母:贤婿免礼。哦,哈哈哈,发改口费。

下面我们请伴娘托盘端上香槟美酒两杯。

(交杯酒仪式)

司仪:这满满的交杯酒是我们两位新人,用他们的情、用他们的爱酿造的美酒,也只有真心相爱的人,才能喝得美酒,有请。

(交杯酒进行中)

司仪:喝了这杯酒,今生今世不分手;喝了这杯酒,海月跟着大鹏走。

(坐花轿)

请问新娘你是怎么来的,新娘答:"坐花车来的。"俗话说:大姑娘坐轿头一回,你想不想坐一回花轿呢! 新郎抱起新娘转几圈。(伴娘和伴郎也跃跃欲试)

新郎新娘的婚宴仪式现在先告一段落,最后我代表两位新人再次对各位嘉宾的到来表示感谢,并真诚地祝愿大家一帆风顺、两全其美、三阳开泰、四季平安、五福临门、六六大顺、七星高照、八面聚财、九九(久久)安康、十全十美、百事可乐、千事吉祥、万事如意。宴席开始!

请大家开怀畅饮,吃好喝好。

第十四章 科研论文

　　科学研究的过程、方法及成果，都离不开科研论文的记述与传播。科研论文具有很强的推广应用价值和理论指导意义。撰写科研论文本身就是科学研究的一种重要手段，同时又是介绍推广科学研究成果不可缺少的工具。从事各学科的课题研究，只靠思维活动、实验操作、实地调研是不够的，还需要以论文的形式对相关的资料数据进行分析，对涉及的问题及观点、作用或价值等进行论证阐释，得出科学的结论。初涉科研论文的高校学生，有必要了解和掌握科研论文的基本知识与写作要领。

　　本章侧重阐述科研论文的基本概念、本质特性、选题原则、研究综述、基本结构与写作要领以及论文作者应该具备的学术意识。

第一节 科研论文的概念与特性

一、科研论文的概念

　　科研论文是表达具体研究对象、研究过程、研究方法及研究成果的一种具有推广应用价值和理论指导意义的文体。科研论文包括用于发表的期刊论文、用于学术交流的会议论文、获得学位必须提交的毕业论文等。

　　高校要求本科生、研究生及博士生撰写各类科研论文,其目的还在于对其进行学术训练、思维训练,敦促大学生关注学术前沿、学术热点、学术动态,进而培养综合型、研究型高端人才。能否撰写出高质量的科研论文,是高校学生在专业上是否具有高素质的重要体现,也是体现高校教育水平高低的重要标志。

　　衡量科研论文价值的大小,主要考察选题是否具有较强的理论价值与实践意义;文献综述是否反映出充足的阅读量和较强的综合分析能力;论文成果是否具有较大的理论价值与应用价值,是否有较大的创新程度;行文是否条理清楚、逻辑严谨;文字表达是否通畅,书写格式是否规范,图表数据是否科学。此外,还注重考查论文是否表现出作者具有扎实的理论素养、深广的专业知识;是否选择了先进合理的研究手段;是否采用了标准可靠的图纸或档案;是否具有较强的数据处理能力。要写出高质量的科研论文,我们不仅要具有良好的专业素养,不断提高专业研究水平,还要具备相应的论文写作能力。

二、科研论文的特性

　　科研论文无论涉及什么课题,采用什么研究方法和表达方式,都应具备科学性、理论性和创造性。这样才能体现出科研论文的特性,充分地发挥其研究价值。了解科研论文的特性及相关要求,对写好科研论文是十分必要的。

　　(一)科研论文的科学性

　　这是科研论文的首要特性。既然是科研论文,就要明确研究对象的历史、现状、形态、本质及作用,探索和揭示其形成、发展、演变的客观规律,指出研究的实践价值、现实意义及未来意义,并对这些问题做出科学的结论。因此,科研论文的立论,要求作者不带个人的偏见,不允许主观臆断,必须客观正确地反映研究对象的主旨。寻找和使用论据,要求作者视野开阔、眼光独到,经过浏览文献和大量的调研、实验活动,尽可能占有最充分、最确凿、最有力、最权威的论据作为立论的依据。在论证过程中,作者要经过周密细致的思考、分析,做出符合逻辑的、严谨而全面的论证。只有这样,才能较好地体现科研论文的科学性。

　　(二)科研论文的理论性

　　理论是对实践有了深刻认识后的科学总结。科研论文不能停留在对一般问题成败得失的感想上,其作用并非仅是总结经验教训,指明是非。要发挥科研论文成果的推广应用价值和对相关领域实践的指导作用,就需要其具有理论性而不是一般的感知性。科研论文要求作者运用科学的原理和方法阐明研究对象,通过对研究对象客观而透彻的分析,摈弃局部的、表面的、主观的印象和看法,将由浅入深、由表及里、兼顾全面洞悉本质的认识上升成一种理论。这种理论对研究对象具有高度的概括性、确定性和证明力量。否则,其是不能正确指导实践的。

(三)科研论文的创造性

科学研究最根本的价值就在于创造。衡量科研论文价值高低的根本标准就是它的创造性,没有创造性的科研论文是没有什么价值的。有了创造性的探索研究,科研论文才会有新的发现、新的成果,科学才能有发展。科研论文要求作者有自己的见解,要具有独创性,不能跟在别人的研究道路后面人云亦云,重复已经没有研究价值的课题。要善于开拓新领域,发现新问题,探索新方法,发表新观点。我国改革开放形势迅速发展,各行各业都面临着许多史无前例的新问题、新任务,各学科领域都有亟待研究的新课题,只要不失时机地抓住新课题,肯下大工夫去完成科研论文,就能取得创造性的研究成果。

第二节 论文作者应该具备的学术意识

科研论文具有科学性、理论性、创造性等本质特性,这就要求论文作者必须整体把握本学科知识框架,及时跟踪学术动态,关注学术前沿问题;必须艰苦细致地进行实地调研、科学考察、实验分析、资料整理,从而形成对所述问题的深刻体会和独到见解。

要做到上述几个必需的"规定动作",科研论文作者就得具备以下几种学术意识。

一、强烈的问题意识

问题意识是指写作者应该及时发现问题、分析问题、解决问题并预见可能潜在的问题。发现问题的前提是全面系统地关注相关领域研究现状,找到关于该选题的既有成果所未曾关注到的学术间隙,或者有所关注但阐述分析得不够透彻、不够精准、不够完备、不够客观、不够深入的地方。简单地说,优秀的科研论文往往见人所不见、发人所未发,那种人云亦云、老生常谈的科研文书不但很难发表,即便发表也不过是知识海洋里的信息垃圾。

二、强烈的创新意识

创新意识与问题意识密不可分,最有价值的创新就是发现新问题,打开分析问题的新思路,找到解决问题的新方法,实现理论价值或者实践价值的新途径。此外,也可以从理论创新、资料创新、观点创新方面寻找突破口。理论创新不仅可以借鉴域外学界或交叉学科最新的理论成果进行转化和改造,更提倡根据新的现实情况和研究对象提出新的学术概念。仅以文学研究为例,黄子平、陈平原、钱理群《论"二十世纪中国文学"》率先正式界定"二十世纪中国文学"概念,李怡在"民国文学""民国文学史""民国史视角"基础上提出的"民国机制"概念,曹顺庆提出的"失语症""话语重建""异质性"等系列概念,无不成为极具影响力的学术生长点。这些新概念一经提出,迅速成为相关领域的焦点与热点,极大地推动了学术研究向纵深发展。

三、严谨的逻辑意识

科研文书与文学创作最大的区别就在于前者的逻辑性特别强。过于感性的语言很难简明扼要、精准透彻地说明科学问题。虽然现代著名批评家李健吾"以印象和比喻为核心的整体、综合、直接的体味和观照"的感悟式文学批评也是科研论文的一种,但毕竟只是特例,而且当作文艺随笔来读或许更合适。科研文书的展开方式主要运用逻辑思维,在社会实践、调查研究、科学实验、阅读体验基础上,经过综合与分析、比较与鉴别、判断与推理等方式推出合乎逻辑的结论。初学者解决逻辑不清晰的问题的简单方法,一是正式行文之前先拟写作提纲,弄清每一部分是什么关系;二是尽量使用短句、单句,避免因驾驭不了长难句而造成句式杂糅,显得语无伦次、逻辑混乱;三是写完之后,读给同专业的朋友听,如果本专业的人都不知所云,那么就需要反思一下行文是否逻辑不清。

四、严格的规范意识

首先,规范意识是指要遵循最基本的学术道德。例如,不能改变或伪造数据,不能剽窃自己或他人论文,不能一稿两投,不能忽视或抹杀别人的贡献,论文不能随意署名,要注意论文的版权问题。所谓不得抄袭,是指要么言必己出,要么引文必有出处。学位论文若被发现抄袭,毕业生将被取消答辩资格;读书期间公开发表的科研论文若被发现抄袭,即便毕业了也会被学校追回毕业证书和学位证书。一个有底线、有追求的科研文书写作者,不但不能抄袭别人的著述和言论,也不应该"抄袭自己"。所谓"抄袭自己",就是在学术研究上不求进取,有意重复自己已经发表的成果。

其次,规范意识是指"内行人不说外行话",即应该根据所研究课题的学科性质,尽量用规范的、没有歧义的行业语言来遣词造句。并且,文章涉及的名词术语、计量单位、符号、代码、缩略语、日期、时间的表示方法均须符合国家标准。

最后,规范意识是指对所引文献的注释要严格比照拟发表的刊物或者拟合作的出版社的注释体例进行调整。注释是学术论文的重要支撑点,许多专家评审论文时都十分看重注释是否规范。

第三节　科研论文的选题原则

一篇优秀的科研论文"贵在选题、巧在构思"。科研论文的常见选题有理论创新型、模式发展型、理论争鸣型、纠正成说型、实验应用型等几种类型。要找到有价值的选题,就应在抢占前沿、涉足边缘、找准夹缝、注意扩展、注重实效等方面下功夫,应力求在整体把握研究现状、学术前沿、学术动态之后,在自身学术兴趣和知识储备与焦点问题、热点问题中找到交集。

写科研论文也同写其他文章一样,要先解决写什么、怎么写这两个基本问题。首先要解决写什么的问题。确定了研究课题,就有了写论文的主旨及研究范围,或者说从研究课题到书写课题都能有的放矢。因此,选题是写作科研论文的第一步,并且是至关紧要的一步。论文的成败在很大程度上取决于课题是否有价值。只有选择了有推广应用价值和理论指导意义的课题,才能使论文收到好的效果。如所选课题于实践运用、理论建树都毫无帮助,即使搜集到大堆资料、研究的时间再长,其论文也不会有实际作用。那些要么图方便走捷径,去选老生常谈、早已失去研究价值的课题的态度,要么脱离实际,不考虑社会需要去造作空玄诡奇课题的态度,甚至为了某个名人一个无关紧要的看法或一句古怪含混的话而立选题的态度,都是不可取的。科学家钱学森认为,对没有价值的选题大做文章,反复考证,写长篇论文是没什么意义的,并对此现象提出严肃的批评。

科研论文的选题,应从国家物质文明和精神文明建设的实际需要出发,选那些有利于各行各业开创发展并能取得良好效果的选题。选题的方式多种多样,有的是专业科研人员或业余科研者自己选择课题,有的是上级主管部门下达课题,有的是指导老师帮助选题。

无论采用何种方式,都应遵循以下的选题原则。

一、本行业亟待解决的课题

所谓亟待解决的课题,就是在当前或近期需要研究解决的迫切问题。这是时代赋予学者的重要任务。我国面临历史变革的新时期,经济改革如何深入,民主与法治如何健全,大、中、小学的教育质量怎样提高,待业和就业的矛盾如何克服,企业管理体制如何进一步完善,怎样推进社会管理创新,怎样助力乡村振兴,怎样引导农民适应社会主义市场经济,怎样有效解决假冒伪劣产品问题,怎样抢救祖国文化遗产,怎样引导民族文化健康发展等,这些都是不可回避、亟待解决的课题。选择这些课题,对我国两个文明的建设、发展无疑具有重大价值。

上述问题仅属于社会科学范畴极有限的问题,并不是所有专业研究者或业余研究者都有必要或有条件去选作研究课题。与各行业相关联的学科都有自己亟待解决的课题,因此,各行各业的研究者都应从自己研究的学科中去选择。

二、不断开拓新的研究领域

大自然奥妙无穷,人类社会日新月异,自然科学和社会科学的研究没有止境。"生也有涯,知也无涯。"只有不断开拓新的研究领域,才会有新的发现、新的创造。各个学科要有新发现、新创造并不是轻而易举的,往往要经过长期的探索、艰巨的努力才能得到。只有敢于、善于去做不懈的追求,才会有所收获。开拓新的研究领域,可以是对创建新学科的垦荒性开拓,也可以是对已有学科发展、完善的扩展性开拓。只要是对科研空白的填补,对错误通说的纠正,对不全面、不完整的前说的补充,都可作为新的开拓范围。

三、选题应具备可行性

选题的可行性包括两个方面,一个方面是课题本身是否具有科研价值,另一个方面研究者是否具有相应的科研能力。能选好课题,不一定就能完成好课题。不少有价值的课题,因为承担研究任务的人员能力限制、经费不足、资料及设备缺乏而草率完成或长期搁浅。要使有价值的课题成为可以推广应用的成果,研究者选题时要根据自身的专业水平和科研能力,选取适中的课题,不可贪大求全或妄自菲薄。选题过大,力不从心,难以驾驭;选题过小,不能充分施展研究才能。除考虑选择适合自己研究的课题外,还不能不考虑是否具备必要的经费、资料或设备等客观条件。选题不慎,将会给研究者带来难以克服的困难。因此,选题必须慎重,不可草率或盲目从事。

根据以上几条原则来选择课题,可以为写科研论文定下明确可行的目标,并通过努力使这个目标得以成功地实现。需要说明的是,并不是有了好的选题就全部解决了科研论文"写什么"的问题。各种科研论文的内容因题而异,要根据课题的性质、目的、要求、研究对象、研究范围及研究发现来考虑,而没有现成的答案可寻找。

总之,选题要量力而行,充分考虑自己正在研究什么、为什么研究这些、准备怎样研究。选题时,初学者最常见的毛病在于贪大求全、大而无当。因此,相对而言,题目宜小不宜大,最好是小切口、深分析。一般说来,撰写科研文书应该大胆质疑、小心求证。刚开始入门,不要急着选太大的选题,论述也不要过于求宽、求深,能对前辈学人著述有所补充、延伸和匡正就不错了。随着相关知识逐渐广博,语言驾驭能力日益娴熟,认识更加深入透彻之后,才能逐步试着解决重大、疑难问题,推动学科发展。

第四节　科研论文的基本结构与写作要领

科研论文的表现手段是灵活多样的,但它作为一种专门的论说文体裁,也有其基本的结构形态。纵观各种各样的科研论文,它们的基本结构都至少包括标题、绪论、本论、结语四个部分。

一、科研论文的标题

标题是以最恰当、最简明的词语反映论文中最重要的特定内容的逻辑组合。标题可以直接指出研究对象,也可以本身就是一个判断句、一个论点。拟一个好的标题往往意味着论文成功了一半。拟标题时除了要做到外延和内涵恰如其分,还要尽量使其准确得体、简短精练、醒目,并明确指出研究范围,设计利于编制题录、索引的关键词。标题的核心内容在行文时,应在摘要、引言、正文和结论中反复出现。

要做到准确得体,则论文题目必须准确表达论文内容,恰当反映论文所研究的范围和深度。切忌过于笼统,题不扣文。关键在于题目要紧扣论文内容,或论文内容与论文题目要互相匹配,这也是撰写论文的基本准则。

要做到简短精练,则论文题目必须控制字数,精选词语。标题字数并无统一的硬性规定,但一般不要超出 20 个字。如果简短标题不足以显示论文内容或反映出属于系列研究的性质,则可采用正标题和副标题相结合的形式。正标题是观点,副标题是范围、对象,或者补充说明特定的实验材料、实验方法及内容等信息,使标题既充实准确又不流于笼统和一般化。整个文章除了大标题,每部分还可以有小标题。小标题可以是并列或递进的几个分论点,也可以是与大标题之间构成其他逻辑关系。

与其他文章一样,科研论文的标题也起着文章"眉目"的作用。但在具体写法上,它不同于需要"三要素"的公文标题,也不同于多项排列形式的新闻标题,更不同于形象生动、含蓄别致、追求艺术效果的文学作品标题。

科研论文的标题一般表现为三种基本类型:一种是揭示课题研究范围的标题,如"论市场经济与人才流动";一种是揭示课题主旨或研究对象的标题,如"'反现代派'作家的文学史意义";另一种是直接反映论文主张或论点的标题,如"择业是劳动者的基本权利,辞职是人才流动的重要形式"。

此外,还有一种兼有正副的标题,既反映科研论文的研究范围、对象,又反映主张、论点,如"激越豪放　雄奇阔大——论辛弃疾词的意境",又如"急功近利　趋势媚俗——谈近年我国小说创作的不良倾向",这类标题多用于文学艺术类论文。由于科研论文的中心论点一般都难以用一句简短的语言概括为标题,因此大多数科研论文的标题都只是用以表达课题研究范围和对象。

对撰写标题总的要求是直接、具体、醒目。初学者最忌讳一味标新立异,贸然采用太大、太难、太新的标题,行文时又难以驾驭,正如刘勰在《文心雕龙·神思》中所言"意翻空而易奇,言徵实而难巧"。

二、科研论文的绪论

绪论一般是正文前的一段无标题的导入性文字。绪论部分应对选题的现实意义与理论价值进行简要归纳和阐释,扼要地综述国内外研究脉络和现状,尤其是目前尚待解决的问题。综述应该注意尽可能全面地搜集本专题已有的研究资料,从中筛选出可资借鉴的有代表性的研究成果,以反映课题的新动态、新原理、新技术和新水平,并引出自己的研究方法、主要观点及创新之处、论文结构。

作为科研论文开头部分的绪论,起着提纲挈领的作用。为了使文章的整体结构严谨完整、具有逻辑性,绪论应先扼要地阐述课题的意义、目的,主要涉及的问题,明确地提出立论的中心论点或基本主张,这样才能体现出立论与论证的逻辑关系,为本论部分展开论证带来方便。如《论固定资产有偿占有制》的绪论部分:"怎样使我国经济管理更适合四个现代化的需要,这是当前我们经济理论工作者关注的一个重大问题。固定资产是生产资料的重要组成部分,社会再生产的必要物质条件之一。改进固定资产的管理,提高其利用效果,是整个经济管理改革中的重要一环。在我国过去的经济管理中,固定资产的管理最薄弱,长期实行无偿供给制,带来的弊病很大,迫切需要加以改革。现就改变固定资产的无偿占有制问题谈一些看法。"这段绪论虽然简短,但说明了本篇论文的课题目的、重要意义及中心论点。

三、科研论文的本论

科研论文的本论是整个论文最主体的部分,即正文。正文要合理分节并辅之以恰切的小标题。自然科学类论文要多用图表和数据,人文社科类论文要注意论证的顺序和主次。正文宜先将基础概念、量化现状和问题简要介绍,而后着重阐释创新点、原理、特点、关键技术等。接下来,通过理论推演、误差分析、仿真、算例或实验及其分析、小结,证明主题的正确性、优越性、可行性。

如果将大标题、小标题比作科研论文的骨架,那么论证则是论文的血肉。论证要有力,就得注意选择恰当的论据,因为事实胜于雄辩。论据选择标准是可靠、专业、客观、一致、新鲜、相关、接近。

科研论文行文方式要借助正论、设论、驳论等论证形式,使用举例论证、道理论证、对比论证、比喻论证等多种论证方法,逻辑严谨地推出结论。切忌将论文写成教材、普及读物、理论宣传文章、工作经验总结。

本论是科研论文的论证部分,是论文的主体。这部分承担着阐述课题、分析课题、证明作者的中心观点及相关看法的任务。要写好这部分,首先是要具备充足的论据。这些论据或是论证课题的确凿证据,或是典型的实例,或是科学的定义、定据。但是,论据再充分,倘若随意堆砌或不恰当的组合,也会削弱课题的论证力量甚至给课题的论证带来矛盾。论据的使用必须服从中心论点和分论点的统领,论据和论点必须构成一种吻合的证明关系。这种关系不能简单地表现为论据与论点的组合,而要表现为一种符合逻辑的论证过程。此过程离不开从具体到抽象、例证和分析、归纳和演绎等论证方法。

在表现方式上,本论的论证主要有三种:一是直线推论,即提出一个论点,步步深入,层层展开,全文的论证只围绕这个论点;二是并列分论,即从属于中心论点的若干下位论点并列起来,一个个分别加以论证;三是上面两种方式的交叉使用。选题较大的科研论文,内容丰富,涉及面宽,不仅头绪较多,篇幅也较长,不得不既采用直线推论,又采用并列分论的方式。为了使篇幅长、结构复杂的论文主体条理清楚、层次分明,文中应分列多级标题并加上序码,便于读者弄清行文线索和论证过程。如《论领导者的用才之能》这篇论文,文章的绪论指出:"领导者是否具有用才之能是衡量其是否称职的一个重要标志。领导者的用才之能在很大程度上起着决定人才是否被使用的作用,因此,领导者必须具备用人之能。"

围绕绪论提出的中心论点,这篇文章的本论从五个方面列分论点,又从每个分论点下列出若干下位论点:

一、必须具备举才之德

1.出以公心,唯才是举

2.不搞任人唯亲

3.不拉帮结派

4.不找"马"骑

二、必须具备寻才之识

1.善于通过各种渠道发现人才

2.善于在复杂情况中辨别人才

三、必须具备护才之魂

1.为人才创造必要的工作条件

2.为蒙冤受屈的人才澄清是非

3.为遭受压力的人才承担风险

四、必须具备容才之量

1.不计个人恩怨原谅人才

2.情理兼用说服教育人才

3.不嫉妒超过自己能力的人才

五、必须具备遣才之道

1.扬长避短合理地使用人才

2.宽严适度放手而不纵容人才

3.奖惩分明不失言于人才

4.使用及培养(不断更新人才的知识、技术及能力,避免人才老化)

这篇论文曾受到国家领导人重视和赞扬,在全国反响很好,选题具有很大的现实意义和推广应用价值。其文立论鲜明、正确,论证客观全面而条理清晰。本论部分涉及的分论点、下位论点虽多,但从属得当,井然有序,让人读后印象完整而深刻。

四、科研论文的结语

结语又叫结论。科研论文必须有相对独立的结语。结语是科研论文的结尾部分,其写法也是多样的。结语部分既可以总结全文,再次强调中心论点;也可以归纳研究过程中发现的规律、优点,指明可以应用的方向,以及研究中存在的局限、不足和今后的努力方向。

如前面所提到的《论固定资产有偿占有制》的结语就进一步强调中心论点,充分肯定课题的理论价值或应用价值。即"总之,在改革经济管理工作中,按照客观规律,采用国家资产有偿占有制,对于克服目前固定资产管理和使用中的严重浪费,提高现有企业固定资产使用效果;对于促进基本建设工程按期投产,加速形成新的生产能力;对于推动技术进步,高速度发展生产力,加快四个现代化的进程,都有重要意义"。

科研论文的结语怎么写?如绪论、本论部分一样,没有也不应有固定的表达方式,应根据课题的研究现状,论文立论与论证的逻辑关系,以及全文线索发展和结构完整的需要来考虑。这样,才能为论文画上一个圆满的句号。

标题、绪论、本论、结语等基本结构之外,标题之下,一般应该署上单位和作者。拟发表在学术期刊的科研论文,一般需要写摘要。摘要是对论文不加注释、不加评论的缩写,相对独立。紧接着摘要,需要列出关键词。关键词是表达论文所属门类、研究范围的 3~5 个主题词。一般来讲,毕业论文、大学学报类的期刊论文,摘要之后还需要将摘要和关键词翻译成英文。注意英文翻译时,术语翻译一定要参照权威版本。结语之后,一般应有注释或参考文献。注释要严格参照拟发表的刊物或者拟合作的出版社的注释体例。如果已经加了详细、准确、规范的注释,期刊论文一般就不必再列参考文献,学位论文等长篇论文还是有必要把未曾直接引述但有所参考、从中得到启发的重要文献列成参考文献。参考文献直接反映作者的学术视野和学术敏锐性,因而要尽量选择重要、较新、影响较大的著述,但尽量少列教科书。

参考文献

［1］段轩如,彭耀春.应用文写作教程［M］.2 版.北京:中国人民大学出版社,2013.

［2］陈子典,胡欣育.应用文写作［M］.北京:北京师范大学出版社,2011.

［3］夏晓鸣.应用文写作［M］.4 版.上海:复旦大学出版社,2012.

［4］高智.新编大学实用文体写作教程［M］.北京:中国科学技术大学出版社,2013.

［5］于天全.当代应用文写作［M］.成都:四川大学出版社,2011.

［6］郝立新.应用文写作教程［M］.北京:商务印书馆,2009.

［7］胡伟,周红梅,赵崇平.实用应用文写作［M］.北京:人民出版社,2010.

［8］张保忠.中国党政公文写作要领与范例［M］.2 版.北京:经济科学出版社,2013.

［9］冯春,祝伟,淳于淼,等.公文写作［M］.北京:北京大学出版社,2013.

［10］岳海翔.新编公文写作技巧与实用范例［M］.北京:中共中央党校出版社,2011.

［11］黄春霞,齐绍平.公文写作与范例大全［M］.北京:国家行政学院出版社,2012.

［12］中国公文写作研究.公文写作实用手册［M］.北京:中国言实出版社,2010.

［13］刘明华,徐泓,张证.新闻写作教程［M］.北京:中国人民大学出版社,2002.

［14］郭光华. 新闻写作［M］.北京:中国传媒大学出版社,2014.

［15］李希光,孙静惟,王晶.新闻采访写作教程［M］.北京:清华大学出版社,2011.

［16］周胜林,尹德刚,梅懿.当代新闻写作［M］.2 版.上海:复旦大学出版社,2013.

［17］余明阳,陈先红.广告策划创意学［M］.上海:复旦大学出版社,2009.

［18］蒋旭峰,等.广告策划与创意［M］.2 版.北京:中国人民大学出版社,2011.

［19］毕润成.科学研究方法与论文写作［M］.北京:科学出版社,2008.

［20］周新年.科学研究方法与学术论文写作［M］.北京:科学出版社,2012.

[21] 古斯塔维.科技论文写作快速入门[M].李华山,译.北京:北京大学出版社,2008.

[22] 付杰.常用文体与科研论文写作[M].成都:西南交通大学出版社,2012.

[23] 廖妍,李凡.经济文书写作方法与技巧[M].北京:中国人事出版社,2011.

[24] 陈建中,陈星野.实用经济文书写作指要[M].北京:中国经济出版社,2012.

[25] 杨文丰.实用经济文书写作[M].4版.北京:中国人民大学出版社,2004.

[26] 颜华.经济应用文写作教程[M].北京:清华大学出版社,2012.

[27] 丁柏铨.广告文案写作教程[M].上海:复旦大学出版社,2008.

[28] 史迪芬·E.卢卡斯.演讲的艺术[M].俞振伟,译.上海:复旦大学出版社,2007.

[29] 包镭.演讲与口才技能实训教程[M].北京:北京大学出版社,2013.

[30] 张傲飞.中华楹联大全[M].北京:高等教育出版社,2011.

[31] 罗维扬.对联写作精解[M].长沙:岳麓书社,2012.

后 记

在全国的高校中,四川大学是开设应用写作课较早的学校之一。该校从 20 世纪 80 年代至今使用的教材主要是干天全先生的《当代实用文体写作》。该教材几经修订,不仅在四川大学使用,也在国内不少高校和社会各行业中使用。随着社会经济与文化的迅速发展,原有应用文写作教材中一些文体及写作方法、参考例文都需要变换以适应各行各业的现实需要。为了使教材的内容能切合学生在校学习与社会实际工作的需求,对应用文写作教材进行新编是十分必要的。四川大学文学与新闻学院为了建设文科的系统教材、提高教育质量,将《当代应用文写作》教材列入了教学改革的重点项目,规划为文科人才培养的重点教材。为吸收各高校应用文写作最新的研究成果和教学经验,使该书成为四川大学乃至全国高校的高质量教材,学院组织了省内外高校的同行专家参与该教材的撰写。

本书全体编撰者通力合作,经过近一年的努力,不断修改完善各自承担的文稿任务,几易其稿,终于新编出了这本《当代应用文写作》。本书主要讲授当代应用文体写作的专门知识和各种应用文体的写作要领,突出专业学习和社会需求的适用性。专门知识部分包括各种应用文体的文种概念、适用范围与作用、文体特点及相关要求等问题。写作方法部分包括国家现行规定的行政机关规定公文及规章制度、非规定公文、文化宣传文书、经济文书、企划文书、科研论文、公关礼仪文书、日常生活文书等各类应用文的文体结构、内容安排、语言表述、行文要求等具体写作要求。每种文体都列举新近、规范、典型的例文,供读者结合所学知识进行研习。教材内容紧密结合实际工作需要,体现了理论与实践相结合,利于教学互动,例文典型参考性强,适应面广、应用性强等特点。本教材适合高等院校各专业本科的必修课和选修课;同时,也适宜社会各界从事应用文案工作的读者阅读、参考。

　　由于编者水平有限,本书的内容难免存在局限,敬请应用文写作的同仁及读者批评指正。本书参考了全国同行专家的研究和教学成果,并引用了国内党政部门、事业和企业单位的相关文件与文章作为例文,在此致以深切的谢意。

编委会

2014 年 8 月 7 日

本教材的撰写分工如下：

主编干天全、刘迅负责全书的总体规划、纲目拟定,统审修改全书文稿。

副主编王朝源、黄峰参加部分统稿工作。

绪论	干天全(四川大学)
第一章　公文概述	干天全(四川大学)
第二章　规定性公文	干天全(四川大学)
第三章　规章制度	黄　峰(四川大学)
第四章　非规定性公文	陈　希(中山大学)
第五章　会议文件	王朝源(四川师范大学)
第六章　新闻文体	蒋建华(成都理工大学)
第七章　宣传文书	栾　慧(西南交通大学)
第八章　经济活动文书	杨清发(四川农业大学)
第九章　企划文书	李　民(西南民族大学)
第十章　广告文书	刘　迅(成都理工大学)
第十一章　专用书信	田　华(成都理工大学)
第十二章　启事文书	徐艳霞(中国武警警官学院)
第十三章　礼仪文书	庄勤早(西南民族大学)
第十四章　科研论文	罗　梅、周　毅(四川大学)

二〇一四年五月三十日